李飞定位研究丛书·5·

# 营销教学案例

Cases of Marketing Teaching

李 飞/编著

经济科学出版社
Economic Science Press

# 作者介绍

李飞，清华大学经济管理学院市场营销系教授，中国零售研究中心常务副主任，主要研究领域为营销定位和零售战略，2008年以后的研究多为应用案例方法的中国情境研究。

享受国务院政府特殊津贴的专家（1998）、新中国成立60周年影响中国流通业发展与改革突出成就人物（2009）和商务部特聘全国内贸专家（2010）。

曾获得北京商学院经济学学士、硕士和中国人民大学商学院经济学博士学位，曾赴哈佛商学院、斯隆商学院、佛罗里达大学沃林顿商学院、巴黎第八大学、HEC商学院、法国时尚学院、挪威商学院等学府学习、访问或做研究工作。

在清华大学经济管理学院，主要讲授营销管理、品牌定位和奢侈品营销课程。

李飞教授是《定位地图》、《定位案例》、《定位故事》、《奢侈品营销》、《营销教学案例》的作者，其他主要著作还有：《零售革命》、《钻石图定位法》、《十指营销》、《中国零售业发展历程》（合著）、《零售业管理创新研究》（合著）、《分销渠道设计与管理》、《分销通路设计》、《零售王——现代商场策划与设计》等。同时，他还为国内一流的学术期刊《管理世界》、《中国工业经济》、《科学学研究》、《中国软科学》、《南开管理评论》和国际英文期刊 *Journal of Marketing Channels*、*Public Relations Review*、*International Journal of Market Research* 等撰写论文60余篇；2篇案例入选哈佛商学院案例库（合编，案例号：N9-308-026，2007-07-31；N9-308-025，2007-06-11）；3篇案例研究论文荣获中国企业案例研究论坛最佳论文奖（2008，2009，2011）；主持编写的《中国零售研究前沿系列丛书》荣获影响中国流通改革和发展60年的最佳著作（2009）。合作论文"The Effects of a Product Harm Crisis on Brand Performance"获得 *International Journal of Market Research* 2010年度最佳论文，并由该期刊推荐，经过国际市场研究学会（MRS）奖项评审委员会的评审，获得2011年Mrs Research Awards 的 Silver Medal 奖项的提名。在20世纪90年代曾在《市场报》、《中国经营报》、《中国改革报》、《北京青年报》、《中国民航报》、《精品购物指南》、《中国环境报》及《中华商标》、《中国经济周刊》（香港）、《中国名牌》等期刊开辟个人营销专栏。

李飞教授参加和主持了20余项课题研究项目，包括国家自然科学基金重点项目、国家社科基金面上项目、联合国粮农组织项目、商务部项目等；曾参加国家"十五"商品流通发展规划、中国连锁经营"九五"和"十五"规划、国家零售业态规范标准、物流用语国家标准和外国商业投资管理办法等相关文件的论证与起草工作。

李飞教授兼任中国商业史学会副会长，《中国零售研究》主编，《市场营销导刊》副主编，《营销科学学报》专业主编，《北大商业评论》、《市场营销·理论版》（人大报刊复印资料）、《北京工商大学学报（社科报）》学术委员会委员。

# 致　　谢

到 2012 年 5 月 1 日，我来到清华大学经济管理学院工作已经 10 年了。这 10 年，是中国企业管理实践不断探索和丰富的 10 年，正赶上管理学教育与国际接轨的适应性挑战，自然也是清华大学经济管理学院不断调整和巨变的 10 年——海归教师比例已由 10 年前的百分之十几增加到目前的 50% 左右，案例教学已成为 MBA 教学的主流，发表高水平的英文论文也已司空见惯，等等。

现在，清华经管学院精英荟萃，学院的使命也确立为"创造知识、培育领袖、贡献中国、影响世界"。但由于自己的先天不足，总感觉是在跟着这支队伍后面跑。我从来没有想过当领头羊或是位居前列，最大的愿望就是能跟上这支队伍，同时能做一些对中国企业目前发展有价值的研究。所以，只想尽一己之力"贡献中国"，不奢望"影响世界"。这 10 年，为了跟上时代的步伐和实现自己的梦想，我不断地进行调整和适应，庆幸的是我没有掉队，也做了一些对中国现实有意义和价值的研究，并转化为教学内容输送给学生们。这本案例集就是其中的一件事。自然，对于底子薄的我来说，完成这件事，离不开诸多人和事的帮助和支持。

首先，感谢这个变革和丰富多彩的时代，使我不得不关注中国情境下的营销管理实践，也不得不开始案例教学的尝试。后者迫使我编选营销课程所需的教学案例，前者召唤我编选中国情境下的教学案例。

其次，感谢那些使我系统了解案例教学方法的人。2006 年，我当时的同事、现为中欧商学院教授的王高，邀请我参加了与哈佛商学院教授的合作，编写飞亚达和国美的教学案例，使我开始了解案例编写的全过程。2010 年我参加了清华大学经济管理学院案例中心举办的麦克法兰（Warren McFarlan）案例研讨课，开始系统地了解案例教学方法。从 2011 年开始，清华经管学院 MBA 教学办开始组织师资进行经常性的案例教学交流，虽然我参加不多，但收获不小。2011 年暑期学院派我前往哈佛商学院，参加了 PCMPCL（Program on Case Method and Participant-Centered Learning "以参与者为中心的学习方法和案例教学"培训项目），亲身感受了哈佛商学院教授们的案例教学和经验分享。上述活动，每一次都对案例教学的思考产生了重要的影响，对这些活动的组织者和参与者表示感谢！特别是在哈佛商学院学习期间，同在哈佛学习的清华大学经管学院何平教授、复旦大学卢晓教授给予我学习和生活上的关怀和照顾，对他们也表示感谢！在哈佛商学院的日子令人难忘。

再次，感谢那些引导我进入规范案例研究轨道的人。尽管研究型案例不同于教学型案例，但是研究型案例是高质量教学案例的重要来源和基础，本案例集中就有多篇是学术性案例转化的结果。2005年，我的同事杨斌教授和王雪莉教授邀请我加入了《中国式企业管理科学基础研究》课题组，使我开始了边学习、边实践规范案例研究的方法，同时主持了《品牌和营销》的专题研究。2010年6月，我参加了清华大学经济管理学院举办的《管理研究方法》系列讲座，由斯坦福大学埃森哈特（Eisenhardt）教授专门讲解案例研究方法，收获甚大。从2008年开始，我每年参加《管理世界》杂志和中国人民大学商学院联合举办的"中国企业管理案例论坛"，至今已经参加了4届，其中3篇合作论文获得了最佳论文，4篇刊发于《管理世界》杂志。感谢邀请我加入《中国式企业管理科学基础研究》课题组的杨斌教授和王雪莉教授，感谢埃森哈特教授在清华的精彩授课，也感谢"中国企业管理案例论坛"的匿名评审专家和主办方——《管理世界》杂志社和中国人民大学商学院，特别要感谢蒋东升副主编的严谨态度和对案例研究的支持，以及中国人民大学商学院毛基业教授每一次的专业性演讲和讨论。另外，还要感谢北京大学光华管理学院的何志毅教授，他对案例研究和案例教学的情怀给我带来不少的学习机会。

还要感谢案例中提到的企业，以及本书几个案例的原始作者。这几个案例，我实在无法比他们编写得更好，只好大部分保持原貌，并根据教学讨论需要更改了题目和很少的内容，清晰地标明作者。这几个案例是：《红罐王老吉为什么》（耿一诚、张婷）、《鄂尔多斯如何应对价格战》（马翔宇、何志毅）、《如何卖出400套包装设备》（慕凤丽、黄铁鹰、梁钧平）。另外，也有几篇案例保留了部分已有文献的原貌，对他们也表示感谢。

同时，感谢经济科学出版社的金梅和齐伟娜编辑，她们给予《李飞定位研究丛书》极大的热情，付出了艰苦的劳动，也是我持续做下去的动因之一。另外，也感谢清华大学经济管理学院中国零售研究中心的同事林雅莉和郭芬芬硕士，她们也为本书做出了一定的贡献。

最后，要感谢10年来我教过的所有学生，包括硕士、博士、MBA、EMBA，以及高级经理培训中心的学员，他们辛辣的提问、热情的笑脸、节日的祝福、生活的关怀、友善的激励、旅游的邀请，是我不断努力的动力。我一直想的是：要对得起那些选择我的人，特别是我的学生。

李 飞<br>
清华大学经济管理学院<br>
2012年2月

# 前　言

《李飞定位研究丛书》(1)《定位地图》、(2)《定位案例》、(3)《定位故事》于 2008 年出版后，(4)《奢侈品营销》于 2010 年出版，在之后的两年中并没有新的写作计划。但是，2011 年，清华大学经济管理学院 MBA 教学改革深化，不得不改变过去讲解案例的方式，开始尝试哈佛讨论式的案例教学，以保持与其他营销课程老师教学方法的一致。因此，用了大约一个月的寒假时间，对以往参与的营销事件、使用过的教学案例进行了系统的梳理，形成这本《营销教学案例》，因为它是《定位地图》一书的教学使用案例，因此纳入《李飞定位研究丛书》之五，该书是作者计划外的收获，也算是给自己进入清华大学经济管理学院 10 周年的一个礼物。所选编的案例，50%左右是我不同程度参与的，使用会有更多的体会和亮点，也有明显的独特性。同时，这些案例都立足于中国情境。

**体例结构**

本书仍然沿用定位地图的理论框架，来编辑和设计教学案例，供教学中营销及定位相关问题的讨论。从大的方面看，首先讨论找位——目标顾客的选择，接着讨论定位——定位点的确定，再讨论到位——营销组合及实施。共分 10 章，内容包括：

第 1 章为营销管理概论，设计了三个案例：《一家狗粮公司的营销故事》、《营销在企业战略中的位置》和《八佰伴为什么失败》，目的是让学生对营销的本质和管理框架有所思考。

第 2 章为营销定位地图，设计了两个案例：《京都商学院应该请谁来咨询》和《运动鞋的多维定位感知图》，目的是让学生了解不同咨询顾问的定位方法，以及有效的定位感知图工具。

第 3 章为市场细分和目标顾客选择，设计了两个案例：《顾客究竟在购买什么》和《Z 银行应该如何细分信用卡顾客》，目的是让学生了解市场细分、目标顾客选择的过程和方法。

第 4 章为营销定位决策，设计了六个案例：《矿泉壶大战复盘》、《红罐王老吉为什么》、《红罐王老吉怎么办》、《千年翠钻该如何定位》、《沃尔玛如何赢得竞争优势》和《必胜宅急送的定位选择》，目的是让学生了解竞争对手分析和定位点选择方法，案例包括一般商品、奢侈品和服务业三种类型。

第 5 章为营销组合策略，设计了两个案例：《零售营销应该组合什么要素》和《2012 年央视春晚的营销组合》，目的是让学生了解营销组合的内容和方法，不同行业是不同的。

第 6 章为产品组合策略，设计了三个案例：《佳洁士儿童牙膏的故事》、《欢乐谷的服务组合策略》和《芭比娃娃：一个高档消费者》，目的是让学生了解产品和服务规划的内容和过程，不同行业是不同的。

第 7 章为价格组合策略，设计了四个案例：《鄂尔多斯如何应对价格战》、《是否应该降低奢侈品关税》、《当代商城网店该如何定价》和《翠微大厦把店庆做成品牌》，目的是让学生了解价格规划的内容和过程，不同行业是不同的，涉及一般商品、奢侈品和服务业三种类型。

第 8 章为渠道组合策略，设计了七个案例：《当代商城的多渠道整合》、《阳光物流公司的多渠道调整》、《如何卖出 400 套包装设备》、《如何取得胶卷市场的霸主地位》、《联想该不该兑现销售员奖金》、《麦考林的多渠道整合之路》和《零售业态发展的故事》，目的是让学生了解渠道的选择范围、依定位规划渠道、渠道的系统设计及整合、销售管理等，案例包括快消品、工业品、奢侈品和服务业等类型。

第 9 章为沟通组合策略，设计了四个案例：《可口可乐雅典奥运沟通》、《得力该请谁当形象代言人》、《是学富亚，还是学立邦漆》和《"故宫门"为何越开越多》，目的是让学生了解沟通组合的内容和过程，特别是在互联网环境下的应对策略。

第 10 章为营销定位实施，设计了五个案例：《动感地带入市的历程》、《海底捞究竟是如何成功的》、《佰草集如何进入欧洲市场》、《香奈儿品牌的个性化之路》和《卡地亚品牌的差异化之路》，目的是让学生了解营销实施的过程和方法等，案例包括一般商品、奢侈品和服务业等类型。

## 阅读提示

本书是为了帮助教师在教学中应用案例讨论的方法，提供中国情境的备选案例，这些案例可以用于《营销管理》、《奢侈品营销》、《服务营销》和《零售营销》等相关课程。虽然《营销教学案例》可以作为营销书籍单独阅读，但是作者更希望与《李飞定位研究丛书》中其他书籍配合阅读。这些书籍包括：

(1)《李飞定位研究丛书》之一《定位地图》，包括反映钻石图定位构建过程、模型使用的理念和方法。具体内容有：引论，讨论营销战略管理框架和钻石定位图的构建；定位的过程，讨论找位、选位和到位的方法；规划的细节，讨论依定位进行营销组合规划；实施的保障，讨论依定位打造关键流程和整合重要资源；展望，讨论钻石定位图的应用。

(2)《李飞定位研究丛书》之二《定位案例》，包括应用钻石图定位法进行分析的40余个案例，涉及电子消费、生活消费、时尚奢侈品、零售行业、服务行业、运输石油、文化传媒等领域。

(3)《李飞定位研究丛书》之三《定位故事》，包括反映钻石图定位法理念和方法的180个精彩并令人回味的故事，以定位的过程分为导论、找位、选位、到位和结语五个部分。书中每一个故事都配有有趣的漫画。

(4)《李飞定位研究丛书》之四《奢侈品营销》，在界定奢侈品概念的前提下，讨论找位——奢侈品目标顾客的选择；定位——奢侈品定位点的确定；到位——奢侈品的营销组合、流程再造和资源整合；运用定位地图框架，详细分析路易威登和百达翡丽两个著名的奢侈品品牌。

李 飞

清华大学经济管理学院

2012年2月

# 目录

*Contents*

### 第1章 营销管理概论 / 1

1.1 一家狗粮公司的营销故事 / 1
1.2 营销在企业战略中的位置 / 5
1.3 八佰伴为什么失败 / 9

### 第2章 营销定位地图 / 18

2.1 京都商学院应该请谁来咨询 / 18
2.2 运动鞋的多维定位感知图 / 27

### 第3章 市场细分和目标顾客选择 / 37

3.1 顾客究竟在购买什么 / 37
3.2 Z银行应该如何细分信用卡的顾客 / 41

### 第4章 营销定位决策 / 55

4.1 矿泉壶大战复盘 / 55
4.2 红罐王老吉为什么 / 66
4.3 红罐王老吉怎么办 / 79
4.4 千年翠钻该如何定位 / 90
4.5 沃尔玛如何赢得竞争优势 / 99
4.6 必胜宅急送的定位选择 / 110

## 第 5 章 营销组合策略 / **118**

    5.1  零售营销应该组合什么要素 / **118**
    5.2  2012 年央视春晚的营销组合 / **129**

## 第 6 章 产品组合策略 / **136**

    6.1  佳洁士儿童牙膏的故事 / **136**
    6.2  欢乐谷的服务组合策略 / **143**
    6.3  芭比娃娃：一个高档消费者 / **154**

## 第 7 章 价格组合策略 / **168**

    7.1  鄂尔多斯如何应对价格战 / **168**
    7.2  是否应该降低奢侈品关税 / **176**
    7.3  当代商城网店该如何定价 / **181**
    7.4  翠微大厦把店庆做成品牌 / **187**

## 第 8 章 渠道组合策略 / **201**

    8.1  当代商城的多渠道整合 / **201**
    8.2  阳光物流公司的多渠道调整 / **211**
    8.3  如何卖出 400 套包装设备 / **215**
    8.4  如何成为彩色胶卷市场的霸主 / **233**
    8.5  联想该不该兑现销售员的奖金 / **243**
    8.6  麦考林的中国多渠道整合之路 / **246**
    8.7  零售业态发展的故事 / **262**

## 第 9 章 沟通组合策略 / **269**

    9.1  可口可乐雅典奥运沟通策略 / **269**
    9.2  得力该请谁当形象代言人 / **275**
    9.3  是学富亚，还是学立邦漆 / **283**
    9.4  故宫"门"为何越开越多 / **291**

## 第10章 营销定位实施 / 301

10.1 动感地带入市的历程 / 301

10.2 海底捞是如何成功的 / 313

10.3 佰草集如何进入欧洲市场 / 324

10.4 香奈儿品牌的个性化之路 / 334

10.5 卡地亚品牌的奢侈化之路 / 341

后 记 / 350

# 图表目录

## 图目录

图 1.2.1　企业发展战略规划框架　/　6

图 2.1.1　定位地图　/　24
图 2.1.2　品牌定位点的选择模型　/　25
图 2.2.1　运动鞋二维的感知定位图　/　29

图 3.2.1　信用卡顾客细分标准　/　49
图 3.2.2　客户忠诚评价过程与结果　/　49
图 3.2.3　消费潜力评价过程与结果　/　50

图 4.2.1　电视广告　/　73
图 4.2.2　户外广告　/　73
图 4.2.3　广告"叶"　/　74
图 4.2.4　红罐王老吉销售模式　/　75
图 4.3.1　王老吉品牌传承谱系　/　80
图 4.4.1　消费者心目中的理想品牌　/　94
图 4.4.2　消费者购买珠宝饰品的影响　/　95
图 4.4.3　消费者佩戴珠宝饰品的目的　/　96
图 4.4.4　珠宝品牌的知晓度情况　/　96

| 图5.1.1 | 零售商店消费者满意度测量模型 / **122** |
|---|---|
| 图6.3.1 | 1959年的第一款芭比娃娃 / **158** |
| 图6.3.2 | 肯的形象变化 / **161** |
| 图7.4.1 | 翠微店庆销售指标分解 / **192** |
| 图8.2.1 | 阳光物流公司的渠道目标 / **213** |
| 图8.2.2 | 阳光物流公司渠道目标实现的主要工作 / **214** |
| 图8.6.1 | 麦考林会员的区域分布情况 / **255** |
| 图8.7.1 | 《赶集归来》作者 陈明远 / **263** |
| 图8.7.2 | 清明上河图（局部） 张择端 / **264** |
| 图8.7.3 | 西埃德蒙顿购物中心的娱乐设施 / **265** |
| 图9.1.1 | 1999~2002年各类型饮料的变化 / **271** |
| 图9.1.2 | 奥运、可口可乐产品和公司的价值 / **272** |
| 图9.1.3 | 奥运的营销机会 / **272** |
| 图9.1.4 | 奥运营销目标 / **273** |
| 图10.1.1 | 动感地带 / **308** |
| 图10.4.1 | Bijoux de Diamants / **335** |
| 图10.4.2 | 修道院元素对香奈儿品牌的影响 / **335** |
| 图10.4.3 | 香奈儿5号香水 / **338** |
| 图10.4.4 | 香奈儿经典小黑裙 / **339** |
| 图10.4.5 | 香奈儿Tweed套装 / **339** |
| 图10.5.1 | 路易·弗朗索瓦·卡地亚 / **342** |
| 图10.5.2 | 马蒂尔德公主 / **343** |
| 图10.5.3 | 卡地亚珠宝店迁至"和平街13号" / **345** |
| 图10.5.4 | 卡地亚纽约店铺迁至第五大道653号 / **346** |

## 表目录

表 1.2.1　改进后的企业发展战略规划框架　/　7

表 2.2.1　调查样本的特征　/　28

表 3.2.1　深度访谈结果好处弊端使用方便　/　42
表 3.2.2　感知利益的因子分析结果　/　43
表 3.2.3　感知风险的因子分析结果　/　44
表 3.2.4　信用卡使用者分类　/　45
表 3.2.5　顾客群的人口统计特征　/　45
表 3.2.6　各细分市场的信用卡使用率　/　47
表 3.2.7　Chi-Square 检验表　/　47
表 3.2.8　各细分顾客的刷卡比例　/　47
表 3.2.9　Chi-Square 检验表　/　48
表 3.2.10　还款风险评估过程与结果　/　50
表 3.2.11　顾客细分的最终结果　/　51

表 4.2.1　红罐王老吉各流通环节价格体系与利润关系　/　75
表 4.4.1　珠宝品牌的各维度评价　/　97
表 4.5.1　沃尔玛公司在美国市场的消费者感知　/　101
表 4.5.2　沃尔玛企业文化的内容　/　106

表 5.1.1　量表可靠性检验综合超市　/　121
表 5.1.2　验证性因子分析结果（10 因子模型）　/　121
表 5.1.3　影响零售顾客满意度的因素　/　123
表 5.1.4　各个维度对满意度的影响程度　/　124

表 6.1.1　刷牙利益之间的因果关系　/　139

| | | |
|---|---|---|
| 表7.4.1 | 翠微大厦历年周年庆的销售额 | / 189 |
| 表7.4.2 | 第十二届购物节暨翠微百货12周年店庆花絮活动（翠微店） | / 193 |
| 表7.4.3 | 翠微百货十二周年店庆营销活动相关部室分工（部分） | / 195 |
| 表8.1.1 | 实体商店和网上商店资源的结合模式 | / 206 |
| 表8.2.1 | 各种渠道的优势功能 | / 211 |
| 表8.2.2 | 单一直接人员销售的成本花费 | / 212 |
| 表8.2.3 | 销售人员工作改进的具体方法 | / 214 |
| 表8.4.1 | 中国七大城市受访者的数码相机拥有率及计划购买率 | / 236 |
| 表8.6.1 | 麦考林的目录分类 | / 252 |
| 表10.1.1 | 有线、移动互联网用户对比 | / 305 |

# 第1章 营销管理概论

## 1.1 一家狗粮公司的营销故事

中国一家狗粮公司正在拓展全国的市场,公司经理派一个刚刚入职的小赵到外省的一个二线城市,让他了解那里的市场,这个营销人员到这个城市后发回一封短信:"这里的人不养狗,没有市场。建议公司放弃这个市场。"

于是经理又派出第二个营销人员小钱,他在那里一个星期后发回了一封短信:"这里的人不养狗,但是我们可以让他们养狗,将我们的狗粮卖给他们。"

公司对结果不满意,又派出了第三个人——老孙,两个星期后,他发回一封 E-mail 说:"这里很多人养狗,市场巨大。只是人们偷偷地养,因为政府规定居民不能养狗。建议公司尽快先进入这个市场。"

公司进入了这个市场,但是市场推广只能偷偷地进行,效益不理想。公司派出了第四个营销专家老李,试图摆脱困境。他到这个城市两个月,为政府提供了一份养狗的利弊分析报告,以及各城市对养狗的规定,政府终于解除了养狗的限令。他发回一封 E-mail:"在居民的呼吁下,政府将很快废止禁止养狗的条例,这样会使这里养狗的居民大大增加。建议公司做好大规模进入的准备。"

于是公司在当地政府废止禁止养狗条列后,立即组织大规模的市场推广活动。遗憾的是,狗粮在这里仍然销售不畅,公司开会分析原因。

经理:谁的狗粮最有营养?

员工：我们的。

经理：谁的宣传战打得最漂亮？

员工：我们的。

经理：谁的销售力量最强大？

员工：我们的。

经理：那我们的狗粮为什么卖不出去？

经过一段时间的沉默之后，一个声音回答：因为狗不喜欢吃我们的粮。

随后，公司进行了消费者（狗）的调查研究，开发出狗喜欢吃的食品。新的狗粮推向市场后，销售仍然不理想。公司再次开会分析原因。

经理：狗最喜欢吃谁的狗粮？

员工：应该是我们的。

经理：谁的宣传战打得最漂亮？

员工：我们的。

经理：谁的销售力量最强大？

员工：我们的。

经理：那我们的狗粮为什么卖不出去？

经过一段时间的沉默之后，一个声音回答：因为狗主人不喜欢买我们的粮。

经理：为什么狗主人不买我们的狗粮？

全场鸦雀无声。这不是一下子就能回答的问题。

公司经理决定，不能这样一事一议了，需要聘请一家好的咨询公司进行整体的营销规划。如果你是被聘请的咨询公司的专家，提交一份怎样的营销规划书呢？

**案例讨论目的**

使学生掌握"营销管理规划"的目的、内容和选择标准。

**案例讨论问题**

1. 这家狗粮公司营销存在的问题是什么？
2. 这家狗粮公司如何进行重新的整体营销规划？

**案例讨论形式**

开放式讨论，同学们根据案例提供的资料和数据，对这家狗粮公司的营销问题进行综合分析，最终提出自己的营销规划思路框架。

# 附录 1.1

**附表 1.1.1　　　　　美国营销学会（AMA）营销定义演变**<sup>*</sup>

| 时间 | 内容 |
|---|---|
| 1960 | "营销是引导产品和服务从供应商向消费者流动的商业活动"——这在本质上还是将营销视为交换和销售。 |
| 1985 | 营销是一个过程，是对商品、服务和观念进行策划并实施设计、定价、分销和促销的过程，从而创造能够实现个人和组织目标的交换（Marketing is the process of planning and executing the conception, pricing, promotion, and distribution of ideas, goods and services to create exchanges that satisfy individual and organizational objectives）。 |
| 2004 | 营销是一项有组织的活动，包括为顾客创造、沟通并传递价值，以及维系管理公司和顾客的关系，从而使公司和相关利益者获益的一系列过程（Marketing is an organizational function and a set of processes for creating, communicating, and delivering value to customers and for managing customer relationships in ways that benefit the organization and its stakeholders）。 |
| 2007 | 营销是创造、沟通、传递、交换对顾客、客户、合作伙伴和整个社会具有价值的提供物的一系列活动、组织、制度和过程（Marketing is the activity, set of institutions, and processes for creating, communicating, delivering, and exchanging offerings that have value for customers, clients, partners, and society at large）。 |

注：* 根据 AMA 网站资料整理。

**附表 1.1.2　　　　　营销概念的发展**<sup>*</sup>

| 时间 | 内容 |
|---|---|
| 第二次世界大战后的 20 世纪 50 年代 | 营销组合（marketing mix）、产品生命周期（product life cycle，PLC）品牌形象（brand image）、市场细分（market segmentation）、营销观念（marketing concept）、营销审核（marketing audit） |
| 腾飞的 20 世纪 60 年代 | 4P 理念（four Ps）、营销近视症（marketing myopia）、生活方式（lifestyles）、营销概念的拓宽（the broadened concept of marketing） |
| 动荡的 20 世纪 70 年代 | 社会营销（social marketing）、定位（positioning）、战略营销（strategic marketing）、社会性营销（societal marketing）、宏观营销（macro marketing）、服务营销（service marketing） |
| 迷茫的 20 世纪 80 年代 | 营销战（marketing warfare）、内部营销（internal marketing）、全球营销（global marketing）、本地营销（local marketing）、直接营销（direct marketing）、关系营销（relationship marketing）、大市场营销（mega marketing） |
| 一对一的 20 世纪 90 年代 | 顾客关系营销（customer relationship marketing）、体验营销（experiential marketing）、网络营销（e-marketing）、赞助营销（sponsorship marketing）、营销道德（marketing ethics） |
| 利润导向的 21 世纪 10 年代 | ROI 营销（return-on-investment marketing）、品牌营销（brand building marketing）、顾客资产营销（customer equity marketing）、社会责任营销（social responsibility marketing）、绩效营销（performance marketing） |

注：* 摘自 Philip Kotler（2006），Evolving Views of Marketing's Role. PPT，转引自卢泰宏：《营销管理演进综述》，载《外国经济与管理》，2008 年第 1 期。

附表1.1.3　　　　营销管理的基本范式："5C's – STP – 4P's"*

| 缩写 | 内　容 |
| --- | --- |
| 5C's | Customers, Company, Competitors, Collaborators, Context |
| STP | Segmentation, Targeting, Positioning |
| 4P's | Product, Price, Place, Promotion |
| 管理 | 分析、规划和实施 |

注：* 根据相关营销文献料整理，基本内容参考罗伯特·J·多兰等：《营销战略》，中国人民大学出版社2003年版，第5页。

附表1.1.4　　　　营销管理的"4P's""4C's"和"4R's"模型*

| 缩写 | 内　容 |
| --- | --- |
| 4P's | 产品（Product）、价格（Price）、分销（Place）、促销（Promotion）——麦卡锡（1960） |
| 4C's | 消费者需求（Consumer solution）、消费者支出成本（Consumer Cost）、便利（Convenience）、沟通（Communication）——劳特朋、舒尔茨等（1990） |
| 4R's | 顾客关联（Relativity）、市场反应（Reaction）、关系营销（Relationship）、利益回报（Retribution）——舒尔茨等（2004） |

注：* 根据相关营销文献料整理，参见李飞著：《定位地图》，经济科学出版社2008年版，第84~85页。

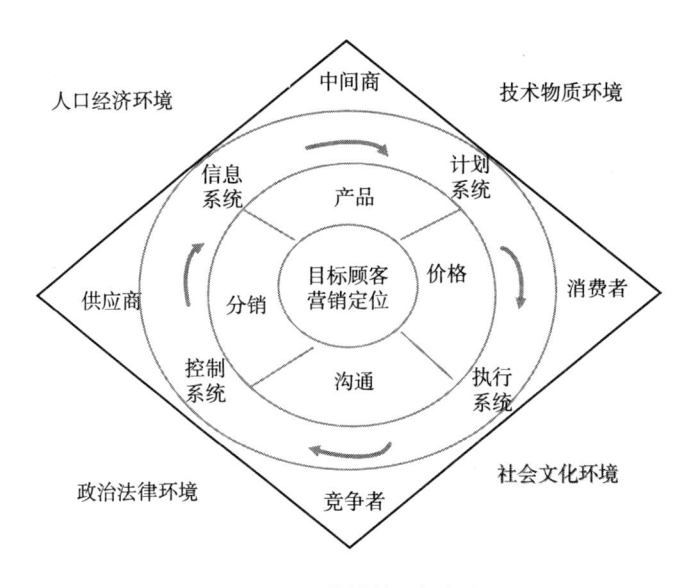

附图1.1.1　营销管理框架*

注：* 李飞著：《定位地图》，经济科学出版社2008年版，第7页。

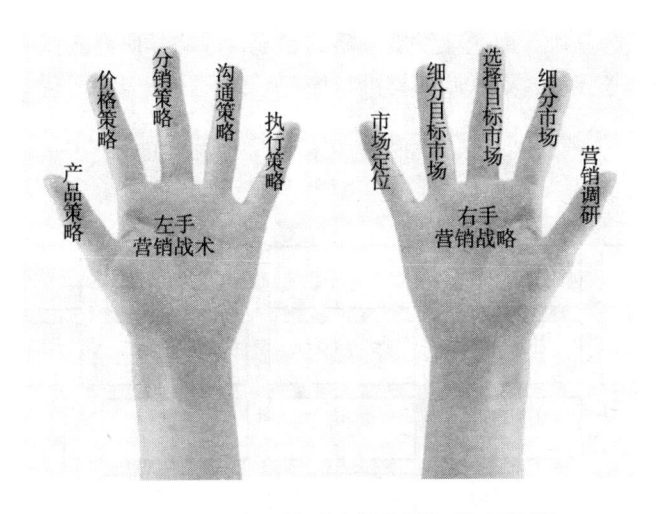

附图 1.1.2　李飞的"十指营销"管理模型*

注：*李飞著：《定位地图》，经济科学出版社 2008 年版，第 7 页。

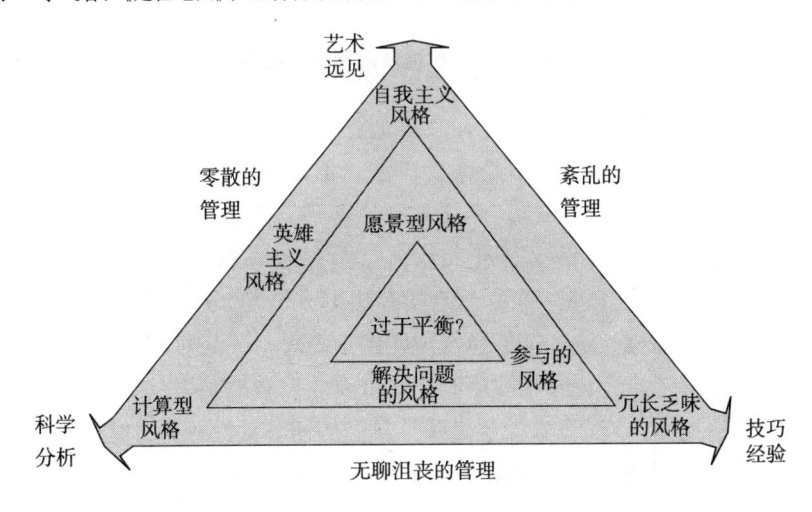

附图 1.1.3　明茨伯格的管理性质三角形*

注：*明茨伯格著：《管理者而非 MBA》，机械工业出版社 2006 年版，第 92 页。

## 1.2　营销在企业战略中的位置

在 2009 年清华大学经济管理学院 EDP（The Executive Development Programs，意为高级经理培训中心）的一次营销课堂上，李飞教授讲了营销战略的制定必须以企业发展战略为基础,而企业发展战略的制定,战略学研究教授或咨询公司给出过不少的框架。李飞教授对这些框架进行梳理后,画出相应的图示(见图1.2.1)。

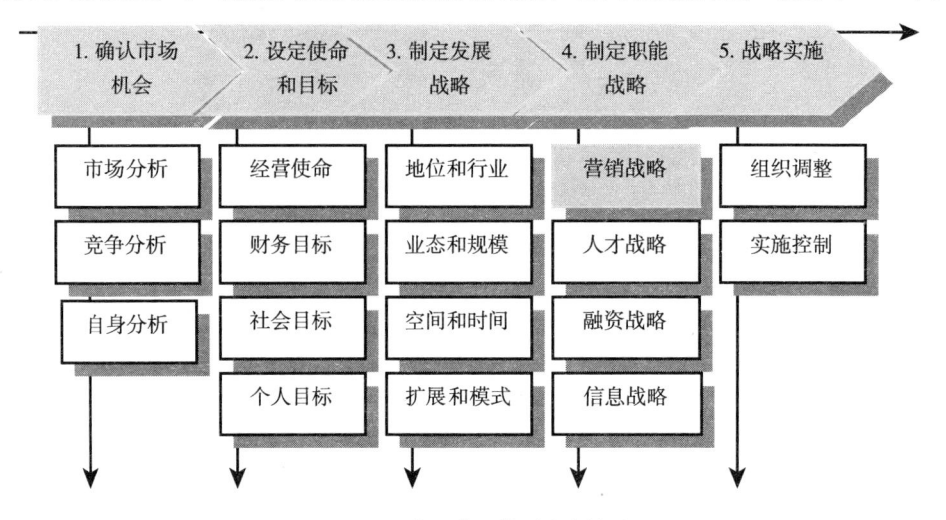

```
1. 确认市场机会  →  2. 设定使命和目标  →  3. 制定发展战略  →  4. 制定职能战略  →  5. 战略实施

市场分析          经营使命           地位和行业          营销战略           组织调整
竞争分析          财务目标           业态和规模          人才战略           实施控制
自身分析          社会目标           空间和时间          融资战略
                 个人目标           扩展和模式          信息战略
```

**图1.2.1　企业发展战略规划框架**

当李飞教授讲完这一图示后,有一位企业老总要求发言,他说:"这个框架似乎没错,战略管理课程也大多是这个讲法,但是第3步骤中似乎是发展战略,发展什么并没有在这个框架中"。李飞教授回答道:"应该在行业和地位中。"学员说:"发展什么,应该不仅是进入什么行业,还应该包括自己的特色和优势吧?"李飞教授说:"应该是。"由于他没有想得太清楚,就转移了话题:"好了,我们不是战略管理课程,这个框架是想说明两个意思:一是营销战略是企业发展战略的职能战略,另一个是说营销战略制定要以企业发展战略为基础。其他问题,我们课下再讨论"。但是,李飞教授还是感觉自己的回答太泛泛了,觉得不痛快。

随后他开始阅读文献,对企业发展战略和营销战略的关系进行研究,大约花费了半年多的时间,终于有了眉目——迈克尔·波特给了他启发,这位战略大师早就提出了打造竞争优势的三条路径:集中化战略、低成本战略和差异化战略。企业发展和复制的不就是它吗?2010年李飞教授改进了企业发展战略规划框架,学员们反映这个框架好。

2011年暑期,学院派李飞教授去哈佛商学院参加案例教学研讨班,他还专门拜访了波特教授的"战略和竞争力研究所",该所位于哈佛商学院贝克图书馆前草坪一侧的一座独立的三层小白楼中。从哈佛回来之后,通过学习和哈佛商学院的实地感受,他又有了一些新的想法,再次完善了战略规划框架(见表1.2.1)。

表 1.2.1　　　　　改进后的企业发展战略规划框架

| 第一步：战略分析 | | 第二步：战略计划 | | 第三步：战略实施 | |
|---|---|---|---|---|---|
| 内容 | 工具 | 内容 | 工具 | 内容 | 工具 |
| (1) 宏观环境<br>社会、技术、经济、生态和政治法律 | | (4) 使命和目标<br>①使命<br>②目标 | | (7) 战略实施<br>①战略实施<br>②战略评价<br>③战略控制 | |
| (2) 微观环境<br>投资者、供应商、中间商、消费者、竞争者和公众 | | (5) 竞争战略－优势<br>①行业地位：综合化与专业化；领导者、挑战者、追随者和补充者<br>②竞争优势：集中化、低成本和差异化 | | | |
| (3) 内部环境<br>①竞争优势<br>②竞争流程<br>③竞争资源 | | (6) 发展战略－复制<br>方向：<br>①增长型<br>②稳定型<br>③收缩型<br>方法：<br>①发展空间<br>②发展时间<br>③扩张方式 | | | |

**案例讨论目的**

使学生了解"营销在企业发展战略中的重要位置"，以及制定企业发展战略的框架和方法。

**讨论问题**

1. 营销在企业发展战略中的位置如何？为什么？
2. 制定企业发展战略有哪些可以选用的模型工具以及匹配的步骤？

**案例讨论形式**

在课堂上引导学生讨论和评价两个框架，并完善表 1.2.1 的空白处，最终形成一个企业发展战略和营销匹配的规划框架。

# 附录 1.2

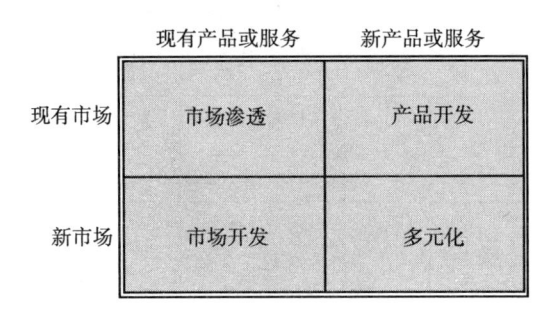

|  | 现有产品或服务 | 新产品或服务 |
|---|---|---|
| 现有市场 | 市场渗透 | 产品开发 |
| 新市场 | 市场开发 | 多元化 |

附图 1.2.1　安索夫矩阵

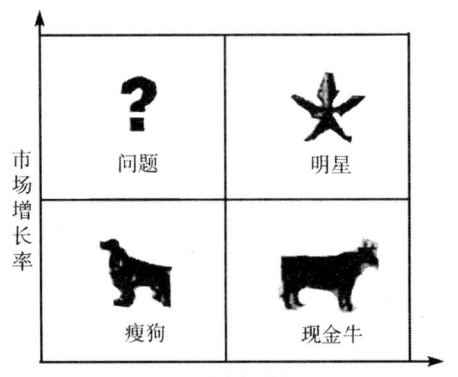

市场增长率 / 相对市场份额

| 问题 | 明星 |
|---|---|
| 瘦狗 | 现金牛 |

附图 1.2.2　波士顿矩阵

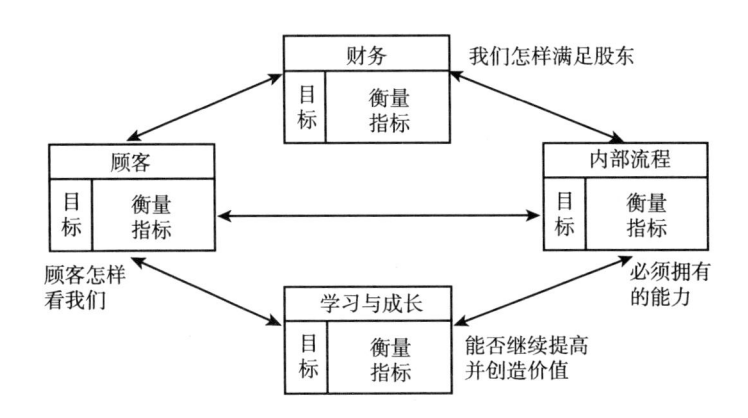

财务（目标 / 衡量指标）——我们怎样满足股东

顾客（目标 / 衡量指标）——顾客怎样看我们

内部流程（目标 / 衡量指标）——必须拥有的能力

学习与成长（目标 / 衡量指标）——能否继续提高并创造价值

附图 1.2.3　平衡记分卡

## 1.3 八佰伴为什么失败

1997年9月18日，日本八佰伴公司宣布破产，随后这个百货业国际化发展的典范，像多米诺骨牌一样倒塌。谁也没有想到：辉煌过后是急速到来的悲剧。对其为何失败的分析，可以说是众说纷纭。2001年12月北京赛特集团举办商业论坛，集团总裁王新民邀请了八佰伴前总裁和田一夫先生进行演讲，反思八佰伴的失败。八佰伴和赛特是有渊源的，当年赛特购物中心成立时，就是八佰伴向其输出管理，为后来赛特名震全国奠定了管理基础。媒体对八佰伴失败的分析，有不同观点的讨论和评价，至今也没有达成一致。让我们回顾它的历史吧！

### 一、创建的历史[①]

1985年，中央电视台播出日本电视连续剧《阿信》，收视率高达80%，几乎达到了万人空巷的程度。该剧以日本明治年间山形县佃农谷村家的女儿阿信从7岁到83岁的生命为主线，讲述一个女人为了生存挣扎、奋斗、创业的故事。据说女主角"阿信"的原型是日本八佰伴的创始人和田加津女士。

1929年，长子和田一夫出生没满月，和田加津就让丈夫用旧木板做了一辆手推车，推车沿街卖水果和蔬菜，由于她的货品新鲜便宜，为人也厚道，因此赢得了顾客的信任。后来，在临街的房屋中辟出一块地，设立了10多平方米的蔬菜水果摊（店），蔬菜店在日文中叫"八佰屋"，"伴"则是商号，相当于旧中国的"伴记"之意[②]。

1950年4月13日附近一个化学物品仓库爆炸，发生了火灾，使经营了20年的果蔬店变成了废墟。1955年11月1日，八佰伴重新开张，面积扩大了5倍，更名为"八佰伴食品百货股份有限公司"。

1962年和田一夫担任公司总经理，全权掌管八佰伴的业务，和田良平担任董事长，和田加津任最高顾问。当时年仅33岁的和田一夫决定将超级市场作为八佰伴的主营方向，从单一的蔬菜水果经营拓展至百货。1965年取得了成效，

---

[①] 李飞：《世界名店》，经济管理出版社2001年版，第267~268页。同时，根据互联网百度百科相关资料进行了补充。

[②] 漓源：《日本八佰伴为何破产》，载《中国工商》，1997年第12期。

八佰伴公司的营业额首次突破10亿日元。公司资产由3年前的1 000万日元增加到3 000万日元。

1966年至1974年，和田一夫在热海以外的市镇又开设了8间八佰伴分店，平均一年一间，获得较稳健的发展。但是，和田一夫并不满足，决定继续扩张。然而，由于国内大荣等大型商业集团的发展，纷纷采取规模经济和薄利多销的策略，挤压了八佰伴的发展空间。当时，它在日本国内还没有多少品牌的优势，知名度也不高，于是，和田一夫计划走一条海外发展的路子。

## 二、海外的扩张

在巴西，日本移民较多，因此八佰伴率先进入巴西市场。1971年9月24日，巴西八佰伴首家百货公司亮相。和田一夫把日本的经营方式和八佰伴的优良传统带到了巴西，获得成功。开业时预期的年营业额是10.7亿日元，由于生意超常兴旺，营业额大大超过了预期。1972年扩建部分投入营业，店面比原来扩大3倍，一举成为圣保罗市最大的百货商场；1973年8月，八佰伴在索洛加巴地区开设了第2间分店，两年后，第3间分店又开张了；1976年10月，第4间八佰伴分店在巴西国际中心开幕，这个商业中心是当时拉美最大的购物市场。但是，它并没有站稳脚跟，没能进入20世纪80年代，巴西分店被迫关门了。后来，和田一夫说，这是八佰伴遭遇大火的第一次危机后的第二次大危机。

1974年9月14日，新加坡八佰伴隆重开幕。在开业后11个月就收回了投资，并进入正常盈利。1977年8月，八佰伴在新加坡的加东地区开设了第2间分店；1979年5月，八佰伴在郊外的汤逊区开设了第3间分店。此时，八佰伴一跃成为新加坡最大的百货公司。1981年，八佰伴在武吉知玛开设的新加坡第4间分店开幕。但是，进入20世纪90年代，其经营业绩并不是很理想。截至1997年7月31日，八佰伴新加坡的资产总值为4 948万新元（约3 100万美元），债务总额6 583万新元（约4 300万美元），赤字1 635万新元（约1 020万美元）。债权人主要是银行和供货商，而银行的担保人是八佰伴日本和八佰伴控股公司。

1973年10月，和田一夫在香港注册了一家私人有限公司。香港是自由港，所得税低，紧靠大陆，具有开店优势。1984年12月22日，香港八佰伴第1号分店在沙田商场隆重开幕。1988年，沙田分店营业额高达9.35亿港元（约合日元170亿），纯利为3 128万港元。在薄利的百货业中，这个盈利水平十分理想。第2号分店、位于新市镇的屯门店于1987年12月9日开幕，两店正好相隔1年。屯门八佰伴面积更大，约22 000平方米，为香港所有日资百货规模之最。1988

年 9 月，八佰伴香港有限公司宣布，以每股 1 港元（注：面额为 0.25 港元）发行 7 500 万新股，由于证监处严厉监察暗盘，仅筹得资金 6 730 万港元，股票于 9 月 22 日正式在香港联交所挂牌。资金用于八佰伴在港的第 3 号分店——九龙黄埔花园超级市场的开设，该店面积 13 900 平方米，于当年 12 月 9 日开张。

到 1989 年，八佰伴在香港拥有一家上市公司、三个百货超级市场。1989 年 7 月，和田一夫另组八佰伴国际流通集团，他辞去八佰伴百货公司经理（社长）职务，仅保留会长（董事长）名誉职务，出任八佰伴国际的总裁。日本八佰伴总经理一职由原副总经理和田晃昌接任，其在行政上隶属八佰伴国际。八佰伴国际又是所有海外分公司的总公司。

1990 年 5 月，和田一夫挟划 11.5 亿港元资金，将八佰伴总部迁往香港，展示出他在香港落地生根的决心。和田一夫来港之后，开始了快速扩张行动。至 1995 年，八佰伴（香港）百货公司拥有港澳 10 间超级市场，该公司隶属于上市公司八佰伴香港，为八佰伴香港的全资子公司。同时八佰伴还涉足饮食、家电、鞋包等其他行业。

香港成为八佰伴国际化扩张的新基地。然而，事实证明效益也不尽如人意。1991 年八佰伴香港盈利 5 700 万元，1992 年受邓小平南方讲话的影响继续盈利。但是从 1994 年开始，香港经济两年进行调整，消费低迷，八佰伴出现了严重亏损，到 1995 年已经累计亏损 3.6 亿港元，1996 年又增加了 1.6 亿港元。破产消息发布时，香港八佰伴累计无法偿还债务已达 7 000 万港元[①]。

1989 年之后，国外公司对于进入中国采取观望态度，此时政府开始了浦东开发，八佰伴抓住了机会，于 1991 年进入深圳，成为落户中国大陆的第一家外资零售企业集团。1992 年八佰伴与上海第一百货公司共同投资建立了第一家中外合资零售企业——第一八佰伴新世纪商厦，其建筑面积大 14 万平方米，是当时亚洲规模最大的国际级购物中心，位于刚刚开发的浦东。1995 年，八佰伴又投资建立了商场面积达 7.8 万平方米的会员制商品配销中心——上海八佰伴南方商城，并与上海联农股份有限公司共同投资，在上海开设了 20 多家百联超市；与无锡市百货公司合资创办了江苏最大的集购物、餐饮、娱乐、休闲于一体的多功能综合性商厦——无锡八佰伴商贸中心，总投资 6 000 万美元。1996 年 7 月 1 日，日本八佰伴将原设在香港的八佰伴集团总部移师上海浦东新区，成为第一家在上海设立总部的跨国公司。

通过急剧的商业扩张，八佰伴在破产前十年中成为日本在亚洲的头号海外企

---

① 赵金：《八佰伴：商业帝国梦的破灭》，载《科技智囊》，1998 年第 4 期。

业，其超级百货商场遍布日本、巴西、美国、新加坡、马来西亚、文莱、中国内地和中国香港。全盛期，八佰伴拥有员工近3万人，在世界上16个国家和地区拥有450家超市和百货店，年销售额达5 000多亿日元。

## 三、本土的回归[①]

八佰伴公司分为两个部分：一是日本八佰伴公司，负责日本国内42家店铺，并兼管东南亚、欧美等地的店铺；二是八佰伴控股公司，负责中国内地、中国地区香港的48家分店业务。由于经济环境变化和竞争激烈，八佰伴的店铺数开始减少。

国际化的巨大声望，使和田一夫不仅没有减低国际化发展的强烈欲望，同时也想确立在日本国内市场的零售霸主地位。在20世纪90年代后期，日本流通业变革，经济不景气，金融业一片混乱，零售业亏损严重，诸多店铺关门，或是寻求国外发展。八佰伴在日本属于中型家族企业，难以与厂家建立密不可分的信任关系，也得不到银行的支持，而且银行对其将利润用于海外扩张表示不满——自然也就没有形成本土的竞争优势。

1994年，美国6次提高利润，日元大幅度浮动，迫使日本八佰伴负债经营。但是由于与银行关系一般，经营面临着困境，因此得不到银行的支持，只好在证券市场发行股票。1990年至1996年，八佰伴发行了600亿日元股票，面值1 000日元，在东京证券交易所挂牌上市，曾短期暴涨到3 000日元，但到1996年年底，跌至500日元。1997年9月18日宣布破产时已经跌至69日元，12月19日被交易所除名。股票没有担保，没有银行收购。

于是，不得不出售财产和股权。包括和田一夫出售了自己的豪宅，1997年初出售27%的饮食股权及澳门的不动产，30%的八佰伴的食品股份及集团的家族股权……但仍没能解决债务危机。

1996年年末，将八佰伴属下的16家收益较好的超级市场出售给大荣超市集团，也没有盘活资金，反而进一步丧失回复元气的原动力。紧接着，1997年亚洲金融风暴来临了。

## 四、连锁的反应

1996年日本八佰伴出现"运转不灵"的情况，采取一系列补救措施失效，

---

① 漓源：《日本八佰伴为何破产》，载《中国工商》，1997年第12期。

不得不于 1997 年 9 月 18 日向当地法院申请适用《公司更新法》（破产保护法），总债务达 1 613 亿日元；11 月 20 日，八佰伴发表声明，由于全资拥有的八佰伴香港百货有限公司无力偿还债务，已向香港高等法院申请清盘，10 家香港和澳门的店铺于 21 日停止营业。同年 11 月，法院制定的日本八佰伴保全管理人致函上海第一百货，表达了转让持有股份的意愿。经过一年多时间的谈判后，中方决定将日方原值为 950 万美元的股权以 755 万美元收购，收购价格为原股价的 79.47%。1998 年 8 月 1 日，友谊集团与八佰伴南方商城正式签订股权转让合同。

2000 年 3 月，八佰伴被日本零售商永旺集团收购，并易名为东海株式会社（Maxvalu Tokai）。大部分八佰伴分店已被收购及易名，只有几间保留八佰伴的名称——澳门分店以"新八佰伴（New Yaohan）"为名继续经营，上海的分店则以原名"上海第一八佰伴"为名经营，大温哥华的分店也以原名"八佰伴中心"为名继续经营。此外，在中国内地的无锡、镇江、马鞍山、南京和南通等城市，还存有由中国江苏华地集团经营的以"八佰伴"为名的百货商场，其中除无锡八佰伴外的其他分店，都是由华地集团在收购无锡八佰伴后，以"八佰伴"为品牌独立投资兴建的，与原日商"八佰伴"公司无关。

## 五、失败的反思

1997 年秋，日本《经济界》（增刊）刊登了题为《八佰伴破产的教训——象征着淘汰超市时代的到来》的文章。这篇文章采访了和田一夫的四子、日本八佰伴公司总经理和田光正。他认为，失败有四个方面的原因：一是前期投资太多，"当时我认为投资计划是绝对没有错误的。从结果来看，我想是因为公司对日本和海外的经济形势及对自己企业的能力过于乐观了。""实际上，八佰伴在海外并没有详细的、周密的投资计划。"二是经营失误，"当初虽然得到侨居海外日本人的大力支持，但是由于在日本国内的积蓄不足，经营能力有限，被后发展起来的日本超市和百货商店抢走了客源。"三是过多投资海外，把公司的利润以及通过发行公司债券这种"炼金术"聚集的大量资金投到了海外市场；然而这些资金的回收情况却不尽如人意。加之此期间又出现了泡沫经济，业绩欠佳导致股价下跌。曾通过可转换公司合同券筹资 600 亿日元的八佰伴，从 1997 年 12 月起到 2001 年，每年要偿还 100 亿日元。四是目标顾客变化不定，一会儿以日侨为对象，一会儿又转向当地人，忽视了消费者的需求和服务。

和田一夫在赛特商业论坛上也有深刻的反思。

第一，忽视了日本经济环境的变化。1990年，几乎全球的经济学家都认为日本经济首屈一指，发展速度非常快，那时和田一夫信心十足，开始了在中国的投资业务，主要精力是关注于中国市场，对日本市场的变化忽视了。而这10年，日本经济走向衰退，八佰伴忽视了这种环境的变化并且没能及时做出相应的调整。这是导致失败的第一个原因。

第二，企业内部信息传递受阻。和田一夫作为一个最高决策层，无法迅速及时地得到准确的企业内部信息。弟弟田光晃昌负责日本八佰伴事务，他做了假账不汇报或做了假再汇报，虚增利润，有时将亏损谎报为利润，只是为了让哥哥高兴。和田一夫认为，如果能早一点发觉亏损，会及时地进行一些挽救工作。

第三，难过家族式经营的情面关。企业规模越大，家族式经营的弊端就越来越明显。八佰伴破产前3年，集团联合清算结果显示亏损。和田一夫决定与弟弟的位置调换，让弟弟来香港，他回日本亲临指挥。但弟弟说，女儿要结婚，婚礼定在了日本最豪华的帝国饭店举行，请了很多名人、政要，一旦离开日本，婚礼就要泡汤了。要求和田一夫答应他再拖一年。于是，和田一夫答应了，没有"挥泪斩马谡"，回想起来很后悔，丧失了一年的挽救机会。

第四，和田一夫认为自己被胜利冲昏了头脑。在香港取得了成功，世界上媒体纷纷报道，几乎是全球无人不知，就忘乎所以了，觉得自己什么都能干，什么都能干好，能顶泰山，眼睛失明了，耳朵失聪了，头脑发热了。实际上，当时成功并不是个人的，而是无数人努力的结果。如果企业第一把手有这种骄傲的情绪，定会传染下属及员工，也会觉得自己了不起。这是企业破产的一个重要原因。

第五，忘记了当初的创业精神。当初创业时，母亲时刻提醒孩子们，做买卖是因为有顾客，成功应该感谢他们，因此服务不敢有一丝懈怠。成功之后滋长的骄傲情绪，使八佰伴员工不可能细心地关照顾客，原有的服务精神和热情慢慢消退了，对供应商也忽视了。因此，遇到困难时，也得不到理解和帮助。同时，这本身就是失败的原因，导致顾客、供应商都离你而去。

**案例讨论目的**

使学生掌握"零售战略"调整目的和方法，特别是在环境发生变化的时候，应该采取怎样的应对策略。

**案例讨论问题**

1. 八佰伴面临困境的主要表现是什么？

2. 八佰伴面临的困境应该如何解决？
3. 八佰伴破产的关键影响因素是什么？

**案例讨论形式**

开放式讨论，同学们根据案例提供的资料和数据，围绕着前述的三个讨论题进行讨论，一般会形成多种选择观点，让他们充分的说明自己的观点。

# 附录1.3

## 附录1.3.1　　20世纪90年代的日本经济[①]

日本经济学家通常将20世纪后半期的日本经济分为三个时期，即高速增长期（1952—1974年）、缓慢增长时期（1975—1990年），以及极度缓慢增长的时期（1991年以后）。

1952年，日本的军事占领宣告结束，与此同时，日本也恢复了战前的生产力水平。自那时起，日本经济便被纳入了高速增长的轨道，尤其是20世纪60年代，其年均增长率超过了10%。经济奇迹将人均国内生产总值的增长率从50年代初的30%提高到60年代末的60%。

在20世纪70年代初，高速增长不复存在，但储蓄率一直呈高速增长的态势。1975年，中央政府的财政赤字逐年增加，1978年其财政赤字竟占国内生产总值的55%。在1975—1987年期间，金融政策逐渐付诸实施。

从1991年2月开始，金融危机整整持续了32个月，在1992年第4季度，货币供应实际上开始紧缩。显然，随之而来的经济恢复也十分有限，理由之一便是日本的金融制度越来越脆弱。20世纪90年代日本经济的平均增长率仅为0.9%，其中，有7年的经济增长率低于1%。虽然1995年和1996年有短暂的恢复（实际GDP增速分别达2.5%和3.4%），但受亚洲金融危机影响，在1997年GDP增速又跌落到0.2%，1998年跌落为-0.6%。1999年和2000年虽又有所回升，但GDP的增速也仅为1.4%和0.9%。

在20世纪90年代，日本的经济增长率是最低的，这种停滞不前的局面可归因于三个重要因素：第一，对80年代后期经济过度膨胀的短期反应，金融因素带来了泡沫经济的恶果；第二，制造业的持续收缩，制造业曾驱使日本经济持续增长，尤其是提高了劳动生产率，然而，该部门的就业人数却大幅度下降；第三，人口结构的长期变化，尤其是人口老年化的加速和人口出生率的下降。

---

[①] 佐藤一夫：《从高速增长到停滞不前：20世纪90年代的日本经济》，载《国外社会科学》，2003年第2期。

## 附录 1.3.2　　　　20 世纪 90 年代的流通革命[①]

20 世纪 90 年代以后，日本流通业进入激烈变革时期，这种变革是第二次世界大战以来的第二次流通革命。日本的第一次流通革命发生在 20 世纪的 60 年代，当时引发流通革命的导火线是 1955 年前后超市作为新兴流通业态的大量出现。

90 年代的第二次流通革命改变了日本流通体系和结构，流通企业和生产企业之间的重组日益流行，流通运营方式正在发生变化，因此，流通革命将对日本经济产生重要影响。第二次日本流通革命的主要表现在：低价格零售业态的崛起和冲击，廉价商店大量涌现；定价体制改变，价格主导权由生产者向零售商转移；政府管制放松，市场更加自由化，《大店法》修订，外国零售商进入；进口商品因价格低廉而大量增加，并与廉价商店匹配；消费者价值观和购买方式变化，泡沫经济过后，人们消费更加理性；产销同盟和信息化出现，如大荣与夏普、三洋电机、东芝、三菱电机等国内外大型家电企业组织起来，共同开发低价格家电产品。

## 附录 1.3.3　　　　1998 年的亚洲金融危机[②]

1997 年 6 月，一场金融危机在亚洲爆发，这场危机的发展过程十分复杂。大体上可以分为三个阶段：1997 年 6 月至 12 月、1998 年 1 月至 1998 年 7 月、1998 年 7 月至年底。

第一阶段：1997 年 7 月 2 日，泰国宣布放弃固定汇率制，实行浮动汇率制，引发了一场遍及东南亚的金融风暴，菲律宾比索、印度尼西亚盾、马来西亚林吉特相继成为国际炒家的攻击对象。一向坚挺的新加坡元也受到冲击。印度尼西亚虽是受"传染"最晚的国家，但受到的冲击最为严重。10 月下旬，国际炒家移师国际金融中心香港，矛头直指香港联系汇率制。台湾当局突然弃守新台币汇率，一天贬值 3.46%，加大了对港币和香港股市的压力。接着，11 月中旬，东亚的韩国也爆发金融风暴，韩元危机冲击了在韩国有大量投资的日本金融业。1997 年下半年日本的一系列银行和证券公司相继破产。于是，东南亚金融风暴演变为亚洲金融危机。

第二阶段：1998 年年初，印度尼西亚金融风暴再起，面对有史以来最严重的经济衰退，国际货币基金组织为其开出的药方未能取得预期效果，印度尼西亚陷入政治经济大危机。2 月 16 日，印尼盾与美元比价跌破 10 000:1。受其影响，东南亚汇市再起波澜，新元、马币、泰铢、菲律宾比索等纷纷下跌。直到 4 月 8 日，印度尼西亚与同国际货币基金组织就一份新的经济改革方案达成协议，东南亚汇市才暂告平静。1997 年爆发的东南亚金融危机使与之关系密切的日本经济陷入困境。随着日元的大幅贬值，亚洲金融危机继续深化。

第三阶段：1998 年 8 月初，乘美国股市动荡、日元汇率持续下跌之际，国际炒家对中国

---

① 孙明贵：《浅析 90 年代以来日本流通革命的原因》，载《现代日本经济》，2003 年第 2 期。
② 互联网相关资料。

香港发动新一轮进攻。经过近一个月的苦斗，国际炒家损失惨重。俄罗斯中央银行8月17日宣布年内将卢布兑换美元汇率的浮动幅度扩大到6.0~9.5:1，并推迟偿还外债及暂停国债券交易。9月2日，卢布贬值70%。这些使俄罗斯股市、汇市急剧下跌，引发了金融危机乃至经济、政治危机。俄罗斯政策的突变，导致在俄罗斯股市投下巨额资金的国际炒家大伤元气，并联动美欧国家股市、汇市的全面剧烈波动。如果说在此之前亚洲金融危机还是区域性的，那么，俄罗斯金融危机的爆发则说明亚洲金融危机已经超出了区域性范围，升级为全球性危机。到1998年年底，俄罗斯经济仍没有摆脱困境。1999年，金融危机结束。

# 第 2 章 营销定位地图

## 2.1 京都商学院应该请谁来咨询[①]

2010年5月,张想经过激烈的竞争、专家评估、组织审查后,被聘为京都商学院的院长,董事会要求他通过10年左右的时间,将其打造成国内领先且在国际上有一定影响的商学院。国内领先是指在教育部官方排名中占据某一学科(一或二级学科)领域的优势定位(前5),国际一定影响是指进入国际媒体(金融时报等)排名的前100位。张想认为,这也是自己的理想,但是难度很大,因此需要广泛听取各方面的建议,甚至聘请专业的咨询公司进行规划。

### 一、商学院背景

京都商学院,是2010年北京新创立的一家商学院,由企业家公益捐款设立。首任院长张想,具有海归背景,经济学家,了解世界商学院发展趋势,以及本土主要商学院的竞争优势。他明白,后来者如果想在市场上取得竞争优势,赢得良好的声誉,就必须办有特色的商学院。理由是:在综合优势方面,无法与背靠大学悠久历史和品牌资源的清华大学经济管理学院和北京大学光华管理学院相比,

---

[①] 本案例以常见的管理困境为主题,根据商业场景虚构创作,商学院、情节和人物也是虚构的,但是咨询公司是真实的。

也无法与欧盟和政府支持的中欧国际工商学院相比，同时长江商学院发展也较快，花费重金在吸引人才（2012引进海归博士年薪已达到25万美金）。另一个不可忽视的趋势是，国内著名大学与欧美名校合办商学院或合作办学事件越来越多。2010年3月哈佛商学院成立上海中心，2011年杜克大学开始在昆山建设新的校区，更多的世界名牌大学开始进行进入中国的筹划，中国已经成为国际商学院竞争的舞台。

张想院长想到，面对着激烈的市场竞争，实现董事会的目标并非易事。何况，对于商学院来说，教育属于服务产品，其竞争优势不是几年就可以打造出来的。京都商学院已经聘任了一批国内具有一定影响的经济学和管理学方面的教授，但是在讨论京都商学院如何定位的问题上，发生了激烈的争吵。有的主张要学芝加哥商学院，以学术研究作为自己的突破口；有的主张学哈佛商学院，以培养企业家作为自己的特色；还有的主张两者都要学，这样才会形成自己的特色。有的主张以为本土服务为主，这样更容易做出特色；也有人主张直接与国际接轨，追求国际主流的学术和教学方法。至于在哪个学科领域重点发展，经济学出身的院长偏好突出经济学科，改变目前经济学科不占优势的状况；但是，管理学方面的教授认为，管理学科更重要，一方面现有教授具有国内优势地位；另一方面它会为学院发展提供更多的资金，高级经理培训和EMBA这些收入较高的项目更多的是学习管理方面的课程。

张想发现，仅靠内部专家很难达成共识，同时自己也还没有一个比较清晰的认识。事物的发展常常有背反定律，就像大夫无法医治自己的病一样，建筑学院设计不好自己的院馆楼，商学院的管理也常常是较差的。因为他们在管理自己学院时，常常忘记了教别人如何管理的思路与方法，陷入了感觉化和经验化管理的泥坑，似乎那些知识适用于企业，而不适用于商学院，更不适用于自己。当然，还有一个重要原因是学院里权威专家太多，不知听谁的，权威往往都很自信，自信过度变成了固执，直接拒绝后会使其感觉没面子，关系也难以处理。

张想找不到更好的办法，就想还是借用外脑吧，委托专业的营销定位咨询顾问来进行研究，以最终确定在哪方面形成京都商学院的竞争优势。

## 二、迥异的三个咨询机构

张想委托院办进行信息搜寻。经过对中国市场营销定位专家的了解，院办给张想提供了三家不同的咨询机构及相应的介绍材料。这三家机构都非常专业，对营销定位也都有自己的丰富实践和理论探索，业内知名度都非常高。他看着三家咨询机构的资料，不知道选择哪家为好，陷入了痛苦的思索中，不得不进一步地研究这三家咨询机构的材料。

三家备选的咨询机构分别是：特劳特（中国）战略定位咨询公司、里斯伙伴（中国）营销战略咨询公司和清华大学经济管理学院的李飞教授。李飞教授还是张想院长的朋友，也是张想被聘院长的重要推荐人。

### 1. 特劳特（中国）战略定位咨询公司

2001年，成美营销顾问有限公司得到杰克·特劳特先生授权，成为美国特劳特咨询公司大中华区唯一战略合作伙伴。同年8月，成美与特劳特伙伴公司（Trout &Partners）合作，在上海成立特劳特（中国）战略定位咨询有限公司，成为特劳特伙伴公司在全球的第十四个分支机构。原成美总经理邓德隆出任特劳特（中国）公司总经理，原成美策略总监陈奇峰出任该公司首席咨询师。它将全球的战略定位实践带到中国，为企业首脑在现代商业竞争中提供战略性支持。业务内容包括：战略定位咨询，长期战略顾问。服务的中国客户有：王老吉、东阿阿胶、劲霸男装、方太厨电等。

特劳特伙伴公司（Trout and Partners Ltd），由两位名誉"定位之父"之一的杰克·特劳特先生创建，是战略定位咨询领域的全球领导性公司之一。总部设于美国，在世界24个国家和地区设有分部，由熟谙当地的合伙人专家为企业提供战略定位咨询。服务的客户包括：IBM、惠普、宝洁、汉堡王、美林、施乐、默克、莲花、爱立信、Repsol、雀巢、西南航空，以及其他财富500强的企业。

（1）战略定位咨询的内容。协助企业在外部市场竞争中确立优势定位，引入企业内部作为战略核心，在此基础上评估、改进和规划运营活动，以使企业达至最优化经营，获取更佳绩效，同时建立起可持续竞争优势。这将是企业做出一个成功的三年或五年期战略规划的起点。具体包括：分析行业竞争环境，协助企业首脑为企业（或事业单位）选择恰当的战略形式，确立最佳战略定位；根据明确的定位，对企业现行的运营活动做出体检和改进建议，规划创建定位所需的关键运营活动，并提供战略配称原则以确保竞争对手不可复制。战略定位一旦确定，企业将可以立即根据自身状况，围绕定位做出运营调整和资源配置，我们将评估这些运营设计和管理决策，充当好顾问角色，协助企业完成系统战略规划。

（2）战略定位咨询的成果。特劳特提供的战略定位咨询成果表现为六部分内容：一是战略形势绘图，界定主要竞争者战略定位及相互间战略关系、强弱势，为企业做出竞争环境分析；二是战略形式选择，根据竞争形势和企业资源，论证企业（或事业单位）应该选择的战略形式，并结合实际情况给出具体的战略原则；三是战略定位确立，根据竞争机会和企业实际相结合，为企业（或事业单位）确立尽可能大价值的战略定位，确保竞争差异性并考虑最佳攻防；四是战略配称规划，围绕要创建的定位规划关键性运营活动，对现行运营活动做出评估，同时提出系统战略配称原则，让企业可以明确、高效地创建定位，并形成和积累可持续竞争优势；五是品牌打造策略，最终的战略任务，落实到已有战略定位企业（或事业单位）如何在竞争中更好地打造品牌，创造顾客；六是战略规划评估，视实际情况对企业的战略定位执行予以评估和顾问，对企业更细致、完善的战略规划做出协助。

（3）战略定位咨询的周期。每个企业的情况都不一样，会首先和企业高层会议，以界定课题（针对企业、事业单位还是多事业单位），然后确定大概的工作进程和周期。大多数的战略定位过程，会持续1~2个月的时间，具体会因行业复杂度和是否多个战略定位同时进行而定。

（4）营销战略咨询的费用。视具体情况签订服务合同。估计至少要100元人民币。

（5）特劳特的定位观：一是开拓性定位，即通过新品类概念的推广，在消费者心目中未形成的领域占据先机位置，例如可口可乐占据可乐的位置；二是特性细分定位，即通过某品类细分市场的特性推广，在消费者心目中占据空白的细分领域的位置，例如牙膏品类位置被中华占据，高露洁就占据了防蛀牙膏的先机位置；三是补充细分定位，即通过与领先品牌产生关联，成为消费者的补充选择，例如七喜饮料的非可乐诉求；四是取代性定位，即通过寻找消费者心目中品牌的定位弱点，重新定义并取代之，例如泰诺头疼药诉求竞争对手的阿司匹林引起肠胃出血。

该公司认为，在富有新价值的品类定位尚未形成时，采用开拓定位；当某品类定位已有领先品牌时，采用特性和补充的细分定位，或是取代性定位。依定位进行后续的营销调整。

## 2. 里斯伙伴（中国）营销战略咨询公司

里斯伙伴营销战略咨询公司由"定位之父"艾·里斯先生和劳拉·里斯女士于1994年在美国纽约成立，是全球营销战略咨询行业的领导者之一。公司以定位理论的精髓"心智"为基础，并采用代表"定位理论"的战略工具——"品类战略"，为企业提供营销战略咨询服务。

里斯伙伴总部位于美国佐治亚州首府亚特兰大市,并在欧洲(德国、西班牙)、美洲(墨西哥)、亚洲(中国)等国家和地区设有4个分支机构,由深刻了解当地市场的合伙人专家为企业提供品牌战略咨询服务。曾为财富500强中75%的企业提供过品牌和营销战略咨询服务。在中国也为一些企业提供了咨询服务。

1972年,里斯先生和杰克·特劳特(时任Ries Cappiello Colwell公司客户主管)在《广告时代》杂志上发表《定位新纪元》一文,使"定位"一词从此进入营销领域。目前,里斯先生每小时的咨询费高达25 000美金,是美国收费最高的战略大师之一。

(1) 营销战略咨询的内容。以刷新定位的高级营销战略方法——品类战略思路,协助中国企业围绕营销和品牌竞争的核心"品类",研究品类发展趋势、评估创新品类的机会、发展创新品类的战略、为品类制定切实定位以推动品类竞争有效扩张品类份额,达到建立主导性品类地位的目标。

(2) 营销战略咨询的成果。一是品类发展趋势研究,评估品类前景以及分化趋势;二是评估创新品类机会,发展并评估可能的创新品类机会;三是定义品牌所代表之品类,界定主要竞争对手(品牌或者品类),以及根据需要提出多品牌建议;四是对品类定位,根据品类当前的竞争对手,进行定位,使品牌获得最有利认知优势和最大的市场空间;五是品类化整合,根据品类的原则,进行品类化整合,确保战略的有效;六是营销推广策略制定,根据品类发展的规律和步骤,确定阶段性原则以及策略,确保品牌(品类)健康成长;七是品类战略实施评估,在战略实施过程中定期予以评估和顾问,因应大的突变因素做出调整。

(3) 营销战略咨询的周期。通常在30~45天,具体周期与企业内部品牌、营销架构和各自所处品类复杂程度相关。

(4) 营销战略咨询的费用。视具体情况签订服务合同。估计至少要100万元人民币。

(5) 里斯的定位观:"定位"之后,关于如何在心智中建立品牌,里斯先生和他的伙伴逐渐形成了营销战、聚焦战略、品类战略"营销战略三部曲"。1985年《营销战》出版,提出四种战略模式:防御战、进攻战、侧翼战和游击战,被称为营销界的《孙子兵法》。1996年,里斯先生的《聚焦》一书出版,引发了GE历史上著名的"数一数二"的革命。聚焦思想也指导诺基亚战胜强大竞争对手摩托罗拉,在短短几年内赶超西门子成为欧洲最强大的企业之一。2004年,艾·里斯与伙伴劳拉·里斯的著作《品牌的起源》出版,里斯先生和劳拉女士定义了伟大的商业动力——"分化",并形成了创建品牌的最佳战略——"品类战略"思想系统。例如苹果的成功,就在于定义品类,推出第一款高容量的 MP3——iPod,第一部智能手机——iPhone,第一个平板电脑——iPad。又比如,IBM 建立了大型主机,后来最先分化的品牌都取得了一定的成功,有上网本、台式机、笔记本电脑、平板电脑等。他们所理解的品类,不是简单的产品分类,而是消费者对信息的分类,即消费者贮存了不同类别信息的"小格子"。比如美国西南航空开创了低价客运新品类,真功夫开创了米饭快餐新品类,鲁花开创花生油新品类,云南白药开创含药创可贴新品类,等等。

无论里斯,还是特劳特,都认为定位是在目标顾客心目中占据独特位置的行动。

### 3. 清华大学经济管理学院李飞教授

李飞教授,在 20 世纪 90 年代末期,曾经从事过营销顾问工作,服务的客户有 IBM、正泰集团、赛特集团等;也曾经与当时著名策划人何阳、赵强、秦全跃和叶茂中一起,为企业联合进行咨询服务。现在基本停止了项目委托式的咨询服务,而进入答疑解惑式的顾问服务,近些年曾经服务的客户有三边公司、千年翠钻、当代商城、翠微大厦、天福号等。从 2002 年加盟清华大学经济管理学院开始,对营销定位问题进行了系列研究,在里斯和特劳特等人定位理论和方法的基础上,开发了新的营销定位的工具和方法。

李飞教授认为,定位是找到一个目标顾客关注且优于竞争对手的一个利益或价值点,并让顾客感知到这个点。这个点是定位点。

(1)率先提出定位点概念。他认为,定位点就是满足目标顾客关注的且优于竞争对手的利益或价值点。营销定位就是选择一个定位点并通过营销组合实现这个定位点。

(2)界定定位点三个内容。包括价值定位、利益定位和属性定位。价值定位点是满足目标顾客的精神感受,利益定位点是为目标顾客带来的功能好处(与价值定位有逻辑关系),属性定位是形成利益定位的原因(与利益定位有因果关系)。

(3)拓展了定位点选择范围。利益或属性定位点的备选范围可以是产品(包括服务)、价格、分销和沟通等全部营销组合要素中的任何一个。价值定位点的备选范围可以是营销组合要素满足人们精神感受的任何一个内容。

(4)构建了营销定位钻石模型图。李飞认为,定位过程包括三个阶段:一是找位，在市场研究的基础上，找到目标市场（目标顾客群），并了解他们在产品、价格、分销和沟通等方面的需求特征；二是选位，细分目标顾客利益并找出他们最为关注的若干利益点，通过分析竞争对手确定自身具有竞争优势的利益点，然后将该利益点确定为定位点，接着根据这个利益点确定属性定位点和价值定位点，定位点的选择范围仍然包括营销组合要素的全部内容；三是到位，通过进行营销组合要素的组合、构建与其匹配的关键流程、整合重要资源，最终实现已经确定的定位。在此基础上建立了广义定位过程模型图，简称定位地图（见图2.1.1）。

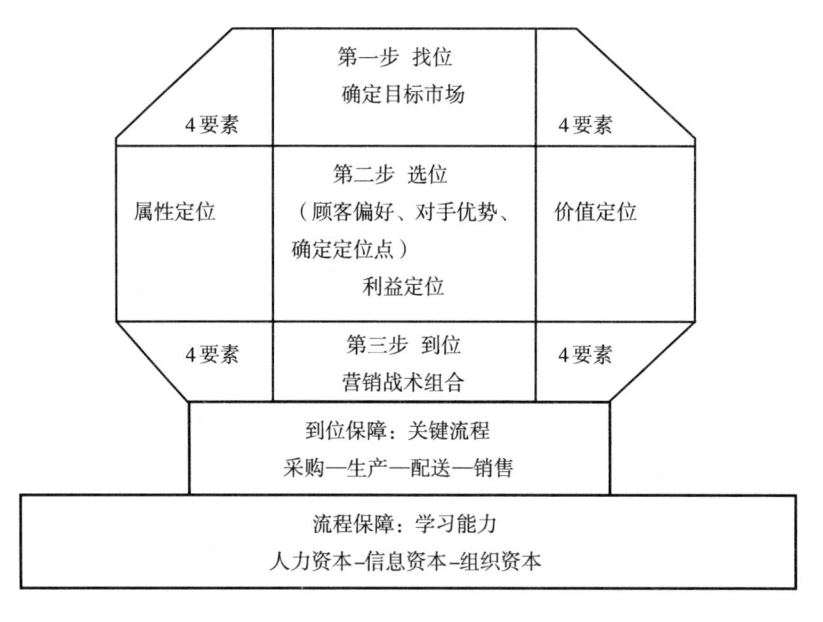

```
                  第一步 找位
                  确定目标市场
    4要素                              4要素

                  第二步 选位
    属性定位    （顾客偏好、对手优势、    价值定位
                   确定定位点）
                     利益定位

    4要素         第三步 到位          4要素
                  营销战术组合

            到位保障：关键流程
            采购—生产—配送—销售

            流程保障：学习能力
            人力资本–信息资本–组织资本
```

图 2.1.1 定位地图

（5）构建了营销定位点选择模型图。包括3个阶段18个步骤：第一阶段确定利益定位点，包括确定为谁定位、列出顾客关注的利益点、找出有竞争优势利益点、判断竞争优势点是可信的、确定利益定位点的数量和进行选择等5个步骤；第二阶段确定价值定位点，包括判断价值定位必要性、确定为谁定位、列出顾客关注价值点、找出有竞争优势价值点、判断竞争优势点是可信的、确定价值定位点数量并选择等6个步骤；第三阶段确定属性定位点，包括判断属性定位必要性、列出与利益和价值定位相匹配的属性点、列出顾客关注属性点、找出有竞争优势属性点、判断竞争优势点是可信的、确定属性定位点数量并选择、依定位点和非定位点进行营销组合等7个步骤（见图2.1.2）。

| 步骤 定义 备选范围 | 第一阶段：确定利益定位点 顾客获取的效用 4要素产生的全部效用 | 第二阶段：确定价值定位点 顾客获得的精神享受 18个最终价值和18个工具价值 | 第三阶段：确定属性定位点 利益定位点的成因 构成4要素的各个维度 |
|---|---|---|---|
| 选择步骤 | （1）确定为谁定位 目标购买者，还是使用者 ↓ （2）列出目标顾客关注的利益点 ↓ （3）找出其中具有竞争优势的点 ↓ （4）再找出其中具有可信度的点 ↓ （5）确定利益定位点数量并进行选择 | （6）需要价值定位吗？ 是↓ 否→ （7）确定为谁定位，目标购买者，还是使用者 ↓ （8）列出目标顾客关注的价值点 ↓ （9）找出具有竞争优势的点 ↓ （10）再找出具有可信度的点 ↓ （11）确定价值定位点数量并进行选择 | （12）需要属性定位吗？ 是↓ 否→ （13）列出与利益、价值定位匹配的属性 ↓ （14）找出目标顾客关注的属性点 ↓ （15）找出具有竞争优势的点 ↓ （16）再找出具有可信度的点 ↓ （17）确定定位点数量并选择 ↓ （18）依定位点和非定位点进行营销组合 |

图 2.1.2　品牌定位点的选择模型

（6）营销战略咨询的费用。视具体情况签订服务合同。估计至少要 100 万元人民币。

张想研究完这些材料后，发现他们各有短长，还是没有最终进行选择。他计划把三方找来，通过进一步沟通后再做出决定。

**案例讨论目的**

使学生掌握"营销定位决策"的目的和框架。具体方法留在后面的营销定位案例中讨论。

**案例讨论问题**

1. 京都商学院面临的核心问题是什么？
2. 如果你是张想院长会选择哪家咨询机构？理由是什么？

**案例讨论形式**

将课堂设计为一个招标现场。学生分为四个小组，由三个小组分别扮演特劳特、里斯和李飞教授三方（最好小组里有咨询公司的同学），进行现场定位框架介绍；其他小组扮演张想院长，各自说明选择某家咨询公司的理由。

## 附录 2.1

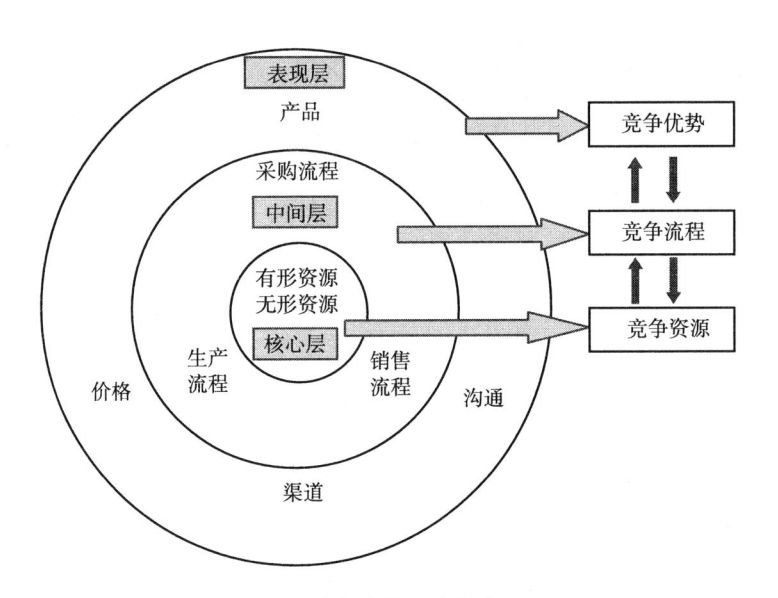

附图 2.1.1　竞争力的三个层次

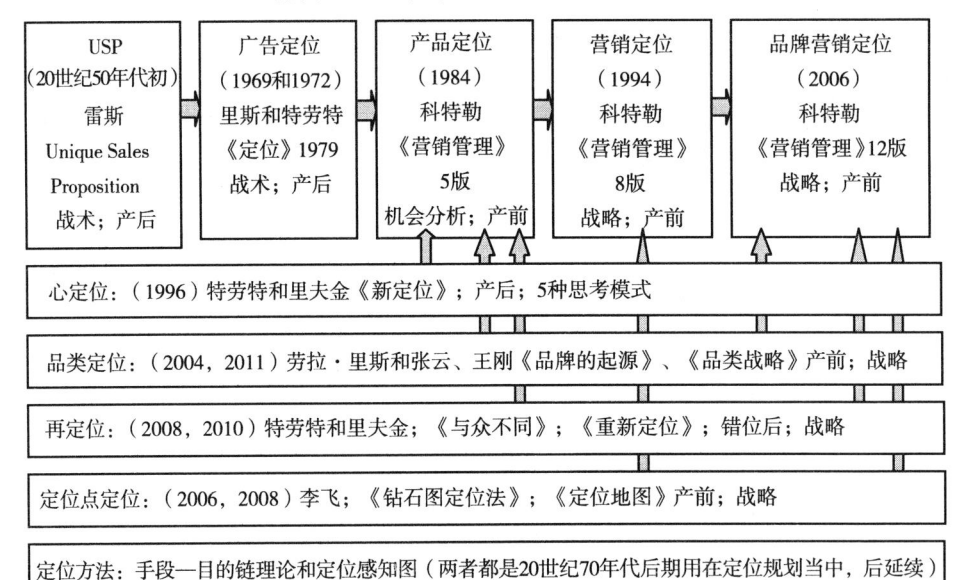

附图 2.1.2　营销定位理论和方法的演进历史

主要内容整理如下：

- USP（20世纪50年代初）雷斯 Unique Sales Proposition 战术；产后
- 广告定位（1969和1972）里斯和特劳特《定位》1979 战术；产后
- 产品定位（1984）科特勒《营销管理》5版 机会分析；产前
- 营销定位（1994）科特勒《营销管理》8版 战略；产前
- 品牌营销定位（2006）科特勒《营销管理》12版 战略；产前

- 心定位：（1996）特劳特和里夫金《新定位》；产后；5种思考模式
- 品类定位：（2004，2011）劳拉·里斯和张云、王刚《品牌的起源》、《品类战略》产前；战略
- 再定位：（2008，2010）特劳特和里夫金；《与众不同》；《重新定位》；错位后；战略
- 定位点定位：（2006，2008）李飞；《钻石图定位法》；《定位地图》产前；战略
- 定位方法：手段—目的链理论和定位感知图（两者都是20世纪70年代后期用在定位规划当中，后延续）

附表 2.1.1　　　　　三个营销定位咨询机构中文著作列表

| 年代 | 特劳特 | 里斯 | 李飞 |
|---|---|---|---|
| 1991 | 《广告攻心战略——品牌定位》，中国友谊出版社 | | |
| 1996 | 《22条商规：违背这些法则你将自冒风险》，经济科学出版社 | | |
| 2002 | 《定位》，中国财政经济出版社 | | |
| 2002 | 《新定位》，中国财政经济出版社 | | |
| 2006 | | | 《钻石图定位法》，经济科学出版社 |
| 2008 | | | (1)《定位地图》，(2)《定位案例》，(3)《定位故事》，经济科学出版社 |
| 2009 | | (1)《22条商规》，经济科学出版社；(2)《广告的没落 公关的崛起》，山西人民出版社 | |
| 2010 | (1)《重新定位》，(2)《与众不同》，机械工业出版社 | 《品牌的起源》，山西人民出版社 | 《奢侈品营销》，经济科学出版社 |
| 2011 | 《什么是战略》，机械工业出版社 | 《品类战略》，山西人民出版社 | |

## 2.2　运动鞋的多维定位感知图

　　定位感知图是把顾客对企业自身和竞争者品牌的认知情况通过平面图的方式表现出来，可以一目了然地发现目标顾客最为关注的营销组合要素和自身品牌的竞争优势。这一心理学家使用的技术在营销定位中的应用，使制订定位战略有了科学、简便的工具和方法，计算机软件可以进行数据分析和绘图操作。
　　一家鞋业公司筹划进入运动鞋市场，希望运用定位感知图的方法来分析现有运动鞋的营销定位，从而考虑自己新产品的发展方向。因此，这家公司的市场部通过市场调查的方法，画出了二维的定位感知图。

# 一、二维属性的定位感知图[①]

## 1. 初步确定顾客最关注的属性特征

采取焦点小组讨论的方法,初步确定影响顾客购买运动鞋的关键因素。焦点小组一般包括 6~8 位顾客,一个主持人引导讨论,内容是影响他们购买运动鞋的主要因素有哪些。最终发现,他们关注 12 个属性:舒适、耐穿不变形、有缓冲垫、合脚、轻便、价格适中、易于清洁、弹力好、防水、品牌标志独特、款式新颖和多功能。10 个被调查的品牌是:耐克(Nike)、锐步(Reebok)、飞乐(Fila)、爱斯普瑞(Esprit)、阿迪达斯(Adidas)、阿瑞娃(Airwalk)、凯瑞士(K-Swiss)、吉尔(L. A. Gear)、肯威士(Converse)和新白兰士(New Balance)。

## 2. 确定顾客理想向量和各品牌优势

在焦点访谈的基础上,形成调查问卷(见附录1),选择 250 个顾客样本(样本特征见表 2.2.1),以及 10 个运动鞋品牌,调查内容包括:
(1) 每个品牌的相似程度;
(2) 以往品牌的使用和购买行为;
(3) 对每个品牌的 12 个属性以 5 分制进行打分;
(4) 对 12 个属性的重要性以 5 分制进行打分;
(5) 对 10 个品牌的偏好程度进行排序(1 = 最偏好;10 = 最不偏好);
(6) 人口统计特征(年龄、性别和婚姻状况)。

表 2.2.1　　　　　　　　　调查样本的特征

| 性别 | 年龄 | 婚姻状况 | 运动鞋拥有量 | 去年购买情况 |
| --- | --- | --- | --- | --- |
| 男性,占 55.8%<br>女性,占 44.2% | 20 岁以下,3.1%<br>20~24 岁,71.2%<br>25~29 岁,13.8%<br>30~34 岁,5.7%<br>34 岁以上,6.2% | 单身,82.6%<br>已婚,13.4%<br>离异,4.1% | 1 双,占 20.2%<br>2 双,占 39.2%<br>3 双,占 21.5%<br>4 双及以上,占 19.1% | 1 双,占 50.9%<br>2 双,占 32.6%<br>3 双,占 10.1%<br>4 双及以上,占 6.4% |

---

[①] 亚伯拉罕·匹赞姆等:《旅游消费者行为研究》,东北财经大学出版社 2005 年版,第 221~226 页。

然后对调查结果进行因子分析，监测各种属性之间关系并确定基本属性。结果发现，顾客最为关注的属性为舒适（舒适、耐穿不变形、有缓冲垫、合脚、轻便）和独特的款式（品牌标志独特、款式新颖）。同时，也得出顾客对 10 个品牌在这两个属性方面的感知分数。

### 3. 画出二维定位感知图

一般认为，两维以上的感知图不易于被解释清楚，因此选择舒适和独特款式两个维度进行定位感知图的描绘，横轴表示舒适程度，纵轴表示独特款式，箭头表示理想向量（见图 2.2.1）。由图可知，右上角为理想向量，仅有耐克和锐步处于市场优势地位；位于右下角的新白兰士，被认为舒适但款式不时尚，需要更舒适或款式更时尚；左边上下象限聚集着众多的品牌，表明他们具有一定的相似性，是直接竞争的关系，需要向右或上的方向进一步调整。

二维定位感知图的优点，在于清楚地说明在顾客最为关注的两个利益点上竞争各方的优劣势，而这两个利益点是定位点的首选对象。但这种方法也有局限性，即仅仅反映了营销诸多组合属性的两个，而定位点的选择范围可以是诸多组合要素当中的任何一个。

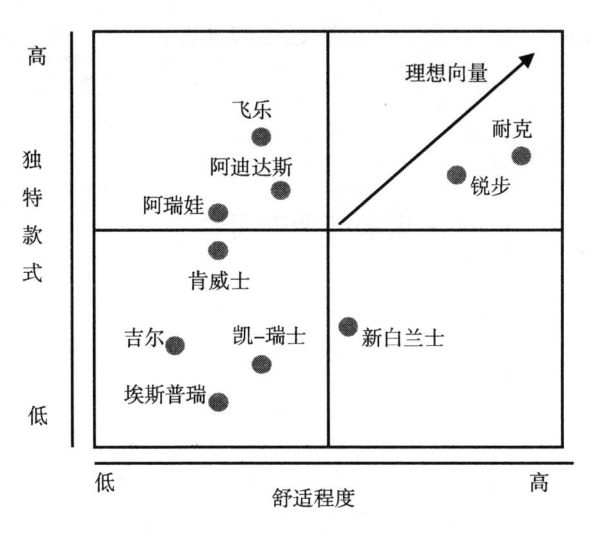

图 2.2.1 运动鞋二维的感知定位图

## 二、困难的选择

这家鞋业公司的总经理，看到市场部的分析结果（定位感知图），难以做出准确的判断，他面临着两种选择：一是根据这幅定位感知图做出一个方向性的决策，一个是让市场部做出更详细的分析。如何进行更为详细的分析呢？总经理建议不妨请教一下定位方面的专家，于是市场部拿着自己的调查数据和结论，去了清华大学经济管理学院的营销系，一位擅长营销定位的专家只说了一句："最好画出多维的定位感知图。"

### 案例讨论目的

使学生掌握营销定位感知图的目的和应用方法，可以进行比较准确的分析。

### 案例讨论问题

1. 如何设计感知定位图的调查问卷？
2. 二维感知定位图为我们提供了什么利于决策的信息？
3. 画出多维的定位感知图，并依图进行相应的决策。

### 案例讨论形式

开放式讨论，同学们视自己为企业总经理或市场部经理，对这家公司即将推出的运动鞋产品进行定位分析，并说明选择的理由。

# 附录 2.2

**附表 2.2.1**　　　　　　　　运动鞋调查问卷[1]

姓名_____

编号_____

尊敬的参与者：

　　这份问卷是佛罗里达中央大学市场营销系所做的有关消费者研究的一部分。我们有兴趣了解消费者对于不同品牌运动鞋的感知情况，您对这份问卷的回答将为我们的研究提供所需要的信息。

　　您的帮助对于我们的研究能否取得成功非常重要，非常感谢您。这份问卷将只占用您几

---

[1] 亚伯拉罕·匹赞姆等：《旅游消费者行为研究》，东北财经大学出版社 2005 年版，第 228～233 页。

分钟的时间,最后再次感谢您的帮助!

1. 您现在拥有并穿过多少双运动鞋?_____(双)
2. 每年您为自己购买多少双运动鞋?
   _____1 双/年　　　　_____2 双/年　　　　_____3 双/年
   _____4 双/年　　　　_____5 双及以上
3. 您最经常购买的运动鞋的品牌是什么?_____
4. 鞋面哪些牌子的运动鞋是您很熟悉的?请把它们选出来。
   _____耐克_____锐步_____飞乐_____爱斯普锐
   _____阿迪达斯_____阿瑞娃_____凯-瑞士
   _____吉尔_____肯威士_____新白兰士
5. 您拥有并穿过下面哪些牌子的运动鞋?
   _____耐克_____锐步_____飞乐_____爱斯普锐
   _____阿迪达斯_____阿瑞娃_____凯-瑞士
   _____吉尔_____肯威士_____新白兰士

以下的问题是关于您对各种品牌运动鞋不同特点的感知,请说明您对以下每种说法的认同和不认同的程度,请在表明您的最佳选择的数字(1~5)上画圈。

6. _____感到很舒适(对每种品牌作答)。

| 品牌 | 极不同意 | 不同意 | 中立 | 同意 | 非常同意 |
| --- | --- | --- | --- | --- | --- |
| 1. 耐克 | 1 | 2 | 3 | 4 | 5 |
| 2. 锐步 | 1 | 2 | 3 | 4 | 5 |
| 3. 飞乐 | 1 | 2 | 3 | 4 | 5 |
| 4. 爱斯普锐 | 1 | 2 | 3 | 4 | 5 |
| 5. 阿迪达斯 | 1 | 2 | 3 | 4 | 5 |
| 6. 阿瑞娃 | 1 | 2 | 3 | 4 | 5 |
| 7. 凯-瑞士 | 1 | 2 | 3 | 4 | 5 |
| 8. 吉尔 | 1 | 2 | 3 | 4 | 5 |
| 9. 肯威士 | 1 | 2 | 3 | 4 | 5 |
| 10. 新白兰士 | 1 | 2 | 3 | 4 | 5 |

7. _____耐穿不变形（对每种品牌作答）。

| 品牌 | 极不同意 | 不同意 | 中立 | 同意 | 非常同意 |
| --- | --- | --- | --- | --- | --- |
| 1. 耐克 | 1 | 2 | 3 | 4 | 5 |
| 2. 锐步 | 1 | 2 | 3 | 4 | 5 |
| 3. 飞乐 | 1 | 2 | 3 | 4 | 5 |
| 4. 爱斯普锐 | 1 | 2 | 3 | 4 | 5 |
| 5. 阿迪达斯 | 1 | 2 | 3 | 4 | 5 |
| 6. 阿瑞娃 | 1 | 2 | 3 | 4 | 5 |
| 7. 凯-瑞士 | 1 | 2 | 3 | 4 | 5 |
| 8. 吉尔 | 1 | 2 | 3 | 4 | 5 |
| 9. 肯威士 | 1 | 2 | 3 | 4 | 5 |
| 10. 新白兰士 | 1 | 2 | 3 | 4 | 5 |

8. _____有缓冲垫（对每种品牌作答）。

| 品牌 | 极不同意 | 不同意 | 中立 | 同意 | 非常同意 |
| --- | --- | --- | --- | --- | --- |
| 1. 耐克 | 1 | 2 | 3 | 4 | 5 |
| 2. 锐步 | 1 | 2 | 3 | 4 | 5 |
| 3. 飞乐 | 1 | 2 | 3 | 4 | 5 |
| 4. 爱斯普锐 | 1 | 2 | 3 | 4 | 5 |
| 5. 阿迪达斯 | 1 | 2 | 3 | 4 | 5 |
| 6. 阿瑞娃 | 1 | 2 | 3 | 4 | 5 |
| 7. 凯-瑞士 | 1 | 2 | 3 | 4 | 5 |
| 8. 吉尔 | 1 | 2 | 3 | 4 | 5 |
| 9. 肯威士 | 1 | 2 | 3 | 4 | 5 |
| 10. 新白兰士 | 1 | 2 | 3 | 4 | 5 |

9. _____很合脚（对每种品牌作答）。

| 品牌 | 极不同意 | 不同意 | 中立 | 同意 | 非常同意 |
| --- | --- | --- | --- | --- | --- |
| 1. 耐克 | 1 | 2 | 3 | 4 | 5 |
| 2. 锐步 | 1 | 2 | 3 | 4 | 5 |
| 3. 飞乐 | 1 | 2 | 3 | 4 | 5 |
| 4. 爱斯普锐 | 1 | 2 | 3 | 4 | 5 |
| 5. 阿迪达斯 | 1 | 2 | 3 | 4 | 5 |
| 6. 阿瑞娃 | 1 | 2 | 3 | 4 | 5 |
| 7. 凯-瑞士 | 1 | 2 | 3 | 4 | 5 |
| 8. 吉尔 | 1 | 2 | 3 | 4 | 5 |
| 9. 肯威士 | 1 | 2 | 3 | 4 | 5 |
| 10. 新白兰士 | 1 | 2 | 3 | 4 | 5 |

教学案例

10. _____非常轻便（对每种品牌作答）。

| 品牌 | 极不同意 | 不同意 | 中立 | 同意 | 非常同意 |
| --- | --- | --- | --- | --- | --- |
| 1. 耐克 | 1 | 2 | 3 | 4 | 5 |
| 2. 锐步 | 1 | 2 | 3 | 4 | 5 |
| 3. 飞乐 | 1 | 2 | 3 | 4 | 5 |
| 4. 爱斯普锐 | 1 | 2 | 3 | 4 | 5 |
| 5. 阿迪达斯 | 1 | 2 | 3 | 4 | 5 |
| 6. 阿瑞娃 | 1 | 2 | 3 | 4 | 5 |
| 7. 凯－瑞士 | 1 | 2 | 3 | 4 | 5 |
| 8. 吉尔 | 1 | 2 | 3 | 4 | 5 |
| 9. 肯威士 | 1 | 2 | 3 | 4 | 5 |
| 10. 新白兰士 | 1 | 2 | 3 | 4 | 5 |

11. _____价格适中（对每种品牌作答）。

| 品牌 | 极不同意 | 不同意 | 中立 | 同意 | 非常同意 |
| --- | --- | --- | --- | --- | --- |
| 1. 耐克 | 1 | 2 | 3 | 4 | 5 |
| 2. 锐步 | 1 | 2 | 3 | 4 | 5 |
| 3. 飞乐 | 1 | 2 | 3 | 4 | 5 |
| 4. 爱斯普锐 | 1 | 2 | 3 | 4 | 5 |
| 5. 阿迪达斯 | 1 | 2 | 3 | 4 | 5 |
| 6. 阿瑞娃 | 1 | 2 | 3 | 4 | 5 |
| 7. 凯－瑞士 | 1 | 2 | 3 | 4 | 5 |
| 8. 吉尔 | 1 | 2 | 3 | 4 | 5 |
| 9. 肯威士 | 1 | 2 | 3 | 4 | 5 |
| 10. 新白兰士 | 1 | 2 | 3 | 4 | 5 |

12. _____易于清洁（对每种品牌作答）。

| 品牌 | 极不同意 | 不同意 | 中立 | 同意 | 非常同意 |
| --- | --- | --- | --- | --- | --- |
| 1. 耐克 | 1 | 2 | 3 | 4 | 5 |
| 2. 锐步 | 1 | 2 | 3 | 4 | 5 |
| 3. 飞乐 | 1 | 2 | 3 | 4 | 5 |
| 4. 爱斯普锐 | 1 | 2 | 3 | 4 | 5 |
| 5. 阿迪达斯 | 1 | 2 | 3 | 4 | 5 |
| 6. 阿瑞娃 | 1 | 2 | 3 | 4 | 5 |
| 7. 凯－瑞士 | 1 | 2 | 3 | 4 | 5 |
| 8. 吉尔 | 1 | 2 | 3 | 4 | 5 |
| 9. 肯威士 | 1 | 2 | 3 | 4 | 5 |
| 10. 新白兰士 | 1 | 2 | 3 | 4 | 5 |

13. _____弹力好（对每种品牌作答）。

| 品牌 | 极不同意 | 不同意 | 中立 | 同意 | 非常同意 |
| --- | --- | --- | --- | --- | --- |
| 1. 耐克 | 1 | 2 | 3 | 4 | 5 |
| 2. 锐步 | 1 | 2 | 3 | 4 | 5 |
| 3. 飞乐 | 1 | 2 | 3 | 4 | 5 |
| 4. 爱斯普锐 | 1 | 2 | 3 | 4 | 5 |
| 5. 阿迪达斯 | 1 | 2 | 3 | 4 | 5 |
| 6. 阿瑞娃 | 1 | 2 | 3 | 4 | 5 |
| 7. 凯－瑞士 | 1 | 2 | 3 | 4 | 5 |
| 8. 吉尔 | 1 | 2 | 3 | 4 | 5 |
| 9. 肯威士 | 1 | 2 | 3 | 4 | 5 |
| 10. 新白兰士 | 1 | 2 | 3 | 4 | 5 |

14. _____防水（对每种品牌作答）。

| 品牌 | 极不同意 | 不同意 | 中立 | 同意 | 非常同意 |
| --- | --- | --- | --- | --- | --- |
| 1. 耐克 | 1 | 2 | 3 | 4 | 5 |
| 2. 锐步 | 1 | 2 | 3 | 4 | 5 |
| 3. 飞乐 | 1 | 2 | 3 | 4 | 5 |
| 4. 爱斯普锐 | 1 | 2 | 3 | 4 | 5 |
| 5. 阿迪达斯 | 1 | 2 | 3 | 4 | 5 |
| 6. 阿瑞娃 | 1 | 2 | 3 | 4 | 5 |
| 7. 凯－瑞士 | 1 | 2 | 3 | 4 | 5 |
| 8. 吉尔 | 1 | 2 | 3 | 4 | 5 |
| 9. 肯威士 | 1 | 2 | 3 | 4 | 5 |
| 10. 新白兰士 | 1 | 2 | 3 | 4 | 5 |

15. _____品牌标志独特（对每种品牌作答）。

| 品牌 | 极不同意 | 不同意 | 中立 | 同意 | 非常同意 |
| --- | --- | --- | --- | --- | --- |
| 1. 耐克 | 1 | 2 | 3 | 4 | 5 |
| 2. 锐步 | 1 | 2 | 3 | 4 | 5 |
| 3. 飞乐 | 1 | 2 | 3 | 4 | 5 |
| 4. 爱斯普锐 | 1 | 2 | 3 | 4 | 5 |
| 5. 阿迪达斯 | 1 | 2 | 3 | 4 | 5 |
| 6. 阿瑞娃 | 1 | 2 | 3 | 4 | 5 |
| 7. 凯－瑞士 | 1 | 2 | 3 | 4 | 5 |
| 8. 吉尔 | 1 | 2 | 3 | 4 | 5 |
| 9. 肯威士 | 1 | 2 | 3 | 4 | 5 |
| 10. 新白兰士 | 1 | 2 | 3 | 4 | 5 |

16. _____款式新颖（对每种品牌作答）。

| 品牌 | 极不同意 | 不同意 | 中立 | 同意 | 非常同意 |
|---|---|---|---|---|---|
| 1. 耐克 | 1 | 2 | 3 | 4 | 5 |
| 2. 锐步 | 1 | 2 | 3 | 4 | 5 |
| 3. 飞乐 | 1 | 2 | 3 | 4 | 5 |
| 4. 爱斯普锐 | 1 | 2 | 3 | 4 | 5 |
| 5. 阿迪达斯 | 1 | 2 | 3 | 4 | 5 |
| 6. 阿瑞娃 | 1 | 2 | 3 | 4 | 5 |
| 7. 凯－瑞士 | 1 | 2 | 3 | 4 | 5 |
| 8. 吉尔 | 1 | 2 | 3 | 4 | 5 |
| 9. 肯威士 | 1 | 2 | 3 | 4 | 5 |
| 10. 新白兰士 | 1 | 2 | 3 | 4 | 5 |

17. _____多功能的、几乎适合于任何运动（对每种品牌作答）。

| 品牌 | 极不同意 | 不同意 | 中立 | 同意 | 非常同意 |
|---|---|---|---|---|---|
| 1. 耐克 | 1 | 2 | 3 | 4 | 5 |
| 2. 锐步 | 1 | 2 | 3 | 4 | 5 |
| 3. 飞乐 | 1 | 2 | 3 | 4 | 5 |
| 4. 爱斯普锐 | 1 | 2 | 3 | 4 | 5 |
| 5. 阿迪达斯 | 1 | 2 | 3 | 4 | 5 |
| 6. 阿瑞娃 | 1 | 2 | 3 | 4 | 5 |
| 7. 凯－瑞士 | 1 | 2 | 3 | 4 | 5 |
| 8. 吉尔 | 1 | 2 | 3 | 4 | 5 |
| 9. 肯威士 | 1 | 2 | 3 | 4 | 5 |
| 10. 新白兰士 | 1 | 2 | 3 | 4 | 5 |

18. 我们想了解在您选购某一品牌的运动鞋时，运动鞋的以下属性特征对您的重要性。请标明每一项属性特点对您的重要程度，并请在适当的数字（1~5）上画圈。

| 品牌 | 极不同意 | 不同意 | 中立 | 同意 | 非常同意 |
|---|---|---|---|---|---|
| 1. 舒适 | 1 | 2 | 3 | 4 | 5 |
| 2. 耐穿不变形 | 1 | 2 | 3 | 4 | 5 |
| 3. 有缓冲垫 | 1 | 2 | 3 | 4 | 5 |
| 4. 合脚 | 1 | 2 | 3 | 4 | 5 |
| 5. 非常轻便 | 1 | 2 | 3 | 4 | 5 |
| 6. 价格适中 | 1 | 2 | 3 | 4 | 5 |
| 7. 易于清洁 | 1 | 2 | 3 | 4 | 5 |
| 8. 弹力好 | 1 | 2 | 3 | 4 | 5 |
| 9. 防水 | 1 | 2 | 3 | 4 | 5 |
| 10. 品牌标志独特 | 1 | 2 | 3 | 4 | 5 |
| 11. 款式新颖 | 1 | 2 | 3 | 4 | 5 |
| 12. 多功能 | 1 | 2 | 3 | 4 | 5 |

19. 请将以下品牌的运动鞋按照您的喜爱程度从 1 到 10 编号排序，1 表示最喜欢的品牌，10 表示最不喜欢的品牌。

　　_____耐克　　_____锐步　　_____飞乐　　_____爱斯普锐

　　_____阿迪达斯　_____阿瑞娃　_____凯－瑞士

　　_____吉尔　　_____肯威士　_____新白兰士

**人口统计特征**

20. 您属于哪个年龄段？请打钩：

　　（1）15 岁以下_____　　　　（2）15～19 岁_____

　　（3）20～24 岁_____　　　　（4）25～29 岁_____

　　（5）30 岁及以上_____

21. 请说明您的性别：

　　（1）男_____　　　　　　　（2）女_____

22. 请说明您的婚姻状况：

　　（1）未婚_____　　　　　　（2）已婚无子女_____

　　（3）已婚有子女_____　　　　（4）离婚或分居_____

　　（5）离婚/分居，有子女_____

**耽误了您宝贵的时间，谢谢合作！**

# 第3章 市场细分和目标顾客选择

## 3.1 顾客究竟在购买什么

2006年夏天的一个周末，李飞教授在家里整理自己的东西，无意中发现柜子里的一些旧东西，是前些年在旅游过程中购买的旅游纪念品。比如，巴黎的埃菲尔铁塔、威尼斯的贡多拉、美国的白宫等模型，以及在丽江购买的蜡染布、被称为土司夫妇穿的衣服等。这些东西，少则数十元，多则数千元。但是，这些东西几乎从来没有使用过，也没有天天地被展示在书柜里，更没有多少增值和保值的功能，还有些被当做废品扔掉了。但是，李飞教授感到奇怪的是，看到这些东西时，一点也没有为购买这些东西而后悔。他问夫人："是否有购买后从来没有使用的东西？"夫人说：有不少，比如包包、围巾等。他问夫人："后悔吗？"夫人回答不后悔。当然，还有一些永远循环送来送去的礼品，天生就不是用来消费的。

后来的研究让李飞教授发现，人们购买了诸多自己根本不需要的东西，但是也从来不后悔。这是为什么呢？顾客究竟是在买什么？

李飞教授持续地思考这些问题，并阅读了一些文献，得出了有趣的结论：顾客不都是购买者，购买者也不一定是消费者，购买的目的不都是为了消费（无论是自己消费，还是他人消费），当然，消费有观赏性消费，也有物质形态磨损的实用性消费。这样，在主体上就出现了购买者和消费者不同的类型，在过程上就形成了购买过程和消费过程不同的内容，在消费过程也有物质磨损性消费和非物质磨损性消费，有功能性消费也有精神性消费等。那么，企业的营销该如何与其匹配呢？这是一个需要进一步研究的问题。

**案例讨论目的**

使学生掌握"顾客类型和营销组合匹配"的思考框架，即购买者、消费者的差异与营销策略的匹配关系。

**案例讨论问题**

1. 你有购买后没使用且不后悔的产品吗？如有，为什么？
2. 顾客购买决策过程是怎样的？购买决策本身包括哪些内容？
3. 营销如何与购买过程和消费过程匹配？
4. 近几年标志性商品消费是什么？

**案例讨论形式**

在课堂上引导学生讨论，最终形成购买过程和消费过程的完整图景，以及相应的各过程与各阶段营销策略。最终会形成营销组合与顾客匹配的思考框架。

# 附录 3.1

### 附录 3.1.1　　标志性商品消费在中国出现或热销的年代[1]

1980 年
- 雀巢咖啡和麦氏咖啡同时进入中国市场

1983 年
- 上海出现出租汽车
- 桑塔纳轿车问世
- 广州产可口可乐投产
- 水仙牌新型单缸洗衣机问世

1984 年
- "皮尔·卡丹"在中国的第一家专卖点诞生
- 西装时兴，带来领带销售剧增
- 上海市场黄金首饰好销
- 联邦德国名牌"妮维雅"冷霜在沪试产

---

[1] 何佳讯、卢泰宏：《中国营销25年》，华夏出版社2004年版，第55~58页。

1985 年
- "万宝"牌分体式、窗式空调陆续投放市场
- 上海、兰州引进双缸洗衣机技术
- 软包装或罐装饮料越来越受到人们的青睐
- "燕舞"收录机阔步进入上海市场
- 女式手袋成为女士们必不可少的装饰品
- 上海金星 C472 型 18 英寸彩色电视机上市

1986 年
- 首批国产三门冰箱投放市场
- 上海首次设摊出售商品房

1987 年
- 肯德基快餐厅落户北京正式对外营业
- 博士伦、卫康、视康、强生等隐形眼镜陆续进入中国市场
- 无线电话问世

1988 年
- 国内第一套男用系列化装品"伯龙"诞生

1989 年
- "力士"和"海飞丝"上市
- 广州出现中国第一部手机（摩托罗拉）
- 通宵电影院已成为上海市民周末的好去处
- 海南生产出第一代国产速溶咖啡"力神速溶咖啡"

1990 年
- 健怡可口可乐在沪问世
- 中国首家比萨饼餐厅开业
- 私人电话已成为时尚，新装户高涨

1991 年
- 28 英寸大屏幕彩电投放市场

1992 年
- 羽西化妆品面世

1993 年
- 国内第一代全无氟冰箱研制成功
- 电脑开始进入家庭
- 台湾婚纱摄影开始进入内地
- 内衣消费进入发展阶段

1994 年
- 上海出现无店铺销售
- 便民连锁店在上海诞生
- 自动售货机在上海亮相

- 个人可申请贷款
- 中国通用电话磁卡发行

1995 年
- 手机"即卖即通",上海电信局大量放号
- ATM 机并网网络已初步建成
- 沪产全自动滚筒式洗衣机问世
- 北京出现汽车用品超市

1997 年
- "网吧"悄悄在北京街头亮相
- 保龄球运动达到顶峰

1998 年
- 自动售货机开始大规模进入百姓生活
- 功能强大的全中文搜索引擎搜狐诞生
- 美国星巴克咖啡公司进入中国
- 哈根达斯进入中国

1999 年
- DVD 市场启动
- 上海别克正式上市场
- 寻呼业竞争白热化
- 中国首次公开发行金条

2000 年
- "帕萨特"面世,上海大众推出第三代
- 上海通用十万元家用轿车首度亮相
- 网络游戏出现

2002 年
- 彩屏手机上市
- 高尔夫运动平民化

2003 年
- 数码相机热卖
- 拍照手机流行
- 上海钻石消费增长以 40% 的速度递增

2004 年
- 城市私家汽车流行
- 笔记本电脑流行
- 数字电视在国内首播
- 首批 EVD 机面市

教学案例

## 3.2 Z银行应该如何细分信用卡的顾客

信用卡是20世纪的新兴产物。对使用者而言，它具有透支、分期、积分的功能；对银行而言，利润贡献较大，发卡成本虽然不菲，但是一本万利，发卡后，只要鼓励或刺激持卡人重复刷卡就可以了。因此，"信用卡"成为金融业务的一块非常重要的业务，吸引了众多银行机构进行竞争。但是，各家银行卡差别不大，竞争性产品非常多，因而，通过定位实现差异化就非常重要了。Z银行同样面临着这样的问题。行长建议市场部对这个问题进行研究，考虑如何细分信用卡持卡客户，从而选择有效的营销组合策略。市场部经理在行长的认可下，组织自己部门做了两件事：一是研究信用卡营销的大体趋势，发现仅是人口统计特征方面的市场细分已经不能满足营销决策的需要；二是委托咨询公司做了基于多重视角的顾客细分，形成了两种细分方案。如果你是这家银行的行长，该如何选择并应用这两个不同的细分方案呢？

### 一、信用卡营销的发展阶段

银行业的营销专家认为，中国信用卡营销的发展，经历了"面—块—点"三个阶段[①]，这种划分是以信用卡营销组合的目标顾客变化为标志的。

#### 1. "面"——面向大众市场

在信用卡发行的初期，银行推出一种信用卡，几乎是对准所有人的，并不对顾客进行细分。那时没有系统的数据，商户的刷卡机也不是很普遍。营销的目标是追求市场份额，银行是用一个营销组合模式对准所有的顾客。这一时期，大体已经过去。

#### 2. "块"——面向细分市场

随着信用卡市场竞争的激烈化，以及顾客需求的多元化，用一个营销组合模式对准所有人的策略开始失效，或者说效益递减。因而出现了一种新的现象：信用卡的绩效，在一个较大的目标顾客群占有较低的市场份额，远不如在一个较小

---

① 陈小宪：《客户忠诚之路》，中信出版社2009年版，第14页。

的目标顾客群占有较高的市场份额。同时，银行开始逐渐积累较为系统的顾客数据，具有了细分顾客的基础条件，因此开始对信用卡市场进行切块，对不同的细分"块"实施不同的营销组合策略。这个阶段，已经开始且在进行中。

### 3. "点"——面向一个顾客

随着信用卡市场竞争的进一步激烈化，银行需要考虑实现每一位客户的效益最大化，这里有两条轨迹：一是向某顾客销售更多金融产品和服务，被称为交叉销售或"钱包占用率"，有人统计过，顾客购买了这家银行一种产品，流失了50%左右，如果购买了4种产品，流失率就变为零；二是向某顾客的家人、朋友、同事等销售金融产品和服务，被称为关系网络销售。这个阶段的典型特征，是针对单一的客户进行唯一的营销策略组合，又称为"一对一"营销，当然其结果也可能是，所有的产品都销售给一个客户。这个阶段，开始受到重视。

## 二、第一种细分方案：顾客感知利益和感知风险视角[①]

通过深度访谈的定性分析，确定感知利益和风险的内容，然后进行大规模数据采集，再对通过因子和聚类分析，得出市场细分的结果。

### 1. 深度访谈

对30位信用卡用户进行深度访谈，重点围绕以下几个问题：（1）日常使用信用卡的程度？（2）使用信用卡的好处？（3）使用信用卡的弊端？我们将这些受访者提及的优点和弊端进行整理，结果如表3.2.1所示。

表3.2.1　　　　　深度访谈结果好处弊端使用方便

| 好处 | 弊端 |
| --- | --- |
| 使用方便 | 使用信用卡会导致过度消费 |
| 不占用自己的资金 | 使用信用卡不安全 |
| 能提前享受一些产品或服务 | 能接受信用卡的地方不多 |
| 可以积累个人信用 | 还款很麻烦 |
| 有助于了解支出情况 | 刷卡时经常出现故障 |
| 可以参加一些促销活动，获得积分 | 觉得欠银行的钱不好 |
| 刷卡的感觉很时尚 | |

---

① 这部分内容全部来源于林遂生、朱华伟、张如慧：《透视信用卡的顾客行为与市场细分》，第七届中国市场研究"宝洁"论文奖获奖论文，在此对作者表示感谢。

## 2. 数据采集

采用街头发放问卷的方式收集数据。首先确定被访问对象拥有信用卡后,再邀请他(她)参加调查。总共发放问卷450份,回收的完整问卷412份,经过对问卷的初步筛选,剔除无效问卷后,最后剩下的有效问卷为364份。被调查者中,男性占62%,女性占38%;关于工作年限,5~8年的最多,有34%,其次是8年以上的,占32%;从单位性质看,国有控股企业最多,有40%;在婚姻状况中,未婚的居多,占43%。

## 3. 因子分析结果

采用SPSS软件的主成分分析方法,以及最大方差正交旋转对顾客的态度变量进行因子分析,确定最终进行聚类分析的因子。在选取因子时,我们选择的是因子载荷值大于0.4的指标,并通过分析各因子所包含的测量变量的含义来解释因子的含义(见表3.2.2、表3.2.3)。

表3.2.2　　　　　　　　感知利益的因子分析结果

| 自变量 | 测量语句 | 因子1 | 因子2 | 因子3 | 因子4 | 因子5 | 信度 |
|---|---|---|---|---|---|---|---|
| 便利利益 | 还款方式方便 | 0.570 | | | | | |
| | 使用范围广 | 0.604 | | | | | |
| | 出错概率低 | 0.710 | | | | | |
| | 与发卡行联系方便 | 0.792 | | | | | 0.823 |
| | 对问题答复及时 | 0.771 | | | | | |
| | 发卡行服务态度好 | 0.725 | | | | | |
| | 比使用现金方便 | 0.549 | | | | | |
| 象征利益 | 使用者像成功人士 | | 0.717 | | | | |
| | 使用者更有成就感 | | 0.825 | | | | 0.843 |
| | 使用者更时尚 | | 0.820 | | | | |
| | 不用者显得落伍 | | 0.735 | | | | |
| 支付利益 | 提前享受产品/服务 | | | 0.663 | | | |
| | 帮助资金周转 | | | 0.548 | | | |
| | 获得临时性贷款 | | | 0.816 | | | 0.755 |
| | 提高生活质量 | | | 0.702 | | | |
| | 满足支出 | | | 0.649 | | | |

续表

| 自变量 | 测量语句 | 因子1 | 因子2 | 因子3 | 因子4 | 因子5 | 信度 |
|---|---|---|---|---|---|---|---|
| 信息利益 | 了解支出情况 |  |  |  | 0.757 |  | 0.715 |
|  | 及时获得账单信息 |  |  |  | 0.743 |  |  |
|  | 获知个人信用情况 |  |  |  | 0.600 |  |  |
| 额外利益 | 获得消费积分 |  |  |  |  | 0.760 | 0.851 |
|  | 获得赠品 |  |  |  |  | 0.893 |  |
|  | 积累个人信用 |  |  |  |  | 0.843 |  |

表 3.2.3　　　　　　感知风险的因子分析结果

| 自变量 | 测量语句 | 因子1 | 因子2 | 信度 |
|---|---|---|---|---|
| 负债观 | 不喜欢支出超过收入 | 0.774 |  | 0.643 |
|  | 负债的感觉不好 | 0.808 |  |  |
|  | 提前消费不好 | 0.618 |  |  |
| 财务风险 | 易导致过度消费 |  | 0.526 | 0.797 |
|  | 难控制消费支出 |  | 0.735 |  |
|  | 控制不住购买欲望 |  | 0.676 |  |
|  | 收入情况不稳定 |  | 0.613 |  |
|  | 债务负担比较重 |  | 0.617 |  |
|  | 影响经济状况 |  | 0.795 |  |

### 4. 顾客细分

从上述分析可以得出结论，影响顾客对信用卡感知价值的7个因子是：便利利益、支付利益、信息利益、额外利益、象征利益、个人的负债观以及信用卡可能造成的财务风险。不同的顾客在评价信用卡的价值时可能看重不同的方面，所以我们将态度因子作为细分变量对信用卡的持有人进行细分。

首先采用分层聚类法，确定最佳划分的类群数目为5类。在此基础上，以K-Means的聚类法将各样本归类，并分别统计各类消费者的人口统计特征。分类结果以及各类的样本数量与所占的比例总结于表3.2.4中。消费者的人口统计特征见表3.2.5。

表 3.2.4　　　　　　　　　　　信用卡使用者分类

| 信用卡的态度 | 1 | 2 | 3 | 4 | 5 |
|---|---|---|---|---|---|
| 便利利益 | −0.47546 | −0.53699 | 0.17687 | 0.70035 | 0.54411 |
| 象征利益 | −0.34573 | 0.49366 | 0.22191 | −0.99233 | 0.23588 |
| 支付利益 | −0.85145 | −0.11737 | 0.47330 | 0.23431 | −0.20923 |
| 信息利益 | 0.29000 | 0.18172 | 0.27947 | 0.25032 | −1.52015 |
| 额外利益 | −0.81967 | 0.05871 | 0.08316 | 0.70651 | −0.29015 |
| 负债观 | 1.07098 | −0.76706 | 0.39538 | −0.07771 | −0.23344 |
| 财务风险 | −0.15176 | −0.28478 | 0.79760 | −0.68951 | −0.17624 |
| 类别命名 | 保守消费者 | 时尚追求者 | 谨慎理财者 | 实用主义者 | 便利导向者 |
| 类别人数（比例） | 56 (15.4%) | 94 (25.8%) | 102 (28.0%) | 60 (16.5%) | 52 (14.3%) |

表 3.2.5　　　　　　　　　　　顾客群的人口统计特征

| | 保守消费者 | 时尚追求者 | 谨慎理财者 | 实用主义者 | 便利导向者 |
|---|---|---|---|---|---|
| 男 | 38 (67.9%) | 56 (59.7%) | 64 (62.7%) | 34 (56.7%) | 33 (63.4%) |
| 女 | 18 (32.1%) | 38 (40.3%) | 38 (37.3%) | 26 (43.3%) | 19 (36.5%) |
| 3 年以下 | 6 (10.7%) | 10 (10.6%) | 13 (12.8%) | 2 (3.4%) | 4 (7.6%) |
| 3~5 年 | 12 (21.4%) | 24 (25.5%) | 31 (30.4%) | 14 (23.3%) | 10 (19.2%) |
| 5~8 年 | 20 (35.7%) | 36 (38.4%) | 29 (28.4%) | 14 (23.3%) | 21 (40.3%) |
| 8 年以上 | 18 (32.2%) | 24 (25.5%) | 29 (28.4%) | 30 (50.0%) | 17 (32.7%) |
| 国有企业 | 32 (57.1%) | 22 (23.4%) | 46 (45.1%) | 26 (43.3%) | 21 (40.3%) |
| 外资企业 | 7 (12.5%) | 24 (25.5%) | 22 (21.6%) | 14 (23.3%) | 17 (32.7%) |
| 合资企业 | 6 (10.7%) | 10 (10.6%) | 18 (17.6%) | 2 (3.3%) | 6 (11.5%) |
| 民营企业 | 6 (10.7%) | 26 (27.7%) | 12 (11.8%) | 12 (20.0%) | 2 (3.8%) |
| 个人创业 | 0 | 4 (4.3%) | 0 | 2 (3.3%) | 2 (3.8%) |
| 暂无工作 | 5 (8.9%) | 8 (8.5%) | 4 (3.9%) | 4 (6.8%) | 4 (7.6%) |
| 已婚有子女 | 10 (17.9%) | 14 (14.8%) | 22 (21.6%) | 22 (36.6%) | 16 (30.8%) |
| 已婚无子女 | 16 (28.6%) | 40 (42.6%) | 30 (29.4%) | 18 (30.0%) | 20 (38.5%) |
| 未婚 | 30 (53.5%) | 40 (42.6%) | 50 (49.0%) | 20 (33.3%) | 16 (30.8%) |

（1）第一类消费者中男性的比例占 67%，约有 60% 的人工作年限在 5 年以上，超过一半的人是在国有控股企业工作。这类人具有浓厚的传统"量入为出"的观念，非常反对负债，不喜欢借贷消费的方式。他们不注重信用卡的支付价

值，也不关注使用信用卡所能获得的额外利益。我们将其命名为"保守消费者"。从这类消费者的特点可以看出，利用积分与赠品不可能有效地提高此类消费者的信用卡使用率。因为他们具有根深蒂固的对负债的负面态度，所以并不认同信用卡的提前支付功能。这类持卡人可能是在信用卡销售人员的劝说利诱之下申请了信用卡，但是并没有从内心认同信用卡的消费观念。

（2）第二类消费者之中男女比例相当，绝大部分顾客的工时间都在3年以上，一般分布在国有控股企业、外资企业与民营企业。这类消费者以年轻人居多，其中80%以上的顾客未婚或者已婚无子女。这类持卡人负债观比较薄弱，更看重使用信用卡所带来的时尚感与成就感，我们将其命名为"时尚追求者"。时尚追求者主要是年轻的白领阶层，思想与观念都比较前卫。

（3）第三类消费者中以男性居多，大部分顾客的工作年限都在3年以上，46%人在国有企业，另外超过20%的人在外企工作。这类消费者虽然很重视信用卡的支付利益，但是更重视使用信用卡可能导致的财务风险，因此，将其命名为"谨慎理财者"。这类消费者已经从内心认同信用卡核心的支付功能，以及所蕴涵的提前消费的消费理念。但是由于对自身的经济状况缺乏信心，所以不能放心大胆地使用信用卡。

（4）第四类消费者中男女比例基本相当，绝大部分人的工作年限在3年以上，50%的人工作年限在8年以上。超过40%的人在国有控股企业工作，另外在外资和民营企业工作的人数各占20%左右。67%的人已经结婚。这类消费者重视信用卡使用的便利利益与在使用过程中获得的额外利益，不在乎信用卡的象征利益，我们将其命名为"实用主义者"。从他们的特点可以看出，发卡机构可以运用积分、附送赠品等方式提高这类顾客的信用卡使用频率。另外，如果发卡机构能与更多的商业机构进行合作，提高信用卡的使用范围，以及使用的便利程度，也有助于提高这类顾客的使用率。值得关注的是，发卡机构的服务对于这类顾客使用信用卡的多寡有重要影响。发卡机构应该提高服务质量，及时准确地回答顾客的咨询，并及时帮助顾客解决在使用信用卡过程中遇到的问题。累计信用与累计积分等方式也可能提高这类顾客对信用卡的使用量。

（5）第五类消费者中以男性居多，绝大部分人的工作年限在3年以上，40%人的工作时间在5~8年。大部分人分布的国有或外资企业，已婚人群占69%。这类顾客并不重视信用卡的信息查询功能，比较重视信用卡使用的便利性，我们将其命名为"便利导向者"。此类消费者认为，获得支出、信用等信息对自己并没有多大的价值。

## 5. 各个细分市场的信用卡使用情况分析

顾客对信用卡的态度直接影响他们对信用卡的使用行为。接下来，本文运用卡方分析的方法对比各类顾客对信用卡的使用频率以及使用金额进行分析。

表3.2.6 各细分市场的信用卡使用率

| 顾客群 | 每月刷卡次数 | | | | | |
|---|---|---|---|---|---|---|
| | 低于3次 | 3~5次 | 5~10次 | 10~20次 | 高于20次 | 总人数 |
| 保守消费者 | 39.3% | 42.6% | 3.6% | 7.1% | 7.1% | 56 |
| 时尚追求者 | 21.3% | 27.7% | 31.9% | 14.9% | 4.2% | 94 |
| 谨慎理财者 | 25.5% | 33.3% | 23.5% | 9.8% | 7.9% | 102 |
| 实用主义者 | 6.7% | 23.3% | 43.3% | 23.3% | 3.4% | 60 |
| 便利导向者 | 15.4% | 38.5% | 38.5% | 0 | 7.6% | 52 |

表3.2.7 Chi-Square 检验表

| | Value | Df | Asymp. Sig. (2-sided) |
|---|---|---|---|
| Pearson Chi-Square | 29.020 | 16 | 0.024 |
| Likelihood Ratio | 34.960 | 16 | 0.004 |
| Linear-by-Linear Association | 3.639 | 1 | 0.056 |
| N of Valid Cases | 364 | | |

从列联表的分析结果可以看出，不同顾客群使用卡的频率有明显的差异，实用主义型消费者与时尚追求型消费者的刷卡次数比较高，其次为谨慎理财型消费者。便利导向型消费者的每月刷卡次数集中在3~10次，属于中等偏下的水平，而保守消费型消费者的信用卡使用频率最低，大部分持卡人每月的刷卡次数不足5次。从卡方分析的结果也可以进一步看出，不同的顾客群体之间的刷卡次数呈现显著性差异。

表3.2.8 各细分顾客的刷卡比例

| 顾客群 | 每月刷卡占消费金额的比例 | | | | | |
|---|---|---|---|---|---|---|
| | 低于10% | 10%~30% | 30%~50% | 50%~70% | 高于70% | 总人数 |
| 保守消费者 | 32.1% | 28.6% | 28.6% | 7.1% | 3.6% | 56 |
| 时尚追求者 | 23.4% | 21.3% | 27.7% | 23.4% | 4.2% | 94 |
| 谨慎理财者 | 17.6% | 21.6% | 33.3% | 19.6% | 7.9% | 102 |
| 实用主义者 | 6.7% | 20.0% | 23.3% | 23.3% | 26.7% | 60 |
| 便利导向者 | 34.6% | 23.1% | 11.5% | 23.1% | 7.7% | 52 |

表 3.2.9　　　　　　　　　　Chi-Square 检验表

|  | Value | Df | Asymp. Sig. (2-sided) |
| --- | --- | --- | --- |
| Pearson Chi-Square | 25.819 | 16 | 0.057 |
| Likelihood Ratio | 25.208 | 16 | 0.066 |
| Linear-by-Linear Association | 3.448 | 1 | 0.063 |
| N of Valid Cases | 364 |  |  |

从每月刷卡金额占消费金额的比例来看，实用主义型消费者的刷卡消费的金额比例最高，其中超过一半的人数每月使用信用卡消费的比例超过50%；谨慎理财型消费者每月使用信用卡消费比例超过50%的人数比例为27.5%，而每月信用卡消费比例超过30%的人数比例为60.8%；时尚追求型消费者使用信用卡的支出比例与谨慎理财型消费者相当，有27.6%的人数月信用卡消费比例超过50%，有55.3%的人数月消费比例超过30%；便利导向型消费者的月消费比例比较低，约有57.7%的人数月消费比例不足30%；刷卡消费比例最低的顾客群为保守消费型消费者，约有60.7%的人数月刷卡消费的比例不足30%，近90%的人月刷卡消费比例不足50%。消费群体的不同相当大程度地决定了不同的消费行为。

## 三、第二种细分方案：银行感知利益和感知风险视角[①]

通过对银行自己的数据库进行分析，发现现有顾客对于银行来说的利益和风险不同，随后对他们进行具体的分类，得出相应的细分市场。

### 1. 确定细分标准

通过对银行高层经理的访谈和一些数据的分析，发现了不同信用卡使用者给银行带来的收益和风险有着较大的不同，这些不同的主要表现就构成了细分顾客的标准（见图3.2.1）。

### 2. 客户忠诚评价

通过客户关系和信用卡级别两个指标，可以对信用卡客户的客户忠诚情况进

---

① 这部分内容的框架思路和结构来源于陈小宪：《客户忠诚之路》，中信出版社2009年版，第136~148页。在此对原作者表示感谢。

行评价，得出顾客分别属于1、2、3各级别（见图3.2.2）。

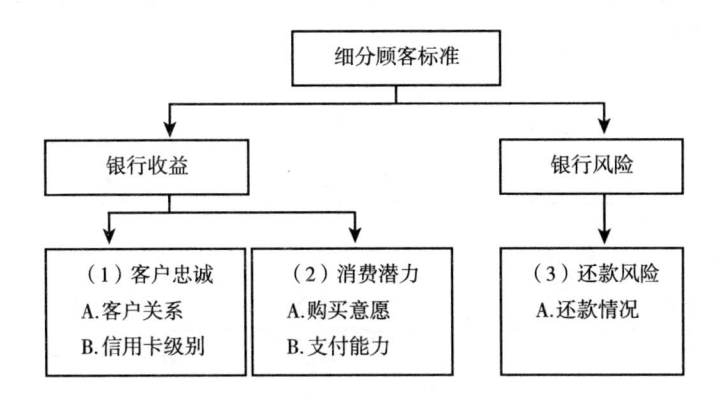

```
            细分顾客标准
           /            \
      银行收益           银行风险
       /    \              |
(1)客户忠诚  (2)消费潜力   (3)还款风险
A.客户关系   A.购买意愿    A.还款情况
B.信用卡级别 B.支付能力
```

图3.2.1　信用卡顾客细分标准

第一步：客户关系评价

| 级别 | 家庭中银行用户人数 | 信用卡使用年限 | 使用银行其他服务数 |
|---|---|---|---|
| 1 | 2人及以上 | 3年及以上 | 2种及以上 |
| 2 | 1人 | 1~3年 | 1种 |
| 3 | 无 | 小于1年 | 无 |

第二步：信用卡级别评价

| 级别 | 信用卡消费额/忠诚性顾客平均消费额 | 详细描述 |
|---|---|---|
| 1 | >0.8 | 客户首选卡 |
| 2 | 0.5~0.8 | 客户第二位信用卡 |
| 3 | <0.5 | 客户第三位信用卡 |

第三步：客户忠诚的评价

| 客户忠诚度（中间数） | 信用卡级别1 | 信用卡级别2 | 信用卡级别3 |
|---|---|---|---|
| 客户关系级别1 | 1 | 2 | 3 |
| 客户关系级别2 | 2 | 3 | 3 |
| 客户关系级别3 | 3 | 3 | 3 |

图3.2.2　客户忠诚评价过程与结果

## 3. 消费潜力评价

通过客户购买意愿和购买能力两个指标，可以对信用卡客户的消费潜力情况进行评价，得出顾客分别属于1、2、3各级别（见图3.2.3）。

第一步，购买意愿评价

| 级别 | 生活方式 | 人生阶段 | 职业特质 |
|---|---|---|---|
| 1 | 购买奢侈品 | 单身、已婚无子女 | 商务人士、名流 |
| 2 | 购买平价品 | 已婚有子女 | 公务员、教师 |
| 3 | 购买打折品 | 老年、退休者 | 下岗者 |

第二步，购买能力评价

| 级别 | 个人或家庭收入 | 个人存款额 | 职业情况 |
|---|---|---|---|
| 1 | 高 | 高 | 医生、建筑师 |
| 2 | 中 | 中 | 公务员 |
| 3 | 低 | 低 | 文秘等 |

第三步，消费潜力评价

| 消费潜力 | 购买能力1 | 购买能力2 | 购买能力3 |
|---|---|---|---|
| 购买意愿1 | 1 | 2 | 3 |
| 购买意愿2 | 2 | 3 | 3 |
| 购买意愿3 | 3 | 3 | 3 |

图 3.2.3　消费潜力评价过程与结果

## 4. 还款风险评价

通过客户现金提取的状况、欠款与花费之比这两个指标，可以对信用卡客户的还款风险进行评价，得出顾客分别属于高、中、低各级别（见表3.2.10）。

表 3.2.10　　　　　　　　还款风险评估过程与结果

| 客户类型 | | 现金提取 | | | 滚动评分（欠款/花费） |
|---|---|---|---|---|---|
| 类型 | 风险 | 频率 | 数量 | | |
| 交易型（只还不借） | 低 | 低 | 不定 | 低 | 低 |
| 利润型 | 中 | 中 | 不定 | 中 | 20%~50% |
| 滚动型（只借不还） | 高 | 高 | 大量 | 高 | 80%~90% |

## 5. 顾客细分结果

综合上述客户忠诚、消费潜力和还款风险三方面的评估结果，就会得出银行信用卡客户的细分结果。客户关系为高中低、客户潜力为高中低、还款风险为低中高，客户就可以划分为 27 个群体（3×3×3）（见表 3.2.11）。

表 3.2.11　　　　　　　　　顾客细分的最终结果

| 顾客编号 | 细分标准 ||| 客户人数 | 交易记录 ||| 信用卡类型 ||| 其他产品 ||||
|---|---|---|---|---|---|---|---|---|---|---|---|---|---|---|
| | 客户关系 | 客户潜力 | 还款风险 | | 频率月 | 金额月 | 最近1次 | 普通卡% | 金卡% | 白金卡% | p1 | p2 | … | p3 |
| 1 | 1 | 高 | 低 | 1万 | 20 | 6千 | 8月 | 50 | 35 | 15 | 存款 | 基金 | … | 保险 |
| 2 | 3 | 低 | 中 | 8千 | 5 | 2千 | 2月 | 90 | 5 | 5 | 贷款 | 保险 | … | 股票 |
| … | … | … | … | … | … | … | … | … | … | … | … | … | … | … |
| 26 | 1 | 高 | 高 | 2万 | 18 | 5千 | 6月 | 60 | 30 | 10 | 保险 | 基金 | … | 基金 |
| 27 | 3 | 高 | 中 | 2万 | 3 | 4千 | 8月 | 80 | 15 | 5 | 保险 | 基金 | … | 贷款 |

**案例讨论目的**

使学生掌握"市场细分和目标顾客选择"的目的和方法。

**案例讨论问题**

1. 银行方信用卡的盈利模式是什么？
2. 两种细分方法的具体操作过程？
3. 如果你是市场部经理会建议行长选择哪种方法？如何使用？

**案例讨论形式**

将课堂上设计为这家银行的会议室，现场为市场部的内部会议。选出两个学生或两个小组，分别讲解两种视角的顾客细分方法，大家讨论来各自的应用前景，并说明理由。

## 附录 3.2

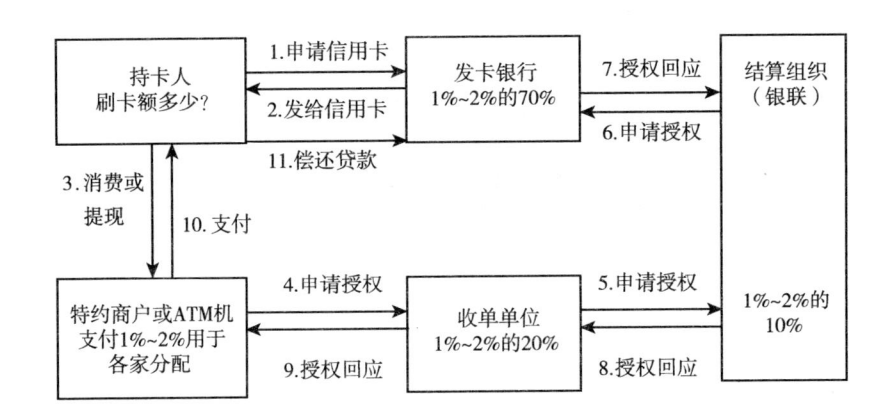

```
┌─────────┐  1.申请信用卡  ┌─────────┐  7.授权回应  ┌─────────┐
│ 持卡人  │ ─────────→   │ 发卡银行 │ ──────────→ │ 结算组织 │
│刷卡额多少?│ ←─────────   │1%~2%的70%│ ←────────── │ (银联)  │
└─────────┘  2.发给信用卡  └─────────┘  6.申请授权  └─────────┘
     ↑         11.偿还贷款
  3.消费或  10.支付
    提现
     ↓
┌──────────────┐ 4.申请授权 ┌─────────┐ 5.申请授权
│特约商户或ATM机│ ────────→ │ 收单单位 │ ─────────→  1%~2%的
│支付1%~2%用于 │ ←────────  │1%~2%的20%│ ←─────────    10%
│  各家分配    │ 9.授权回应 └─────────┘ 8.授权回应
└──────────────┘
```

说明：如果银行本行设置的 POS 机上刷自己的卡，就会获得回佣的 100%；
如果银行在本行设置的 POS 机上刷别人的卡，就会获得回佣的 20%；
如果银行在他行设置的 POS 机上刷自己的卡，就会获得回佣的 70%。

附图 3.2.1　银行方信用卡的盈利模式

附表 3.2.1　　市场细分定量分析方法几个名词解释

| 名词 | 简单解释 |
| --- | --- |
| 因子分析 | 用少数几个因子去描述许多指标或因素之间的联系，即将相关比较密切的几个变量归在同一类中，每一类变量就成为一个因子，以较少的几个因子反映原资料的大部分信息。运用这种研究技术，可以方便地找出影响消费者购买、消费以及满意度的主要因素是哪些，以及它们的影响力（权重）。 |
| 因子载荷值 | 因子载荷 $a(ij)$ 的统计意义就是第 $i$ 个变量与第 $j$ 个公共因子的相关系数即表示 $X(i)$ 依赖 $F(j)$ 的分量（比重），即相对重要性。 |
| 聚类分析 | 直接比较各事物之间的性质，将性质相近的归为一类，将性质差别较大的归入不同的类的分析技术。运用这项研究技术，可以划分出细分市场，并且描述出各细分市场的人群特征。 |
| 卡方检验 | 在各种假设情形下，实际频数与理论频数偏离的总和即为卡方值（chi-square value）它近似服从自由度为 v 的卡方分布，因此可以用卡方分布的理论来进行假设检验。 |
| 信度 | 即可靠性，是指采用同一方法对同一对象进行调查时，问卷调查结果的稳定性和一致性，即测量工具（问卷或量表）能否稳定地测量所测的事物或变量。<br>信度系数是指同一群人几次测验结果的一致性，信度指数是指信度系数的平方根。 |
| 效度 | 即有效性，它是指测量工具或手段能够准确测出所需测量的事物的程度。 |

附表3.2.2　　　　　　　　客户细分的成熟度[1]

| 评价维度 | 认识阶段：几乎不具备什么能力 | 发展阶段：具有基本的一些能力 | 实践阶段：应用了核心能力 | 优化阶段：不仅发展了能力，而且将他们积极地应用到营运活动中 | 领先阶段：通过自己的能力在行业中脱颖而出，并不断地完善这些能力 |
|---|---|---|---|---|---|
| 细分变量的使用 | 使用单一变量（如销售收入等）确定客户细分 | 运用销售收入和盈利能力来定义高端和低端客户。分析历史数据是确定价值的主要方法 | 使用多个变量来细分客户，但采用手工流程，融入更复杂的外部数据 | 使用多个变量来细分客户，在分析中融入外部数据和内部数据 | 使用多个变量分析来确定最有价值的细分客户群。偏好、调查、外部数据和数据挖掘全部用来确保细分的合理性 |
| 细分与销售和市场营销活动相结合 | 掌握的有关客户细分的信息未在渠道或者品牌之间进行协调 | 细分可影响市场营销创建信息的方式，可帮助销售人员找到正确的目标客户 | 市场营销和销售都通过细分和目标客户消息进行了尝试 | 市场营销和销售不仅尝试，并在定义它们的目标客户时积极加以运用 | 市场营销和销售积极地为最有价值的细分客户群服务，并前瞻性地寻找下一个高价值客户群 |
| 确定每个客户和客户细分的价值 | 不存在正式的估计客户价值的流程或者方法 | 使用基本的方程式估计客户的价值（例如，内部历史销售数据） | 应用多变量客户价值模型（例如，市场共享数据，内部销售数据） | 通过渠道和产品了解客户的个人价值，使用自动化系统分析多个变量 | 根据当前和未来的品牌潜力，使用该复杂的分析工具来计算和了解各个客户的终生价值 |
| 将客户引导到合适的渠道，降低服务成本 | 每个细分客户群都会得到相同的对待，与其价值、偏好或者服务成本无关 | 在人口和区域信息方面，公司对客户取得了初步了解 | 最好的客户会受到"特别对待"，了解了服务成本。没有专门方案来解决最高价值客户的偏好问题 | 有为高端客户群提供服务的服务水平协议，低价值/低潜力的客户被引导到服务成本低的渠道，在这些客户期望获得较高级别的服务时，他们可以选择使用付费服务 | 提供多个渠道，并根据客户细分的价值和偏好进行了分类。持续评估每个细分客户群的服务成本，优化客户细分价值与服务成本本身的关系 |

---

[1] IBM中国商业价值研究院：《IBM中国商业价值报告 战略与管理》，东方出版社2007年版，第310页。

续表

| 在客户关系管理中使用细分 | 公司了解并与客户进行大量沟通 | 公司了解并与客户进行大量沟通 | 公司了解客户细分的行为特征，并使用此信息根据客户价值制订长期关系管理计划 | 公司收集并利用客户的态度数据，以便确定高价值客户，并在提高忠诚度、交叉销售和高端销售方面发展 | 公司利用对于客户需要和偏好的了解，并在客户的整个生命周期中提供个别的、个性化的服务 |
|---|---|---|---|---|---|
| 数据集成，通过集成销售和市场营销数据库的方式集成客户洞察 | 销售和市场营销中没有数据集成 | 未充分地在企业范围内集成数据库，但在面临各种功能和流程问题的客户之间进行了某种程度的集成 | 在业务单位的功能之间集成了关键的客户管理应用程序和流程 | 正在开发客户数据库和流程的企业范围标准，但没有充分地进行集成 | 在企业中充分集成客户数据库和应用程序 |
| 分析自动化程度和频度 | 不存在自动化数据分析应用程序，没有执行有意义的分析。仅在特定的情况下进行数据分析 | 根据需要进行手工数据分析 | 提供基本的工具和不同的客户数据库（但不进行自动处理）。每个季度进行一次数据分析 | 正在开发自动化系统，正在向中央数据库集成多个来源提供的信息。每月分析一次数据，或者在出现重大事件时执行 | 具有集中的客户数据仓库，全面自动化的智能分析应用程序，持续进行数据分析 |

# 第4章 营销定位决策

## 4.1 矿泉壶大战复盘[①]

"要想提高谋定而后动的能力,复盘[②]很重要。想想做成一件事有哪些是偶然因素,别以为是自己的本事。尤其是失败后,要血淋淋地解剖自己,不留任何情面地总结自己的不足。这样,你的能力自然会不断提高。"

——联想集团董事局主席柳传志

在20世纪90年代初期,一只小小的矿泉壶将刚刚走入市场经济大潮的大半个中国"搅"得沸沸扬扬。有人说矿泉壶市场是由一批新闻界和企业界聪明人炒起来的;也有人说矿泉壶之战展示当时营销战的精彩一幕。二十年多年过去了,现在来复盘,会有诸多精彩的发现。

---

[①] 根据以下资料改编,主体内容来源于(1)陈玉明:《矿泉壶大战启示录》,《北京青年报》1993年4月20日;补充内容来源于(2)赵强、李飞:《中国第一商战——百龙争霸谋略》,今日中国出版社1994年版。

[②] 复盘是象棋术语,指对局之后,复演该盘棋的过程,以检查对局中着法的优劣与成败的关键。在复盘中,双方对于每一个决策都会重新思考,会产生新的想法,新的理论可能由此萌发。复盘的重要价值在于,当以后某种类似的局面出现时,复盘者往往能够知道如何去应对,脑海中就会出现好多种应对的方法。联想把这种复盘视为管理的一种方法来使用。

## 一、开局：孙寅贵携百龙矿泉壶启局

矿泉壶的发明人名叫孙寅贵。据说，其祖上一位先人临死前挣扎着到大门口，猛地咬住大门，家里人问他这是干什么？他回答："我这辈子还未在世上留下颗牙印"，然后便死去。孙寅贵就一直想在这个世界上留下两颗牙印，小小的就行。后来的事实证明，他留下的牙印还真不小。

1985年他带了4 000元钱和四项发明闯入北京，1986年靠发明赚钱买了一辆菲亚特126P小汽车。他与两位科技同仁办起了亚都建筑设备研究所，成功地研制出第一台加湿器。当加湿器红红火火时，他离开亚都，自己创办了百龙绿色科技所。他突发奇想，掀起人们饮水的绿色革命，让中国人喝自然水，而不是只喝破坏了水中矿物质和成分的开水。他想到，天然矿石难溶于水，需要制造一种人造矿石芯，它具有将多种人体所需要的微量元素迅速而且控制含量地溶进水里的功能，从而瞬间将自来水变成矿泉水，且能杀菌、净化、矿化一次完成。孙寅贵开发出了这种产品，并称其为"矿泉壶"，因为当时矿泉水已经在中国高档消费群体流行，一瓶需要5～6元。同时，中国人长期以来是用"壶"烧水、盛水，甚至喝水。1991年7月百龙矿泉壶上市。

1991年7月20日，北京东四路口。偶然过此的秦全跃随手从在街头促销的"百龙"人手里接过一份宣传品——百龙矿泉壶这天上市。此时，他像绝大多数北京人一样，脑子里完全没有矿泉壶的概念，也没有料到此后会与这种新鲜玩意儿结下那么多的恩恩怨怨……直到一位颇有名声的公关者认为，没有200万广告费和两年时间根本不可能打开矿泉壶市场而甩手后，孙寅贵的手与秦全跃的手握在了一起。

香饵胡同1小时的初谈是愉快的。第二天，孙寅贵连"呼"（那时先进的通信工具是寻呼机）秦全跃。秦冒雨赶到三里河，与开着"126"而来的孙再次谋面，并达成合作意向。作为回报，"百龙"付给秦所在单位——中华人才开发促进会一笔咨询费，预付5 000元。但合作尚未实施，便因孙寅贵迟迟不肯支付预付款而告结束。秦全跃认为这是因为他在交谈中过早泄露"一分钱喝杯矿泉水"的创意而遭甩，因恨"百龙"背信弃义，以致拒绝了后来他们提出的以每月500元为酬私人合作的意愿。

后来，秦全跃"一分钱喝杯矿泉水"的创意，经过改编后成为"几分钱就可以喝杯矿泉水"的广告词，传遍大江南北。不要忘记了，当时一瓶矿泉水销售价格为5～6元。

1991年年底，百龙矿泉壶就已经是名声大噪了。其中一个重要原因是25集电视连续剧《编辑部的故事》。该剧在1991年11月正式播出，当时收看情形可以称为"万人空巷"。百龙与剧组几经谈判，最终花费了135 000元，达成了合作意向：一是编一段与百龙矿泉壶有关的戏；二是戏里至少要出现一次百龙绿色科技所的外景；三是戏中编辑部里摆一只百龙矿泉壶，贴一张宣传画，作为道具，保证每集出现5分钟；四是片尾拿出一整帧，打上百龙矿泉壶录制的字样，附上矿泉壶的图像；五是戏中主要演员为百龙矿泉壶创作一个广告片，劳务费另议。同时，百龙还以每次6 400元的价格拿下了北京电视台的特约播映权。《编辑部的故事》的火暴，加之百龙平面广告的轰炸，1992年年初百龙矿泉壶就已成为春节的流行礼品。

## 二、前局：马鸿鸣携富豪矿泉壶搅局

百龙矿泉壶在市场上过了将近一年的清闲好日子，没有竞争对手。但是，平静意味着大战即将来临。

1992年6月18日，富豪矿泉壶瞬间摆上了京城十大商场的柜台上。百龙惊呆了，因为他们从未听说过这个品牌，这是从天而降的竞争对手。当百龙还没有回过神来的时候，富豪接着再出奇招，花费13 500元租用了京城几乎所有的凯迪拉克豪华型轿车（有说20辆，也有说10辆，当时有一辆在路上行驶都会引起围观），车上大书"富豪"二字，用摩托车开道，一路绿灯，在二环路上转了好几圈（有说在长安街上招摇过市），并特意在百龙公司门口示威鸣笛，声势浩大，产生了轰动效应——百龙急了。

百龙当时牛气冲天，霸气十足，被"噎了一下"，实在难忍，决定"保家卫国！一山不容二虎"。他们先了解这是谁策划的，接着开始激烈反击。

这是马鸿鸣干的！马鸿鸣，河北遵化人氏。外表粗放而内心细腻。本是一机关干部，疯了似的要当厂长，便于26岁时承包了一家亏损82万元的乡镇企业——遵化花生蛋白食品厂。上任后，先改生产蛋白肉为蛋白粉，又创造出干法提取植物蛋白新工艺。企业迅速起死回生。在此期间，马鸿鸣在《经济日报》读到朱建中"太阳锅巴"的文章，甚为仰慕，专程赴京与朱建中相识。后来朱建中又介绍了一个人，这个人"忽悠"马鸿鸣上了矿泉壶项目。

知道谁干的了，就立刻的反击。在富豪上市两天后即6月20日，百龙矿泉壶"咨询大展销月活动"的广告在《北京晚报》打出，并"开设24小时昼夜售后服务"。随即，又在《北京日报》等处向"上帝"连连"道歉"，以期留住在那些只见戈玲抱走百龙矿泉壶，自己却买不到的北京人。于是，"中外合资富豪矿泉壶展销"与"百龙矿泉壶咨询大展销"的大红条幅并排高悬于百货大楼；白纸黑字的百龙矿泉壶说明书与白纸蓝字的富豪矿泉壶说明书一起摆在了隆福大厦的柜台上；比"富豪"更多的百龙促销员出现在首都各大商场……

富豪并不示弱。他们开始使暗招：派人到商场柜台，悄悄地问百龙的促销员一个月工资多少钱，促销员说一个月800元呢！富豪人员说，我给你1 200元，你到富豪来吧！这样挖走了不少百龙的精兵强将。马鸿鸣后来说，一天最多时曾经面试了9个百龙准备跳槽的骨干。

百龙哪能受这个气，开始与富豪对攻，称富豪的天然矿石出不来矿泉水，而富豪努力地为自己证明。

在北京王府井百货大楼的柜台上，可算是这场矿石之战的缩影。

在"百龙"柜台上，白板红字写道：

● 天然矿石，几分钟泡出矿泉水，你相信吗？

● 天然矿石生成矿泉水需千百年，您等得及吗？

● 人造矿泉水专用矿石，是百龙……

斜对面，富豪应曰：

● 天然矿石几分钟内绝对不能生成矿泉水，但经过活化处理的天然矿料绝对能生成矿泉水。

● 天然矿泉水有之，人工矿泉水未有。

是用钢笔写在一片包装纸上，显然是促销员的个人行动。

富豪还有更甚的招数，富豪策划人后来在接受记者采访时曾经抱歉地谈到这些招数[①]。

> 我雇了些人夸富豪贬百龙，这些人向消费者发调查问卷："你的矿泉壶是地方级鉴定的，还是国家级鉴定的？"然后告诉消费者："百龙是北京市防疫站鉴定的，富豪是中国预防医学科学院鉴定的。"再问消费者："你愿喝天然矿料过滤的水，还是愿喝化学合成物的？"当然人人都喝天然的。我手下人马上告诉消费者："百龙是化学合成物——危险，富豪是天然的——安全。"这时，如果消费者还要百龙壶，我一摆手，就来个人提着百龙壶坚决要求退货："这百龙是什么东西，质量差，流黑水。"经这么一吓，没人敢买百龙壶了。

---

① 达观：《提审商务策划人 与秦全跃过招》，载《新财经》，2000年12月10日。

## 三、中局：何鲁敏携亚都矿泉壶参局

百龙与富豪正斗得难解难分，1992年7月，亚都矿泉壶似一匹黑马杀出，并以"超净"标榜之，号称"技高一筹，还是亚都"，为京城矿泉壶大战火上浇油。为给其"晚了一步，慢了半拍"找到合理依据，"亚都"的策划团队精心策划了一则颇具檄文意味的广告，在北京各主要报纸一齐打出，以期收到后来居上之效。那时的广告都流行一段文字，而不是一句话：

为什么在各种矿泉壶拥上市场的同时，亚都超净矿泉壶"姗姗来迟"？为什么科技先导型企业的亚都公司反而比其他企业晚了一步，慢了半拍？

扪心自问：实在是喝水一事太过重要，稍有不慎，贻害万家。

直接饮用生水，水质卫生至关重要，水中杂菌千般万种，区区灭菌包怎能匹敌……

虽说俱称矿泉，可矿物质溶出过多，久饮难免结石，溶出过少，怎能妄称矿……

出水不便，存水污染，磁化虚设……凡此种种，可称今日矿泉壶之弊端！

亚都公司宁居人后，不辱名牌，历经年久，巨额投资，谨慎揣摩，终于制造出超长组合滤芯，紫外线灯灭菌，多重垂直磁化和自动提水的亚都超净矿泉壶。

虽说晚了一步，慢了半拍，但是——

技高一筹，还是亚都！

这则广告无疑是将百龙和富豪押上了审判台，因为他们都是灭菌包灭菌，而亚都是紫外线灭菌。

富豪恼了！百龙火了！

"檄文"发出的同时，亚都又借电视台召开灭菌包批判会，并把富豪等押上台现场示众。

在此之前，富豪视亚都为盟友。处于相对弱小的地位而与百龙竞争，决定了富豪必须寻找更多的盟友，而亚都，正是它的天然盟友：一方面因为亚都与百龙本为"宿敌"，"亚都"又施小计抢先七天注册了"百龙"商标，后来发现亚都注册的是带电类，便赶紧把不带电的产品注册，这个过节使两家关系雪上加霜。百龙是北京东城区创收大户，自然是区长们的掌上之"物"，而亚都的注册所在地也在东城区。这层复杂的关系决定了亚都注册百龙商标后,既不会心甘情愿地还给百龙,又不能明目张胆地使用。在这种情况下,富豪从亚都买走了这个商标,似是顺理成章:富豪从技术上大大便利了与百龙的竞争,亚都则卸了"包袱",增了收入,又做了人情。有消息披露,双方高层为此曾于7月间在京会晤,并辗转开出了价格。但事情远非这么简单。亚都的胃口要大得多,它既想把百龙打下去,又不愿在此过程中培养起一个新的对手。亚都背后准备的一手是,一闷棍把所有的矿泉壶都打死。

风云突变!百龙公关部经理赵强急忙与富豪沟通:"怎么办?"

"怎么办——打'鬼子'呗!"富豪策划师道。

1992年9月2日下午3点钟,"百富达成合作"——外"敌"当前,百龙与富豪两位老板的手握在了一起。

百龙希望富豪给予回击,说:"材料都准备好了,拿去!就不要钱了,想在哪家报上打,说话。"

但马鸿鸣不愿干,他像孙寅贵一样想当渔翁。或者干也成,但"百龙"得掏"军火"费。

这对百龙是难以接受的。

据局内人士分析,这里存在一个问题:竞争的是什么?是矿泉壶,而不是加湿器。矿泉壶的老大是百龙,加湿器的老大是亚都。如果竞争的是加湿器,双方尽可以联手先把老大灭掉,然后再争老大。但双方竞争的是矿泉壶而不是加湿器。亚都在矿泉壶上的势力有限。因此,百龙以外的矿泉壶主就要考虑这样一个问题:把亚都赶跑后,矿泉壶的市场格局变化了没有?大家都清楚,大家努力的结果,更大意义上是在帮百龙做事。

这种各怀心思的心理,使得表面上大家都在积极撮合,调兵遣将打亚都,实际则是在把注意力都吸引到北京的同时,又撤出人力、财力,悄悄地开辟自己的外地市场。于是,百龙进沈阳了,富豪马上跟去;富豪进济南了,百龙也马上跟去……

但至少有两个人在回击亚都的问题上是坚定的。一个是秦全跃,一个是赵强。秦全跃认为,亚都壶因市场受阻便不惜对富豪及各矿泉壶竭尽贬低之能事,绝对犯了广告的大忌,也是对国家技术监督部门的怀疑和轻蔑。

搞矿泉壶必须研究赵强。这位做了六年记者、获奖证书拿一摞的书生,最后像"玩"新闻一样的"玩"起了矿泉壶,并成为这场矿泉壶商战的"急先锋"。

"打破!——"

一只铁拳,砸得碎石四溅,以至于有"文革"时吃过苦头的人看后受惊不小!9月12日,以《北京青年报·青年周末》为基地,百龙发出了回击亚都的第一颗也成为最后一颗"爱国者导弹";而亚都的攻击灭菌的广告同样刊登在《北京青年报·青年周末》上,只不过是前一周的 9 月 5 日。当时《北京青年报》是京城最受关注的报纸,《周末版》更是中国新闻的聚集区。

这又是一则毁灭性的广告,只是其要毁灭的只是亚都一家。铁拳的画面还是装饰性的,其真正的战斗力隐含在一条密密麻麻的文字里(因篇幅所限,从略。大意是逐一论述紫外线灯灭菌、自动取水、超长净化和药剂指示失效的缺点,并与癌症、死胎怪胎、心血管爆裂等骇人字眼联系在一起)。

真可谓"以毒攻毒"!

当亚都攻击灭菌包时,人们相信了紫外线;当百龙攻击紫外线时,人们什么也不相信了。风风火火的矿泉壶市场,立即呈现疲软的态势。

## 四、后局:中国壶界"群英会"

1993 年 2 月 10 日,在北京捷迅市场调查事务所乔宜老板的积极撮合下,国内最具竞争力的矿泉壶老板坐在了一起。他们自己进行了这场商战的复盘。

孙寅贵说:"我就像在拳击场上赢的一样,浑身是伤。"此时,百龙和亚都的商标纠纷已由国家工商部门调解,由百龙收回。亚都提出的要求是,希望百龙不要借此攻击亚都。

会上有人评论,如果富豪进京"打擂"时,百龙高挂免战牌,结局会如何?马鸿鸣说,竞争好,竞争老百姓受益。但是,有人问,这场商战,老百姓受益了吗?

亚都副总裁谢小锐说,"矿泉壶还应该有广阔的前景"。但是,与会专家分析,亚都要摆脱 1992 年的商战阴影,还将继续为"犯规行为"付出代价。

秦全跃也应邀到会。他与富豪协约期满后,于 1992 年年底退出矿泉壶之战。百龙欲以高薪加轿车邀其入伙,被秦婉拒。但他一直为富豪、百龙、天慈三壶的联合而奔走,乔伊建议加上亚都,成为四壶联合。1993 年 2 月,三壶达成初步协议,成立中国矿泉壶联合会,会长将来由三家轮流担任。

## 五、结局:矿泉壶消失了

1995 年矿泉壶销售步入衰落期,1996 年百龙矿泉壶开始淡出市场,1997 年后矿泉壶成为历史名词。百龙矿泉壶品牌创始人孙寅贵转战塑钢门窗。他事后感叹:市场规律是无情的,一个硬生生创造出来的市场需求能在短期内托起一个产品,也能在短期内把它毁掉。

**案例讨论目的**

使学生掌握"市场竞争"的目的和方法。

**案例讨论问题**

1. 市场竞争的目的是什么？
2. 竞争的手段有哪些可以选的方面？
3. 如果你是三家公司的营销顾问会建议何种策略应对竞争？

**案例讨论形式**

开放式讨论，同学们视自己为三家公司营销顾问或老总，对矿泉壶大战的过程进行复盘，探讨得失并说明理由。

# 附录 4.1

### 附录 4.1.1　　　　　　联想复盘管理

2011年，在联想年会的大讲堂上，柳传志在讲解"联想企业文化"时，对"复盘"管理有一番解释。

复盘分为战略性复盘和战术性复盘，两者是对战略回顾总结或战术性工作得失分析。具体来说，即对承担的任务或项目进行事后的回顾分析，总结经验教训。

复盘方法：

（1）回顾目的——回顾当初所做事情的目的，确定的目标。

（2）评估结果——得到的结果与当初制订的目的、目标比较，看看是否有差距。

（3）分析原因——对未取得预期效果认真分析原因。特别是在自己身上找原因，而不是强调客观困难；要敢于割自己的尾巴，不怕丑，不要文过饰非，自己骗自己。

（4）总结规律——找出事物本身运行的内在规律、特点。不要轻易总结规律，当逐渐形成规律时，也要反复验证。

### 附录 4.1.2　　　　　孙寅贵关于矿泉壶大战的反思[①]

**1. 忘了卖水，陷在了壶里**

战术运用失误会导致局部受损，而战略失误往往会导致满盘皆输。百龙曾依靠矿泉壶这

---

① 孙寅贵：《我做总裁的十大失误》，载《经济论坛》，1999年第20期。

一产品切入前途无量的饮水行业，并对矿泉壶投入大量人力、财力进行功能性改造，如尝试去氟型、超净型、加热型、冷热型、电子计量型、聚炭储水型以及推出多种外形、体积的矿泉壶等等，只是这些改进型产品由于种种原因未能大面积推广，因而外界知道得不多。遗憾的是，这一切做法始终没能脱离壶，若当时将壶的概念上升为水，就可能海阔天空，前途一片光明，绝不是今天这个结果。

### 2. 忘了用人，陷在了招人里

百龙设计了一整套招聘人才的政策、方法，但没制订使用、培养、选择、奖惩人才的目标和制度。百龙成了一座人才围城。就像百龙精于广告煽情一样，对于如何吸引人才关注乃至加盟，百龙自有一番手段。像百龙这样使人才招聘达到标准化、程序化、制度化的企业恐怕并不多。百龙见报的第一份"因为缺了我"的招贤广告引来了众多本无意下海的八方能人。百龙的招聘程序包括笔试、面试、心理测验、演讲、游戏等，无不配有自成套路的系统化规则，就连对百龙内部负责招聘的考评官都编有培训教材。但是，百龙并没有相应的在人才使用、选择等方面的成型制度，人才在百龙几乎找不到实现自我价值并提升这种价值的完善途径，于是悲观的、争宠的、赌气的、排斥异己的、拉帮结派的现象相当普遍。

### 3. 忘了长远，陷在了眼前利益里

百龙矿泉壶的产品创新难敌市场创新。技术骨干成了"即时贴"，几乎全被抽调一线作战。抓住了眼前利益，丢掉了长远利益。1992 年，百龙刚走过盈亏平衡点，我就开始招聘人才组建技术开发部，花钱养了一大批人，但由于创新目标不太明确，创新工作显得松散无序，最终成了百龙的人才周转储备库。遇到车间缺人监控、市场销售告急、公关部要装饰门脸等应急工作，都从技术开发部抽人。

### 4. 忘了落实，陷在了规划里

我当时计划百龙办 20 年，设想要建立一套企业形象战略和市场战略，在公众面前树立一个既能经受检验又能对未来负起责任的企业形象。但想得挺好，做起来却跑题了，仅产品生命周期只有七年一项，便把企业引入歧途。随后，一切公关广告宣传都是为了迎合市场口味，投消费者所好。你喜欢什么、赞赏什么，我就说什么，全然丧失原则。产品宣传更是夸大其辞，公关策划常有虚假之嫌。至此，百龙走上了一条与当初的设想南辕北辙的发展道路，进入了短期行为的死胡同。实际上，市场不是靠偷袭便能长久得手的，也不是靠点子大师"点"出来的。如果市场也有谋略，那就是去努力做到让消费者永远都喜欢你，而不是短暂地喜欢你，你在做每一件事时都要对长远负责，绝对不能对消费者撒谎，也不能在与同行竞争时只看到眼前。

### 5. 忘了系统，陷在了点子里

那时，全社会都相信一个点子能够救活一个企业，一个公关策划就能成全一个产品，一个大胆谋略就能造就一个富翁。百龙在这种思潮影响下也力求点遍神州，比如派大队人马前往各商场去打听百龙矿泉壶何时上市，提着空包装招摇过市造成市场需求假象，或是聘人拎着百龙包装盒在繁华大街走来走去，吸引路人目光，等等，热衷于雕虫小技而乐此不疲。这种做法表面上看虽然屡屡得手，甚至带来了效益，但对企业原来健康的机体无疑

是一种腐蚀。

在百龙，最不受重视的是财务部门，我认为财务人员光凭写写算算是算不出利润的，只要把钱看管紧，不被外人拿走就行。其次不受重视的是销售部门，我认为销售人员只要能识数，会开票就行。第三不受重视的是生产部门，我认为生产矿泉壶只是一项简单的重复劳动，无法体现创造性劳动的价值。

## 附录4.1.3　　　　　矿泉壶大战的军师们

这场矿泉壶大战，应该有三大军师，他们斗智斗勇，随心所欲，各自为这场商战贡献了自己的智慧和点子。那时候就是一个点子的时代，有一个出点子的名人——何阳，当时被称为点子大王。矿泉壶大战的军师，也是点子之师。

**1. 秦全跃——富豪的军师**

秦全跃，回族，1953年生人。因在北京大新新型建材商店时经销地板砖有谋而闻名中国商界。1990年年底《经济日报》记者朱建中采访秦，朱钦佩秦坦诚过人，两人结为至交。朱在《经济日报》对秦全跃的描写是："大眼有神却常惺忪之状；行事有伟丈夫气，然又举止温文……"

当孙寅贵用了老秦"一分钱就可以喝一杯矿泉水"的创意而不给钱时，老秦就发誓打败百龙。在1991夏天，他疯了似的到处找壶。先奔"海鹰"，又赴"晶力维"，但接触之后，感到都不是"百龙"的敌手。后来，朱建中一句点拨，秦全跃与河北遵化一位年轻的乡镇企业家一拍即合，这个企业家就是后来的富豪老板马鸿鸣，秦全跃为了报仇成为富豪的军师，策划了富豪用卡迪拉克进京事件等。

后来成立了自己的策划公司——北京南北通咨询有限责任公司，自称为中国最早的专业公关炒作公司。除了参与矿泉壶大战之外，挑起了1993年河北酱油大战和绿叶神净化器上天安门城楼做广告事件，1994年帮金王花粉燃起花粉消费热，帮何健品三鸣养生王寻找"高人"（高血压、高血脂、高血糖者）；1995年减肥品混战中，扶助康美神，销售业绩颇为不俗；1996年策划推出JDC空调的公证销售；1997年发起国安运动服装挑战李宁品牌，大力传播"华帮公司美国抢水记"的故事，将华帮富氧水导入市场；1998年借《南方周末》挑起张春旺5.6亿元资产姓公姓私的讨论，使张上了中央电视台《20年20人》节目，牢牢把持住自己的亿万元资产；1999年3位记者因质疑哈尔滨红太阳公司牦牛骨髓壮骨粉的质量，遭公司员工殴打，酿成负面新闻，秦展开危机公关，邀记者去青海看牦牛，一举化解危机；2000年承接"小家伙"果奶的危机公关，迅速抹平企业麻烦；授意富亚涂料老板蒋和平先是给小猫小狗灌涂料，激起公愤后再自己喝涂料，造出新闻，使富亚涂料迅速畅销。曾经出版过专著《市场下的蛋》、《黑桃三现出》等，1997年被媒体评为中国十大策划人。

现在，偶尔能读到他的博客，但是圈里人已经多年没有见到他的身影。有传言说，已经去世，但是博客还在开，南北通仍在运行。老秦给自己策划了一个谜。策划人，不仅给别人策划，也策划自己。

**2. 赵强——百龙的军师**

赵强，毕业于北京广播学院新闻系，长相酷似歌手尹相杰（因此还曾经代言某产品），曾任《中国经营报》记者部主任、文艺副刊部主任、《北京青年报》特稿记者。后下海参与百龙绿色科技所创业，任百龙绿色公关广告公司总经理，是矿泉壶大战的重要参与者，也是矿泉壶大战的系统复盘者，其标志是1994年他与营销学者李飞（现为清华大学经济管理学院市场营销系教授）合作，著述并公开出版了《中国第一商战——百龙争霸谋略》一书。

矿泉壶产品萧条后，他曾与朋友推出小先生品牌的美容仪，在京城市场风靡一时。后历任婷美（内衣）集团董事、总裁、新闻发言人；广东格兰仕企业（集团）总公司助理总裁、新闻发言人；名人电脑董事、高级副总裁、营销中心总经理等。1997被媒体评委中国十大策划人。

先后主持过多灵多脑黄金、新大地生命源、绿叶神空气净化器、华恒灵芝纯等十六种产品的上市策划，还为内蒙古的伊利集团、天津的华旗果茶、北京的美福乐减肥茶、华邦鲜果饮料、海南的三源丰乳霜、黑龙江的晓雪啤酒、陕西的伟志西服、云南的排毒养颜胶囊等三十余家企业做过咨询诊断和企业内训。

著有长篇小说《找不着北》、《谁比谁傻》，以及管理类畅销书《离开公司你什么都不是》、《本事是干出来的》等。

现任某大型集团总裁，目前主要进行营销课程讲授和企业营销诊断，是非常活跃的实战型营销培训师。

**3. 王力——亚都的军师**

王力，是一个有情怀、理性和专业素质很高的咨询顾问，自称为个体学人，1987年创办我国第一家公关策划咨询机构"恩波智业研究所"。曾为清洁工、园林工，1984年任企业总经理，因锐意改革被团中央树为典型，后转至报社工作。1987年辞记者公职，创国内首家公关咨询、策划咨询民办智库，客户逾百家，联想、国美、用友、伊利、瀛海威、亚都等不乏其中，业绩被广泛关注。在策划界被熟知的经典案例有：矿泉壶大战、郑州百货商场大战等。

获誉"中国公关第一人"，因为他是中国较早用案例告诉企业家"公关不是请客送礼"的人，也是较早把学者的公关理论转化为实际应用，并告诉人们如何用的人。依据见其著述的小书《亚都公关AA级绝密》，汇集其公关策划的精彩点子。亚都矿泉壶上市方案，就是源于他的手笔。

鉴于社会上策划界点子作用被夸大，王力1993年告别公关，走出策划，转入软科学、决策科学研究，1994年受聘为北大客座教授。率先物化"商业文化"，率先倡导"商业科学"，率先致力"振兴东北"，率先开展"宜居推介"。曾向北京市委市政府、希望工程、慈善总会、亚冬会、奥申委、奥组委等机构提供外脑服务，出任呼市、淄博等地政府顾问。

应中宣部等单位邀请讲学数百场，经北京市提名出席"京港杰出人物研讨会"并作报告；经国务委员提名出席"全国软科学会议"，受到总书记接见。

1995年自传体专著《恩波智业》创同类图书最高纪录；2000年另类思维读本《不成咋办》、《匪夷所思》排行位居字典、词典之后并列全国第三。

2007年与子合著《天大的小事——眯起眼睛看西方》，2009年所著《生根者牛》，2011年与子合著《天大的小事——城市如何让生活更美好》被人民出版社列为重点图书。

王力有一个成为教育家的情怀。策划界没有了他，但是他一直耕耘在决策科学领域，是潜在海底的一条大鱼。

## 4.2 红罐王老吉为什么[①]

这一案例是描述红罐王老吉从1997年至2008年的营销定位情形，其特征是从2003年起销售额惊人地快速增长。因此，无论是企业界，还是学者都在分析讨论王老吉这一阶段成功的原因，为什么在不长的时间里超过了可口可乐在中国的销售额？但是众说纷纭，远没有达成一致。不妨你也来分析一下，看看有哪些做法是可以复制和借鉴的。

### 一、品牌由来[②]

王老吉是一种凉茶的品牌。凉茶是广东、广西地区的一种由中草药熬制，具有清热去湿等功效的"药茶"。在众多老字号凉茶中，又以王老吉最为著名。王老吉凉茶发明于清道光年间，1828年有一位名为王泽邦的人，以上山采药及医治奇难杂症为生，经过多年研究配制成王老吉凉茶。随后，父子三人在广州市靖远街开设了一间王老吉凉茶铺，远近驰名，被公认为凉茶始祖，有"药茶王"之称。1848年，开始设厂，形成了前铺后厂的格局。到了近代，王老吉凉茶更随着华人的足迹遍及世界各地。

20世纪50年代初由于社会变迁的原因，王老吉凉茶铺分成两支：一支完成公有化改造，发展为今天的王老吉药业股份有限公司，生产王老吉凉茶颗粒（国药准字）；另一支由王氏家族的后人带到香港。在中国内地，王老吉的品牌

---

[①] 除"品牌背景"和"销售模式"内容之外，主要是根据成美营销顾问公司网站文章编写，为教学使用方便进行了适当的编辑和内容补充。在此，对成美营销顾问公司表示感谢！案例内容除标注外，基本文字来源于《红罐王老吉品牌定位战略》，http://www.chengmei-trout.com/achieve-4.asp，2011年12月25日。另外，网站这篇文章部分资料相同于该公司出版的书籍，耿一诚、张婷：《不同于奥美的观点 定位：中国实践版》，广州出版社2006年版，第127~249页。清华大学经济管理学院博士生贾思雪对该案例也有所贡献。

[②] 郑荣波：《清凉好世界 活力王老吉——广州王老吉药业股份有限公司发展史》，广东科技出版社2010年版，第9~17页。

由广州医药集团拥有，广药集团又为广州市政府全资拥有，集团设有老吉药业股份有限公司；在中国内地以外的国家和地区，王老吉品牌为王氏后人所注册。

1997年3月23日，广州羊城药业股份有限公司王老吉食品饮料分公司与香港鸿道集团有限公司签订了一份关于商标许可使用的合同，鸿道集团有限公司由此取得了独家使用"王老吉"商标生产销售红色纸包装及红色铁罐装凉茶饮料的使用权，有效期为15年，条件是每年向羊城药业交纳250万元的商标使用费。为此，鸿道集团专门投资成立了香港加多宝（广东）股份公司，让其负责红罐王老吉凉茶的生产和销售（食字号），由香港王氏后人提供配方。

在加多宝获得王老吉商标使用权后的前六年，王老吉只是一个地方品牌，销售区域也仅仅局限在广东、广西以及两广附近的浙江、福建等地，面临发展的瓶颈。

与此同时，加多宝集团还经营着加多宝品牌的红茶和绿茶，由于竞争激烈，2002年11月销售大跌，持续至2003年夏天，库存积压，亏损严重。2003年，公司决定砍掉加多宝品牌，集中运营王老吉凉茶。

## 二、发展难题

当时，红色罐装王老吉（以下简称"红罐王老吉"）在广东、浙南地区有比较固定的消费群，销售业绩连续几年维持在1亿多元。发展到这个规模后，加多宝的管理层发现，要把企业做大，走向全国，就必须克服一连串的问题，甚至原本吸引顾客"凉茶"这一诉求的优势，也成为困扰企业扩大市场的障碍。企业不得不面临一个现实的核心难题——红罐王老吉当"凉茶"卖，还是当"饮料"卖？

**1. 难题表现一：广东、浙南消费者对红罐王老吉认知混乱**

在广东，传统凉茶（如颗粒冲剂、自家煲制、凉茶铺煲制等）因下火功效显著，消费者普遍当成"药"服用，无需也不能经常饮用。而"王老吉"这个具有上百年历史的品牌就是凉茶的代称，可谓说起凉茶想到王老吉，说起王老吉就想到凉茶。因此，红罐王老吉受品牌名所累，并不能很顺利地让广东人接受它作为一种可以经常饮用的饮料，销量大大受限。

另一个方面，加多宝生产的红罐王老吉配方源自香港王氏后人，是经国家审核批准的食字号产品，其气味、颜色、包装都与广东消费者观念中的传统凉茶有很大区别，而且口感偏甜，按中国"良药苦口"的传统观念，消费者自然感觉其"降火"药力不足,当产生"下火"需求时,不如到凉茶铺购买,或自家煎煮。所以对消费者来说,在最讲究"功效"的凉茶中,它也不是一个好的选择。

在广东区域,红罐王老吉拥有凉茶始祖王老吉的品牌,却长着一副饮料化的面孔,让消费者觉得"它好像是凉茶,又好像是饮料",陷入认知混乱之中。

而在加多宝的另一个主要销售区域浙南,主要是温州、台州、丽水三地,消费者将"红罐王老吉"与康师傅茶、旺仔牛奶等饮料相提并论,没有不适合长期饮用的禁忌。加之当地在外华人众多,经他们的引导带动,红罐王老吉很快成为当地最畅销的产品。企业担心,红罐王老吉可能会成为来去匆匆的时尚,如同当年在浙南红极一时的椰树椰汁,很快又被新的时髦产品替代,一夜之间在大街小巷上消失的干干净净。

面对消费者这些混乱的认知,企业急需通过广告提供一个强势的引导,明确红罐王老吉的核心价值,并与竞争对手区别开来。

### 2. 难题表现二:红罐王老吉无法走出广东、浙南

在两广以外,人们并没有凉茶的概念,甚至在调查中频频出现"凉茶就是凉白开"、"我们不喝凉的茶水,泡热茶"这些看法。教育凉茶概念显然费用惊人。而且,内地的消费者"降火"的需求已经被填补,他们大多是通过服用牛黄解毒片之类的药物来解决。

做凉茶困难重重,做饮料同样危机四伏。如果放眼整个饮料行业,以可口可乐、百事可乐为代表的碳酸饮料,以康师傅、统一为代表的茶饮料、果汁饮料更是处在难以撼动的市场领先地位。

而且,红罐王老吉以"金银花、甘草、菊花等"草本植物熬制,有淡淡的中药味,对口味至上的饮料而言,的确存在不小的障碍,加之红罐王老吉3.5元的零售价,如果加多宝不能使红罐王老吉与竞争对手区分开来,它就永远走不出饮料行业"列强"的阴影。这就使红罐王老吉面临一个极为尴尬的境地——既不能固守两地,也无法在全国范围推广。

### 3. 难题表现三:推广概念模糊

如果用"凉茶"概念来推广,加多宝公司担心其销量将受到限制,但作为"饮料"推广又没有找到合适的区隔,因此,在广告宣传上不得不模棱两可。很多人都见过这样一条广告:一个非常可爱的小男孩为了打开冰箱拿一罐王老吉,用屁股不断蹭冰箱门。广告语是"健康家庭,永远相伴"。显然这个广告并不能够体现红罐王老吉的独特价值。

议论：

在红罐王老吉前几年的推广中，消费者不知道为什么要买它，企业也不知道怎么去卖它。红罐王老吉在这样的状态下居然还平平安安地度过了好几年。出现这种现象，外在的原因是中国市场还不成熟，存在着许多市场空白；内在的原因是这个产品本身具有一种不可替代性，刚好能够填补这个位置。在中国，容许这样一批中小企业糊里糊涂地赚得盆满钵满。但在发展到一定规模之后，企业要想做大，就必须搞清楚一个问题：消费者为什么买我的产品？

## 三、品牌定位

2002年年底，加多宝找到成美营销顾问公司（以下简称"成美"），初衷是想为红罐王老吉拍一条以赞助奥运会为主题的广告片，要以"体育、健康"的口号来进行宣传，以期推动销售。成美经初步研究后发现，红罐王老吉的销售问题不是通过简单的拍广告可以解决的——这种问题目前在中国企业中特别典型：一遇到销量受阻，最常采取的措施就是对广告片动手术，要么改得面目全非，要么赶快搞出一条"大创意"的新广告——红罐王老吉销售问题首要解决的是品牌定位。

红罐王老吉虽然销售了7年，其品牌却从未经过系统、严谨的定位，企业都无法回答红罐王老吉究竟是什么，消费者就更不用说了，完全不清楚为什么要买它——这是红罐王老吉缺乏品牌定位所致。这一根本问题不解决，拍什么样"有创意"的广告片都无济于事。正如广告大师大卫·奥格威所说：一个广告运动的效果更多的是取决于你产品的定位，而不是你怎样写广告（创意）。经过深入沟通，加多宝公司接受了建议，决定暂停拍广告片，委托成美先对红罐王老吉进行品牌定位。

按常规做法，品牌的建立都是以消费者需求为基础展开，因而大家的结论与做法亦大同小异，所以仅仅符合消费者的需求并不能让红罐王老吉形成差异。而品牌定位的确定，是在满足消费者需求的基础上，通过了解消费者认知，提出与竞争者不同的主张。

又因为消费者的认知几乎不可改变，所以品牌定位只能顺应消费者的认知而不能与之冲突。如果人们心目中对红罐王老吉有了明确的看法，最好不要去尝试冒犯或挑战。就像消费者认为茅台不可能是一个好的"啤酒"一样。所以，红罐王老吉的品牌定位不能与广东、浙南消费者的现有认知发生冲突，才可能稳定现有销量，为企业创造生存以及扩张的机会。

为了了解消费者的认知，成美的研究人员一方面研究红罐王老吉、竞争者传播的信息；另一方面，与加多宝内部、经销商、零售商进行频繁地沟通和访谈，完成上述工作后，聘请市场调查公司对王老吉现有用户进行调查。以此为基础，研究人员进行综合分析，厘清红罐王老吉在消费者心目中的位置——即在哪个细分市场中参与竞争。

在研究中发现，广东的消费者饮用红罐王老吉主要在烧烤、登山等场合。其原因不外乎"吃烧烤容易上火，喝一罐先预防一下"、"可能会上火，但这时候没有必要吃牛黄解毒片"。

在浙南，饮用场合主要集中在"外出就餐、聚会、家庭"。在对当地饮食文化的了解过程中，研究人员发现：该地区消费者对于"上火"的担忧比广东有过之而无不及，如消费者座谈会桌上的话梅蜜饯、可口可乐都被说成了"会上火"的危险品而无人问津（后面的跟进研究也证实了这一点，发现可乐在温州等地销售始终低落，最后两乐几乎放弃了该市场，一般都不进行广告投放）。而他们对红罐王老吉的评价是"不会上火"，"健康，小孩老人都能喝，不会引起上火"。这些观念可能并没有科学依据，但这就是浙南消费者头脑中的观念，这是研究需要关注的"唯一的事实"。

消费者的这些认知和购买消费行为均表明，消费者对红罐王老吉并无"治疗"要求，而是作为一个功能饮料购买，购买红罐王老吉的真实动机是用于"预防上火"，如希望在品尝烧烤时减少上火情况发生等，真正上火以后可能会采用药物，如牛黄解毒片、传统凉茶类治疗。

再进一步研究消费者对竞争对手的看法则发现，红罐王老吉的直接竞争对手，如菊花茶、清凉茶等由于缺乏品牌推广，仅仅是低价渗透市场，并未占据"预防上火的饮料"的定位；而可乐、茶饮料、果汁饮料、水等明显不具备"预防上火"的功能，仅仅是间接的竞争。同时，任何一个品牌定位的成立，都必须是该品牌最有能力占据的，即有据可依。如可口可乐说"正宗的可乐"，是因为它就是可乐的发明者，研究人员对于企业、产品自身在消费者心目中的认知进行了研究，结果表明，红罐王老吉的"凉茶始祖"身份、神秘中草药配方、175年的历史等，显然是有能力占据"预防上火的饮料"这一定位。

由于"预防上火"是消费者购买红罐王老吉的真实动机，自然有利于巩固加强原有市场。而能否满足企业对于新定位"进军全国市场"的期望，则成为研究的下一步工作。通过二手资料、专家访谈等研究表明，中国几千年的中医概念"清热祛火"在全国广为普及，"上火"的概念也在各地深入人心，这就使红罐王老吉突破了凉茶概念的地域局限。研究人员认为："做好了这个宣传概念的转移，只要有中国人的地方，红罐王老吉就能活下去。"

至此，品牌定位的研究基本完成。在研究一个多月后，成美向加多宝提交了品牌定位研究报告，首先明确红罐王老吉是在"饮料"行业中竞争，竞争对手应是其他饮料；其品牌定位——"预防上火的饮料"，独特的价值在于——喝红罐王老吉能预防上火，让消费者无忧地尽情享受生活：吃煎炸、香辣美食，烧烤，通宵达旦看足球……这样定位红罐王老吉，是从现实格局通盘考虑，主要益处有四：一是有利于红罐王老吉走出广东、浙南，缘于"上火"是一个全国普遍性的中医概念，而不再像"凉茶"那样局限于两广地区，这就为红罐王老吉走向全国彻底扫除了障碍；二是避免红罐王老吉与国内外饮料巨头直接竞争，形成独特区隔；三是成功地将红罐王老吉产品的劣势转化为优势，淡淡的中药味，成功转变为"预防上火"的有力支撑；3.5元的零售价格，因为"预防上火"的功能，不再"高不可攀"；"王老吉"的品牌名、悠久的历史，成为预防上火"正宗"的有力支撑；四是有利于加多宝企业与国内王老吉药业合作，正由于加多宝的红罐王老吉定位在功能饮料，区别于王老吉药业的"药品"，因此能更好促成两家合作共建"王老吉"品牌。两家企业共同出资拍摄一部讲述王老吉凉茶创始人行医的电视连续剧《岭南药侠》。

成美在提交的报告中还提出，由于在消费者的认知中，饮食是上火的一个重要原因，特别是"辛辣"、"煎炸"饮食，因此建议在维护原有的销售渠道的基础上，加大力度开拓餐饮渠道，在一批酒楼打造旗舰店的形象。重点选择在湘菜馆、川菜馆、火锅店、烧烤场等。

凭借在饮料市场丰富经验和敏锐的市场直觉，加多宝董事长陈鸿道当场拍板，全部接受该报告的建议，决定立即根据品牌定位对红罐王老吉展开全面推广。

议论：

"开创新品类"永远是品牌定位的首选。一个品牌如若能够将自己定位为与强势对手不同的选择，其广告只要传达出新品类信息就行了，而效果往往是惊人的。红罐王老吉作为第一个预防上火的饮料推向市场，使人们通过它知道和接受了这种新饮料，最终红罐王老吉就会成为预防上火的饮料的代表，随着品类的成长，自然拥有最大的收益。

确立了红罐王老吉的品牌定位，就明确了营销推广的方向，也确立了广告的标准，所有的传播活动就都有了评估的标准，所有的营销努力都将遵循这一标准，从而确保每一次的推广，在促进销售的同时，都对品牌价值（定位）进行积累。

这时候才可以开始广告创意，拍广告片。

## 四、品牌定位的推广

明确了品牌要在消费者心智中占据什么定位，接下来的重要工作就是要推广品牌，让它真正地进入人心，让大家都知道品牌的定位，从而持久、有力地影响消费者的购买决策。

成美为红罐王老吉确定了推广主题"怕上火，喝王老吉"，在传播上尽量凸现红罐王老吉作为饮料的性质。在第一阶段的广告宣传中，红罐王老吉都以轻松、欢快、健康的形象出现，避免出现对症下药式的负面诉求，从而把红罐王老吉和"传统凉茶"区分开来。

为更好地唤起消费者的需求，电视广告选用了消费者认为日常生活中最易上火的五个场景：吃火锅、通宵看球、吃油炸食品薯条、烧烤和夏日阳光浴，画面中人们在开心享受上述活动的同时，纷纷畅饮红罐王老吉。结合时尚、动感十足的广告歌反复吟唱"不用害怕什么，尽情享受生活，怕上火，喝王老吉"，促使消费者在吃火锅、烧烤时，自然联想到红罐王老吉，从而促成购买。

电视媒体选择主要锁定覆盖全国的中央电视台，并结合原有销售区域（广东、浙南）的强势地方媒体，在2003年短短几个月，投入4 000多万元广告费，销量得到迅速提升。同年11月，企业再斥巨资购买了中央电视台2004年黄金广告时段。正是这种急风暴雨式的投放方式，保证了红罐王老吉在短期内迅速进入人们的头脑，给人们一个深刻的印象，并迅速红遍全国大江南北。

议论：

2003年年初，企业用于红罐王老吉推广的总预算仅1 000万元，这是根据2002年的实际销量来划拨的。红罐王老吉当时的销售主要集中在深圳、东莞和浙南这三个区域，因此投放量相对充足。随着定位广告的第一轮投放，销量迅速上升，给企业极大的信心，于是不断追加推广费用，滚动发展。到2003年年底，仅广告投放累计超过4 000万元（不包括购买2004年中央台广告时段的费用），年销量达到了6亿元——这种量力而行、滚动发展的模式非常适合国内许多志在全国市场，但力量暂时不足的企业（见图4.2.1）。

图 4.2.1　电视广告

在地面推广上，除了强调传统渠道的POP广告外，还配合餐饮新渠道的开拓，为餐饮渠道设计布置了大量终端物料，如设计制作了电子显示屏、灯笼等餐饮场所乐于接受的实用物品，免费赠送。在传播内容选择上，充分考虑终端广告应直接刺激消费者的购买欲望，将产品包装作为主要视觉元素，集中宣传一个信息："怕上火，喝王老吉。"餐饮场所的现场提示，最有效地配合了电视广告。正是这种针对性的推广，消费者对红罐王老吉"是什么"、"有什么用"有了更强、更直观的认知。目前餐饮渠道业已成为红罐王老吉的重要销售传播渠道之一。

图 4.2.2　户外广告

在频繁的促销活动中，同样是围绕着"怕上火，喝王老吉"这一主题进行。如在一次促销活动中，加多宝公司举行了"炎夏消暑王老吉，绿水青山任我行"刮刮卡活动。消费者刮中"炎夏消暑王老吉"字样，可获得当地避暑胜地门票两张，并可在当地度假村免费住宿两天。这样的促销，既达到了即时促销的目的，又有力地支持巩固了红罐王老吉"预防上火的饮料"的品牌定位（见图4.2.3）。

议论：

这种大张旗鼓、诉求直观明确"怕上火，喝王老吉"的广告运动，直击消费者需求，及时迅速地拉动了销售；同时，随着品牌推广的进行，消费者的认知不断加强，逐渐为品牌建立起独特而长期的定位——真正建立起品牌。

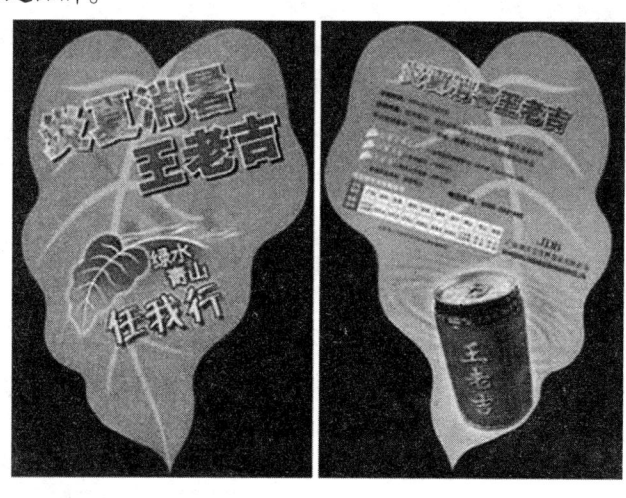

图4.2.3　广告"叶"

## 五、销售模式

### 1. 销售模式

在销售模式上，红罐王老吉采取总经销制（见图4.2.4），即1个总经销商负责一个区域，经销商下面可发展多家邮差商（分销商）[①]，分区域、分渠道覆盖各类终端店。这种模式可以很好地控制整个价格体系，也保证了各个分销环节的高利润，从而提高了销售商的积极性。红罐王老吉在开辟销售渠道时，寻求新的突破口，不仅进入传统的商超等，还进入餐饮店、酒吧、网吧等场所。

---

① 韩俊田：《市场营销规划的实战分析——以王老吉饮料为例》，载《内蒙古科技与经济》，2009年第2期。

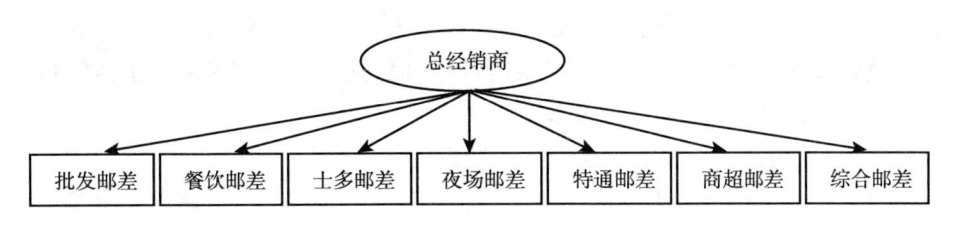

```
                    ┌─────────┐
                    │ 总经销商 │
                    └─────────┘
        ┌──────┬──────┬──────┼──────┬──────┬──────┐
     批发邮差 餐饮邮差 士多邮差 夜场邮差 特通邮差 商超邮差 综合邮差
```

**图 4.2.4　红罐王老吉销售模式**

这一销售模式的最大特点是它的价格体系很好地保证各个分销环节的高利润（各流通环节价格体系与利润关系见表①），提高各分销环节经营王老吉积极性。总经销商完成销售任务，年底再返利 x 元/箱（因数据涉及企业机密，故用 "x" 代替），经销商任务不算太高，省级经销商一般 3 000 万元/年左右。邮差商完成季度销售任务返利 2 元/箱，完不成返利 1 元/箱。

**表 4.2.1　红罐王老吉各流通环节价格体系与利润关系**

| 出厂价 | 经销商利润 | 经销商批发价 | 邮差商利润 | 邮差商给零售商价格 | 零售商利润 | 零售商的零售价 |
|---|---|---|---|---|---|---|
| 65 元/箱左右（24 罐） | 5 元/箱以上 | 70 元/箱 | 4 元/箱 | 72 元/箱 | 0.5 元/支 | 3.5 元/支 每箱 84 元 |

## 2. 渠道建设[②]

红罐王老吉的渠道分现代（商超大客户）、批发、小店、餐饮、特通五个渠道，即用五条腿走路。王老吉渠道的分销网络建设采用 RMS 系统（线路管理系统），业务人员每月 15 日和 30 日要上报他们所掌控的五个渠道的客户资料，后勤人员负责录入 RMS 系统，及时进行补充更新，RMS 系统最大的特点是相同的客户资料不能重复录入，可反映某个业务人员的工作量大小、工作进度，以及某地区的人均产值等。

（1）现代渠道树形象。现代渠道的入场费、堆头费等费用由王老吉承担，产品由当地经销商直接供货。操作的基本准则：第一条是比竞争对手商品位置显眼、货品多、陈列时间长。第二条是卖场里的货一定是日期最好的，当地经销商

---

[①] 钟孝富：《解密王老吉》，中国广告人网（http://www.chinaadren.com/html/file/2007-6-9/jie-miwanglaoji.html）。

[②] 樊荣：《冰与火：王老吉营销风暴》，海天出版社 2009 年版，第 87~91 页。

到新货后,及时把卖场里的旧货换到其他渠道去,给消费者以王老吉产品畅销、新鲜的感觉;第三条是单支王老吉零售价永远保持 3.50 元/支,禁止搞特价促销,搞特价永远是 6 联装和 12 联装。

(2) 批发渠道上规模。王老吉在流通渠道主要发展有一定配送能力的邮差商(分销商),分区域分渠道进行覆盖小店、餐饮、特通等终端店,要求签约的邮差商能压 300~500 箱货以上。批发渠道的活动大多采用常规的搭赠促销手段,例如平时搞"35 搭 1"、旺季时搞"30 搭 1"的促销活动,先由经销商垫付,活动结束后核销。但往往采用限时限量活动方式,如某个经销商本次促销活动只能限量核销 1 万~2 万箱。

(3) 小店建网络。王老吉每个办事处的业务人员大约有 80 人,在日常管理中,要求每个业务人员每人每天要拜访 35 家终端点,每人每天要开发 3 家新客户,每人每天要张贴 30 张以上 POP,每人每天要包 3 个冰箱贴,用量化管理强力开发、建设终端网络,搞"人海战术"。

(4) 餐饮搞拉动。主要是赠饮活动,让消费者品尝王老吉的味道,向消费者宣传其下火的功能,同时培养目标消费者。在一个中心市场(省会城市),王老吉每月的品尝品有 500 箱以上,投入很大。推广方式是招聘促销小姐,每人每天 40 元,每个点提供 12~24 支品尝品,每支产品要求冰镇 1 小时以上,倒 6 小杯给 6 个客人喝,最后凭空罐和拉环核销。当然,活动前要搞好"海陆空"生动化工作,"海"——餐桌有王老吉 LOGO 的椅套、餐巾纸、牙签桶等,"路"——门口有展示架、墙上有广告牌、包房有围裙等,"空"——空中有吊旗,甚至独创要求围裙要达到 30 米/店(30 张冰箱贴)。

(5) 特通找突破。王老吉的特通渠道主要是网吧和夜场,网吧的主要操作手段是给陈列费,提供品尝品,提供冰桶,也搞公关营销,对网吧工作人员进行收集拉环兑换小礼品活动。夜场的主要操作手段是请导购、提供品尝品和联合促销,王老吉夜场导购员的工资高达 80 元/天;刚入场时给夜场搞每个包房免费提供 1 支王老吉的活动;或与某啤酒搞联合促销,买 1 打啤酒赠送 2 支王老吉。

### 3. 销售管理[①]

王老吉把全国销售市场分为 6 大区,区域内销售人员编制如下:在办事处层面,设置财务、人事、监察、企划四个部门,主要是为销售部门服务。王老吉的

---

[①] 樊荣:《冰与火:王老吉营销风暴》,海天出版社 2009 年版,第 80~83 页。

薪酬很有竞争力，在软饮料排前3名，例如王老吉编外人员工资可拿1 500元/月，干满一年的员工可参与公司年底花红奖励，据了解，初级业代年终奖可拿5 000多元，高级业代年终奖可拿10 000多元。

王老吉对业务员的管理主要是每日汇报制度，业务人员的日报表格式如下：主管每天早上都要把自己所负责的业务人员的工作情况向上级部门汇报，上级主管可从日报表中一览无余地了解市场一线的信息，如有质疑的地方，可叫业务人员传真他们的拜访表进行抽查。王老吉的绩效考核最主要一点是采用"60%的基本工资，40%的绩效工资"方式，业绩达成60%就可按业绩完成比例拿绩效工资了。

王老吉营销费用使用采取预算制，从大区到办事处到联络站，每个季度都有相应的费用进行推广活动，大概有消费者促销、通路促销、终端形象三项，消费者促销包括全国性品牌推广活动、赠饮促销、商场买赠、公益活动赞助、社区推广等；通路促销包括终端（批发）陈列、终端（批发）拓展、批发促销、商超促销、团购、竞品打击等；终端形象包括终端形象包装、经销商车体广告等，费用预算明细到每月应开展活动。

王老吉的费用使用很灵活，各大区、办事处、联络站的主管可根据自己市场状况，因地制宜制订方案进行使用，而且必须使用完，与其他公司一样，都按"提案—批复—执行—核销"的流程进行。

## 六、品牌定位效果

红罐王老吉成功的品牌定位和传播，给这个有175年历史的、带有浓厚岭南特色的产品带来了巨大的效益：2003年红罐王老吉的销售额比上年同期增长了近4倍，由2002年的1亿多元猛增至6亿元，并快速冲出广东；2004年销量突破15亿元，2005年飘红全国，年销售额达到25亿，2007年更是高达50亿，2008年达到120亿元。同时，在中国质量协会组织的2008年中国饮料市场主流品牌消费者满意度调研中，红罐王老吉荣膺消费者满意度首位，使其实现了市场和消费者的双赢。

**案例讨论目的**

使学生掌握"营销定位"的目的和方法。

**案例讨论问题**

1. 红罐王老吉是谁或是什么?
2. 红罐王老吉面临的难题是什么?
3. 红罐王老吉是如何解决这一难题的?

**案例讨论形式**

开放式讨论,同学们视自己为第三方评论员,对红罐王老吉的营销定位进行评价,探讨得失并说明理由。

# 附录 4.2

附表 4.2.1　　　　　　　　　王老吉饮料历年销量

| 年份 | 销量 |
| --- | --- |
| 2002 | 1.8 亿元 |
| 2003 | 6 亿元 |
| 2004 | 14.3 亿元 |
| 2005 | 25 亿元(含绿盒装) |
| 2006 | 40 亿元(含绿盒装) |
| 2007 | 约 90 亿元(含绿盒装) |
| 2008 | 约 150 亿元(含绿盒装) |
| 2009 | 约 170 亿元(含绿盒装) |

附表 4.2.2　　　　　　　　加多宝公司历年建厂的投资

| 年份 | 建厂投资项目 |
| --- | --- |
| 1995 | 加多宝公司成立,在广东东莞长安镇投资建厂,一期投资金额 2 000 万美元。 |
| 1999 | 在广东东莞长安镇投资扩建二期,投资金额 3 000 万美元。 |
| 2003 | 在北京经济技术开发区投资建厂,投资金额 3 000 万美元。 |
| 2004 | 在浙江绍兴袍江工业区投资建厂,投资金额 2 500 万美元。 |
| 2005 | 在福建石狮市祥芝镇投资建厂,投资金额 3 000 万美元。 |
| 2006 | 在广东南沙开发区投资建厂,投资金额 1 亿美元。 |
| 2007 | 在浙江杭州下沙经济开发区投资建厂,投资金额约 2 500 万美元;在湖北武汉经济技术开发区投资建厂,投资金额 9 980 万美元。 |

## 4.3 红罐王老吉怎么办

这一案例是描述红罐王老吉 2008 年之后面临的情形，其特征是竞争对手涌现，品牌授权方广药集团推出的绿盒王老吉搭车营销，并向其他食品领域延伸和授权，同时极力想终止多加宝公司的商标使用权，多加宝公司的红罐王老吉增长明显放缓，未来命运也是一个未知数。多加宝公司该何去何从？红罐王老吉究竟该怎么办？公司决策者面临着复杂的环境，以及艰难的思考。

### 一、品牌传承[①]

王老吉从 1828 年年初创，到 1848 年设厂，再到 20 世纪 50 年代分成两支，又经历广州羊城药业股份有限公司王老吉食品饮料分公司与香港鸿道集团有限公司签订商标许可使用合同，在变迁中，王老吉没有停止过寻求发展之路。

在加多宝获得王老吉商标使用权后的前六年，王老吉只是一个地方品牌，销售区域也仅仅局限在广东、广西以及两广附近的浙江、福建等地，面临发展的瓶颈。但是，经过了 2002 年开始的定位调整之后，连续几年超高速增长，2003 年由上年的 1 亿多元猛增至 6 亿元，增长了 4 倍；2004 年销量突破 15 亿元，增长了 1 倍；2005 年飘红全国，年销售额达到 25 亿元，2007 年更是高达 50 亿元，2008 年达到 120 亿元。

### 二、发展难题

从一般的经验来看，一个品牌经历过 3~5 年的超高速增长后，就会进入一个增长的平台期，特别是一个市场占有率超过 60% 的品牌来说更是如此，销售额增长会明显放缓，同时由于超高速增长带来的社会关注度，会引起人们对这个品牌的全方位审视，甚至苛刻要求，这会使该品牌进入一个多事之秋，加多宝的红色罐装王老吉也没有例外。

---

[①] 郑荣波：《清凉好世界 活力王老吉——广州王老吉药业股份有限公司发展史》，广东科技出版社 2010 年版，第 9~17 页。

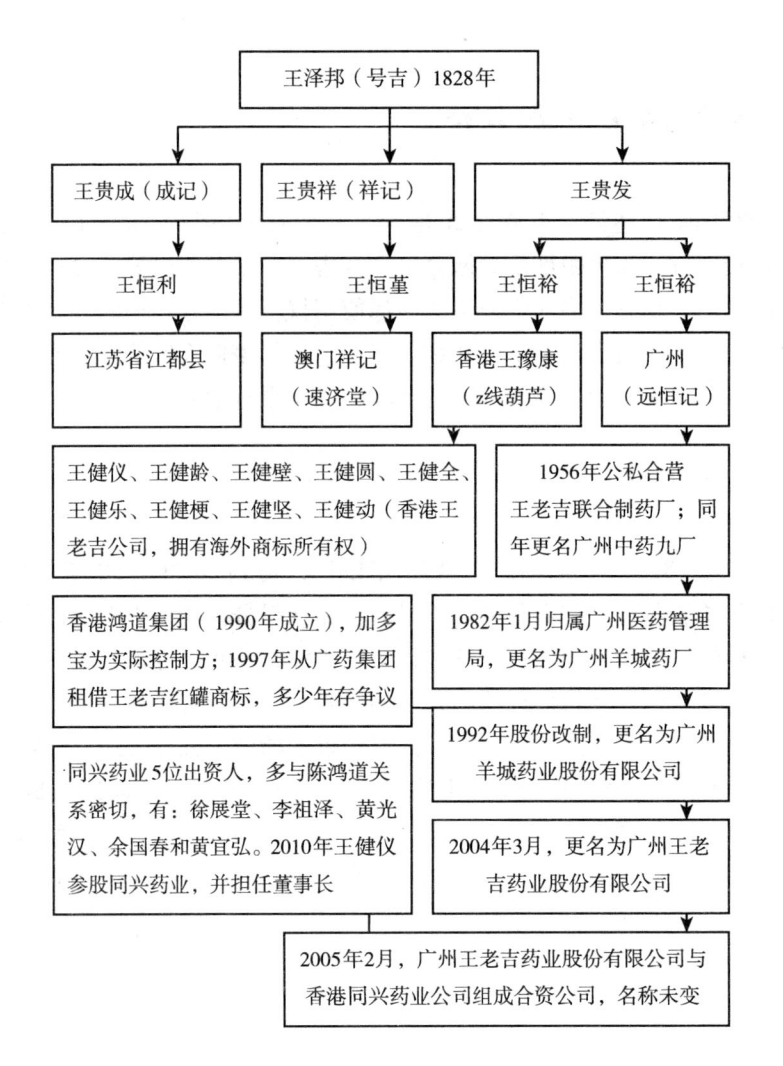

```
                    ┌──────────────────────────┐
                    │   王泽邦（号吉）1828年    │
                    └──────────────────────────┘
              ┌────────────┬─────────────┬──────────────┐
              ▼            ▼             ▼              
        ┌──────────┐ ┌──────────┐  ┌──────────┐
        │王贵成(成记)│ │王贵祥(祥记)│  │  王贵发  │
        └──────────┘ └──────────┘  └──────────┘
              ▼            ▼          ┌────┴────┐
                                      ▼         ▼
        ┌──────────┐ ┌──────────┐ ┌──────┐ ┌──────┐
        │  王恒利  │ │  王恒堇  │ │王恒裕│ │王恒裕│
        └──────────┘ └──────────┘ └──────┘ └──────┘
              ▼            ▼          ▼         ▼
        ┌──────────┐ ┌──────────┐ ┌──────┐ ┌──────┐
        │江苏省江都县│ │澳门祥记  │ │香港王│ │ 广州 │
        │          │ │(速济堂)  │ │豫康  │ │(远恒记)│
        │          │ │          │ │(z线葫芦)│      │
        └──────────┘ └──────────┘ └──────┘ └──────┘
```

| | |
|---|---|
| 王健仪、王健龄、王健壁、王健圆、王健全、王健乐、王健梗、王健坚、王健动（香港王老吉公司，拥有海外商标所有权） | 1956年公私合营王老吉联合制药厂；同年更名广州中药九厂 |
| 香港鸿道集团（1990年成立），加多宝为实际控制方；1997年从广药集团租借王老吉红罐商标，多少年存争议 | 1982年1月归属广州医药管理局，更名为广州羊城药厂 |
| 同兴药业5位出资人，多与陈鸿道关系密切，有：徐展堂、李祖泽、黄光汉、余国春和黄宜弘。2010年王健仪参股同兴药业，并担任董事长 | 1992年股份改制，更名为广州羊城药业股份有限公司 |
| | 2004年3月，更名为广州王老吉药业股份有限公司 |
| 2005年2月，广州王老吉药业股份有限公司与香港同兴药业公司组成合资公司，名称未变 | |

**图 4.3.1　王老吉品牌传承谱系** *

注：* 作者根据相关资料整理。历史资料源于郑荣波：《清凉好世界 活力王老吉——广州王老吉药业股份有限公司发展史》，广东科技出版社2010年版，第8页。

## 1. 难题表现一：销售增长趋缓

尽管对于2009年、2010年红罐王老吉的销售额没有一个准确的说法，但是据行业内人士估计，大约150亿元，也就是说，这两年没有多少增长。不过，也有认为增长是明显的，但是不否认增长早已经从过去翻一倍或几倍的增长，趋缓于10%~20%的增长。这就意味着没有多少增长，整个企业资源匹配需要发生调整和变化。如何通过调整进入一个高速增长期，或是进一步提升增长速度，是加多宝公司面临的一个难题。甚至有行业专家认为，红罐王老吉已经进入了成熟期，以后不可能再出现高速的增长。

随着2006~2008年红罐王老吉的迅速崛起，诸多的竞争对手出现，例如和其正、绿盒王老吉（广药集团的品牌，与红罐王老吉不是一个生产商，2003年就已经上市）等全国性品牌，另外还有一些主要集中在广东市场的品牌，包括邓老、潘高寿、春和堂、上清饮、廿四味、白云山、宝庆堂以及顺牌凉茶等。这些竞争性品牌跟随王老吉时，一般采取了两种策略：一是直接诉求属性点——凉茶；二是诉求利益点——降火气[1]。例如潘高寿历史悠久，是治咳的百年老号，一开始就传播"怕上火，就喝潘高寿"，后来改为诉求"清润少甜，口感舒适"；和其正诉求"清火气，养元气"；邓老诉求"清火不上身，喝就有感觉"等，还有一大批品牌就强调自己是凉茶，因为此时消费者已经接受"凉茶可以防上火"的概念[2]。

2009年，中国凉茶市场的竞争格局已然形成三足鼎立的态势，根据市场调查数据，在2008年11月至2009年10月期间，红罐王老吉占据了凉茶市场66%的份额，其次为绿盒装王老吉，占据了15.9%的市场份额，第三名则为和其正，占据了约9%的市场份额[3]。

和其正最初采取模仿策略与王老吉正面进攻，结果自然一败涂地，后聚焦于"瓶装"凉茶品类，针对年轻群体和二、三线市场，远离王老吉主战场，这一战略取得了成功。2010年，和其正销售额已超过30亿，增长迅猛[4]。

这里有一个迷局，就是多加宝公司合作伙伴、王老吉商标出租方——广州药业集团所属的王老吉药业股份有限公司，推出了类似产品、包装不同的绿盒装王老吉凉茶。这让消费者难以分辨，分割了部分红罐王老吉的市场份额（绿盒王老吉情况详见附录4.3.1）。

**2. 难题表现二：商标租期纠纷**

中国有句俗语是"共受贫寒易，共享富贵难"。红罐王老吉令人羡慕的超高速成长，使王老吉的品牌价值大大提升，根据2010年某品牌评估机构的评估，"王老吉"的品牌价值为1 080.15亿元，超越之前中国最高价值品牌"海尔"的855亿元，成为中国品牌价值最高的品牌。

---

[1] 张心悦、李长浩：《凉茶市场跟随策略探析》，载《江苏商论》，2010年第5期。
[2] 李飞、李弃寒、李龙兴：《如何运用"品牌定位点"》，载《清华管理评论》，2011年第5期。
[3] 张心悦、李长浩：《和其正在凉茶市场的挑战者战略研究》，载《江苏商论》，2011年第6期。
[4] 张云：《王老吉品牌价值如何最大化》，载《销售与市场》，2011年10月上旬刊。

红罐王老吉是广药集团的一个"儿子",却是让加多宝公司给养大的,并且成为了一个回报率非常高的"孝顺儿子"。"争子之战"由此展开。

由前述可知,新中国成立初期,王老吉一分为二:香港王老吉经营香港及海外业务,1993年由王泽邦后人王健仪任执行董事;广州王老吉为国有,后更名为"羊城药业",属广药所有,经营中国内地业务,2004年3月更名为"王老吉药业"。2005年2月1日,合资企业"王老吉药业"成立,广药与同兴药业各持股48.0465%,并列第一大股东。据称,鸿道集团便是同兴药业背后的实际控制人,也是加多宝公司的母公司。

1993年,东莞籍贸易商陈鸿道,从王健仪手中获得红罐装王老吉凉茶的配方,但由于王健仪仅拥有香港及海外的商标所有权,欲在内地经营王老吉凉茶饮料的陈鸿道,便转而与广州羊城药业寻求合作,1997年双方签订商标租赁协议,陈鸿道(加多宝)开始了内地业务。2002年11月,广药集团也从王健仪手中获得了10年的"海外商标使用权",使得广药集团的"王老吉"产品得以打通海内外市场。由此,广药集团、王老吉家族和加多宝三方正式形成三角业务关系[①]。

早在1987年,王老吉药业为了保护王老吉商标,就将冲剂改为了冲服凉茶。后来推出了绿色利乐包包装(简称绿盒)的王老吉凉茶,2003年销售额仅为5 000万元,伴随着红罐王老吉的超速成长,2008年达到了10亿元销售额。

2010年11月10日,广药集团力召开新闻发布会,决定推行"大健康产业战略",表示进一步深化"王老吉"品牌的延伸,把"王老吉"品牌向药酒、药妆、保健品、食品、运动器械等多个领域扩张。并有传说,将寻找新的国际合作伙伴生产王老吉饮料。这引起加多宝公司的反应。加多宝公司在11月12日发表声明,拥有绿装王老吉的广药集团借用红罐王老吉的销售数据,其实两家企业毫无关系;而广药集团在发布会上宣传红罐王老吉捐款等善举,则是对慈善行为的亵渎和歪曲。从而使红绿之争公开化。

2011年3月,获得广药集团授权的广粮实业,推出了两款王老吉品牌的新产品"固元粥"和"莲子绿豆爽"养生粥,前者也采用红色作为主色调的易拉罐包装,商标"王老吉"字样为黄色,与加多宝生产的红罐王老吉凉茶外包装颇为相似。

加多宝公司立即向成都市工商局商标科和执法处以"王老吉知名商品特有的包装、装潢权被侵犯"等为由进行了投诉,并表示保留追究其相关法律责任

---

[①] 王志灵:《王老吉商标争夺战再升级 海内外使用权或将决裂》,载《21世纪经济报道》,2011年4月11日。

的权利。

广药集团则对外表示，其授权加多宝独家使用和经营"王老吉"品牌商标已于2010年5月到期，且其已向加多宝方面发出律师函，拟收回独家授权；而加多宝方面则称"既没有见到过广药的律师函，也没有到期"。

商标是否到期之争是个历史遗留问题。1997年2月13日，广州羊城药业股份有限公司王老吉食品饮料分公司（王老吉药业股份有限公司前身）与香港鸿道集团有限公司签订了商标许可使用合同，合同规定鸿道集团有限公司自1997年取得了独家使用"王老吉"商标生产销售红色纸包装及红色铁罐装凉茶饮料权，每年付费250万元，合同有效期截至2010年5月。广药集团总经理在收受贿赂后，2002年、2003年两次续签补充协议，延长了10年有效期，直到2020年。按照补充协议，从2000年到2010年，加多宝给广药的商标费每年都是450万元；2011年增至506万元；即便到2020年，也只有537万元。

2011年12月29日，广州医药集团有限公司与鸿道集团有限公司"关于王老吉的商标使用权争议"，在中国国际经济贸易仲裁委员会开庭，经过5个多小时的仲裁审理，截至2012年1月没有取得结果。

业界人士预测，该案或有3种结果：若加多宝胜出，则可以继续使用王老吉商标至2020年，而广药则可能扩大授权，将该王老吉商标推广至其他领域，但是即使到了2020年，也只能收到500多万元的商标使用费；若广药集团胜出，则加多宝不能再出售王老吉商标的相关产品，但是广药的生产能力难以一下子匹配到位，营销也需要大规模调整，同时也可能失去海外的王老吉销售权（因为掌握海外商标权的香港王老吉与陈鸿道有着微妙的关系）；若双方实现和解，则加多宝可能大幅增加支付商标使用费继续经营"红罐王老吉"。双方商标纠纷过程详见附件2。

其实最初加多宝集团曾经推出加多宝品牌的红茶和绿茶，由于竞争激烈，2002年11月销售大跌，持续至2003年夏天，库存积压，亏损严重。2003年，公司决定砍掉加多宝品牌，集中运营王老吉凉茶。

### 3. 难题表现三：夏枯草事件

2009年4月13日，杭州消费者叶征潮在其博客上公布了对王老吉的诉状，包括侵犯自己的健康权以及侵犯消费者的知情权，认为自己的胃溃疡是由于饮用王老吉所致。此外，重庆有消费者称饮用王老吉后头晕，也计划起诉王老吉，并声称是为了"全体市民的身体健康而打官司"。舆论的焦点逐渐集中到凉茶的原料之一夏枯草上。2009年5月11日，卫生部召开了违法滥用食品添加剂专项整治工作情况发布会，中国疾控中心营养与食品安全所常务副所长严卫星在回答记者提问时表示，王老吉中部分成分和原料不包括在卫生部公布的允许食用中药材名单之列。事件之后的第二天，广东食品协会紧急召开记者招待会，向媒体出示国家卫生部2005年签发的《关于普通食品添加夏枯草有关问题的请示》批复，称王老吉凉茶中含有夏枯草配方是合法的，不存在添加物违规问题。事发仅4天，卫生部也发布声明确认王老吉凉茶在2005年已备案，并认可夏枯草的安全性。而后，王老吉的夏枯草事件逐渐平息。

事后也有人猜测这是竞争对手操纵的事件，但是未能得到证明。但是，从另一角度表明品牌的"树大招风"，加大了其持续发展的难度。

## 三、应对策略

加多宝公司面临着这些问题，不是消极等待，而是采取了积极的应对措施。这些措施基本围绕着几大事件展开，一是采用了事件营销的方法扩大红罐王老吉的销售额，二是进入其他饮料领域应对商标未来的风险。

### 1. 为汶川灾区捐款1亿元

2008年汶川发生大地震。5月18日晚，央视一号演播大厅举办的"爱的奉献——2008抗震救灾募捐晚会"总共筹资逾15亿元，其中红罐王老吉（加多宝公司）以1亿元人民币成为的国内单笔最高捐款，比之可口可乐、百事可乐、达能等大多数国际食品公司加起来的捐赠还要多得多，这一巨大的反差使王老吉受到消费者的追捧。那些改编的广告语"要捐就捐一个亿，要喝就喝王老吉"、"今年过节不收礼，收礼只收王老吉"——广为流传，大大刺激了王老吉的销售。

2010年4月14日，玉树发生了里氏7.1级地震，央视20日晚举办"情系玉树，大爱无疆——抗震救灾大型募捐活动特别节目"，这台募捐晚会共募得善款21.75亿元人民币，加多宝集团再次捐款1.1亿元。

### 2. 赞助广州亚运会[①]

2009年2月，加多宝与广州亚运会组委会签署协议，正式成为广州2010年亚运会的高级合作伙伴。随后，围绕着"亚运有我，精彩之吉"的主题，根据运动会前、中后的不同阶段，设计了一系列活动对主题进行阐释，"唱响亚运，

---

① 资料来源于《21世纪经济报道》：《中国最佳品牌建设案例》，南方日报出版社2011年版。

先声夺金"为亚运歌手挑战赛,揭开了亚运营销的精彩序幕;"举罐齐欢呼,开罐赢亚运"为亿万亚运欢呼大征集活动(提供举灌欢呼的照片),进行推波助澜;"点燃吉情,传递精彩"为传递圣火的参与活动,再掀高潮,"王老吉亚运之星"为明星运动员评选。这四部曲环环相扣,不仅营造了很好的亚运气氛,也为王老吉凉茶积累了数十亿的人气,强化了品牌与消费者之间的互动,为提升品牌影响力奠定了一定的基础。

这一阶段广告频度较大。据零点公司发起的《城市关键活动影响力研究SIKCE———广州亚运会》赞助商的识别和认知度调查结果显示,在接受调研的30个企业样本中,公众普遍认为,在亚运赞助商的前10个企业中,有一半并非是亚运赞助商;而公众普遍认为不是赞助商的10个企业中,有9个是真正的亚运赞助商。可喜的是,近40%的公众能识别王老吉的亚运赞助商身份,北京、上海、广州三地其识别率高达50%,相比其他知名大企业20%左右的识别率,王老吉效果明显。

### 3. 推出昆仑山饮用水

2009年,加多宝集团推出昆仑山矿泉水,并在深圳、温州两地试销,从产品的功能利益和品牌的情感利益两大层面与消费者建立有效的联系,强化消费者对品牌的体验,取得了很好的反响。2010年4月加多宝集团在北京举行隆重的新品发布会,正式宣布昆仑山天然雪山矿泉水在全国范围内上市。昆仑山天然雪山矿泉水源自昆仑山玉珠峰,水源地纯净无污染,产品定位于"中国最高档的水",每瓶售价5元。

2011年5月,加多宝和汇源合作推出王老吉红瓶装凉茶,500ml装,当时这一新产品在河南等地试销,零售价定在4.5元/瓶,并且已经获得广药集团的商标授权,主攻三次线市场等。至于什么时间取得的商标授权,不得而知,也是众说纷纭。

另有一位在加多宝工作过的人员透露,加多宝曾在东莞推出过加多宝品牌的凉茶,但因为加多宝品牌知名度不高销售不佳,仅仅试销了2个多月就被叫停。

## 四、专家建议[①]

有专家认为,真正的品牌是品类的代表,成就王老吉"中国第一品牌"地

---

① 张云:《王老吉品牌价值如何最大化》,载《销售与市场》,2011年10月上旬刊。

位的并非在于推出更多的产品和进入更多的领域（广药不断地将其延伸到多个领域），而是使其成为包装凉茶的代表。实现"王老吉"品牌价值最大化的正道在于两点：一是扩大品类，通过王老吉凉茶的努力，将这个品类推广到全球，使之成为全球主流饮料；二是不断强化王老吉品牌在人们心智中凉茶代表的认知。如此，随着凉茶成为全球最畅销的饮料，王老吉将有机会成为全球第一饮料品牌甚至全球第一品牌。

可口可乐在与一大批跟进品牌的竞争中胜出，最终百事可乐凭借"年轻人的可乐"这一新品类成为第二。随着时代的发展，人们对可乐品类高卡路里问题越来越关注，美国可乐品类的第三品牌皇冠可乐推出全球第一个低热量可乐健怡健特（Diet Rite）。皇冠可乐公司对这个新品类充满了信心，花了很大的心思寻找一个可以与可口可乐（Coca Cola）媲美的品牌名，糟糕的是，最终找到的这个名字健怡健特却是通用性名字。

健怡健特的出现以及初期良好的势头提醒了两大可乐巨头，首先是百事推出了轻怡百事（Diet Pepsi），紧接着可口可乐推出了健怡可口（Diet Coke）。健怡健特的名字虽然有问题，但由于具有品类开创者的优势，市场表现非常好，初期的销量超过轻怡百事和健怡可口的总和。但是，被胜利冲昏了头脑的健怡健特，推出了各种口味的系列产品。健怡可口把握住机会，聚焦一款产品，并投入了巨额的营销预算最终取胜。

在口味方面，可乐品类分化出了辣味可乐这一新品类，Dr Pepper成为开创这一品类的品牌，并一直保持领先至今。可口可乐虽然跟进推出了Mr. Pibb辣味可乐，但结果以失败告终。

**案例讨论目的**

使学生掌握"营销再定位"的目的和方法。

**案例讨论问题**

1. 红罐王老吉销售增长放缓的原因是什么？
2. 加多宝是如何应对增长放缓的？
3. 如何改变加多宝公司目前面临的困境？

**案例讨论形式**

开放式讨论，同学们视自己为企业决策者，对红罐王老吉的目前困境进行分析，提出具有充分依据的应对策略。

## 附录 4.3

### 附录 4.3.1　　　　绿盒王老吉经营情况[①]

2005 年，广药授权加多宝使用商标的红罐王老吉饮料，成了人们餐间饮料的重要组成部分，"怕上火，喝王老吉"也成了家喻户晓的广告语。但是，作为同胞兄弟的王老吉药业自己推出的绿色盒装王老吉却一直默默无闻。

**1. 绿盒王老吉背景**

王老吉药业以生产经营药品为主业，作为饮料的盒装王老吉，其销售渠道、推广方式等均与药品千差万别，长期以来，王老吉药业对其推广力度有限。在红罐王老吉进行大规模推广后，盒装王老吉主要采取跟随策略，以模仿红罐王老吉为主，销量增长缓慢。

从 2004 年开始，经与加多宝公司协商，盒装王老吉也使用"怕上火，喝王老吉"广告语进行推广。一年之后，王老吉药业感到这个主题不够贴切，不能最大限度地促进销量；同时也隐约觉察，盒装王老吉的市场最大潜力应该来自于对红罐王老吉的细分瓜分，这就需要找到盒装王老吉与红罐王老吉的不同点，也许是不同的价格，也许是不同人群，也许是不同的场合……由此，2005 年年底，王老吉药业向成美营销顾问公司提出一个课题"盒装王老吉如何细分红罐王老吉的市场，以此形成策略指导盒装王老吉的市场推广"。

**2. 绿盒王老吉市场分析**

成美从消费者、竞争者及自身三个方面进行了分析研究：

（1）从消费者角度来看，盒装王老吉与红罐王老吉没有本质区别，是同品牌的不同包装、不同价格。虽然是两个企业生产的产品，但在消费者眼中它们不过是将同样的产品放在的不同的容器中，而两者在价格上的差异也是因为包装的不同而产生的。由此可见，消费者将盒装王老吉与红罐王老吉等同视之，如果一个品牌两套说辞将使消费者头脑混乱。从产品本身来看，盒装王老吉因包装、价格不同，已存在特定消费群和消费场合。正由于包装形式的不同决定盒装王老吉与红罐王老吉在饮用场合上也存在差异。

红罐王老吉，以红色铁罐的"着装"展现于人，显得高档、时尚，能满足中国人的礼仪需求，可作为朋友聚会、宴请等社交场合饮用的饮料，故红罐王老吉在餐饮渠道表现较好。盒装王老吉，以纸盒包装出现，本身分量较轻，包装质感较差，不能体现出档次，无法与红罐王老吉在餐饮渠道竞争。

排除了盒装王老吉在餐饮渠道的机会，那么在即饮（即方便携带的小包装饮料，开盖即

---

[①] 根据成美营销顾问公司网站文章编写，为教学使用方便进行了适当的编辑。在此，对成美营销顾问公司表示感谢！案例内容除标注外，基本文字来源于《盒装王老吉推广战略》，www.chengmei-trout.com/achieve-8.asp 2012-1-7。

喝）和家庭消费（非社交场合）市场是否存在机会？即饮和家庭消费市场的特点是什么？价格低、携带方便，不存在社交需求。

对于即饮市场，红罐王老吉每罐3.5元的零售价格，与市场上其他同包装形式的饮料相比，价格相对较高，不能满足对价格敏感的收入有限的消费人群（如学生等）；而盒装王老吉，同为"王老吉"品牌，每盒2元的零售价格，对于喜欢喝王老吉饮料的上述人群而言，无疑是最佳选择。

家庭消费市场，则以批量购买为主，在家里喝饮料没有讲排场、要面子的需求，在质量好的前提下，价格低廉，成为家庭购买的主要考虑因素。盒装王老吉同样满足这一需求。因此，在即饮和家庭消费市场，盒装王老吉可作为红罐王老吉不能顾及的市场的补充。

（2）从竞争者角度来看，开拓市场的任务仍旧由红罐王老吉承担。预防上火饮料市场仍处于高速增长时期，该市场还有待开拓。红罐王老吉已经牢牢占据了领导品牌的地位，成为消费者的第一选择，开拓品类的任务，红罐王老吉当之无愧，也只有它才能够抵挡住下火王、邓老凉茶等其他凉茶饮料的进攻。作为当时销量尚不及红罐王老吉1/10的盒装王老吉，显然无法承担该重任。因此，从战略层面来看，盒装王老吉应全力支持红罐王老吉开拓"预防上火的饮料"市场，自己则作为补充而渔利，万不可后院放火，争夺红罐的市场，最终妨碍红罐王老吉"预防上火的饮料"市场的开拓，细分红罐王老吉必定会因小失大，捡芝麻而丢西瓜。

综上所述：消费者认为盒装王老吉与红罐王老吉不存在区别；开拓"预防上火的饮料"市场的任务主要由红罐王老吉承担，盒装王老吉不能对其进行伤害；盒装王老吉因价格、包装因素在即饮和家庭消费市场可作为红罐王老吉顾及不到的市场的补充。因此，盒装王老吉应采用的推广战略是作为红罐王老吉的补充，而非细分。

**3. 绿盒王老吉的推广策略及效果**

确定了盒装王老吉是对红罐王老吉的补充定位，就需要进行针对性的策略落实和实施。

首先，明确盒装王老吉与红罐王老吉的差异。该差异是指消费者所感知到的差异，而非生产企业认为的差异。消费者认为盒装王老吉与罐装王老吉的差异是：同产品，不同的包装、价格。因此，在推广时一定要与罐装王老吉的风格保持一致，避免刻意强调一个是加多宝公司生产的红罐王老吉，一个是王老吉药业生产的盒装王老吉，让消费者产生这是两个不同产品的错觉。

其次，确定盒装王老吉的目标消费群。盒装王老吉的主要消费市场是即饮市场和家庭，结合盒装王老吉每盒2元的零售价格及纸盒形式的包装，可以确定在即饮市场中将会以对价格敏感的收入有限的人群为主要消费群——如学生、工人等。在家庭消费市场中，由于家庭主妇是采购的主力军，因此将家庭主妇作为盒装王老吉家庭消费的主要推广对象。

最后，确定推广战略。通过系统的研究分析，最终确定盒装王老吉的推广要达到两个目的：一是要让消费者知道盒装老吉与红罐王老吉是相同的王老吉饮料；二是盒装王老吉是红罐王老吉的不同规格。据此，盒装王老吉的广告语最后确定为："王老吉，还有盒装。"

在具体推广执行中，影视广告场景在着重表现出家庭主妇及学生为主体的消费群的同时，要强调新包装上市的信息。而平面广告设计，在征得加多宝公司的同意后，大量借用红罐王老吉的表现元素，以便更好地与红罐王老吉产生关联，易于消费者记忆。策略制订后，王老吉药业据此进行了强有力的市场推广，2006年销量即由2005年的2亿元跃至4亿元，而2010年销量已突破15亿元（见附表4.3.1）。

附表4.3.1　　　　　　　　　盒装王老吉历年销量

| 年份 | 销量 | 年份 | 销量 |
| --- | --- | --- | --- |
| 2003年 | 近5千万 | 2007年 | 8亿元 |
| 2004年 | 8千万 | 2008年 | 10亿元 |
| 2005年 | 2亿元 | 2009年 | 13亿元 |
| 2006年 | 4亿元 | 2010年 | 14亿元 |

附表4.3.2　　　　　　　　　王老吉商标纠纷大事记[*]

| 1997年3月 | 广药与香港鸿道公司签署商标租赁使用合同，时至2010年5月 |
| --- | --- |
| 2001年8月 | 李益民收受陈鸿道港币100万元 |
| 2002年8月 | 李益民收受陈鸿道港币100万元 |
| 2002年11月 | 广药与香港鸿道公司签署第一份补充协议，时限延长至商标续展期限2013年 |
| 2003年6月 | 李益民在香港收受陈鸿道港币100万元 |
| 2003年6月 | 广药与香港鸿道公司签署第二份补充协议，时限越过续展期延长至2020年 |
| 2010年8月 | 广药发律师函给鸿道集团，终止商标租赁 |
| 2010年11月 | 广药公布王老吉商标价值1 080亿，加多宝撇清与广药关系 |
| 2011年4月 | 广药集团授权广粮使用"王老吉"品牌，加多宝发表声明反对，从而展开双方辩论 |
| 2011年12月 | 中国国际经济贸易仲裁委员会开庭审理双方商标纠纷案，当日未有结果 |
| 2012年5月9日 | 仲裁结果公布，商标归广药 |

注：[*]王城长：《王老吉红绿之争29日定音》，载《潇湘晨报》，2011年12月27日。

附表4.3.3　　　　　　　　　米尔顿·罗克奇的价值[*]

| 最终价值 | 工具价值 |
| --- | --- |
| 1. 舒适的生活 | 1. 雄心勃勃 |
| 2. 刺激的生活 | 2. 心胸开阔 |
| 3. 成就感 | 3. 有能力 |
| 4. 和平的世界 | 4. 愉快的 |
| 5. 美丽的世界 | 5. 整洁的 |
| 6. 平等 | 6. 努力的 |

续表

| 最终价值 | 工具价值 |
| --- | --- |
| 7. 家庭安全 | 7. 宽恕的 |
| 8. 自由 | 8. 乐于助人 |
| 9. 幸福 | 9. 诚实的 |
| 10. 无内心冲突 | 10. 创造力、想象力 |
| 11. 成熟的爱 | 11. 独立的 |
| 12. 国家安全 | 12. 理智的 |
| 13. 快乐 | 13. 逻辑性 |
| 14. 互相帮助 | 14. 有感情 |
| 15. 自尊 | 15. 孝顺 |
| 16. 社会认同 | 16. 懂礼节 |
| 17. 真正的友谊 | 17. 责任感 |
| 18. 智慧 | 18. 自制力 |

注：* Milton Rokeach：《人类价值的性质》，The Free Press，1973 年版，第 28 页。

## 4.4 千年翠钻该如何定位

2010 年 11 月 19 至 21 日，清华大学经济管理学院与法国时尚学院、HEC 商学院合办的第五期高级时尚管理项目在深圳开课，这次是第五个模块的课程——零售与沟通。零售课程由李飞教授讲授。在上课期间，千年翠钻集团总裁李勇先生再次邀请李飞教授为千年翠钻进行定位规划，其实在 10 月 17 日的第四个模块课程中，李勇总裁就曾经发出邀请，但李飞教授以工作繁忙为由婉拒。这次李勇总裁再次真诚地邀请，也非常迫切，并说："我是李勇，你是李飞，二者加起来就可以勇敢地飞起来了"。李飞教授不好推辞，接受了邀请，不过，不是立项为千年翠钻进行定位规划，而是以品牌顾问的身份指导千年的定位调整工作，因为清华大学经济管理学院教授的教学科研任务较重，难有足够时间为企业进行整体定位规划，这样的整体规划至少需要 2~3 个月的完整时间。12 月 10 日，李飞教授应邀到南京，考察了南京的珠宝市场和千年翠钻的营销情况，指导千年翠钻进行相应的市场调查研究，几个月后，调查数据出来了。面对着这些数据和形成的初步调查结论，千年翠钻定位该不该调整？如何调整？李飞教授一时间并没有理出清晰的头绪，陷入沉思中。

教学案例

## 一、公司背景

千年翠钻珠宝有限公司，注册于香港，总部位于江苏省南京市，是一家以铂金、K金、钻石、翡翠等珠宝设计、生产和销售为主的专业珠宝公司。旗下品牌有千年翠钻、鼎祥翡翠，李嘉欣小姐曾是该公司的形象代言人。

在2004年香港珠宝展上，乔·哈灵顿决定和千年翠钻（香港）珠宝集团合作，共同推出珠宝产品，品牌定位语是"为爱，一诺千年"。2009年，千年翠钻公司花费2 000多万元的费用，设计了"CEMNI千年"品牌标识，并对所有店面进行了换标。CEMNI发音为"开米尼"，原意指无限的，永无止境的，寓意着对爱与美艺术的永无止境的追求，珠宝是爱与美的艺术的集中体现，也象征了永恒的爱与承诺。但是，它来自什么文字，没有准确的说法，一种解释是来自法语"CE MOI"（这就是我）。

千年翠钻是亚太区钻石批发、切割和流通重要组织——香港钻石总会（Diamond Federation Of Hong Kong）资深会员、中国驰名商标；荣获中国珠宝首饰行业驰名品牌等殊荣；2006年，经世界品牌实验室（World Brand Lab）对中国各行业品牌综合分析评定，千年翠钻登上"中国500最具价值品牌"的排行榜。

千年翠钻的主要市场是南京市，同时，在附近省份二、三级市场采取特许的方式发展加盟店，因此目标顾客遍及高、中、低端各层级的销售者。江苏省，甚至南京市是千年翠钻的重要市场。

## 二、竞争情况

李飞教授通过资料搜集和业内访谈，大体了解了千年翠钻的竞争对手情况，但是还不够详细。他了解的情况是：从2008年之后，南京市的珠宝市场竞争越来越激烈，中国超万个大小珠宝品牌几乎都在南京市露面，千年翠钻感受到了明显的竞争压力，存货增加，品牌溢价能力不强，伴随着成本增加，盈利能力受到挑战。李勇总裁对李教授说："大多数品牌差异性不是很明显，消费者在选择时莫衷一是。但是新进入南京市的婚戒品牌I DO（我愿意）定位清晰，单位面积绩效非常好。我们有一定差距，是否应该进行定位调整？是否增加欧洲血统？是否讲讲古老的出身欧洲的品牌故事？"并提出了一个初步设想。李飞教授没有直接回答，而是进行市场调查和业内人士访谈，了解了比较详细的中国和南京的珠宝市场情况，主要包括欧美系、香港系和大陆系三个竞争组群①。

### 1. 欧美系竞争者

欧美系主要是那些全球顶级奢侈品品牌，进入中国的基本都进入了南京市，数量在20家左右，诸如卡地亚、绰美、梵克雅宝、蒂芙尼、戴比尔斯、施华洛世奇等。这些品牌着力体现高贵和奢华，价格昂贵，一般在高档购物中心和豪华百货商店中销售，南京市得基购物中心是奢侈珠宝品牌汇集的地方。它们大多诉求爱、珍藏、艺术等。广为流传的就是戴比尔斯的广告语"钻石恒久远，一颗永流传"。

### 2. 香港系竞争者

香港系主要有周大福、谢瑞麟、周生生、金至尊、六福等5个品牌。它们多数已完成了一线城市（省级城市）的市场布局（周大福的连锁店已超过1 100家），正迅速向内地二、三线城市扩张。谢瑞麟具有专业特色，周生生发展稳健，金至尊在完成企业股份改造后，以直营和加盟两种形式拓展内地一、二线城市市场，至2010年年底，已有近400家连锁店。香港系品牌一般在中高档百货商店和购物中心中开设店铺。

这些香港系的品牌，在消费者心目中差异不是很大，价格低于欧美系的品牌，比欧美品牌更多地经营黄金首饰。各家曾经出现的广告语有：周大福"只有真诚，感情才能永恒"，"卓然出众，彰显尊荣"；金至尊"得天独厚，因为有你"；六福"读爱一生，才懂独爱一人"等。

### 3. 大陆系竞争者

大陆系虽然品牌较多，但是辐射全国的品牌不足50家，具有一定知名度和市场占有率的品牌不足20家。周大生发展较快，2003年开始借鉴连锁经营的商业模式扩张，至2011年店铺数量达1 300家，覆盖全国31个省市的300多个大中城市。其成功带来了全行业的仿照效应，各品牌几乎无一例外地选择加盟经营模式进行拓展。

在南京市，品牌推广值得借鉴的有本地品牌通灵和外来品牌I DO。

（1）TESIRO通灵源自意大利语"财富"之意。1997年，江苏通灵翠钻有限公司在南京成立，从三节柜台起步，通灵翠钻逐步成长为江苏省珠宝市场占有

---

① 包德清、董一澳：《提升内地珠宝品牌市场竞争力策略》，载《中国商贸》，2011年第9期。

率第一的珠宝品牌，2010年销售额达15亿元人民币。

2005年12月，江苏通灵翠钻有限公司与欧陆之星（Eurostar Diamond Traders N.V）成为战略合作伙伴，整合各自优势资源，使用"TESIRO"商标作为品牌LOGO，致力于优质切工钻石在中国的推广，"传世翡翠"也归入TESIRO通灵，成为其旗下品牌。欧陆之星（以下简称EDT）是全球唯一在DTC（The Diamond Trading Company 国际钻石商贸公司，全球最大的天然钻坯供货商）拥有三个看货商席位的看货商，其总部位于世界"钻石之都"比利时安特卫普，年切磨优质切工钻石超过200万克拉，EDT在全球成品钻石行业中也保持着世界领先地位。

巧合的是，TESIRO通灵CEO沈东军先生也是清华大学经济管理学院与法国时尚学院、HEC商学院合办的高级时尚管理项目的学员，只是比李勇早了三期，他是第二期（2007）学员，对奢侈品的感悟和理解更早，喜欢百达翡丽的品牌价值和追求。因此，它将TESIRO通灵品牌使命描述为"为消费者提供高品质高价值的商品，使TESIRO通灵成为人们渴望拥有、世代珍藏的珠宝品牌"。TESIRO通灵希望能够以高品质和高价值的珠宝饰品，从顾客的情感角度塑造出"珍藏"的概念，希望TESIRO通灵的珠宝饰品成为人们寄托情感、世代珍藏的珍品！它的广告语是"为自己更为下一代珍藏"。

（2）I DO为恒信钻石机构打造的婚戒品牌，意为"我愿意"，诞生于2006年。在北京、上海等城市取得成功之后，2008年起向各大省会城市延伸，相继落户沈阳、长春、济南、郑州、乌鲁木齐、南京、福州、武汉、成都、昆明等城市，在东南沿海一带经济发达城市如大连、青岛、苏州、常州等也吸引了大批品牌合作者。

在美国，超过30%的消费者购买钻石是因为结婚；而在中国，则有超过76%的消费者购买钻石是因为结婚。这种因为结婚而必须消费的需求是"刚性需求"，市场稳定。这部分人群是不断变化的，从"80后"演变为"90后"，产品设计需要符合他们的需求。恒信拥有顶级的欧洲设计团队，包括法国珠宝设计大师Philippe Tournaire先生，瑞典著名珠宝设计师Efva Attling女士等，他们延续I Do品牌的欧洲婚姻文化，同时又突破传统的创意，设计出非同凡响的I DO作品。

毫无疑问，I DO已成为中国婚戒市场的第一品牌，市场占有率最高，整体营销运作与国际接轨，将情感诉求渗透于I DO品牌推广的每一个环节，让I DO与其他珠宝品牌有所区分。恒信钻石机构董事长李厚霖先生也是清华大学经济管理学院与法国时尚学院、HEC商学院合办的高级时尚管理项目（第三期，2008）

的学员。

## 三、调查数据

二手数据还不能做出准确的调整判断。2011年年初，在李飞教授的指导下，千年翠钻品牌部委托专业的市场调查公司进行了市场调查，取得了一些有参考价值的数据。调查对象为南京市的500位女性，方法是街头拦访，年龄在20~50岁。

### 1. 消费者购买珠宝饰品的动机

（1）理想的珠宝品牌形象。消费者认为，理想的珠宝饰品品牌应具备的品牌形象特征中，按重要程度依次为"有品质保证的"、"款式新颖的"及"物有所值"。而"名贵的"及"服务完善的"重要程度相对低于上述特征，说明消费者在购买珠宝饰品方面相对务实（见图4.4.1）。

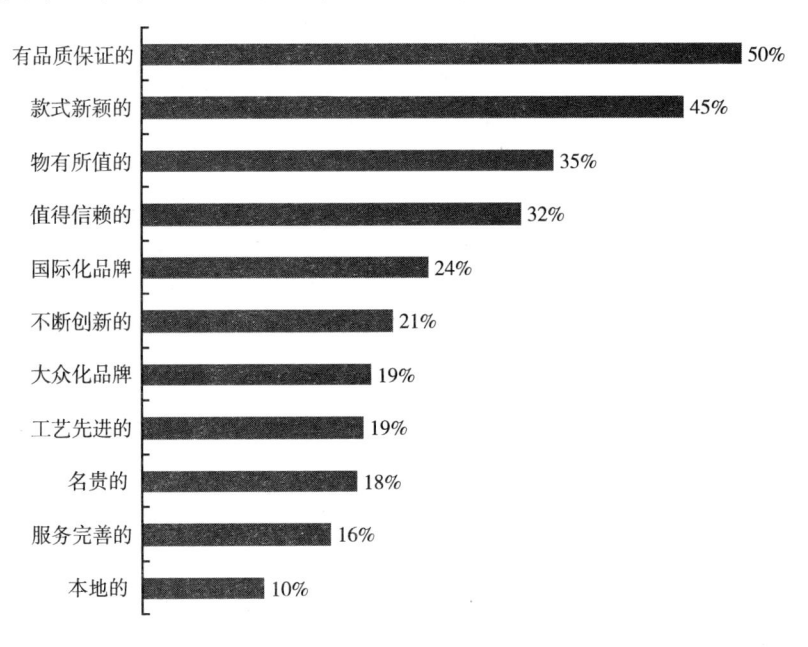

| 品牌形象特征 | 比例 |
| --- | --- |
| 有品质保证的 | 50% |
| 款式新颖的 | 45% |
| 物有所值的 | 35% |
| 值得信赖的 | 32% |
| 国际化品牌 | 24% |
| 不断创新的 | 21% |
| 大众化品牌 | 19% |
| 工艺先进的 | 19% |
| 名贵的 | 18% |
| 服务完善的 | 16% |
| 本地的 | 10% |

图4.4.1　消费者心目中的理想品牌

（2）购买珠宝饰品的动机。消费者购买珠宝饰品的最主要原因是出于特定的意义，例如结婚等，其比例为73%；其次是用于搭配服饰，为46%；出于收藏增值动机的人数占比例第三位，为38%；接下来分别为赠送朋友（35%）、护身辟邪（24%）、彰显品位（11%）和喜欢就买（2%）。

(3) 购买珠宝饰品的影响因素。消费者购买珠宝饰品的考虑因素中，品质排名第一，其次是服务，接下来是款式、口碑、品牌、切工等等，对形象代言人、产地的重视程度相对不高（见图4.4.2）。

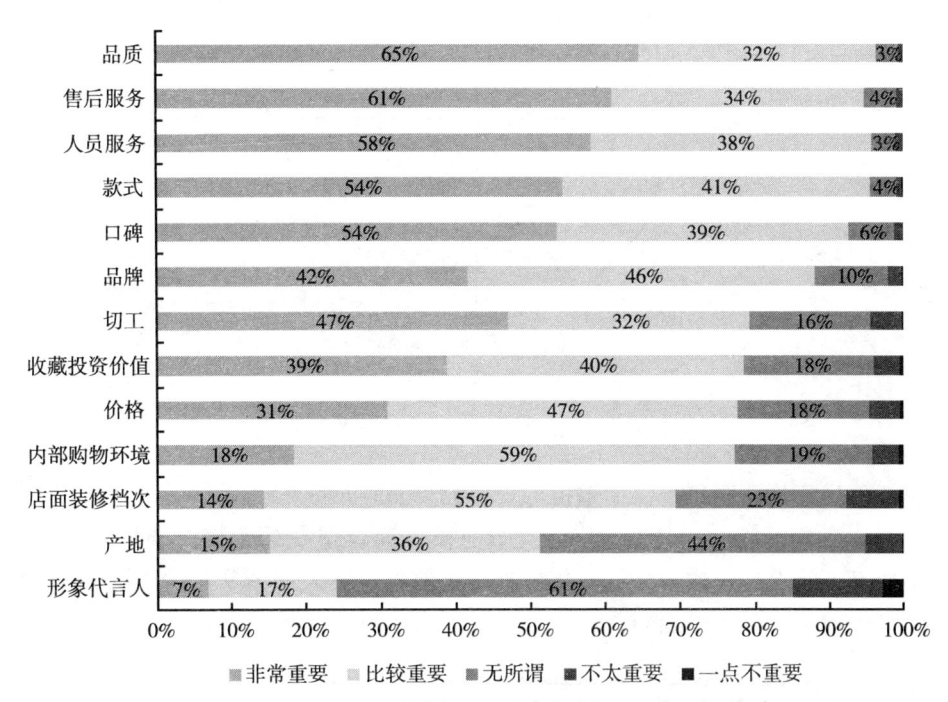

| 因素 | 非常重要 | 比较重要 | 无所谓/不太重要/一点不重要 |
|---|---|---|---|
| 品质 | 65% | 32% | 3% |
| 售后服务 | 61% | 34% | 4% |
| 人员服务 | 58% | 38% | 3% |
| 款式 | 54% | 41% | 4% |
| 口碑 | 54% | 39% | 6% |
| 品牌 | 42% | 46% | 10% |
| 切工 | 47% | 32% | 16% |
| 收藏投资价值 | 39% | 40% | 18% |
| 价格 | 31% | 47% | 18% |
| 内部购物环境 | 18% | 59% | 19% |
| 店面装修档次 | 14% | 55% | 23% |
| 产地 | 15% | 36% | 44% |
| 形象代言人 | 7% | 17% | 61% |

图4.4.2　消费者购买珠宝饰品的影响

在消费者心目中，品质的含义主要是（依重要性排序）：首先，做工精细和质量高（60%），其次为样式好看和设计独特新颖（57%），接下来是服务态度好（37%）、大众价格（19%）和品牌口碑好（6%）等。简言之，最为看重的是做工、款式及服务。

(4) 佩戴珠宝饰品的目的。通过珠宝消费价值观的分析发现，人们佩戴珠宝主要是为了优化自身形象（注重自身仪表，努力使自己保持得体、优雅），同时体现自身品位（体现我生活品位、情调的商品）（见图4.4.3）。

## 2. 消费者对珠宝品牌的形象认知

从总体上看，在婚庆市场、时尚人群和保值增值的高端人群三个市场，其竞争对手不同。婚庆市场的主要竞争对手，4 000元以下商品主要是柯南、BLOVE、钻石小鸟等网购；4 000元以上市场主要是I DO和通灵等，时尚人群的

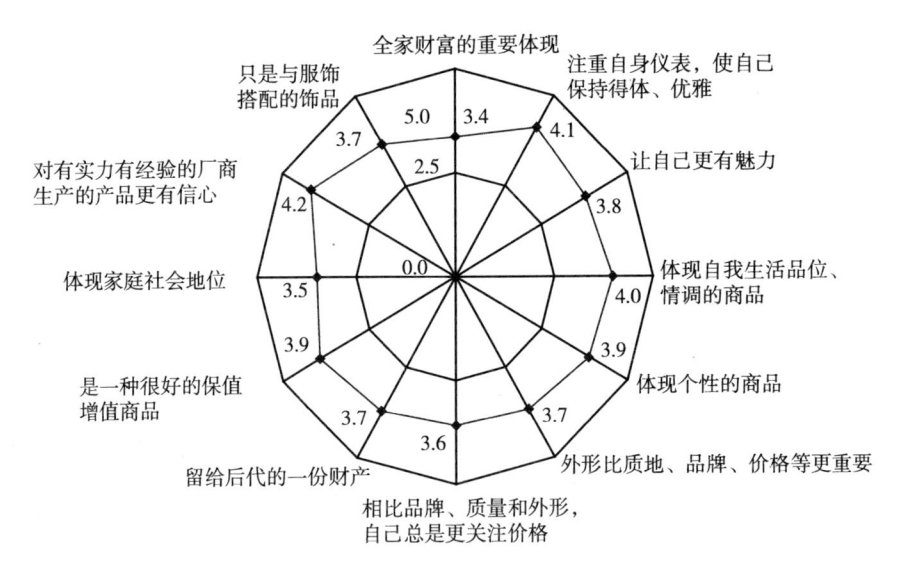

图 4.4.3 消费者佩戴珠宝饰品的目的

主要竞争品牌是戴俪尔，保值增值的主要竞争品牌是通灵等。

（1）珠宝品牌的知晓度。广告提示前第一提及率及综合提及率最高的品牌都是通灵，其次是宝庆银楼。千年广告提示前第一提及率为9%，综合提及率为37%，均列第四位。CEMNI千年广告综合提及率9%（见图4.4.4）。

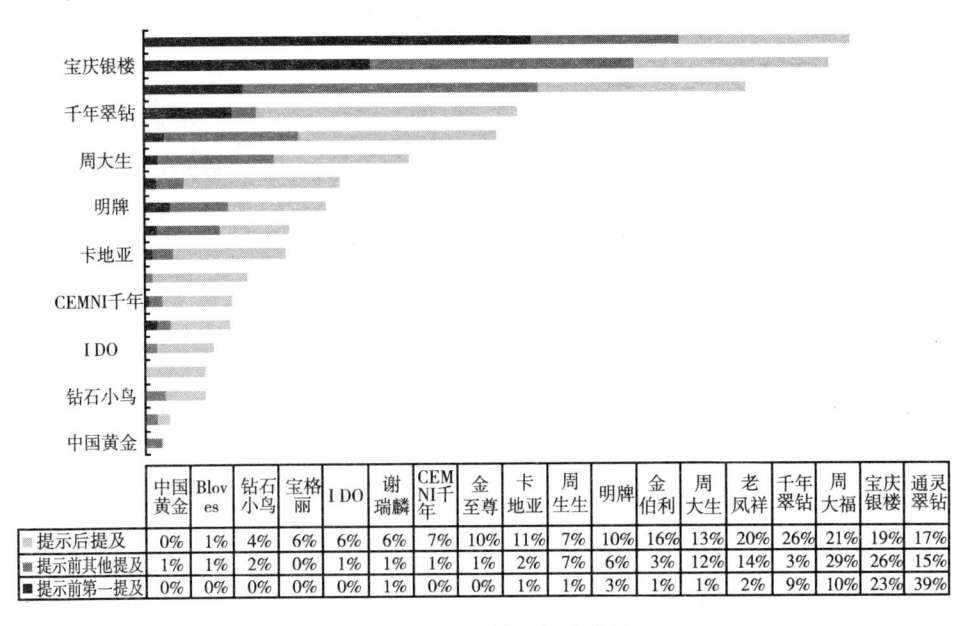

|  | 中国黄金 | Bloves | 钻石小鸟 | 宝格丽 | I DO | 谢瑞麟 | CEMNI千年 | 金至尊 | 卡地亚 | 周生生 | 明牌 | 金伯利 | 周大生 | 老凤祥 | 千年翠钻 | 周大福 | 宝庆银楼 | 通灵翠钻 |
|---|---|---|---|---|---|---|---|---|---|---|---|---|---|---|---|---|---|---|
| 提示后提及 | 0% | 1% | 4% | 6% | 6% | 6% | 7% | 10% | 11% | 7% | 10% | 16% | 13% | 20% | 26% | 21% | 19% | 17% |
| 提示前其他提及 | 1% | 1% | 2% | 0% | 1% | 1% | 1% | 0% | 2% | 7% | 6% | 3% | 12% | 14% | 3% | 29% | 26% | 15% |
| 提示前第一提及 | 0% | 0% | 0% | 0% | 0% | 0% | 0% | 0% | 1% | 1% | 3% | 1% | 6% | 2% | 9% | 10% | 23% | 39% |

图 4.4.4 珠宝品牌的知晓度情况

（2）珠宝品牌的购买率。在消费者过去两年内购买的品牌中，渗透率最高的是宝庆银楼（56%），其次是周大福（25%）、通灵（21%）、老凤祥（13%）、明牌（12%）、周大生（5%）和千年（5%）等。在未来一年内打算购买的品牌中，宝庆银楼排名第一，其次是通灵（26%）、周大福（18%）、老凤祥（12%）和千年（11%）。

（3）珠宝品牌的各维度评价。在消费者对各品牌评价中，各个维度相差不是非常明显，其结果也有一定的参考价值。我们按照1（很不满意）~10（非常满意）来说明其结果（见表4.4.1）。

表 4.4.1 珠宝品牌的各维度评价

| 维度 | 各品牌排序 |
| --- | --- |
| 品质 | 周大生（8.4）、千年（8.3）、宝庆（8.2）、I DO、通灵和周大福（7.9）、明牌（7.8） |
| 售后服务 | I DO（9）、千年（8.5）、周大福（8.2）、宝庆和通灵（8）、周大生和明牌（7.6） |
| 人员服务 | 千年（8.5）、周大生（8.4）、通灵（8.3）、宝庆（8.2）、周大福（8）、I DO 和明牌（7.9） |
| 款式 | 周大生（8.4）、千年（8.3）、明牌（8.2）、通灵和周大福（8）、宝庆（7.6）、I DO（7.5） |
| 口碑 | 周大生（8.5）、宝庆和通灵（8.2）、I DO 和明牌（7.5）、千年和周大福（7.3） |
| 品牌 | 周大生（8.3）、周大福（8.2）、宝庆和千年（8）、I DO（7.9）、通灵和明牌（7.8） |
| 切工 | 周大生（8.1）、千年（8）、通灵（7.9）、周大生和明牌（7.8）、宝庆（7.6）、I DO（7.5） |
| 收藏投资 | I DO（8.5）、周大福（8.1）、宝庆（8）、通灵（7.9）、周大生和千年（7.8）、明牌（7.3） |
| 价格 | 周大福（7.9）、宝庆和明牌（7.8）、周大生（7.7）、I DO、通灵和千年（7.9） |
| 店铺环境 | 周大生（8.1）、通灵（8）、宝庆（7.9）、周大福和千年（7.8）、I DO（7.6）、明牌（6.5） |

### 3. 被调查的消费者分布情况

被调查的500名消费者，在给出具体品牌评价意见的人数分布情况是：宝庆144人、周大福64人、通灵53人、明牌30人、周大生14人、千年12人、I DO 2人。

看到这个调查结果，李勇董事长更加坚定了调整"为爱，一诺千年"的定位语。为此，他多次派品牌部研究人员与李飞教授讨论，自己也与李教授商谈多次，而李教授感觉对品牌部研究人员、对品牌总监和李勇董事长说的都是相同的话，沟通效率不高。2011年11月18日，千年翠钻品牌总监张福先生给李飞教授发来了他们的初步想法："结合公司的战略，拟定了目标市场：以婚庆市场为主延伸到礼品市场、收藏市场，定位：中高端时尚珠宝，广告语初步拟订为'值得珍藏的珠宝艺术'，但和竞争品牌通灵'为自己、为下一代珍藏'相似；或是'浪漫的珠宝艺术'，请抽时间指导一下，李总今晚到北京，想和你沟通一下，今晚大概10点到京。"

如果你是李飞教授，你该为李总提出什么样的建议呢？

**案例讨论目的**

使学生掌握"营销定位"的目的、方法和实现过程。

**案例讨论问题**

1. 千年翠钻的营销定位需要进行调整吗？为什么？
2. 千年翠钻的营销定位该如何进行确定？

**案例讨论形式**

开放式讨论，同学们视自己为李飞教授，对千年翠钻的目前处境进行分析，为李勇董事长提出具有充分依据的营销定位应对策略。

## 附录4.4

### 附录4.4.1　　　　　　　婚戒的故事

在古老的罗马时代，就用象征生命与永恒的戒指作为情侣公开宣布结婚盟约的信物。后来基督徒采用这一习俗礼俗，使婚戒成为西方婚礼中的重要信物。还有另外一种传说，在人类早期地中海沿岸的部落里，男女之间的婚姻是通过"抢婚"进行的，当男子抢到一个妇女后，就给她戴上戒指，以示该女已归其所有。15世纪，钻石成为婚戒的重要组成部分，进而钻石婚戒成为永恒婚约盟誓的象征。钻石（Diamond）一词源于希腊文ademas，意谓不可征服，延伸为永久和承诺。20世纪人们以精湛的切割和打磨技术为钻石开发出更耀眼的光芒，钻石戒指被视为最佳定情信物及婚姻承诺的象征。在中国古代，虽然人们也见佩戴戒指，但是一种装饰品，与爱情婚姻没有联系。伴随着中西交流活动，在近代开始有较多中国人佩戴婚戒。

按照国际上比较流行的做法是：戴在拇指，正在寻觅有情人；食指，已有有情人，尚未结婚；中指，订婚；小拇指，单身或离婚或选择独身；无名指，自然是已婚了。传说无名指与人的心脏直接相连，那是主管爱情的地方。

戴比尔斯在北京新光天地开设店铺，进行精品婚戒设计，它的广告语让人遐想："您的爱情值得如此礼遇，穿越百年的奢华至尊，De Beers 婚戒将爱情铭刻指间，见证您恒久不渝的爱情"。卡地亚推出的婚戒，专门为中国顾客配置了喜庆的红盒子，它说："首屈一指珠宝翘楚，红盒子里蕴藏爱的承诺，呈现只属于您的结婚美钻"。蒂芙尼则宣称自己的婚戒"无论是传统的设计还是现代的款式，抑或饰以宝石，蒂芙尼结婚戒指都是极致完美的代名词"。

根据中国宝石协会资料，我国 2010 年钻石消费速度猛增，已成为第二大钻石消费国，钻石婚戒的拥有率在全国排名前 25 个一线城市中已占到了 51%，钻石消费位居全球第六位。而中国 2009 年中国有 1 170 万对新人结婚，婚庆消费总额超过 2 500 亿元，平均每对的珠宝消费将近 8 000 元。中国钻石消费每年超过 200 亿元，其中将近 80% 为婚戒。

## 4.5 沃尔玛如何赢得竞争优势[①]

2001 年，沃尔玛成为位居世界 500 强第一位的公司，而后多年连续保持第一。在世界 500 强排行榜中，零售公司一般要占有 10% 左右，相对于经营石油、钢铁、汽车等单件商品价值大的公司来说，零售公司位居前列实属不易，长期位居第一就更难了。因此，管理学者和企业家，甚至媒体，无不对沃尔玛成功的奥秘感兴趣。2004 年 11 月 2 日，清华大学经济管理学院中国零售研究中心成立仪式，在清华经管学院举行，此研究中心是清华经管学院接受沃尔玛百货（中国）投资有限公司的 100 万美元捐赠组建的。在仪式结束后的记者招待会上，有媒体记者探寻沃尔玛成功的三个关键因素，首席运营官李斯阁先生的回答是：快速反应的信息系统、高效率的供应链系统和独特的企业文化，前两项有钱就可以建设，但是最后一条需要时间。会场上发生了一阵议论，表示赞同者有之，表示不赞同者也有之，似乎没有取得一致的答案。

### 一、公司背景

沃尔玛（Walmart）是一家成立于 1962 年的美国跨国零售集团，创始人为山

---

[①] 根据作者的相关研究论文和案例改写，这些文章包括：(1) 李飞、刘明葳、吴俊杰：《沃尔玛和家乐福在华市场定位的比较研究》，载《南开管理评论》，2005 年第 3 期；(2) 李飞、汪旭晖：《零售企业竞争优势机理的研究》，载《中国软科学》，2006 年第 6 期；(3) 李飞等：《定位案例》，经济科学出版社 2008 年版，第 408~421 页。

姆·沃尔顿。1979年销售额突破10亿美元，1997年突破1 000亿美元，从2001年至今多年连续占据世界500强第一的位置。2010年销售额达到4 218亿美元，利润额近164亿美元。主要经营折扣商店、仓储商店、购物广场、社区商店和网上商店等5种零售业态。截止到2010年，店铺总数达到8 445家，在美国拥有4 364家，其中804家折扣商店，2767家购物广场，605家山姆会员店，以及182家社区商店，还有几家其他店铺（4家Market Side，2家Super Mercado），并已经将业务拓展到墨西哥（1 479）、巴西（438）、智利（254）、阿根廷（44）、英国（374）、加拿大（317）、中国（284）和日本（371，拥有西友36%股份）等14个国家（括号内为店铺数）。

截至2005年年底，沃尔玛开发的自有品牌已经达到40个，其中23个是全球性品牌，最主要的有3个，分别是"Great Value"（中文译为惠宜），覆盖食品和非食品；"Mainstays"，覆盖家居用品；"Simply Basic"，覆盖服装产品。由于省去了许多中间环节，并通过规模效益降低销售成本，自有品牌产品通常具有明显的低价格、高品质的竞争优势。

沃尔玛于1996年进入中国，在深圳开设了第一家沃尔玛购物广场和山姆会员商店，至2010年8月5日，已经在全国20个省的101个城市开设了商场，包括沃尔玛购物广场、山姆会员商店、沃尔玛社区店三种业态，其中沃尔玛购物广场224家、山姆会员商店6家，社区店4家，惠选超市1家，同时拥有好又多35%的股权和好又多104家门店。2008年，沃尔玛在中国实现销售额278亿元，位居中国百强连锁百货企业第11位。

## 二、顾客界面

沃尔玛针对不同的目标顾客，采取不同的零售业态，分别占领高、低档市场。例如：针对中层及中下层消费者的沃尔玛平价购物广场；针对会员提供各项优惠及服务的山姆会员商店；以及深受上层消费者欢迎的沃尔玛综合性百货商店等。后者是早年折扣商店的提升。不论何种业态，都强调为顾客提供低廉价格的产品。顾客见到最多的沃尔玛口号是"天天低价"和"为顾客节省每一分钱"。进入21世纪初期，由于品类杀手业态推出更加低廉的商品，沃尔玛随后推出了新的口号"省钱、省心、好生活"（save money，live better）。

在沃尔玛开业的第一家店铺的牌匾两旁就分别写有"每天低价和满意服务"的标语。长期以来，他们一直倡导"每日低价"和"为顾客节省每一分钱"的经营理念。每天低价，是指"不仅一种或若干种商品低价销售，而是所有商品都是以低价销售；不仅是在一时或一段时间低价销售而是常年都以低价格销售；不仅是在一地或一些地区低价销售，而是所有地区都以低价格销售"。该定位点的选择有三大好处：一是通过薄利多销控制供应商，二是通过稳定价格而非频繁的促销获得可观的利润，三是通过诚实价格赢得顾客的信任。

有专家对沃尔玛的成功关键因素进行了研究，结果发现沃尔玛实现了自己对顾客的低价承诺，顾客的确感受到了沃尔玛低价带来的好处（见表 4.5.1）[1]。

表 4.5.1　　　　　　沃尔玛公司在美国市场的消费者感知

| 等级 | 产品 | 服务 | 价格 | 便利 | 沟通 | 环境 |
|---|---|---|---|---|---|---|
| 消费者追逐（5分） | 产品出色或丰富 | 超越顾客期望 | 顾客的购买代理 | 到达和选择很便利 | 沟通亲切，体现关怀 | 令人享受 |
| 消费者偏爱（4分） | 产品值得信赖 | 顾客满意 | 价格公平可信 | 到达和选择较便利 | 关心顾客 | 使人舒适 |
| 消费者接受（3分） | 产品具有可信性 | 适应顾客 | 价格诚实，不虚假打折 | 便利进出，容易寻找 | 尊重顾客 | 安全卫生 |
| 消费者抱怨（2～1分） | 产品质量低劣 | 顾客不满意 | 价格误导和欺诈 | 进出困难，找货不易 | 没人情味，不关心顾客 | 不想停留 |

顾客对沃尔玛的直接感知是通过销售过程获得的。在开业准备阶段，沃尔玛主要是完成店铺建设。初期沃尔玛选择在土地便宜和建筑成本很低的小城镇开店，进入大城市后也是在城乡交界处开店，这些地方地价便宜又具备设立停车场的条件，顾客容易到达。同时，选择适合低成本运营的购物广场和山姆会员店作为重点发展的业态。例如，以租赁店面的方式开设的山姆会员店，初始建店投资只需要 400 万美元。在售前准备阶段，通过电脑软件系统分析顾客购买特征，绘制商品陈列图，依图进行店铺的布局设计，购物广场不求奢华，讲求整洁、明亮；山姆会员店则采取仓店合一的布局方式，几乎没有装饰，商品通过机械操作上架，1 万平方米店面只需要 30～40 位员工[2]。商品及时上架到指定位置，并源源不断地得到补充。在售中环节，一是提供便利服务，提供免费停车场；在门口设置了迎宾人员，不仅使顾客感到亲切，而且对窃贼起到了威慑作用，失窃率大

---

[1] 弗雷德·克劳福德等：《卓越的神话》，中信出版社 2002 年版，第 41 页。
[2] 吕一林：《美国沃尔玛——世界零售第一》，中国人民大学出版社 2000 年版，第 74、10、104～105 页。

大降低；顾客在3米范围内，员工必须微笑地打招呼，微笑必须露出8颗牙齿；设置专业人员免费为顾客提供购买电脑、照相机、录像机等商品的咨询；收银员必须站立从事收银服务；二是稳定价格（即不降价），尽量避免出现由于促销打折带来的商品销售波动，为准确地预测商品销量提供条件，不必保留店铺的仓库，使供应商和自己节省库存成本[①]；三是处处节约，总裁出差住便宜的假日酒店，总部设施简陋，办公纸必须两面使用后再废弃，部分员工实行小时工制等。在售后服务环节，一是仅为一定购买额（在中国2 000元人民币）以上的顾客提供送货服务，收取一定送货费用（在中国，指定范围内每次49元人民币）[②]，一个月内可以自由退换货。二是在广告方面，投入很少，仅占销售额的0.4%；而西尔斯公司为3.9%，环城公司为4.9%。

一项在美国的调查结果显示：沃尔玛有1/3的商品价格高于竞争对手，价格低于竞争对手的商品不过为顾客节省了0.14~1.62美元，有1/3不足0.02美元[③]。另一项调查结果显示：如果沃尔玛店铺与竞争对手相邻，沃尔玛价格定在100，竞争对手为101.3；如果两者相距4~6英里，沃尔玛为99.9，竞争对手为110.3；如果两者相距遥远，沃尔玛商品价格为106[④]。对于一些价格敏感性商品，沃尔玛会比竞争对手低10%~20%，一旦竞争对手倒闭，会在90~120天的周期内将价格水平回升到降价前的水平[⑤]。

不仅如此，沃尔玛提供的商品也是优质和丰富的。她追求的重要理念是使"一站式购物"（One-Stop Shopping），其经营项目繁多，包括食品、玩具、新款服装、化妆用品、家用电器、日用百货、肉类果蔬等。

## 三、供应商界面

在供应商界面主要是零售商对供应商的采购活动。在选择供应商环节，一个重要的内容是根据店铺销售需求进行采购，对供应商规模、实力、技术、产品质量、信用等有一系列的资质认证，要求厂商只提供自己最好的10种产品即可，沃尔玛则用4个标准（提高沃尔玛已有商品质量、降低沃尔玛价格水

---

① 詹姆斯·赫斯克特等：《价值利润链》，机械工业出版社2006年版，第6~23页。
② 胡松评：《向沃尔玛学供应链管理》，北京大学出版社2006年版，第87、117页。
③ 弗雷德·克劳福德等：《卓越的神话》，中信出版社2002年版，前言、第44、57~58页。
④ 大卫·W·杨：《成本改进181法》，中国财政经济出版社2005年版，第146~147页。
⑤ 吕一林：《美国沃尔玛——世界零售第一》，中国人民大学出版社2000年版，第74、10、104~105页。

平、增加沃尔玛的价值和丰富沃尔玛商品品种）对其进行评价，最后由采购经理确定大致的产品数量、质量和价格水平。在谈判环节，采办人员（非采购经理）具体负责，他们不能接受宴请，不能接受礼品，谈判在沃尔玛公司进行，公司要求每一个采购人员绝对站在消费者采购代理的立场上，苛刻地挑选产品，顽强地讨价还价，迫使供应商提供最好的产品，给出最低的底价[①]。在采购实施环节，一是直接采购，20世纪80年代早期，沃尔玛取消中间商制度，直接向厂家采购，使采购价格降低2%~6%；二是集中采购，从20世纪90年代初开始，沃尔玛统一采购的比例已经超过85%，在美国拥有10%的市场占有率，这种规模使宝洁、可口可乐、卡夫等巨型公司超过10%的商品是在沃尔玛店铺销售的，他们愿意按照批量给予沃尔玛大幅度回扣；至于规模不大的数以百计的消费品厂商，几乎100%的商品是通过沃尔玛销售的，因此不得不接受沃尔玛的低廉采购价格[②]；三是买断采购，这样可以取得比代销制更低的进货价格。同时沃尔玛要求供应商提供佣金和免费商品支持：年度佣金为销售额的1.5%，仓库佣金为销售额的1.5%~3%，新店开张的首单免费商品，新品进场首单免费[③]；四是根据店铺订货采购，各个店铺根据销售和库存情况向配送中心提出订货计划，配送中心汇总订单，向厂家发出订货单，这一切在几个小时内完成。这一系列措施在保证采购优质产品的同时，至少可使沃尔玛商品进价低于竞争对手10%。

创始人沃尔顿曾说过，"我们重视每一分钱的价值，因为我们服务的宗旨之一就是帮每一名进店购物的顾客省钱。每当我们省下一块钱，就赢得了顾客的一份信任。"为此，他要求每位采购人员在采购货品时态度要坚决。他告诫说："你们不是在为商店讨价还价，而是在为顾客讨价还价，我们应该为顾客争取到最好的价钱。"

## 四、内部界面

在内部界面包括流程范畴的配送活动和管理范畴的资源整合范畴。配送中心根据店铺订货计划完成采购，接着店铺会提出上货的时间要求，形成配送计划。这既可以保证向店铺配送顾客需要的商品，又可以通过减少库存降低成本。在实

---

[①] 吕一林：《美国沃尔玛——世界零售第一》，中国人民大学出版社2000年版，第74、10、104~105页。
[②] 迈克尔·贝里达尔：《沃尔玛策略》，机械工业出版社2006年版，推荐序一，第36~37页。
[③] 胡松评：《向沃尔玛学供应链管理》，北京大学出版社2006年版，第87、117页。

施配送环节，一是实施集中配送，从店铺下订单到商品进配送中心不过 1 天时间，商品到达配送中心 48 小时之内送到各个店铺，店铺不必设有仓库，仓库可以改为增加效益的卖场；二是自我配送，不用供应商和第三方配送，不仅可以通过降低供应商物流费用为低价进货提供条件，而且大大减少了货等车和店等货的现象，商店缺货率大大降低；三是自动补货，通过信息系统厂商可以及时了解自己商品在各店铺的销售情况，根据协议及时向配送中心供货；配送中心也可以随时掌握各种商品在零售店铺的销售情况，及时向店铺自动补货。在店铺收货环节，由于配送中心差错率低于百分之一，店铺接货时不必花费人工进行清点。在配送车辆返程环节，有 60% 顺路从供应商处带回采购的商品。由于沃尔玛 8 万种商品的 85% 纳入统一配送流程当中（凯玛特仅有 50%），因此大大降低了库存和配送成本，使物流费用占销售收入比例仅为 2.8%，而行业平均水平为 4.8%[①]。

在 21 世纪初期，沃尔玛在全球就有 62 个配送中心，当时为 4 500 多家店铺进行配送，配送半径最远为 500 公里。大约有 80 个店就要建一个配送中心，10 万平方米店铺面积，一般有 1 万平方米的配送中心与之相配。同时，沃尔玛还有 36 000 个大型集装箱挂车和 7 570 辆大型货运卡车，作为配送中心设备的补充。沃尔玛根据店铺需要，分别建设了六种不同的配送中心，它们是：干货配送中心、食品配送中心、山姆会员店配送中心、服装配送中心、进口商品配送中心和退货配送中心。

沃尔玛在建立和完善信息系统方面，一直领先于竞争对手。最早使用计算机跟踪存货（1969），最早使用条形码（1980），最早使用数据交换系统（1985），最早使用无限扫描枪（1988），率先建立了卫星通信、电视会议和高效顾客反应系统。在信息设备等方面的战略投资总额达到 7 亿美元。大容量数据库的开发、全球 5 500 多个计算机工作站的建设，使总部可以在 1 小时之内知晓全球数千家店铺每种商品的库存、销售数据，每个店铺可以及时了解单品商品的销售情况，相关厂家也可以及时了解自己商品在沃尔玛店铺的库存情况，最终实现适销对路、及时补货，保证配送和营销的低成本和高效率。有传说，沃尔玛的电脑系统仅次于美国军方系统，比微软总部的服务器还多。

配送中心和信息系统的结合形成了高效率的供应链系统。沃尔玛各分店的订单信息通过公司的高速通讯网络传递到配送中心，配送中心整合后正式向供应商订货。供应商可以把商品直接送到订货的商店，也可以送到配送中心。其基本流

---

① 大卫·W·杨：《成本改进 181 法》，中国财政经济出版社 2005 年版，第 146～147 页。

程是：供应商将商品送到配送中心后，先经过核对采购计划、商品检验等程序，分别送到货架的不同位置存放；当每种商品储存进去的时候，计算机都会把它们的方位和数量一一记录下来；一旦商店提出要货计划，计算机就会查找出这些货物的存放位置，并打印出印有商店代号的标签，以供贴在商品上；整包装的商品将被直接送上传送带，零散的商品由工作人员取出后，也会被送上传送带，后装车配送，一般商店要货的当天就可以将商品送出①。

　　低成本运营是沃尔玛的业务目标，因此供应链管理和店铺管理成为管理人员所需要的基本知识和技能。为此，他们采取内部提拔管理人员的方式，公司对员工的评估分为试用期评估、周年评估、升职评估等。评估内容包括工作态度、积极性、主动性、工作效率、专业知识、有何长处以及需要改进之处等。如果评估结果良好，证明具有管理员工、擅长商品销售的能力，公司就会给他们一试身手的机会，先做助理经理或去协助开设新店，然后如果干得不错，就会有机会单独管理一个分店。如果证明适合负责采购管理，就提升为采购经理。沃尔玛实施内部提升制的基础是公司建立了终身培训机制，内部员工更加理解和熟悉关键流程及具有相应的知识和技能。沃尔玛公司在每年的9月份制订并审核年度培训计划。培训项目分为任职培训、升职培训、转职培训、全球最佳实践交流培训和各种专题培训。在每一个培训项目中又包括30天、60天、90天的回顾培训，以巩固培训成果②。培训内容包括业务知识、领导艺术和管理技能培训，以适应关键流程的需要。

　　第一，从文化方面，建立为"天天低价"定位服务的价值理念。沃尔玛靠什么将4500多家店铺的十几万有着不同年龄、不同国籍、不同种族的员工凝聚在一起，使每个员工的行为不偏离低成本运营的业务流程，靠的是组织文化（见表4.5.2）③。

　　沃尔玛公司认为，仅提倡服务顾客已经不够，要忠于顾客，一切要以顾客的利益为出发点。为此，沃尔玛为其员工制订了相应的行为准则和使这些准则成为员工自觉行为的措施。忠于顾客的内涵，是每时每刻提供有价值的商品给顾客。忠于顾客的外延，是实行天天低价，为顾客节约每一分钱。忠于顾客的保证，是比竞争对手更勤奋地、更灵敏地选择优质产品；比竞争对手更节约开支；尽心尽力提供优质、出色的服务。

---

① 周玉宇：《浅析沃尔玛的无缝供应链运作模式》，载《商场现代化》，2005年第16期。
② 韩燕：《沃尔玛的人力资源战略》，载《经济管理》，2003年第21期。
③ 赵文明：《我们与众不同沃尔玛》，中华工商联合出版社2004年版，第25~43页。

表 4.5.2　　　　　　　　　沃尔玛企业文化的内容

| 核心价值观 | 1. 尊重每一位员工（鼓励员工关心公司，尊重员工的建议）<br>2. 服务顾客（一切以顾客的利益为出发点）<br>3. 每天追求卓越（天天进步） |
|---|---|
| 经营理念 | 为顾客节约每一分钱 |
| 顾客服务理念 | 1. 顾客永远是对的<br>2. 顾客才是真正的老板<br>3. 保证顾客满意<br>4. 超越顾客期望<br>5. 盛情服务<br>6. 三米微笑原则<br>7. 迎宾（顾客是贵宾）<br>8. 日落原则（日清日结） |
| 员工合作理念 | 1. 员工是合伙人<br>2. 尊重每一位员工 |

第二，从领导力方面看，激励员工努力地工作，愉快地为顾客服务。公司推出了一系列视员工为合伙人的措施和行为准则。伙伴关系的内涵，是每一位员工都是沃尔玛的合伙人，沃尔玛属于每一位员工。伙伴关系的外延，是与员工共同分享利益，在沃尔玛工作两年以上且每年工作 1 000 个小时以上的员工，都可以享受每年的利润分红，退休时一次领取，同时可以低于市价 15% 的价格购买公司股票。伙伴关系的保证：公仆领导，领导是为员工服务的，这个服务做得好，员工才能为顾客提供良好的服务。

第三，从协调一致方面看，激励员工为共同目标而努力，一方面邀请优秀员工参加最高级别的周六例会，当面奖励；另一方面奖励降低费用的员工。

第四，从知识分享方面看，搭建了一个高效率的沟通平台。例如，沃尔玛的先进情报信息系统，为分店经理提供了有关顾客消费和购买行为的详细资料，便于及时地满足变化的顾客需要。设置的卫星通信系统，可使总部经常召开电话会议，分店经理不用离店就可以交换市场信息。同时，公司实施了门户开放政策，即员工在任何时间、地点，都可以采用口头或者以书面的形式与管理人员乃至于总裁进行沟通。沃尔玛还是同行业中最早实现与员工共享信息的企业。员工只有充分了解业务进展情况，才会产生责任感和参与感，才会努力取得更好的成绩[①]。

---

① 韩燕：《沃尔玛的人力资源战略》，载《经济管理》，2003 年第 21 期。

### 案例讨论目的

使学生掌握"营销定位"的目的、方法和实现过程。

### 案例讨论问题

1. 沃尔玛的竞争优势是什么？
2. 沃尔玛的竞争优势是如何构建的？
3. 沃尔玛在中国形成了竞争优势吗？为什么？

### 案例讨论形式

开放式讨论，同学们根据案例提供的资料和数据，对沃尔玛竞争优势进行分析，最终发现竞争优势形成的逻辑框架。

## 附录 4.5

### 附录 4.5.1　　　　　　沃尔玛发展大事记

1950 年，山姆·沃尔顿开设了第一家特价商店。
1962 年，沃尔顿以"Wal-Mart"为名在阿肯色州拉杰斯市开办第一家沃尔玛平价商店。
1969 年，10 月 31 日成立沃尔玛百货有限公司。
1970 年，在阿肯色州的本顿维尔镇成立了公司总部和第一家配送中心。
1972 年，沃尔玛公司股票获准在纽约证券交易所上市，到 1999 年其价值翻了 4 900 倍。
1979 年，沃尔玛总销售额首次突破 10 亿美元。
1983 年，在俄克拉荷马州的中西部市开设了第一家山姆会员商店——仓储式商店。
1985 年，美国著名财经杂志《福布斯》把沃尔顿列为全美首富。
1987 年，在德州加伦市开设了第一家综合百货商店（Hyper Mart），并建立美国最大的私人卫星通信系统之一，将下属分店与总部联结起来。
1988 年，3 月在密苏里州华盛顿市成立了第一家沃尔玛购物广场（Super Center）。
1990 年，沃尔玛成为美国第一大零售商。
1992 年，3 月 17 日山姆 沃尔顿荣获"总统自由勋章"，4 月 5 日辞世。
1993 年，沃尔玛国际部成立，波比·马丁出任国际部总裁兼首席执行官。
1996 年，通过成立合资公司进入中国。
1997 年，沃尔玛年销售额首次突破千亿美元，达到 1 050 亿美元。
1998 年，首次引入社区店，在阿肯色开了三家社区店。
1999 年，员工总数达到 114 万人，成为全球最大的私有雇主。

2001年,在《财富》杂志公布的世界500强企业排名中位居榜首,并在《财富》杂志"全美最受尊敬的公司"中排名第三。

2002年,在《财富》杂志公布的世界500强企业排名中位居榜首,并在《财富》杂志"全美最受尊敬的公司"中排名第一。

2003年,在《财富》杂志公布的世界500强企业排名中位居榜首,并在《财富》杂志"全美最受尊敬的公司"中排名第一。

2005年,11月4日对日本零售企业西友百货公司(Seiyu Ltd.)实施10亿美元援助计划,增持西友股份到56.56%。原沃尔玛全球高级副总裁兼首席运营官的埃德·克罗兹基于12月15日接任西友公司CEO。

2010年,4月15日《财富》杂志公布了美国五百强企业新榜单,全球最大零售商沃尔玛取代石油巨头埃克森美孚登上榜首。

## 附录4.5.2　　　　　　沃尔玛的公司文化[①]

### 三大信仰

1. 尊重个人。尊重每位同事提出的意见。经理们被看做"公仆领导",通过培训、表扬及建设性的反馈意见帮助新的同事认识、发掘自己的潜能。使用"开放式"的管理哲学在开放的气氛中鼓励同事多提问题、多关心公司。

2. 服务顾客。"顾客就是老板"。沃尔玛公司尽其所能使顾客感到在沃尔玛连锁店和山姆会员商店购物是一种亲切、愉快的经历。"三米微笑原则"是指同事要问候所见到的每一位顾客;"保证满意"的退换政策使顾客能在沃尔玛连锁店和山姆会员商店放心购物。

3. 追求卓越。沃尔玛连锁店和山姆会员商店的同事共同分享使顾客满意的承诺。在每天营业前,同事会聚集在一起高呼沃尔玛口号,查看前一天的销售情况,讨论当天的目标。"日落原则"要求同事有一种急切意识,对当天提出的问题必须在当天予以答复。

### 五大法则

1. 日落原则。一个星期天的早上,阿肯色州哈里逊沃尔玛商店的药剂师杰夫接到店里打来的电话,一名店面的同事通知他,有一位顾客是糖尿病患者,不小心将她的胰岛素扔进垃圾箱处理掉了。杰夫知道,一个糖尿病患者如果没有胰岛素就会有生命危险,所以他立即赶到店里,打开药房,为这位顾客开了胰岛素,这只是实现我们沃尔玛商店所遵循的日落原则的众多事例和方法之一。

日落原则是我们的创始人山姆·沃尔顿对那句古老的格言"今天的事情今天做"的演绎。在沃尔玛,我们应该严格遵守日落原则。在这个忙碌的地方,大家的工作相互关联,当天的事当天完成,即日落以前完成,是我们的做事标准。无论是楼下打来的电话,还是其他地方的申请需求,我们都应该当天答复每一个请求,这是我们的工作原则。

2. 超越顾客的期望。沃尔顿曾说:"让我们成为最友善的员工——向每一位光临我们商场的

---

① 沃尔玛中国网站,http://www.wal-martchina.com/walmart/history.htmJHJus。

顾客奉献我们的微笑和帮助。为顾客提供更好的服务——超越顾客的期望。我们没有理由不这样做。我们的员工是如此的出色、细心周到，他们可以做到，他们可以比世界上任何一家零售公司做得更好。超越顾客的期望。如果你做到了，你的顾客将会一次又一次地光临你的商场。"

3. 三米微笑原则。它是由沃尔玛百货有限公司的创始人山姆·沃尔顿先生传下来的。每当他巡店时，都会鼓励员工与他一起向顾客作出保证："我希望你们能够保证，每当你在三米以内遇到一位顾客时，你会看着他的眼睛与他打招呼，同时询问你能为他做些什么。"

4. 天天平价。山姆·沃尔顿曾说："如果我用80美分买一件商品，我发现以1美元出售的销量要比以1.2美元出售的销量高出3倍。也许我们在每件商品上获得的利润只是原来的一半，但因为我们的总销量增加了3倍，因此总利润也得到了大幅增长。这虽是极其简单的道理，但却是折扣的精髓：即通过降低商品价格推动销售，进而获得比高价销售更高的利润。"山姆先生从来不允许在价格上弄虚作假。比如一件商品的价格是1.98美元，但实际上我们只花了50美分。沃尔顿会说，"我们只付了50美分，那么我们只需在此基础上增加30%出售就可以了。无论你为它付出了多少，如果我们得到了很多利润，我们就要将它转移给我们的顾客。"

5. 沃尔玛欢呼。沃尔玛创始人山姆·沃尔顿在1975年参观韩国的一家网球工厂时，发现工厂里的工人每天早上聚集在一起欢呼和做体操。他很喜欢这种做法并且急不可待地回去与同事分享。他曾经说过："因为我们工作如此辛苦，我们在工作过程中，都希望有轻松愉快的时候，使我们不用总是愁眉苦脸。这是'工作中吹口哨'的哲学，我们不仅仅会拥有轻松的心情，而且会因此将工作做得更好。"

| 沃尔玛购物广场欢呼 | 山姆会员店欢呼 |
|---|---|
| 来一个W——————W | 来一个S——————S |
| 来一个A——————A | 来一个A——————A |
| 来一个L——————L | 来一个M——————M |
| | 来一个呼——————呼 |
| 我们一起扭一扭！ | 来一个S——————S |
| M——————M | 我们一起喊——————山姆会员店 |
| A——————A | 谁是第一——————会员第一 |
| R——————R | 我听不见——————会员第一 |
| T——————T | |
| 我们就是——————沃尔玛 | 山姆， |
| 天天平价——————沃尔玛 | 山姆， |
| 顾客第一——————沃尔玛 | 向前进！ |
| 沃尔玛， | |
| 沃尔玛， | |
| 向前进！ | |

## 4.6 必胜宅急送的定位选择

2001年,百胜餐饮集团中国事业部考虑推出必胜客的外卖服务。餐饮业外卖服务是一个古老的行当,一般是一个店铺承担着店堂销售和外卖销售两种功能,互相促进,业绩不会受到影响,也有些餐饮店不做店堂生意,仅仅提供外卖服务,这两种情况都没有店堂销售和外卖销售的冲突问题。但是,百胜餐饮想独立运作外卖服务业务,与店堂必胜客平行发展,那么,如何解决两者之间的冲突呢?这是一个难题。实际上,这种难题是多渠道冲突的问题,实体店铺和网上店铺的整合协调,也与这个难题相类似。难题就不是那么好解决的,需要大家讨论提出合理化建议。

### 一、百胜餐饮集团

1997年,拥有肯德基、必胜客、TacoBell(墨西哥式食品,塔可钟)三个著名品牌的餐饮系统(原为百事公司的一个业务部),从百事公司(三大业务是软饮料、小食品、快餐)分离并在纽约证券交易所独立上市,这意味着世界上最大的餐饮集团——百胜全球餐饮集团成立了。当时面临的最大挑战是:如何创立企业的文化?如何建立三个著名餐饮品牌彼此之间相互协作,而不是竞争的关系?通过一系列的分割和协调,取得了意想不到的效果。1998年全年及1999年上半年,所有三个品牌的连锁营业额都出现增长,集团出现了蒸蒸日上的新景象。

1987年,肯德基在北京前门开设第一家中国大陆的餐厅。百胜餐饮集团中国事业部是百胜全球餐饮集团中国总部,隶属于在美国纽约证券交易所挂牌上市的百胜全球餐饮集团,于1993年在上海成立。它为中国大陆直营、合资和特许经营的肯德基、必胜客、必胜宅急送和东方既白餐厅提供营运、开发、企划、财务、人事、法律及公共事务等方面的服务。

### 二、必胜客餐厅[①]

1958年,美国年轻的卡尼兄弟向母亲借了600美元,在房东太太的建议下,

---
① 奉灵芝:《必胜客的"必胜之道"》,载《中国对外贸易》,2006年第4期。

开设了第一家必胜客比萨餐厅。当时，餐厅只有 25 个座位，招牌小得只能写下 9 个字母，写了"PIZZA（比萨）"之后，留下一个空格，就只剩下 3 个字母的地方。一位亲戚在店门口打量了一番，随口说道：这餐厅外观就像一间小屋（HUT）。这样，"PIZZA HUT"便诞生了。鉴于房东太太的意见，兄弟俩刻意将较小的空间营造成闲适自在的场所。卡尼兄弟每天现做新鲜的比萨饼，热情招待客人。不久，小店就小有名气，食客纷至。1 年后，第二家比萨分店开业。自此，比萨店发展越来越迅速，这个以红屋顶作为餐厅外观显著标志的必胜客发展成为全球最大的比萨连锁餐饮企业，遍布世界 100 多个国家。

1997 年，百胜餐饮集团独立之后，必胜客从 1998 年开始决定在全球范围内更换新标识。2000 年 7 月 21 日，在哈萨克斯坦航天基地，俄罗斯成功发射了高达 200 英尺、世界上最大的质子火箭。当时，60 米长的火箭壳体上喷涂的是必胜客高达 8 米的全新标识。这拉开了必胜客换标的序幕。必胜客新标识的推广计划是：在未来 5 年的时间里，投资 5 亿美元，在全球范围内实现新标识的统一。

### 三、在中国大陆的发展

1990 年，必胜客在北京东直门开设第一家中国大陆的餐厅，当时是以与一家泰国财团控股的公司合作开展特许经营业务的方式进入中国的。无论是 1987 年肯德基在北京开业，还是此次必胜客在北京开业，来就餐的人就像过节一样排起了长龙，甚至要等待几个小时。肯德基在北京开业那天，北京下着雪，顾客排队从店内一直延伸到马路上，一次放几个人进去，排两个小时的队才能吃上炸鸡。1992 年 4 月麦当劳在北京王府井开设了世界上面积最大的店铺，当日的就餐人数超过万人。那些年，青年人开始以吃洋快餐为时尚潮流，新人甚至在店铺里举办婚礼，吃过之后，都要把肯德基纸盒和纸杯子带回家，摆在客厅的显著位置，作为炫耀的证据[①]。这种状况一直持续到 90 年代后半期。1993 年，香港怡和集团作为必胜客的中国特许加盟商，在华南开始开店。虽然这时全部票证取消，但是 1995 年在调查的 596 种商品中还存在着 78 种供不应求的商品，到了 1998 年就仅剩下一种了。与此相匹配，直到 90 年代中期，洋快餐还是开一家，火一家，不用高质量的产品和服务，也不担心没有人来就餐，给人的印象是时尚、有品位、干净，还有一些奢侈的感觉。但是，90 年代后期开始，竞争逐渐

---

① 陈煜：《中国生活记忆——建国 60 年民生往事》，中国轻工业出版社 2009 年版，第 166~168 页。

显现出来，生意不像从前那么好做了。

同时，中国人的休闲方式发生了巨大的变化。1995年3月25日国务院颁布了第174号令，明确了我国将开始执行每周双休日的劳动制度。1999年9月，国务院出台了新的法定假日制度，国庆节、春节和"五一"等法制节日再加上调休，放假可以达到7天。有人说，这标志着中国进入了休闲社会。

竞争和需求的变化要求快餐业实现差异化。必胜客发现原有品牌定位必须根据中国市场的变化进行调整。在国外市场，必胜客原本是意式简单的快餐厅，目标消费者是想在最基本的快餐之外寻找一些新鲜口味的普通大众，但是当时中国的工薪家庭尚无能力消费必胜客。于是，必胜客将定位调整为了高雅时尚、代表西餐文化的聚会型餐厅，目标消费者调整为高收入人群。为了实现这个新的目标定位，必胜客在中国的门店统一悬挂抽象派西式壁画，配备了壁炉状的出饼台，配以适宜的灯光和柔和的背景音乐，营造出既有异国情调又轻松惬意的用餐环境。为了保证用餐环境，必胜客的座位排列得相对宽松，不但座位之间间距开阔，而且在设计上还会形成各种间隔。来用餐的消费者除了对食物本身的钟情外，更加看重这样一种适合家庭聚餐或者情侣约会的氛围。因此，消费者大都结伴而来，且用餐时间较长，在就餐高峰时段，必胜客餐厅的门口总会排起长龙。1998年随着上海必胜客旗舰店美罗餐厅的开业，必胜客在中国首创并正式确立了"休闲餐厅"的经营模式。从1998年至2002年，必胜客保持着年均增长29%的高速度，2002年年底必胜客总销售额达到了7.8亿元人民币，店铺数量98家，遍布全国的一、二、三线城市。

2003年，必胜客宣布在"休闲餐厅"的基础上确立更加亲近的"欢乐餐厅"品牌名称。接着其较高速增长持续到2008年，2003~2008年的平均年增长速度为27%。2008年之后，由于竞争更加激烈，增长开始放缓。

从"休闲餐饮"到"欢乐餐厅"，目标明确地指向了年轻人、白领和家庭，其消费形式也以朋友聚会、家庭聚餐、情侣约会为主。必胜客"欢乐餐厅"的内涵包括西餐所独有的"全餐享受"和"全程式服务"，以及营造轻松愉快的用餐氛围。在必胜客，消费者在品尝从沙拉、汤品、小吃，到主菜、甜点、饮料的西式"全餐"，在接受领位、点单、送餐等"全程服务"的同时，又不必拘泥于西餐的繁复礼仪，在优雅舒适的环境中，使"用餐"变成味觉和精神的双重享受。宣传语由过去的"吃比萨，还得去必胜客"变为"开心时刻必胜客"。对此诸多媒体给予详细的介绍，大体包括欢乐美食、欢乐环境、欢乐服务等①。

——欢乐美食。时尚的、流行的元素凝造了必胜客欢乐的气氛。干净的桌椅和明亮的窗户，让人心情愉悦。必胜客通过"环宇搜奇系列"不断推出新款餐品，比如挪威虹鳟鱼。同时，注意因地制宜，比如"蜀中大将"从选料和口味上颇具四川特色。

——欢乐环境。为突出欢乐气氛，所有餐厅都增加了抽象派西式壁画、壁炉状的出饼台、随处可见的厨房小玩具等，还为就餐的年轻人和儿童量身定制了许多游戏项目。比如在比萨桌之前的"沙拉吧"。拓展思维，"装配"出一份新鲜美味、多得冒尖的沙拉大餐等。

——欢乐服务。客人被服务员领到餐台前坐下后，服务员并不在顾客左右。这就是"必胜客"的距离式服务，有距离是为了在客人的感受上造成无距离。服务生的"眼力"很好，当客人有所需求时，他们会从客人的眼神、表情或动作中读出客人的期待，适时提供服务。正是由于这一系列欢乐元素，使其品牌精神得以在细节上体现出来。

2004年5月下旬，中国百胜餐饮集团宣布：国内130多家必胜客分店的经营管理权已全部归属百胜（收回特许加盟店铺）。必胜客中国区总经理罗维仁表示，必胜客以后将不采用加盟店经营的模式，而是由百胜总部统筹管理及扩张业务。早期有限开展了一些特许加盟的店铺，一是可以规避风险，二是可以加快拓展速度。但后来发现，一方面加盟店铺没有跟上直营店的开店速度，另一方面也没有完全匹配直营店的经营模式和品牌形象。因此，收回所有权后，将其调整为欢乐餐厅和进行15%的降价，使全部必胜客餐厅形象一致。

2010年，必胜客品牌口号从"开心时刻必胜客"升级为"Pizza and More"。必胜客品牌总经理高耀对新口号进行诠释——"这意味着必胜客在中国进入新的发展阶段。20年前，必胜客带着一张著名的比萨来到中国，得到广大消费者的热爱。现在，它不仅是比萨领域的专家，还成为了西式休闲餐饮专家。""More"就是更加丰富的十多个品项一百多种美味食品，且不断更新；"More"也是丰俭由人的价格选择；"More"还是欢乐有趣的用餐体验；"More"当然也代表了必胜客履行社会责任的更多承诺②。

---

① 奉灵芝：《必胜客的"必胜之道"》，载《中国对外贸易》，2006年第4期；杨丽媼：《解读必胜客中国战略》，载《远东经济画报》，2004年第8期。

② 张海燕、覃丽凤：《必胜客企业品牌管理的研究》，载《中小企业管理与科技（下旬刊）》，2011年第6期。

**案例讨论目的**

使学生掌握"多渠道零售差异化定位"的目的和方法,特别是在环境发生变化的时候,应该采取怎样的应对策略。

**案例讨论问题**

1. 必胜客店铺的营销定位战略是怎样的(画出定位地图)?为什么?
2. 必胜客宅急送应该采取怎样的营销定位战略(画出定位地图)?为什么?

**案例讨论形式**

开放式讨论,同学们根据案例提供的资料和数据,围绕着前述的两讨论题进行讨论,一般会形成多种选择观点,让他们充分地说明自己的观点。

# 附录4.6

## 附录4.6.1　　　　　外卖送餐在中国[①]

外卖送餐,古而有之,但常常是偶然和就近的行为。麦当劳在世界各地的店铺,每家都有送餐服务,餐厅根据路程远近收取送餐费,进入中国后也提供这种服务。肯德基来到中国后,也是为大宗客户提供免费送餐服务。最初都是依附于店铺。

传统上,顾客对于饭品或者菜品的消费主要通过堂食的方式来完成,所谓的外卖主要以零星的顾客打包或者店堂客餐为表现形式。但是,顾客对饭品的这一多样化需求也促使众多餐饮企业纷纷将触角伸到外卖业务领域上来(例如避风塘、茶风暴、一茶一座),从而形成了堂食业务之外的一种新兴的餐饮模式。此外,民众与企业对于移动通信技术和互联网络的普遍采用与深入应用也为外卖业务的有利拓展提供了技术保证。

国内市场上切入外卖业务领域的餐饮品牌既包括麦当劳、肯德基和必胜客等国际快餐巨头,也包括真功夫等中式快餐品牌,还包括海底捞等传统中餐,甚至还出现了一批将传统餐饮行业与新时期电子商务相结合的专业性外卖网站。可以说,在餐饮外卖领域,顾客拥有相对充分的消费选择。那么,餐饮企业如何构建一个具有竞争力的外卖销售模式就迫在眉睫。

---

[①] 文字来源于唐文龙:《餐饮业如何打造外卖模式》,载《销售与市场 管理版》,2010年第11期;外卖送餐服务流程图来源于张玉利、田新、王晓文:《有限资源的创造性利用》,载《经济管理》,2009年第3期。

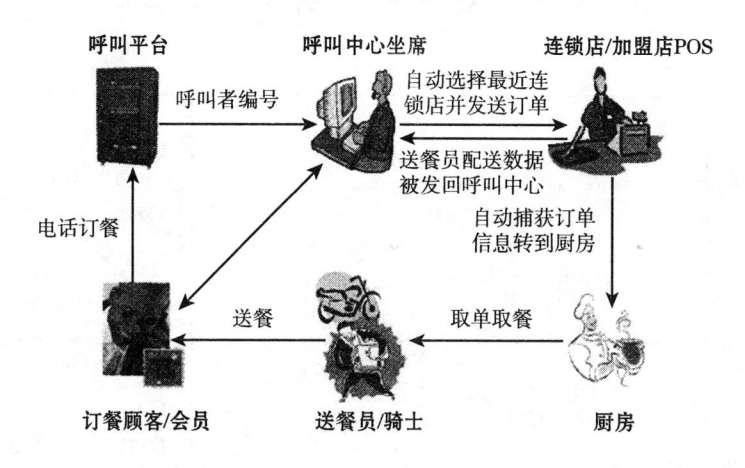

附图 4.6.1　麦乐送外卖送餐服务流程

附录 4.6.2　2010 年百胜餐饮组织结构

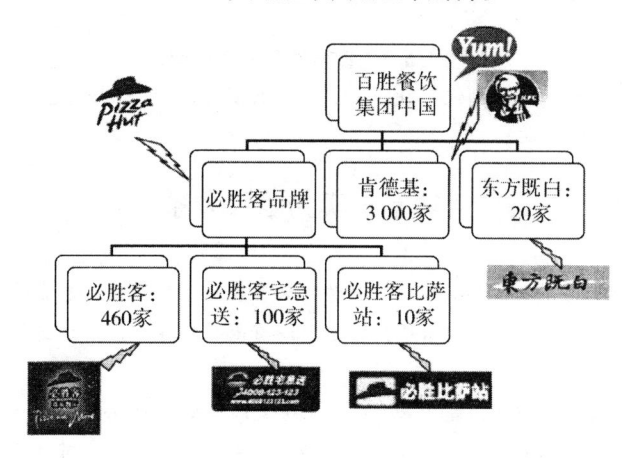

附图 4.6.2　百胜餐饮（中国）有限公司组织架构

## 附录4.6.3　必胜客店铺的优势分析*

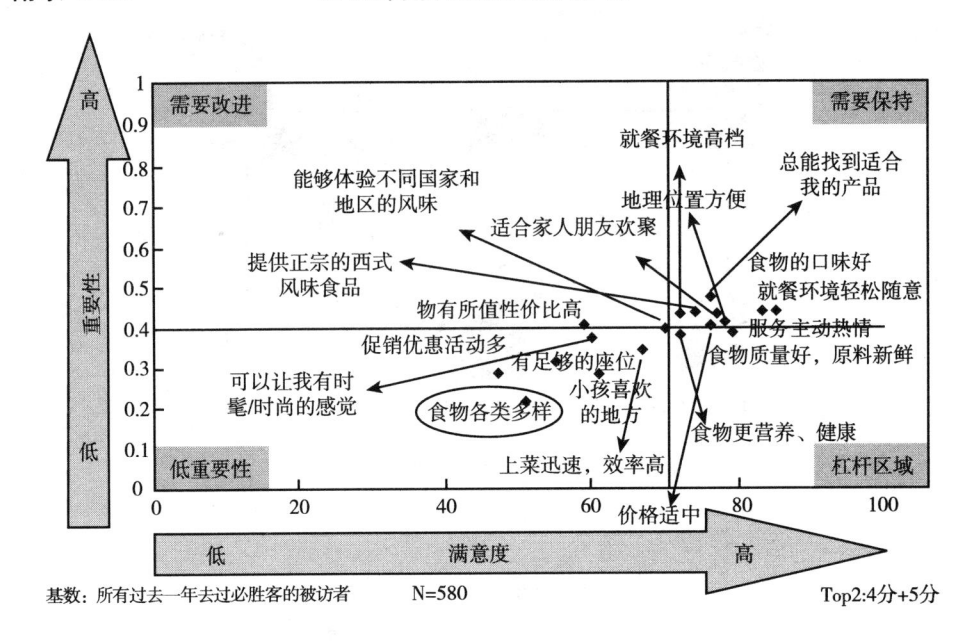

**附图4.6.3　重要性和满意度调查**

注：* 张涛：《必胜客在中国的营销战略制定》，华东理工大学专业学位硕士论文，2010年。

## 附录4.6.4　肯德基外卖为啥没薯条

肯德基说，薯条的最佳品尝期限是7分钟，只有在这个期限内，才能保证薯条内软外脆的口感，而外送很难在7分钟之内送达，因为他没有限定仅在餐厅附近送货，所以在外卖中舍弃了薯条。

麦当劳说，除了天气等不可抗因素外，麦乐送承诺点餐后30分钟内送达，同时麦乐送备有特制的分区外送箱，将食物冷热分割，薯条被放在有风扇的一侧，可以防止受潮。一般情况下，麦乐送送餐范围限定在电动车7分钟、自行车9分钟到达的范围里。

为何对"薯条是否外送"问题，两家决策不同呢？

因为两家菜单不同。肯德基套餐配菜里，几乎都是玉米沙拉、土豆泥之类的较为清淡的食品；而麦当劳配菜则是清一色的薯条。因为二者在中国的发展战略不同。

肯德基更重视本土化，除了开发具有本土化产品之外，还在2005年10月宣布将薯条撤出套餐，用包括果味饮料和蔬菜沙拉的"蔬果搭配餐"取代了之前的"经济豪华套餐"。

麦当劳更重视标准化，"汉堡加薯条"美式快餐组合一直是他们主打的产品。

对一家来说，是可有可无的配菜，对另一家来说是不可缺少的核心产品，如果你是这两家餐厅的决策者,在制订外送菜单时,你会如何取舍呢?

\* 陆笑天:《肯德基外卖为啥没薯条》,载《第一财经周刊》,2012年第6期。

## 附录 4.6.5　　　　　房租压弯了肯德基\*

肯德基在2011年10月29日宣布实施细分差别定价策略,即使是身处同一城市,不同商圈的肯德基门店会有不同的价格体系,在肯德基的北京站分店,一对鸡翅就比其他商圈贵2元。同时,吉野家、永和大王等几家餐饮企业也采取了"同城不同价"的方法。与之前由于原料价格增长而导致涨价不同,此次实施"同城不同价",是因为各地区的商业地产租金不同。那些位于黄金地段的分店,其经营成本远远高于郊区,而这些店的顾客也是拥有高消费能力的群体。

租金连年攀升,而餐饮巨头开设门店的黄金商圈更是寸土寸金,肯德基的"同城不同价"是其无法承受高昂租金的表现。

中国连锁经营协会调查数据显示,2010年,百强企业面临的最大困难是经营成本的提高。连锁企业续约房租成本平均上涨约30%。北京,2011年第三季度,购物中心首层平均租金环比上涨7.2%,达到808.8元/平方米/月。这一增速为10年来新高。业内人士表示,这一价位只有银行和高端品牌可以接受。10月,北京太平洋百货盈科店因租约到期而关闭。上海优质零售物业首层租金报价涨至1 828元/平方米/月。英特宜家、沃尔玛等外资零售商,转而在华购买土地自建商业项目。未来5年,英特宜家计划投资超过14亿欧元于中国购物中心项目上,总面积51万平方米。

自建、租赁,哪个划算?目前,中国中小城市主力店的租金约为0.8~1.2元/平方米/日;大城市的商铺租金为1.8元~2.3元/平方米/日。若以单店2万平方米的租赁面积计算,在大城市,一年的租金就要1 500万元,10年的租金是1.5亿元。若自建物业,建筑成本、装修成本等加起来,大概是5 000元/平方米,2万平方米体量的投资为1亿。两者的区别在于:"租赁"是零售商从自个口袋里掏钱,而"自建"则可以到银行贷款融资。

\* 李光斗:《房租压弯了肯德基》,载《中国经济周刊》,2011年第45期。

# 第5章 营销组合策略

## 5.1 零售营销应该组合什么要素[①]

从20世纪90年代后期开始,中国零售业竞争基本集中于直接降价和间接降价手段的运用,前者表现为打折,后者表现为返券、抽奖、赠送礼品等。其结果,一方面零售行业平均利润率不断降低,另一方面消费者逐渐失去对零售价格的信任。据统计,降价、打折、有奖销售、购物送礼券等促销措施,使商品折扣和折让额在商品促销总额中的比例逐年提高,1997年为10.34%,1998年为16.26%,1999年为23.7%,2000年以后,降价促销愈演愈烈,号称"买100送100"的现象司空见惯,中国限额以上零售企业的平均利润率已经连续低于1%[②]。随着促销幅度不断增大和政府加强对市场促销活动的管理,降价促销手段的运用受到很大限制,诸多的营销专家建议零售企业放弃以降价促销为核心的营销策略,这使零售业经营者不得不思考:在激烈竞争中可以放弃降价促销手段吗?除了降价促销之外,零售商还有哪些营销组合要素可以利用?哪些零售营销组合要素对中国消费者来说是最重要的?麦卡锡1960年提出来的4Ps(Product、Price、Place、Promotion)营销组合要素在零售商店应用一直存在争论。服务营

---

① 根据作者的相关研究论文改写,参考论文为李飞、王高、徐茵:《中国零售营销应该组合什么要素》,载《中国零售研究》,2011年总第4辑。

② 李飞、汪旭晖:《中国零售业盈利模式演进及发展趋势》,载《改革》,2006年第8期。

销学者在 4Ps 基础上，补充 3Ps（人员 Participants，有形展示 Physical Evidence 和服务过程 Process）后形成的 7Ps 组合模式是否适合中国零售市场情况，也有待进一步验证。因此，清华大学经济管理学院中国零售研究中心对中国零售顾客进行了满意度调查，取得了一些有价值的成果。对于这些成果，你能发现零售营销需要组合的要素吗？

## 一、数据收集

本次调查的企业样本为中国市场的大型连锁综合超市、大型连锁电器专业店和单体百货商店。在确定大型连锁综合超市和大型电器专业店样本时，参考了《2005 年中国连锁经营年鉴》，按照零售额排名，选取了排名比较靠前的 20 家大型综合超市为样本，其中内资企业有 8 家，包括苏果超市、上海农工商、北京华联、新一佳、北京物美、华润万家、上海联华和上海华联；外资企业有 12 家，包括大润发、沃尔玛、吉之岛、上海欧尚、乐购、麦德龙、家乐福、万客隆、伊藤洋华堂、深圳百佳、易初莲花和好又多；选取了规模最大的 6 家连锁电器专业店，它们是北京国美、苏宁电器、大中、上海永乐、三联商社和江苏五星。在确定百货商店样本时，参考了《中国百货商业协会会员企业 2005 年经营情况统计表》，选择利润排名位居前 50 名，年销售额超过 10 亿元人民币的 20 家百货单体店，包括大连商场、武汉广场、中兴沈阳商业大厦、重庆百货大楼、广州百货大楼、杭州大厦购物中心、山东银座商城、青岛利群商厦、北京王府井百货大楼、北京赛特购物中心、北京翠微大厦、北京燕莎友谊商城、南京新街口百货、上海太平洋百货徐家汇店、北京百盛商场复兴门店、无锡商业大厦、上海第一百货商店、上海第一八佰伴、上海东方商厦和上海新世界。用销售额规模作为样本选择标准，虽然不全面，但在国际上这是一种通行的成败判断标准，同时我们对这些企业进行了顾客满意度评估，它们基本处于该行业前列的水平。因此，将它们视为中国市场上成功的零售商店，由此得出的营销组合要素会更有实际意义。

我们确定的每一家商店的消费者样本量为 250 人（北京和上海两市百货商店的消费者样本分别为 500 人）。为了保证所选择的消费者具有全国的代表性，在连锁综合超市与电器专业店抽样中，我们依据每一家企业在每一个城市店面数量的多少按比例进行样本分配。本次调查的 20 家大型连锁综合超市、6 家大型连锁家电专业店和 20 家单体百货商店共涉及城市 15 个，包括北京、上海、广州、天津、沈阳、大连、南京、武汉、杭州、无锡、成都、深圳、重庆、济南和青岛。

本次调查以清华大学经济管理学院中国零售研究中心的名义，超市和电器店采用的方法是电话辅助调查（CATI），百货商店采取的方法是店面拦截。被调查对象按照三个条件进行遴选：（1）年龄在 18 岁以上且近 1 个月内在调查商店有购物行为；（2）本人或家人没有从事零售、市场营销或广告工作；（3）半年内未接受过与零售有关的市场调查。剔除其中的异常样本后，总计得到样本 14 017 个，包括超级市场的 5 028 个、电器店的 1 507 个、百货商店 7 482 个，其中有效校本 11 317 个。由于调查数量巨大，超级市场和电器店的调查时间在 2005 年 8 月至 10 月进行，百货商店的调查在 2006 年 8 月完成。

## 二、变量测度

首先，我们采用消费者透镜（lens of consumers）的方法（Johnson & Custafsson，2000），即由消费者自己提供影响他们购物满意度的各个影响因素，而不是从零售商的角度来界定测量指标。本研究首先通过 6 场消费者小组座谈会（超市、电器商店和百货商店各两场），来挖掘影响消费者在 3 种零售业态购物满意度的影响因素。每场座谈会由 1 位主持人和 8～10 位有购物经验的消费者组成，在小组主持人引导下，消费者围绕购物前、购物中、购物后各个阶段交流了在 3 种业态购物的体验。

在零售企业满意度测量模型中的测量指标和零售企业服务质量测量指标的基础上，结合对 6 组座谈会的录像内容的深入挖掘，并剔除了一些不适合的指标[①]，最后得到了量表开发前的测量项目池（item pool），测量题项超市 62 个，电器商店 61 个，百货商店 55 个。

其次，选择 306 个（超市 106，电器店 100，百货商店 100）顾客样本进行预研究，超市和电器店采取电话随机调查方法，百货商店采用路面拦截的方法，对定性研究获得的测量指标进行因子提取。结果显示，超市 62 个、电器店 61 个、百货店 55 个影响消费者满意度的因素可以分为 10 个因子。我们逐个减少载荷系数比较小的测量题项对其进行提炼，直到达到理想值为止。最终我们得到了将测量题项精练到可分为 10 个因子的 33 个（电器店）、34 个（综合超市）和 40 个测量题项（百货店），并发现量表具有很好的信度，如表 5.1.1 所示。

---

[①] 如删去了 Dabholkar（1996）等人开发的量表中"商店接受多数主流信用卡"、"商店提供自己的信用卡"等不适合中国目前市场特点和实际情况的题项。

表 5.1.1　　　　　　　　　量表可靠性检验综合超市

| | 综合超市<br>(Cronbach's α) | 电器专业店<br>(Cronbach's α) | 百货商店<br>(Cronbach's α) |
|---|---|---|---|
| 购物便利 | 0.61 | 0.62 | 0.73 |
| 企业形象 | 0.83 | 0.84 | 0.86 |
| 商店环境 | 0.84 | 0.84 | 0.87 |
| 商店设施 | 0.80 | 0.85 | 0.81 |
| 人员服务 | 0.93 | 0.92 | 0.93 |
| 店内商品 | 0.83 | 0.81 | 0.88 |
| 感知价值 | 0.82 | 0.80 | 0.89 |
| 结账过程 | 0.78 | 0.79 | 0.75 |
| 商店政策 | 该因子仅有一个题项 | 该因子仅有一个题项 | 0.80 |
| 售后服务 | 0.92 | 0.82 | 0.82 |

为了进一步验证所提炼出的因子和测量题项具有良好的稳定性，我们又进行了量表的验证性因子分析（confirm factor analysis，CFA）[1]，检验上述结果中将影响顾客满意度的因素分为 10 个因子是否合适。参照 Jöreskog 和 Sörbom[2] 的竞争模型方法（alternative models，AM），我们构建了三个竞争测量模型并进行了检验，结果发现三种业态的验证结果良好，RMSEA 和 SRMR 均低于 0.08 的临界值，CFI、NNFI 和 GFI 等于或高于 0.80 的临界值，AGFI 指标除综合超市外均高于 0.80 的临界值，因此 10 因子模型是基本合适的（见表 5.1.2）。

表 5.1.2　　　　　　　验证性因子分析结果（10 因子模型）

| | 综合超市 | 电器专业店 | 百货商店 |
|---|---|---|---|
| RMSEA | 0.060 | 0.054 | 0.062 |
| SRMR | 0.067 | 0.038 | 0.046 |
| GFI | 0.80 | 0.90 | 0.88 |
| AGFI | 0.75 | 0.87 | 0.86 |
| NNFI | 0.86 | 0.89 | 0.90 |
| CFI | 0.88 | 0.91 | 0.91 |

在参考国内外测量零售商店消费者满意度文献的同时，本文根据约翰逊和古

---

[1] 所有验证性因子分析都通过 LISREL 8.3 软件执行，分析中用到的协方差矩阵由 PRELIS 2.30 软件产生（Jöreskog and Sörbom, 1993a, 1993b）。
[2] Jöreskog K. G., Sörbom D., PRELIS 2: User's Reference Guide, Chicago: Scientific Software International, 1993.

斯塔夫森（Johnson & Gustafsson）的观点[①]构建了测量模型，约翰逊和古斯塔夫森指出以管理为导向的顾客满意度测量模型的构建，有别于顾客满意指数模型，影响顾客满意度的变量最好是同时指向顾客满意度变量，因此，本研究构建了测量零售商店消费者满意度的模型（见图5.1.1），并进行大规模的调查，将消费者的数据载入模型来计算行业整体的满意度状况。采用部分最小二乘法（Partial Least Square，PLS）算法估计的结果显示，行业整体模型的 $R^2$ 值在 0.41～0.65 之间，观测变量和其对应结构变量之间的载荷系数均在 $p<0.001$ 统计水平上高度显著，说明模型对调查数据的解释性较好。从而得出各个结构变量对满意度的影响程度，即顾客满意度影响因素的重要程度排序。

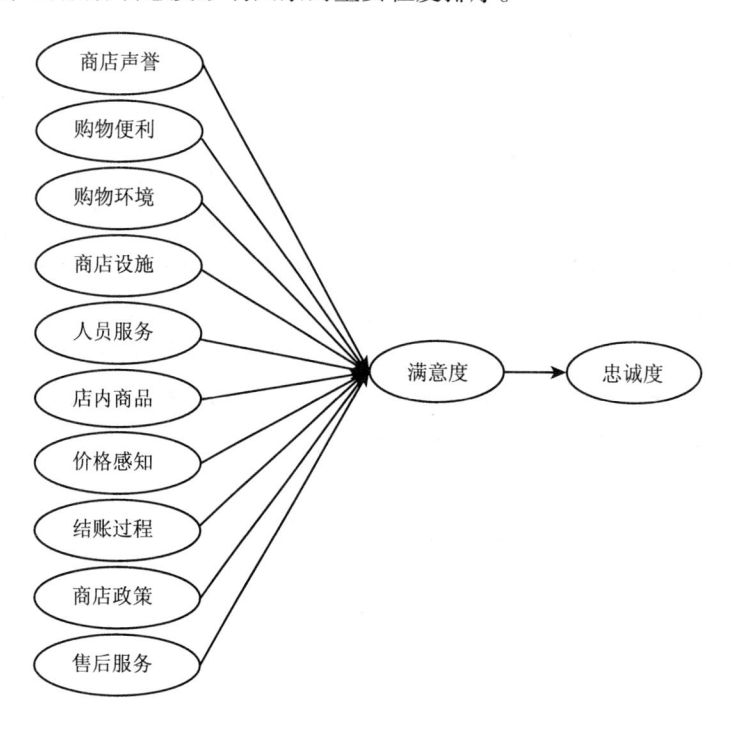

**图5.1.1 零售商店消费者满意度测量模型**

## 三、顾客满意度影响因素

通过一系列小组座谈会和全国性的定量预研究，发现营销中国零售顾客满意

---

[①] Johnson M. D., Gustafsson A., *Improving Customer Satisfaction, Loyalty, and Profit: An Integrated Measurement and Management System*, Jossey-Bass Inc., California. 2000.

度的因素为33个（超市、电器店）和40个测量题项（百货店）。通过探索性因子分析并考虑变量的实际意义发现，可以把影响我国消费者购物满意度的33个和40个具体测量指标归纳为10个抽象维度，包括商店形象、购物便利、购物环境、商店设施、人员服务、店内商品、价格感知、结账过程、商店政策、售后服务。由于大型超市、电器商店和百货商店是中国零售市场的主要业态形式，在限额以上企业销售总额中占有超过94.5%（2005）①，因此对这三种业态的顾客满意度影响因素进行归纳合并（见表5.1.3）。

表5.1.3　　　　　　　影响零售顾客满意度的因素

| 维度 | 大型超市、电器商店 | 百货商店 | 中国零售商店 |
| --- | --- | --- | --- |
| 感知价格 | 商品价格、相对商店价格、促销吸引力 | 商品价格、相对商店价格、促销吸引力、**促销兑现**、**促销可信度** | 商品价格、相对商店价格、促销吸引力、促销兑现、促销可信度 |
| 商店声誉 | 知名度、声誉、社会责任、信任程度 | 知名度、声誉、社会责任、信任程度 | 知名度、声誉、社会责任、信任程度 |
| 店内商品 | 商品品种、商品质量、**商品摆放**、商品易找 | 商品品种、商品质量、商品易找、**商品款式**、**商品品牌** | 商品品种、商品质量、商品摆放商品易找、商品款式、商品品牌 |
| 购物环境 | 宽敞程度、商店布局、商店卫生、购物氛围 | 宽敞程度、商店布局、商店卫生、购物氛围 | 宽敞程度、商店布局、商店卫生、购物氛围 |
| 人员服务 | 服务态度、信赖程度、仪表举止、服务主动、服务能力、服务及时 | 服务态度、信赖程度、仪表举止、服务主动、服务能力、服务及时 | 服务态度、信赖程度、仪表举止、服务主动、服务能力、服务及时 |
| 结账过程 | 结账准确、结账速度、付款灵活 | 结账准确、结账速度、付款灵活 | 结账准确、结账速度、付款灵活 |
| 售后服务 | 送货安装、维修 | 送货安装、维修 | 送货安装、维修 |
| 商店政策 | 退换货 | 退换货、**会员卡**、**纠纷处理** | 退换货、会员卡、纠纷处理 |
| 商店设施 | 休息设施、卫生间 | 休息设施、卫生间、**电梯** | 休息设施、卫生间、电梯 |
| 购物便利 | 交通便利、营业时间、停车方便、存放方便 | 交通便利、营业时间、停车方便、存放方便、**标志清晰** | 交通便利、营业时间、停车方便、存放方便、标志清晰 |

---

① 限额为销售额500元以上、聘用员工60人以上的零售商店，为三种业态合并统计数据。

通过 PLS 计算，10 个结构变量对满意度影响是不同的，同时这种不同与零售业态类型有关。也就是说，顾客在光顾不同零售业态时诉求的利益组合有一定的差异（见表 5.1.4）。

表 5.1.4　　　　　　　　各个维度对满意度的影响程度

| 维度 | 大型超市 | p 值 | 电器商店 | p 值 | 百货商店 | p 值 |
| --- | --- | --- | --- | --- | --- | --- |
| 感知价格 | 0.28 *** | 0.000 | 0.24 *** | 0.000 | 0.11 *** | 0.000 |
| 商店形象 | 0.18 *** | 0.000 | 0.27 *** | 0.000 | 0.16 *** | 0.000 |
| 店内商品 | 0.17 *** | 0.000 | 0.09 *** | 0.000 | 0.07 *** | 0.000 |
| 购物环境 | 0.11 *** | 0.000 | 0.09 *** | 0.000 | 0.06 *** | 0.000 |
| 人员服务 | 0.08 *** | 0.000 | 0.15 *** | 0.000 | 0.09 *** | 0.000 |
| 结账过程 | 0.07 *** | 0.000 | 0.07 *** | 0.000 | 0.03 *** | 0.000 |
| 售后服务 | 0.05 *** | 0.000 | 0.07 *** | 0.001 | 0.16 *** | 0.000 |
| 商店政策 | 0.03 *** | 0.000 | 0.02 *** | 0.000 | 0.30 *** | 0.000 |
| 商店设施 | 0.01 | 0.052 | 0.03 | 0.052 | −0.00 | 0.100 |
| 购物便利 | 0.01 | 0.528 | 0.00 | 0.528 | 0.03 *** | 0.000 |

注：①评价分值为行业均值；② *** 在 $p<0.001$ 统计水平上显著。

对于各种零售业态来说，感知价格、商店形象、人员服务都对满意度影响较大。但是，对于不同零售业态，10 个维度对满意度的影响程度有着较大的差异。

在超级市场业态中，感知价格对满意度影响最大，其次为商店形象、店内商品和购物环境，影响大小分别为 0.18、0.17、0.11；人员服务、结账过程、售后服务、商店政策、商店设施和购物便利，影响大小分别为 0.08、0.07、0.05、0.03、0.01 和 0.00，并且商店设施和购物便利这两个因素不具有统计上的显著性，也就是说，可以忽略这两个结构变量对满意度的影响。

在电器商店业态中，商店形象对满意度影响最大，影响系数达到 0.27，其次为感知价格和人员服务，影响系数分别为 0.24 和 0.15，接下来才是商品、环境、结账过程和售后服务等。商店政策对超市和电器店满意度的影响很小。

但是，在百货商店业态中，对满意度影响最大的因素为商店政策，商店政策提高 1 个单位，满意度将提高 0.30 个单位；其次为商店形象、售后服务、感知价值和人员服务，影响系数分别为 0.16、0.16、0.11 和 0.09；再次为商品、商店环境、结账过程和购物便利，影响系数分别为 0.07、0.06、0.03 和 0.03；购物便利的影响不显著。

**案例讨论目的**

使学生掌握"营销组合"的目的、内容、方法和实现过程。

**案例讨论问题**

1. 营销组合要素是如何演变的？
2. 由案例分析营销组合要素的内容（组合什么）？
3. 由案例分析三种业态的营销要素组合模型（如何组合）？
4. 分析其他行业的营销组合内容。

**案例讨论形式**

开放式讨论，同学们根据案例提供的资料和数据，首先对零售行业的营销组合进行讨论，包括为什么组合？组合什么？如何组合？其次在延伸至同学自己所在行业进行讨论，核心是归纳营销组合要素是什么？行业可以是通信业、机器制造业、互联网行业、演出业、咨询业、教育业和房地产业等。

# 附录 5.1

附录 5.1.1　　　　　　　营销组合要素内容的讨论[*]

| 缩写 | 内　容 |
| --- | --- |
| 4P's 一般 | Product（产品），Price（价格），Place（分销），Promotion（促销）——麦卡锡（1960） |
| 7P's 服务业 | Product（产品），Price（价格），Place（分销），Promotion（促销），Participant（参与者），Physical Evidence（物质环境），Process（过程）——Booms 等（1981） |
| 10P's | Probing（市场研究），Partitioning（细分、分割市场），Prioritizing（选择目标市场），Positioning（市场定位），Product（产品），Price（价格），Place（分销），Promotion（促销），Public relation（公共关系），Political power（政治权力）——科特勒（1986） |
| 4C's | Consumer solution（消费者需求），Consumer Cost（消费者支出成本），Convenience（便利），Communication（沟通）——劳特朋、舒尔茨等（1990） |
| 4R's | Relativity（顾客关联），Reaction（市场反应），Relationship（关系营销），Retribution（利益回报）——舒尔茨等（2004） |
| 3P's + C | Product（产品），Price（价格），Place（分销），communication（沟通）——李飞（2006） |

注：[*] 根据相关营销文献资料整理。

## 附录 5.1.2　　　　　一个改进营销要素组合*

| 营销组合 | 产品组合 | 价格组合 | 分销组合 | 沟通组合 |||
|---|---|---|---|---|---|---|
| | | | | 大众沟通 | 个人沟通 | 公关宣传 |
| 基本组合 | 产品基本组合：满足目标顾客需要的要素 | 价格基本组合：确定产品和服务的价格水平 | 分销基本组合：确定分销长度和密度 | 基本大众沟通组合：直接对大众进行信息传播 | 基本个人沟通组合：人与人直接进行信息沟通 | 基本公关宣传组合：使第三方进行有力的宣传 |
| 促销组合 | 产品促销组合：买一送一等 | 价格促销组合：优惠价格等 | 分销促销组合：临时增加售卖点等 | 大众沟通促销组合：促销广告、抽奖等 | 个人沟通促销组合：销售人员竞赛 | 公关宣传促销组合：有促销活动的有利报道 |

注：* Waterschoot W. V.：《市场营销组合》，参见贝克：《市场营销百科》，辽宁教育出版社1998年版，第299~307页。

## 附录 5.1.3　　　　　1P+3P 营销模式*

1P+3P 营销模式，就是突出"1P"，其他"3P"围绕"1P"展开的营销策略结构化组合方式。具体包括四种基本的营销模式：产品核心模式、价格核心模式、促销核心模式以及渠道核心模式。具体选择情境见下表。

**营销模式选择参照**

| 影响因素 || 产品核心模式 | 价格核心模式 | 促销（品牌）核心模式 | 渠道（深度营销）核心模式 |
|---|---|---|---|---|---|
| 市场成熟度 || 成长期市场或是成熟期有技术壁垒的行业 | 成熟期及衰退期的市场 | 导入期和成长期；成熟期差异小，顾客品牌识别意识强 | 成熟期市场 |
| 顾客需求特征 | 价格敏感性 | 不高 | 高 | 不高 | 不高 |
| | 购买行为特征 | 购买参与度高；产品差异性大 | 参与度低；品牌差异性小 | 参与度低，越倾向采用；品牌差异性大，但产品差异隐性 | 参与度较高，品牌差异小，必然采用；或参与度低，差异小，也倾向采用。 |
| 竞争优势点 || 产品有差异化优势 | 产品同质化，且具有规模优势 | 竞争者产品差异隐性，推广能力差 | 竞争者渠道能力差 |

续表

| 影响因素 | 产品核心模式 | 价格核心模式 | 促销（品牌）核心模式 | 渠道（深度营销）核心模式 |
|---|---|---|---|---|
| 市场外部环境 | 市场差异大，一体化程度高 | 市场差异小，一体化程度高 | 市场差异大，一体化程度低 | 市场差异小，一体化程度低 |
| 企业竞争战略 | 高盈利，市场领先者 | 总成本领先，快速占领市场 | 差异化领先，产品差异隐性 | 渠道形成竞争优势 |
| 自身资源和能力 | 产品具有核心优势，独享技术 | 有低成本能力 | 能承受大量前期投入，较强沟通能力 | 有渠道资源和整合能力 |

注：*程绍珊、张博：《营销模式》，中国档案出版社2007年版，第37~38页。

## 附录5.1.4　　1P营销模式*

1P营销理论命名源于现代营销理论中的4P，即产品（Product）、价格（Price）、促销（Promotion）、渠道（Place）。利润等于1P减3P（利润＝1P－3P）。这里的1P是价格（price），它是企业的收益同时是顾客的成本；3P是产品（product）、渠道（place）和促销（promotion），它们是生产者的成本，同时是顾客的价值。营销简言之即赚取1P与3P之差（营销：3P、收益：1P）。1P营销理论就是价格理论，本质上又可以叫第三方营销理论，即由第三方分摊成本，实现多赢，改变过去企业和顾客利益之间的此消彼长的现象。

*王建国：《1P营销》，北京大学出版社2007年版，第7~13页。

## 附录5.1.5　　基本行业类型

| 序号 | 行业分类 |
|---|---|
| 1 | B 采矿业：煤炭开采和洗选业 |
| 2 | B 采矿业：石油和天然气开采业 |
| 3 | C 制造业：农副食品加工业：饲料加工 |
| 4 | C 制造业：农副食品加工业：屠宰及肉类加工 |
| 5 | C 制造业：食品制造业：液体乳及乳制品制造 |
| 6 | C 制造业：饮料制造业：酒的制造 |
| 7 | C 制造业：饮料制造业：软饮料制造 |
| 8 | C 制造业：烟草制品业 |
| 9 | C 制造业：纺织业与服装、鞋、帽制造业 |

续表

| 序号 | 行业分类 |
| --- | --- |
| 10 | C 制造业：家具制造业 |
| 11 | C 制造业：造纸及纸制品业 |
| 12 | C 制造业：文教体育用品制造业 |
| 13 | C 制造业：化学原料及化学制品制造业 |
| 14 | C 制造业：医药制造业 |
| 15 | C 制造业：非金属矿物制品业（含建材） |
| 16 | C 制造业：黑色金属冶炼及压延加工业 |
| 17 | C 制造业：金属制品业：结构性金属制品制造 |
| 18 | C 制造业：金属制品业：金属工具制造 |
| 19 | C 制造业：金属制品业：集装箱及金属包装容器制造 |
| 20 | C 制造业：通用与专用设备制造业 |
| 21 | C 制造业：交通运输设备制造业：航空航天器制造 |
| 22 | C 制造业：交通运输设备制造业：汽车制造 |
| 23 | C 制造业：家用电力器具制造 |
| 24 | C 制造业：家用视听设备制造 |
| 25 | C 制造业：通信设备制造业 |
| 26 | C 制造业：电子计算机制造 |
| 27 | C 制造业：电子元件、器件制造 |
| 28 | C 制造业：废弃资源和废旧材料回收加工业 |
| 29 | D 电力、燃气及水的生产和供应业：电力、热力的生产和供应业 |
| 30 | D 电力、燃气及水的生产和供应业：燃气生产和供应业 |
| 31 | E 建筑业 |
| 32 | F 交通运输、仓储和邮政业（含港口）、航空、铁路、航运 |
| 33 | G 信息传输、计算机服务和软件业：电信服务业、互联网 |
| 34 | G 信息传输、计算机服务和软件业：软件业 |
| 35 | H 批发和零售业 |
| 36 | I 住宿和餐饮业 |
| 37 | J 金融业（含保险业） |
| 38 | K 房地产业 |
| 39 | L 租赁和商务服务业：咨询服务业 |
| 40 | O 居民服务业 |

## 5.2　2012年央视春晚的营销组合[①]

"今年台里没有竞标，而是直接找到我们这个团队的。台里称这是给春晚导演团队做 DNA 的置换。当时挺意外，因为我从来没想过做春晚。我觉得这是一个全新的信号，为什么用哈文做导演，其实就是想要变了，我们是全新的团队，我都算老的，40多岁，他们平均年龄才30岁。作为我个人肯定对春晚也有自己的理解，但我需要听观众的声音；否则办一台自己认为好的春晚就是自恋。我得知道客人想吃哪口，把脉号准了，接了地气，多一点'真亲小'（真实、亲切、从小处入手），到最后不管说什么，我都会问心无愧。至于形式美是否会掩盖内容性和思想性，我认为春晚是陪伴大家的年夜饭，我们一年364天都很辛苦都很有思想，能不能在"三十"这天不要再那么有思想，可以完全放松，尽情地议论。所以不管老面孔新面孔，我认为只要是好作品就是硬道理。"

——哈文2012年1月28日接受央视《面对面》栏目访谈的内容

### 一、哈文被指定为总导演

按照央视惯例，每年春晚在下半年开始筹备，七八月份组建"春晚工作小组"。随着"春晚工作小组"的成立，中央电视台文艺频道的部分导演报名参加当年的春晚总导演竞标，从投递标书到竞标结束，时间不会超过3周，待最后广电总局审核批复，央视会在9月份公布当年春晚总导演人选及"春晚工作小组"名单。"春晚工作小组"在成立伊始，便会有工作人员奔往全国各地海选节目，在10月份左右带着初选的节目进京，以备排练审查。

但是，2012年春晚有了例外。在2011年7月初，就传出哈文以非竞标方式被委任为龙年春晚总导演，她带领着一个平均年龄不到30岁的团队，大多数成员从财经频道转到文艺频道才不过两年，以往多是制作草根节目，缺乏与明星打

---

[①] 作者根据中央电视台官方网站和媒体相关报道整理改写，由于信息庞杂和重复较多，难以一一标注来源，特此说明。

交道的经验，也缺乏对上层审查节目标准的掌握。用央视文艺频道主任张晓海的话说，央视的这种安排就是换 DNA。

哈文，央视《非常 6 + 1》等节目的制片人，央视著名主持人李咏的妻子。媒体评价她实力非凡，业绩突出，勇于变革和创新。1991 年毕业于北京广播电视大学的哈文，主修的专业是播音主持，只在天津电视台度过了短暂的荧屏生涯，就转入幕后。无论是《非常 6 + 1》、《梦想中国》，还是后来的《咏乐汇》《幸福向前冲》《欢乐英雄》等，都有着哈文的独特印记。尽管在日常生活中，哈文是个体贴的妻子和妈妈，但一进入工作状态，她立刻变得严厉权威。很多业内人士都表示："虽然哈文没执导过春晚，但是她大气的风格，以及扎实的准备都可以为春晚的舞台带来一丝清新的风。"

## 二、众说纷纭中的艰难选择

### 1. 领导的期待

"选择一支年轻的、全新的团队来承担春晚创作任务，表明了中央电视台对于春晚改革创新的信心和决心。2012 年春晚，要把'让全国观众满意'作为目标，做到'快乐、温馨、惊喜、新奇'，内容上要坚决杜绝假、大、空，风格上要平平实实呈现，平民化表达。"——中央电视台台长焦利对 2012 年春节联欢晚会剧组提出要求。

### 2. 专家的建言

总导演哈文陆续在其个人微博上发布了多位社会名人给春晚的建议，从中或可看出 2012 年春晚的改革方向。

范曾：春晚终究是个娱乐，搞得那么庄严，使创作那么痛苦没有必要。办春晚就像写文章，最讨厌的文章就是千篇一律，好文章要注重细节。

张艺谋：春晚的舞台是不变的，关键是要有好节目，最主要是观众喜欢的节目！春晚是个欢庆的舞台，不是说用得多复杂才是好，最关键是用得巧。

赵宝刚：从文化理念上看，春节联欢晚会有一个民族传统文化意识和当代文化意识的平衡问题。所以，我觉得改良春节联欢晚会内容的根本，就是要用当代的意识去解决民族传统文化的东西。我这么多年做影视剧，其实就是想拍最现代的东西。目前观众的审美要求，已经把你的传统东西去掉了，不接受了。所以创新很重要。

张颐武：春晚应做到有一系列的新亮点，才能使整台晚会有创新感，这其中必须得有吸引全国观众眼球的节目。

**3. 最终的选择**

为了办好 2012 年春晚，央视召开了 7 场不同层面、不同人群的春晚座谈会，采集各界的意见建议，座谈整理的文字材料超过 10 万字，焦利台长提出的"快乐、温馨、惊喜、新奇"的要求就是在此基础上形成的。

随后，导演组提出了 2012 年春晚改革创新的方向是"以情动人"，要与观众进行情感上的互动，产生共鸣，做到"真"、"亲"、"小"、"精"："真"即真情实感，只有最真诚质朴的东西，才能够打动观众；"亲"即亲切感，拉近春晚与观众的距离，春晚的主题要接地气、接人气、接时代气息，关照百姓的喜好，让百姓第一时间产生认同感，主持人的话语形态要亲切自然，绝不居高临下、有优越感和距离感；"小"即以小见大，2012 年的春晚力求关照观众心中最基础的、细微的情感；"精"即节目质量要高。

围绕"回家过大年"的主题，以"龙年"、"家"、"春晚三十年"、"天下一家"四大板块，为观众呈现了一个温暖、祥和、欢乐、喜庆的夜晚，同时以"春晚 30 年"为主线，引发观众高度共鸣。

用哈文的话说，就是完成一个回归：联欢。她说："365 天中 364 天我们都很有思想了，我们就让除夕这天尽情地笑，尽情地唱，尽情地聊天！"

## 三、尽心尽力地准备

2012 年春晚成立了专门的智囊团，针对杂技、魔术、歌舞、小品等观众喜爱的节目，吸入高水平创作专家，为春晚献计献策。同时，将加大吸纳草根明星的力度，2012 年春晚搭建团队比以往提早将近一个月，很大程度就是给草根明星的选拔提供时间。8 月 18 日，春晚剧组对外公布了酝酿已久的两大全国征集活动。第一个征集令名为"春晚 30 年——我和春晚的故事"，征集内容没有边界，文字、图片、视频片段皆可，可以写，可以歌，可以影，"任何能够记录、反映 30 年的春晚记忆，能够讲述您与春晚的故事素材"都可以。另一个"征集令"《我为春晚献欢乐》则是为一些"民间高手"准备的，征集对象是"热爱喜剧创作的个人、自然团体或其他组织"，征集内容包括民间笑话、幽默小段、精彩语录……从一个句子，到一个段子，再到一个本子，所有能为春节联欢晚会提升欢乐度的原创素材都可以。

2011年10月24日，总导演哈文与媒体"面对面"，透露在长达4个小时的龙年春晚中，不植入任何广告。此外往年零点之后播出的民歌大联唱将被取消，而春晚剧组也将设立指定的媒体开放日，专门安排媒体观看彩排。

2012年1月13日，央视龙年春晚进行了第一次带妆彩排，并且曝光了春晚的节目单。在节目单中看到，龙年春晚的结束曲并不是《难忘今宵》，而被《天下一家》代替。

1月16日，央视龙年春晚进行了第二次彩排。开心麻花剧社制作的小品《我们的幸福》，以时尚爆笑的台词及出色的喜剧表演，调侃时下最热门的"穿越"主题，颠覆了传统春晚小品的搞笑形式，在春晚审查的各类欢乐度数据统计中始终高居榜首，赢得了最终的春晚通行证。

1月18日第三次彩排，赵本山带新本子再次登台，但和第二次彩排一样，本子效果并不出众。2012年1月19日，春晚官方微博发出消息，赵本山因身体状态欠佳退出2012年春晚舞台。

1月20日第四次彩排，达到预想的效果。同时在媒体公布了晚会节目单（见附录5.2.1）。

## 四、最终的演出呈现

时间：春节晚会于2012年1月22日晚8点准时开始，时长4小时29分钟。

主持人：朱军、李咏、董卿、毕福剑、撒贝宁、李思思。

播出频道：中央电视台综合频道（CCTV-1）、中央电视台综艺频道（CCTV-3）、中央电视台中文国际频道（CCTV-4）、中央电视台新闻频道（CCTV-13）、中央电视台英语新闻频道（CCTV-NEWS）、中央电视台西班牙语国际频道（CCTV-E）、中央电视台法语国际频道（CCTV-F）、中央电视台阿拉伯语国际频道（CCTV-العربية）、中央电视台俄语国际频道（CCTV-Русский）、中央电视台高清频道（CCTV-高清）。

转播频道（卫视）：北京卫视、青海卫视、深圳卫视、江苏卫视、江苏教育电视台、浙江卫视、重庆卫视、湖北卫视、江西卫视、湖南卫视、河北卫视、四川卫视、辽宁卫视、山西卫视、贵州卫视、河南卫视、天津卫视、广西卫视、山东卫视等。

不转播频道（卫视）：东方卫视、广东卫视、新疆卫视、东南卫视、陕西卫视、黑龙江卫视、安徽卫视、云南卫视等。

广告：剔除所有形式的广告，被称为最干净的一届春晚。也是多年以来，一年之中365天，唯一没有广告的四个半小时。一些带有软广告的海外电报部分全部挪到了春晚倒计时18个小时的节目中。因此减少收入过亿元。

节目①：五岁男孩邓鸣贺念着童谣引出开场歌舞，沙溢、胡可夫妇，陈羽凡、白百何夫妇，张卫健、张茜夫妇带来《小拜年》、《采茶舞曲》等"拜年歌"，以后的节目也是温馨、喜庆和联欢，持续了4个多小时。全场第一个养眼高潮来自王力宏和李云迪两大偶像型才子"斗琴"。两架钢琴、两身喜庆的红、两位不同领域的大帅哥，两人同奏一曲《金蛇狂舞》，不仅奏出了节日的喜气洋洋，也奏出了不同节目创意，而之后王力宏的摇滚版《龙的传人》也将龙年的气氛燃至沸点。混搭风同时吹到了曲艺界，群口相声《小合唱》是曲艺和音乐的"跨界"，相声演员和歌唱演员王宏伟、佟铁鑫、吕继宏、刘和刚寓音乐于幽默，使得与小品相比形式稍显单调的相声顿时生动丰富起来。带有小众气息而空灵的萨顶顶带来《万物生》，顶尖而优美的舞蹈家杨丽萍的《雀之恋》，俄罗斯著名舞蹈团带来的芭蕾舞，年轻的偶像韩庚特别设计的创意现代歌舞，也都在2012年美轮美奂的LED背景搭配下显得格外亮眼，充满了时尚气息与都市气质。草根节目《我要上春晚》中走出的平民明星"大衣哥"——朱之文带来《回家过年》也为春晚这张亲情牌上加上不小的砝码。怀旧板块中，费翔、韦唯、张明敏、李谷一等带来《故乡的云》《爱的奉献》《我的中国心》《前门情思大碗茶》这些在春晚成名且被视为经典的歌曲，向春晚30年致意。令人惊讶的是，从1984年起25次出现在春晚片尾的主题歌《难忘今宵》也在2012年宣告结束，让人不得不赞叹导演组改革的力度与勇气。央视一号演播大厅改变了一部分是稍小点的观众席，一部分是较大些的舞台的传统，来了一个360度的改变，舞台延展到观众席。全部是敞开式的舞台与两侧的圆桌观众席密切相连，使春晚看上去更像一场联欢会，增加了观众的参与感。春晚的门票历来不对外发售，1 000个座位的观众席是权力、关系以及金钱的展示台。2012年的导演组清除了观众席上所有的标志性符号——比如历年都会出现的某企业老总。"家庭"已成为整个观众席的核心，演员的家属被邀请到现场一起过年，他们坐在观众圆桌区的位置，与舞台产生亲情的联系和呼应。

## 五、有点小遗憾

2012年恰逢春晚30年，为了致敬30年，哈文邀请了很多曾经登上春晚舞

---

① 侯毅泽：《求新求变的龙年春晚》，载《天津日报》，2012年2月2日。

台的老艺术家。比如陈佩斯、朱时茂、宋丹丹，而他们的缺失是哈文最大的遗憾。"我们最希望的就是陈佩斯和朱时茂的组合，如果创作时间来不及，是不是可以到现场来（看春晚）。朱时茂的时间还好，但是陈老师有舞台剧，时间有点困难。"另外，宋丹丹和赵本山也是哈文的一个遗憾，哈文表示，最初设想很希望他们那个白云、黑土的经典形象重现，但最后也是因为宋丹丹和赵本山的身体原因，"我们也不能要求人家必须为了春晚怎样怎样，也太不人道了，对我而言，也很难做到。"

根据 CSM 全国测量仪数据显示，中央一套、中央三套、中央四套、中央台英语新闻频道以及湖南卫视等共计 25 个上星频道播出，收视率合计为 32.75%，市场份额合计为 69.83%，有 7.7 亿中国观众收看。相比近 3 年春晚收视率，2012 年春晚收视率高于 2011 年，但不如 2010 年。2010 年春晚拥有小虎队重聚、王菲演唱《传奇》等亮点，收视率总计为 38.26%，而 2011 年春晚总体收视率为 31.04%。

### 案例讨论目的

使学生掌握"营销组合"的目的、内容、方法和实现过程。

### 案例讨论问题

1. 春晚的营销组合要素有哪些？
2. 春晚满意度影响因素有哪些？
3. 用"依定位进行营销组合的理论"分析 2012 年龙年春晚。

### 案例讨论形式

开放式讨论，同学们根据案例提供的资料和数据，对三个案例问题进行讨论，最终了解春晚的营销组合要素，以及组合的具体方法。

附录 5.2

附图 5.2.1　　2012 年春节晚会节目单

# 第6章 产品组合策略

## 6.1 佳洁士儿童牙膏的故事

在1956年佳洁士牙膏的广告中,有这样一段文字:"现代医学的重要里程碑:1796年攻克传染病,詹纳博士第一次进行了人工接种。1846年克服了疼痛,莫顿博士首次运用了乙醚。1929年克制了细菌感染,福林明发明了盘尼西林。现在,1956年,宝洁公司自豪地宣布:攻克了牙腐蚀。"从此,佳洁士牙膏很快成为市场上的领导品牌,一直持续到1998年[①]。人们非常好奇:为什么它能保持40多年的领先地位呢?我们不妨讲讲佳洁士儿童牙膏的成长故事。

### 一、佳洁士之前的领导品牌

在20世纪20年代,佩普索登(Pepsodent)是美国牙膏领域的领导品牌。它的成功与著名广告人克劳德·霍普金斯(Claude Hopkins)有着密切的关系。当然基础是佩普索登牙膏具有良好的去除牙斑和美白牙齿的功能。只不过是霍普金斯将这种功能突出出来,因为他发现牙齿白净是美丽的标志之一,而人们对美丽的关注度是非常高的。

我们可以看到,20世纪30年代佩普索登的平面广告是大段的文字加上男女

---

① 马克·E·佩里:《战略营销管理》,中国财政经济出版社2003年版,第51、58页。

约会见面的图片。主题词为"牙齿没有了牙菌斑，笑容才会更迷人"。在男女约会图片下的文字有"迷人微笑的艺术就是正确爱护牙齿的艺术"。

广告中的主要文字是说明牙菌斑的威胁、牙膏的功效及带来的好处。诸如牙菌斑"会附着在牙齿上，进入牙缝中，并长久留在上面。它引来了细菌并滋养了细菌，从而形成蛀牙。因此，牙科权威将它诊断为牙齿的最大危险。""现在就使用牙科专家推荐的专门清除牙菌斑的佩普索登牙膏来清除牙菌斑。""据科学证明，没有其他方法含有佩普索登牙膏中的保护物质。"当时，一管牙膏要卖25美分，但是佩普索登定价在50美分，仍然取得了极大的成功。霍普金斯认为，其关键是在广告中没有诉求灾难、恐怖和痛苦的画面，而是每一幅画面都只表现魅力和漂亮的牙齿。他在为该品牌服务中赚取了100万美元[1]。

其实当时消费者除了关注牙齿洁白之外，还关注口气清新和防止蛀牙。在半个世纪前的美国常会看到一幅牙膏宣传海报，上面写着两条广告语——"你有口臭吗？""高露洁叶绿素牙膏助你消灭口臭！"叶绿素牙膏是"氟时代"之前的产物，当时蛀牙（龋齿）很普遍，牙膏厂商还没有合适的产品推出。

## 二、抢占领导品牌的位置[2]

找到防止蛀牙的元素是诸多牙膏厂关注的大事情。1901年，佛瑞德里克·麦卡（Frederick McKay）博士在科罗拉多温泉进行牙科研究，发现很多病人的牙齿都褪色了。随后对当地3 000多名学龄前儿童进行溯源追查，结果发现，牙齿褪色的孩子中90%来自派克峰（Pikes Peak）地区，这些孩子的蛀牙率要低一些，而这个地区水中的氟化物含量较高。但是，当氟化物含量低于百万分之一时，牙齿就不会褪色，却仍可以防止蛀牙。

当氟的作用被发现后，宝洁就开始寻找将氟加入牙膏中的方法，但是一直没有成功，当含钠的氟化物接触牙膏中的摩擦剂和黏合剂时，就会失去防蛀的效果。1945年，美国密歇根州大急流市（Grand Rapids）开始在供水系统中添加氟化物。宝洁公司一直没有放弃寻找牙膏加氟的新方法，后来发现了约瑟夫·穆勒（Joseph Muhler）、哈里·戴（Harry Day）和威廉·乃伯戈尔（William Nebergall）的研究，这三位科学家在9年多时间里测试了约500种化合物。1950年宝洁同意对他们的研究进行赞助，最终穆勒发现了氟化亚锡，找到了氟化物与黏合剂相

---

[1] 克劳德·霍布金斯：《科学的广告+我的广告生涯》，华文出版社2010年版，第196页。
[2] 马克·E·佩里：《战略营销管理》，中国财政经济出版社2003年版，第50~68页。

结合的路径。印第安纳大学对穆勒博士的研究成果进行了专利注册，并同意在收取使用费的条件下给予宝洁公司独家使用权。

1952年，穆勒博士开始对学龄儿童进行临床实验，结果令人兴奋，蛀牙减少了近50%。1956年1月宝洁公司在全国推出了佳洁士牙膏。这里有两点是需要宝洁做的，一是将氟加入牙膏中并产生防蛀的效果，二是让消费者真正相信佳洁士牙膏可以防止蛀牙。

含氟防蛀特性在佳洁士的广告中得到了大力宣传。在1956年的上市广告中提出了一个逻辑：科学研究发现，没有蛀牙的孩子饮用水中有一种天然的牙齿防蛀剂——氟化物；科学家希望能够提炼出可加入牙膏中来防蛀的氟化物，科学家和宝洁发现了它——Fluoristan；Fluoristan成就了佳洁士，使它成为世界上防止蛀牙最有效的武器。这被称为唤起消费者已存在的意识——防蛀与氟与佳洁士联系起来。但是效果有限，特别是对于那些不知道氟可以防蛀的消费者更是如此。

因此，在1956年上市广告中，也显示了更为可信的临床实验数据："牙医在5 679人中对佳洁士进行了为期3年的实验。虽然没有任何一种牙膏可以彻底消除蛀牙，但是佳洁士在防止蛀牙方面创造了其他任何牙膏所未达到的纪录。"接下来的几年里，广告中不断出现临床实验数据。

1957年宝洁公司推出了著名的"孩子喊妈妈"的电视和平面广告。情景是——小女孩对妈妈喊"妈妈，快看，没有蛀牙"，妈妈说："天啊！佳洁士的作用这么神奇！"这时，画外音说："是的，佳洁士是真正有效防蛀的牙膏，因为它独有氟化物成分，这是一种含氟的特别配方。大家都知道，氟是牙医使用的防蛀药物。"

1958年及以后的广告中，也体现了实验室数据：科学家用显微镜来观察牙釉上的各种防护剂，最后用文字告诉读者结论："显微镜告诉我们，佳洁士中的锡氟化物配方在实验室中工作得很好。所以，我们把它加入佳洁士牙膏中并通过实际使用来验证它的作用"。

同时，宝洁公司还鼓励消费者实际体验，并谈自己的感想。1958年的一则广告就是："如果你使用佳洁士，在你的牙医帮助下，你可以进行一个简单的实验，以测试佳洁士防止蛀牙的能力……你可以发现，佳洁士帮助你减少了多少蛀牙。"

从1954年起，宝洁公司连续5年向美国牙医协会提供佳洁士可以防止蛀牙的临床实验数据，1959年牙医协会牙科治疗委员会收到汇集的材料，1960年《美国牙医协会杂志》（*Journal of the American Dental Association*）刊登了该委员会的结论报告："实验证明，佳洁士牙膏是一种有效的蛀牙防护剂，在口腔护理和专业治疗中,佳洁士牙膏都是非常有价值的。"1961年宝洁就把这个认证的结论用在广告之中,1962年佳洁士的销售就增长了3倍,从而成为美国牙膏市场的领先品牌。

在得到美国牙医协会认可后,广告开始鼓励消费者向自己的牙医咨询佳洁士牙膏。1963年一则广告的标题是:"为什么在你下一次检查中,牙医会向你推荐佳洁士牙膏?"

之后,宝洁公司还是不停地进行实验,一方面将有效的实验数据用于广告,另一方面继续向美国牙医协会牙科治疗委员会提供。1964年该委员会同意宝洁在佳洁士包装和广告中使用"美国牙医协会牙科治疗委员会认可"的印章。1969年高露洁也得到这个印章,不过此时,佳洁士牙膏的市场占有率已达全美市场的40%,而排在第二位的高露洁仅为23%。

不过,竞争的结果常常使差异化很快消失。到1984年的时候,已经有8种品牌牙膏获得并使用了"美国牙医协会牙科治疗委员会认可"的印章。其中5种是含氟化物的牙膏,另外3种是针对牙齿过敏的牙膏。佳洁士除了占据先机这一优势外,还需要寻找新的差异化,或者隐含着某种差异化。

佳洁士牙膏的主要消费者是儿童,但是购买者常常是妈妈,让孩子没有蛀牙,会让妈妈开心并感觉到自己很称职。因此,有人认为"做个好妈妈"的诉求是佳洁士牙膏后来维持领导品牌地位的原因。调查结果显示,要想证明自己是个好妈妈,主要的利益诉求有:孩子快乐、孩子健康、孩子有美丽的笑容、干净的家、省钱、不爱发火等(见表6.1.1中黑体字),而这些利益又与其他一些具体利益相关联(见表6.1.1)。

表6.1.1　　　　　　　刷牙利益之间的因果关系

|  | 刷牙时间更长 | 干净浴室 | 更少蛀牙 | 刷牙有趣 | 妈妈不爱发火 | 干净的家 | 省钱 | 孩子健康 | 孩子美丽微笑 | 孩子快乐 |
|---|---|---|---|---|---|---|---|---|---|---|
| 味道好 | √ |  |  | √ |  |  |  |  |  |  |
| 不脏乱 |  | √ |  |  |  |  |  |  |  |  |
| 少浪费 |  | √ |  |  |  |  | √ |  |  |  |
| 不用找盖 |  | √ |  |  | √ |  |  |  |  |  |
| 刷时间长 |  |  | √ |  |  |  |  |  |  |  |
| 干净浴室 |  |  |  |  | √ | √ |  |  |  |  |
| 更少蛀牙 |  |  |  |  |  |  | √ | √ | √ | √ |
| 刷牙有趣 | √ |  |  |  |  |  |  |  | √ |  |

为了实现这些利益，佳洁士牙膏在产品设计方面做到了弹开式的牙膏盖、可挤压的牙膏管、含氟、加甜味剂、包装上有卡通图案、命名为佳洁士、牙膏洁净、提供咨询服务等。

## 三、佳洁士之后的领导品牌

佳洁士牙膏的市场领先地位一直保持到1998年，而后被原来位居第二位的高露洁全效牙膏超过。在总额为15亿美元的牙膏市场大战中，高露洁的市场占有率由1994年的21.3%上升至1998年的26.2%，而佳洁士则由31.6%下降至25.2%[1]。杰克·特劳特（Jack Trout）在《大品牌大问题》一书中分析了佳洁士被超越的原因[2]。

由于越来越多的人喝加有氟化物的水，蛀牙发病率大大降低了。1960年，平均每人有15颗蛀牙，到1987年就仅有3颗蛀牙。防蛀已经变得不是那么受消费者关注了，佳洁士牙膏市场份额开始下降，天然、美白、抗过敏、口气清新等诉求的利基品牌（niche brand，指针对一个狭小而未被满足的细分市场推出的品牌）牙膏开始吃香，并越来越多。

有人建议佳洁士根据年龄段进行市场细分，推出儿童（口味）、青年人（时尚）、中年人（漱口水）、老年人（抗过敏）等产品，但是都有竞争品牌率先进入。

1985年宝洁推出了控制牙石的牙膏，但其影响作用远远不及含氟牙膏的推出。其中的原因是，仅讨论牙石越少及在牙医那里越容易清洗，这对很多人来说都微不足道。应该向消费者讲以下的故事：因为佳洁士的出现，今天蛀牙已不成问题；今天的大问题是牙齿的石化，或者牙石；牙石可能会引起牙周问题，导致掉牙。在故事里要加入一点神奇成分——在氟的故事中，有"氟化物"；而在牙石的故事里，应该推出"防石物"的概念。然而他们没有。后来，高露洁也推出控制牙石的产品，在广告中说它的产品更能有效地控制牙石，没有给佳洁士留下任何机会。

防蛀、控制牙石和防止牙龈炎，这是牙齿护理品类的发展图。谁第一个推出囊括这三种牙齿护理功能的牙膏，谁就有机会成为赢家。佳洁士清楚这一点，高露洁也明白。佳洁士参加了前两场战役，但真正的决一死战是在牙龈炎。但宝洁反应迟钝了。结果第一个以具备这三个特性的品牌进入市场了，即高露洁全效牙膏。这个产品的成功使高露洁在屈居30多年的第二之后重获领导地位。

---

[1] 王传艺：《高露洁在美国市场东山再起之谜》，载《决策与信息》，1998年第9期。
[2] 杰克·特劳特：《大品牌大问题》，机械工业出版社2011年版，第96~105页。

### 案例讨论目的

使学生掌握"产品规划"的目的、内容、方法和实现过程。

### 案例讨论问题

1. 佳洁士是如何抢占领导品牌位置的?
2. 佳洁士如何根据"好妈妈"诉求规划产品?
3. 佳洁士是如何丢掉领导者位置的?

### 案例讨论形式

开放式讨论,同学们根据案例提供的资料和数据,围绕着前述的 3 个讨论题进行讨论,核心是第 2 个讨论题,即佳洁士如何根据"好妈妈"诉求规划产品的?最好画出相关的图示。

## 附录 6.1

### 附录 6.1.1

附表 6.1.1　　消费者对佳洁士牙膏的利益诉求点[*]

| 组合要素 | 利益类别 | 结果利益 | 过程利益 |
| --- | --- | --- | --- |
| 1. 产品方面 | 功能利益 | 祛除牙菌斑,防止牙石,洁白牙齿,防止牙腐蚀,防止牙龈疾病,保护牙釉质,健康牙齿,健康,牙齿干净,漂亮的笑容,牙齿感觉很干净 | 容易挤,更少清洗,节省时间,更少的包装浪费,刷牙时间更长,口气很好,手不疼,感觉很有效 |
|  | 财务利益 | 节省了看牙的费用 | 买牙膏花费更少,更少牙膏浪费 |
| 2. 价格方面 | 财务利益 | 省钱;物有所值 | 花钱少 |
| 3. 渠道方面 | 功能利益 | 省时间、体力和精力,舒适 | 买牙膏不用走很远的路,逛商店不累,选牙膏不麻烦 |
|  | 财务利益 | 省钱 | 不用花太多坐车费和时间成本 |
| 4. 沟通方面 | 功能利益 | 认识牙膏和品牌差异 | 接受准确的信息 |
|  | 财务利益 | 省钱 | 避免选错品种、跑错店铺 |

注:* 李飞:《品牌定位点的选择模型研究》,载《商业经济与管理》,2009 年第 11 期。

**附图 6.1.1　1956 年的佳洁士牙膏广告特色**[*]

注：*马克·E·佩里：《战略营销管理》，中国财政经济出版社 2003 年版，第 51 页。

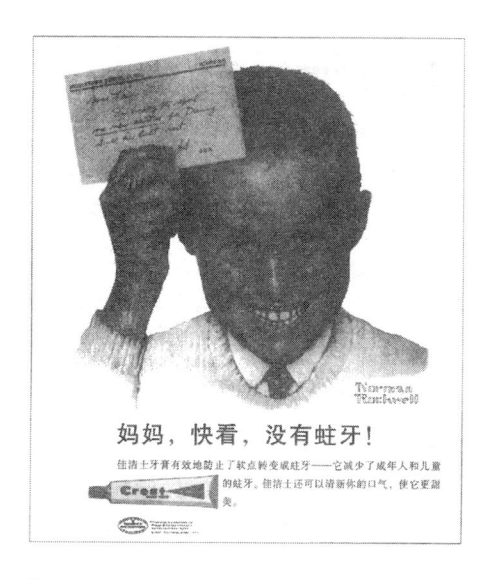

**附图 6.1.2　1957 年的佳洁士牙膏广告特色**[*]

注：*马克·E·佩里：《战略营销管理》，中国财政经济出版社 2003 年版，第 56 页。

### 教学案例

## 附录 6.1.2　　高露洁全效牙膏

新型高露洁全效牙膏，是高露洁棕榄公司在美国用长达 10 年的时间，耗资 3 500 万美元研究开发的新产品。

这种新型牙膏含 TC3 抗菌配方，有三重保护作用，可预防牙龈炎、防止蛀牙和口腔异味，在刷牙后对牙齿的保护作用可持续 12 小时。TC3 抗菌配方是高露洁的专有配方，它将广谱抗菌剂与特殊高分子共聚物结合在一起，经使用，能在牙齿表面产生 12 小时的长效杀菌作用。临床试验证明，参与试验者每天使用两次这种牙膏，持续 6 个月，可使牙菌斑大大减少，牙龈炎发病率明显降低。高露洁全效牙膏是经美国食品及药物管理局批准生产的多功能牙膏。由于该管理机构要求严格，仅审批过程就用了 5 年。该产品于 1997 年获得美国食品及药物管理局的批准，同年 12 月在美国上市（见附图 6.1.3）。

附图 6.1.3　高露洁三重功效牙膏

## 6.2　欢乐谷的服务组合策略[①]

华侨城集团成立于 1985 年 11 月 11 日，她是国务院国资委管理的大型中央

---

① 案例中引用的华侨城和欢乐谷原始数据和资料，以及大部分文字除了特别申明之外，皆来自于欢乐谷：《中国的欢乐谷 构建主题公园的连锁品牌》，中山大学出版社 2008 年版。

企业之一。经过20多年的发展，从深圳湾畔的一片滩涂起步，发展成为一个跨区域、跨行业经营的大型国有企业集团，培育了房地产及酒店开发经营、旅游及相关文化产业经营、电子及配套包装产品制造等三项国内领先的主营业务。1998年华侨城集团在深圳创办了第一家大型主题公园品牌——欢乐谷，引入了"体验即是生活"的旅游理念。

随着深圳东部欢乐谷、北京欢乐谷、成都欢乐谷以及上海欢乐谷等多个大型综合性旅游项目的先后建设、开业，华侨城集团全国发展的战略布局已经形成，实现了跨区域旅游产业发展成果和战略规划。2008年华侨城遵循国资委集中优质主业资产做强做大上市公司的指导思想，为了使华侨城集团主营业务实现更好融合和更快发展，经国资委批准，把旅游、地产相关的主业资产，整合到华侨城控股公司这一资本平台，实现集团主业整体上市。这样，持续发展就变得非常重要，但是已有的巨型欢乐谷发展空间非常有限，适合于千万人口左右的巨型城市。如果要在中国发展百家左右的欢乐谷主题公园，一是需要小型化，二是需要连锁化，三是需要规划相应的服务内容。为此，华侨城集团人力资源总监蔡宁先生在2009年上半年，找到了清华大学经济管理学院的李飞教授，讨论如何进行更大规模的连锁化发展，并邀请给予相应的辅导。李飞教授随后开始了调查和研究工作。

## 一、欢乐谷历史

华侨城一直有着创建中国主题公园的第一品牌的梦想。1989年11月22日，"一步迈进历史，一日游遍中国"的锦绣中华主题公园在深圳开业；1991年10月1日，中国民俗文化村主题公园在深圳迎宾；1994年6月18日，"让世界了解中国，让中国了解世界"的世界之窗主题公园开业。这样，在中国的深圳湾畔形成了中国最大的主题公园群，打造了一个深受游客喜爱的旅游目的地。

随着20世纪90年代中后期国内、境外旅游业的发展，以及全国一窝蜂式建设"世界公园"和"民俗村"，使地理景观型的主题公园的发展潜力消失。华侨城决策者经过分析发现了两个契机：一是体验经济时代来临，二是西方主题公园发展的脉络是"从景观式到参与式"，而长久不衰的迪士尼乐园就是参与式成功的典范。他们决心打造参与式主题公园的中国第一品牌，欢乐谷在1995年开始酝酿，1996年成立深圳华侨城欢乐谷旅游发展有限公司。1998年深圳欢乐谷一期项目建成开业，包括欢乐广场、卡通山、冒险山、欢乐岛和玛雅水公园五个主题区，这标志着中国首个参与型、体验式的第一代主题公园诞生；2002年二期开业，公园面积和游乐项目倍增；2005年再次升级，建设三期欢乐时光，常年开设嘉年华夜场。

深圳欢乐谷的成功，特别是创新了"旅游（主题公园）+ 地产"的模式，使华侨城找到了持续发展的路径。随后，在全国开始了连锁式发展的尝试。2006年7月，北京欢乐谷正式开业；2009年1月和2009年9月，成都和上海欢乐谷分别正式迎宾；2010年5月，武汉欢乐谷开园。

随着深圳东部华侨城、北京华侨城、成都华侨城以及上海华侨城等多个大型综合性旅游项目的先后建设、开业，华侨城集团全国发展的战略布局已经形成，实现了跨区域旅游产业发展成果和战略规划，而且也极大地改变了华侨城的业务结构，到2007年年底，地产旅游业务占集团主营业务收入比重由2005年的15%上升到约30%；地产旅游业务利润总额占集团的比重达到85%左右。

## 二、"主题公园 + 地产"的模式

华侨城集团 CEO 兼总裁任克雷认为："大型主题公园投入很大，资金回收会有很长一段时间，如果没有一个商业模式来支撑，做到长短相济，就很难做下去。华侨城现在发展的大型主题公园和主题地产的融合，结合成片开发建设一个旅游城，我认为是一个很好的模式"。

华侨城"主题公园 + 地产"模式的主要特点是：通过土地的成片开发，将环境景观通过知名的旅游品牌进行提升，为房地产注入丰富的文化内涵，使旅游文化与房地产结合起来。高收益的房地产业为高投入、高投资的旅游业提供了稳定的资金保障和风险规避。由此，让两种产业互为优势、互动发展、相得益彰。

1996年的华侨城集团规划就将旅游和房地产业确定为集团的支柱产业；2002年，发展战略明确了"主题公园加地产"的核心经营模式；《华侨城集团2001~2005年发展策略》中明确提出要"进一步提升'华侨城·旅游城'的整体品牌形象，将华侨城建成国内最具文化及科技含量的旅游度假区和商务会展中心，中国现代大型居住示范城，成为全国主题房地产著名品牌。"

任克雷认为："欢乐谷是华侨城'主题旅游 + 主题地产'模式中最重要的产品。其他集团也有做'旅游 + 地产'模式的，但不能发展起来，就是因为没有像欢乐谷这样的企业支撑，欢乐谷具有唯一性。所以，如果欢乐谷不能创新发展，整个华侨城集团的旅游地产就没有竞争力。"

## 三、机遇与挑战

欢乐谷的进一步发展，存有很大的机遇，同时也面临着一些挑战。机遇需要把握，挑战需要应对。

### 1. 欢乐谷发展的机遇

任克雷的判断是，未来中国将进入一个大型主题公园发展的新时期。这个时期有三个特点：一个是中国的民族品牌更接近国际水准，二是国际品牌非常希望能进入中国市场，三是产品的选择集中三个方向，包括大型主题公园，生态的、自然的、会议展览、休闲、体育相结合的度假区，以及接近国际化又有民族特色的大型演艺"秀"的出现。有四个理由可以作为依据：

第一，中国经济发展起决定性因素。从中国经济的发展周期来看，已经走过的30年可以看做是第一阶段。这30年，经济体制进行了巨大变革，国内经济与世界经济逐渐接轨，经济结构也出现了较大调整，现在，中国国际收支状况良好，拥有巨额外汇储备，财政盈余每年保持快速增长，人民币升值也是锐不可当。一句话，中国经济的高速发展为未来10年、20年的发展奠定了非常坚实的基础。

第二，旅游业本身。国力的增强，老百姓生活水平的提高带动了旅游业的发展。中国旅游业在未来20年，在整个GDP的比重将越来越大，这取决于两点：一是消费结构的变化特别有利于旅游业的发展。二是13亿人口，庞大的、富裕起来的人群对旅游文化娱乐的需求。它表现在两个方面：一方面国内旅游设施亟待提高，另一方面出境游会大幅度增长。

第三，中国旅游业现状还不能适应中国人的需求。中国真正意义上的主题公园现在只出现在中国南方的一小块地方和上海周边——做主题公园的企业在广东也无非就是深圳和广州两个地方；在长三角地区、上海周边，严格意义上讲现在还没有一个非常叫好的主题公园。这样，长三角加上珠三角两个中国最发达的地方的主题公园可能还赶不上东京。中国很多著名的城市现在还没有大型主题公园——这是数量上的不足。还有一个质量上的差距，即中国主题公园与国外的水准相差约10年甚至20年。一方面是老百姓中间富裕起来的人群的旺盛需求，另一方面是旅游设施还存在着极大的落差，这恰恰给行业创造了一个百年不遇的发展机会。

第四，政府的导向和民间的取向。从中央政府到地方政府，现在对发展旅游包括大型主题公园是非常积极的。其表现之一是，政府对国际品牌和国内大型旅游企业招商引资的力度是空前的。政府为了吸引这些品牌和企业的加盟，愿意在基础设施上加大投入、给予配合。从民间看，无论是国有企业还是民营企业，现在投资旅游、发展主题公园的积极性也是过去20年所没有的；表现之二是，现在的政府常常把一些大型旅游项目的落户与城市规划和建设结合起来。

### 2. 欢乐谷发展面临的挑战

任克雷认为，巨型欢乐谷的发展数量不是无限的。他认为，"以中国目前的人口规模、经济发展水平、国民的消费能力，像10亿~20亿元投资规模的欢乐谷主题公园，8个以内是比较合适的。也就是说，在目前东南西北4个欢乐谷的基础上，外加中部一个、西北一个、东北一个，这就到七八个左右。当然，我们还可能推出一些相对地区化的都市娱乐产品来作为补充。就华侨城本身，建7~8个欢乐谷需要多长时间呢？按照我们目前的发展速度和投资节奏，估计到2015年或者再长一点时间，可以完成这项工程。也就是说，再用8~10年的时间就可以实现这个目标。"但是，以后欢乐谷的发展机会在哪里？这是从发展环境来分析的挑战。

另外，行业本身和企业自身也有一些挑战。任克雷认为主要表现在四个方面：第一，欢乐谷作为主题公园的产品，还不能满足中国旅游市场快速增长的需求。特别是还没能够开发出适合北方寒冷地区冬季运行的产品。第二，欢乐谷的发展创新还受制于国外设备厂商和这种与科技含量非常高的设计商的转换之间的差距。常常是比较好的设备、特别震撼的项目掌握在欧洲和美国制造商手中，只要人家停止了研发，或者开发不出震撼市场的产品，欢乐谷游乐设施的创新发展就可能无法落实。第三，在经营管理上与国外一流主题公园还有不小的差距。第四，实行品牌连锁过程中，还会遇到许多新的课题。但是，任克雷表示有信心做得更好，因为中国的主题公园到今天毕竟只有20岁，欢乐谷只有10岁，真的很年轻，正在茁壮成长，天天向上。

## 四、 目前欢乐谷的产品服务组合

欢乐谷的品牌定位于"优质生活创想家"、"繁华都市开心地"，前者是华侨城的追求，后者是给顾客带来的利益和价值。

围绕着欢乐谷的品牌定位，欢乐谷进行了相应的产品和服务组合，凝练出"1-2-3-4-5"的产品发展核心模式。

**一个模式：景观+设施+表演+服务**

世界上参与型的主题公园主要有两种模式：一种是以美国六旗为代表的以器

械型游乐设备为主体的模式,这种模式能满足游客对器械刺激性的需求。美国六旗的公园总共有900个乘骑项目,其中130个是过山车,但是缺乏主题文化的氛围,因此对追求文化娱乐体验的游客吸引不大,而这部分游客的数量正在逐渐增加;另一种是迪士尼的模式,把器械游乐和主题表演结合在一起。但是由于游乐项目惊险刺激性不够,所以流失了追求刺激、个性活跃的新生代客源。

华侨城最终融合了这两种模式的优点并进行了创新,形成了"主题人文景观包装+现代高科技娱乐设施+娱乐表演+优质服务"的四轮驱动模式。

### 二重时空:欢乐永不落幕

欢乐谷在2005年三期开业后,常年开设嘉年华夜场,倡导阳光、健康的夜生活方式,使欢乐谷白天和夜晚永不落幕。在白天开放的很多项目都在夜晚开放,包括欢乐时光区和玛雅水公园的诸多娱乐内容。

### 三栖体验:上天入地下海

"陆"上体验,有8个主题区,包括西班牙广场、欢乐时光、冒险山、金矿镇、香格里拉森林、阳光海岸、飓风湾和魔幻城堡,100多个项目精彩纷呈。

"海"上体验,有国内唯一的主题嬉水乐园:玛雅水公园,具有浓郁的加勒比海海滨风情,荣获1998年世界水公园协会(WWA)行业创新大奖。

"空"中体验,有代表世界最先进水平的无人驾驶城市高空单轨列车——欢乐干线,在高空行使的4公里中,不但可以鸟瞰整个欢乐谷,而且华侨城其他三大主题公园(锦绣中华、民俗文化村、世界之窗)及深圳湾和华侨城城区景致也映入眼帘。

### 四轮驱动:欢乐四轮车

即前述的"主题人文景观+现代高科技娱乐设施+娱乐表演+优质服务"的四轮驱动模式。

一是主题人文景观之轮,九大主题区享有截然不同的文化背景和故事线索:香格里拉森林主题区以藏北风情为蓝本,营造出明朗、安然、闲逸而又神秘的寻梦氛围;金矿镇再现的是200多年前北美的矿镇,矿工开山、建镇、设赌场的场面再现,乘坐矿山车可以重温1919年山洪大爆发时矿工逃生的惊心动魄;玛雅水公园用中美洲早已逝去的玛雅文明包装;三期欢乐时光则带游客回到20世纪初的欧洲繁华小镇,游客装扮成马戏团中的一员,开始惊险的历程。

二是高科技娱乐设施之轮,不断引进世界一流的、大型的、全新的高科技娱乐设施,以保持欢乐谷的新鲜感和提高重游率。

三是娱乐表演之轮,欢乐谷形成了原创性、时尚化、零距离、多模式的娱乐表演体系,包括剧场表演、场地表演、巡游表演、水上实景表演等。在内容上有街舞、杂技、极限运动、音乐、戏剧等，古今中外无所不包；在空间上包括陆地表演、水上表演、固定表演和巡回表演；在时间上是常年表演和节庆表演、白天表演与夜晚表演相结合。

四是优质服务之轮，为顾客提供快乐和激情的服务。

**五大节庆：欢乐五季**

五大节庆是欢乐谷提供娱乐概念和产品的舞台。新春国际滑稽节，邀请的是欧美亚各国优秀的滑稽大师；"五一"时尚文化节，从前卫的国际极限运动挑战赛、街舞表演赛，到最为风靡的动漫COSPLAY表演，集合了大批年轻人的娱乐元素；暑期玛雅狂欢节，热烈气温下再现南美狂欢旅程；"十一"国际魔术节，迄今为止已有50多个国家、近200名国际魔术大师做过表演。还有首创中国首个真山真水真场景的水上特技实景表演——《欢乐水世界》……平日，欢乐谷每天的大小表演近30场，黄金周和暑期，这个数字甚至近百。

## 五、未来的思考

李飞教授通过数月的调查研究后想到：任总更多的是考虑战略问题，其实欢乐谷面临的问题有发展战略问题，也有连锁复制问题。连锁复制的核心是复制什么的问题，这个"什么"其实就是主题公园产品和服务的组合问题。这个组合涉及满足顾客需求的产品线组合和满足欢乐谷产品创新的产品线组合。为此，李飞教授确定在这两个方面为华侨城提供相应的定制课程。

**案例讨论目的**

使学生掌握"服务产品规划"的目的、内容、方法和实现过程。

**案例讨论问题**

1. 欢乐谷是如何取得阶段性成功的？
2. 如何依据定位规划欢乐谷的产品和服务？
3. 如何构建欢乐谷的产品和服务产业链？

**案例讨论形式**

开放式讨论，同学们根据案例提供的资料和数据，围绕着前述的三个讨论题进行讨论，参考附录画出相关图式。

# 附录 6.2

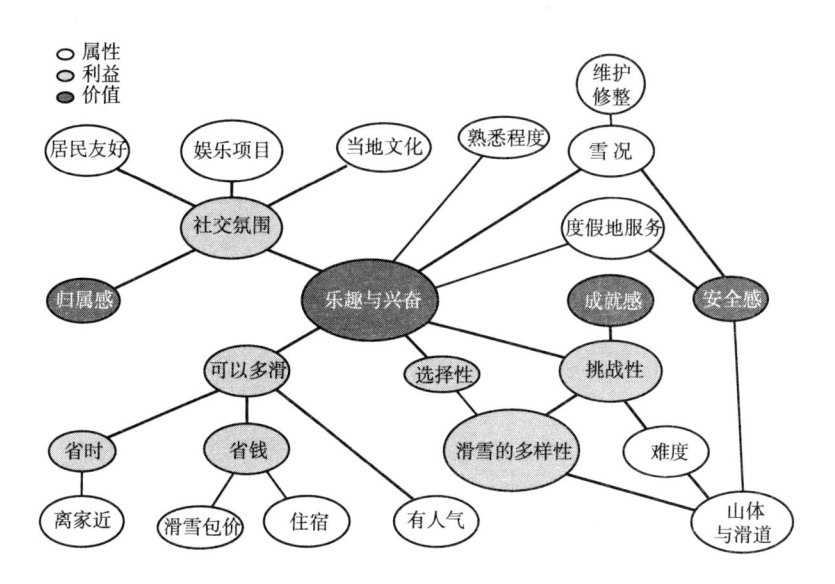

**附图 6.2.1　一家滑雪场的产品服务组合**＊

注：＊说明：图中圆圈越大越重要，线条越粗越重要。

匹赞姆：《旅游消费行为研究》，东北财经大学出版社 2005 年版，第 48 页。

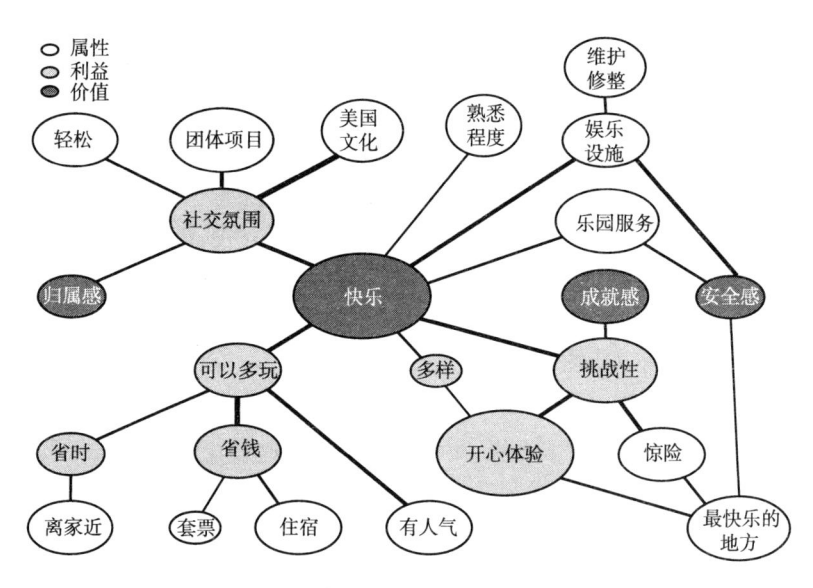

**附图 6.2.2　迪士尼乐园的产品服务组合图**＊

注：＊作者根据相关资料绘制，不是调查结论，仅供讨论时参考。

教学案例

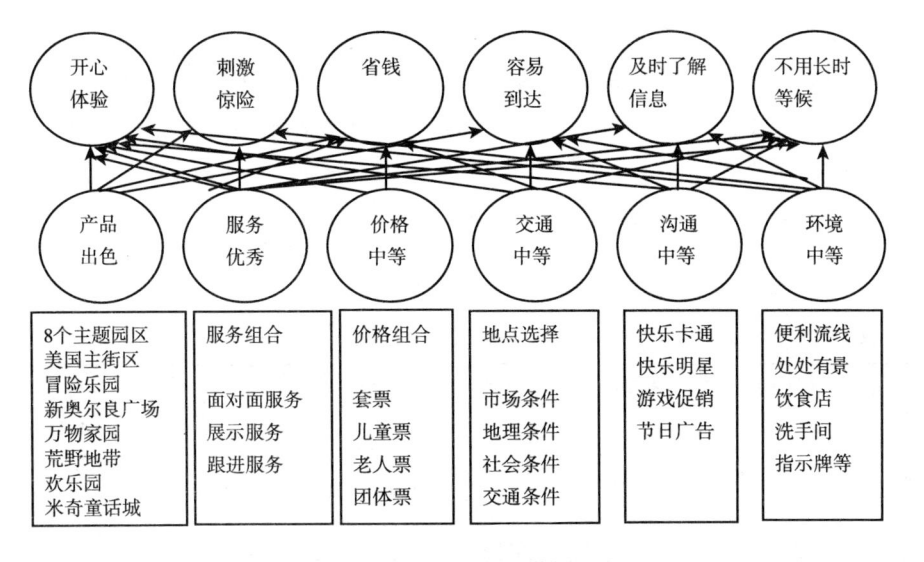

产品组合策略

```
开心          刺激          省钱          容易          及时了解       不用长时
体验          惊险                        到达          信息          等候

产品          服务          价格          交通          沟通          环境
出色          优秀          中等          中等          中等          中等
```

| 8个主题园区 | 服务组合 | 价格组合 | 地点选择 | 快乐卡通 | 便利流线 |
|---|---|---|---|---|---|
| 美国主街区 | 面对面服务 | 套票 | 市场条件 | 快乐明星 | 处处有景 |
| 冒险乐园 | 展示服务 | 儿童票 | 地理条件 | 游戏促销 | 饮食店 |
| 新奥尔良广场 | 跟进服务 | 老人票 | 社会条件 | 节日广告 | 洗手间 |
| 万物家园 | | 团体票 | 交通条件 | | 指示牌等 |
| 荒野地带 | | | | | |
| 欢乐园 | | | | | |
| 米奇童话城 | | | | | |

附图 6.2.3　迪士尼乐园的营销组合图*

注：*作者根据相关资料画出，不是调查结论，仅供讨论时参考。

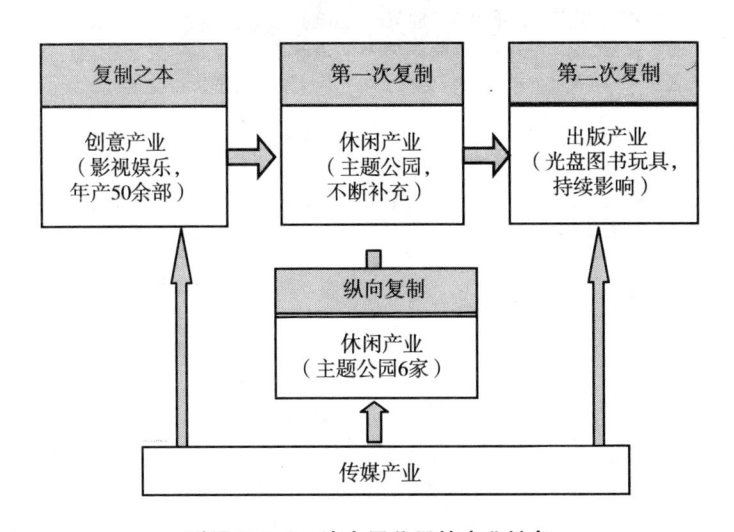

```
复制之本           第一次复制         第二次复制
创意产业    →     休闲产业    →     出版产业
（影视娱乐，       （主题公园，       （光盘图书玩具，
年产50余部）       不断补充）         持续影响）
        ↑                             ↑
        │          纵向复制            │
        │          休闲产业            │
        │         （主题公园6家）       │
        │              ↑              │
        └──────── 传媒产业 ────────────┘
```

附图 6.2.4　迪士尼公司的产业链条

注：*作者根据相关资料画图。

迪士尼公司的主要业务有四项：影视娱乐（Studio Entertainment）、媒体网络（Media Networks）、主题公园和度假村（Parks & Resorts）、消费产品（Consumer Products）。采取涟漪式扩展的方式。

第一轮，投石入水。不断推出制作精美的卡通片，大力宣传去打票房，通过发行拷贝和录像带，赚进第一桶金。

第二轮，核心水波。每放一部卡通片就在主题公园中增加一个新的人物，在电影和公园共同营造出的氛围中，让游客高高兴兴地参观主题公园，赚进第二桶金。

第三轮，扩展水波。在美国本土和全球各地建立了大量的迪士尼商店，通过销售品牌产品，赚进第三桶金。

迪士尼还在不断地收购电视频道，已经有了卡通电影频道、家庭娱乐频道，甚至还买了新闻频道。不断为前三桶金续水。

附表 6.2.1　　　　　　　　中国知名主题公园一览*

| 名称 | 投资/面积 | 主题功能区 |
| --- | --- | --- |
| 深圳欢乐谷 | 占地 35 万平方米，总投资 15 亿元 | 全园共分九大主题区：西班牙广场、卡通城、冒险山、欢乐时光、金矿镇、香格里拉森林、飓风湾、阳光海岸、玛雅水公园，共有 100 多个游乐项目 |
| 香港迪士尼乐园 | 占地 26 万平方米，二期工程正在筹建中 | 分美国大街、明日世界、探险世界、卡通城四个主题区 |
| 香港海洋公园 | 占地 87 万平方米，推出 5.5 亿元的改造计划，是世界最大的海洋公园之一 | 山上有海洋馆、海洋剧场、海涛馆、机动游戏；山下有水上乐园、花园剧场、金鱼馆及仿照历代文物所建的集古村 |
| 澳门渔人码头 | 是澳门首个以主题式设计的综合娱乐旅游新景点，总投资约 19 亿港元，占地超过 10 万平方米，其中有 4 万平方米是填海造地而成 | 是集娱乐、购物、饮食、酒店、游艇码头及会展设施于一体的大型游乐世界，结合了不同的建筑特色及中西文化。首期工程主要分为三个特色区域：唐城、东西汇聚、励骏码头 |
| 珠海海泉湾 | 占地 4.2 平方公里，已开发的一期工程占地约 1 平方公里，投资额已达 22 亿元 | 整个建设以海洋温泉为核心，由海泉湾大酒店、神秘岛、渔人码头、海泉湾健康体检中心、海泉湾梦幻剧院、海泉湾运动俱乐部和拓展训练营七大板块组成 |
| 广州长隆欢乐世界 | 投资额 10 亿元，第一期占地面积 1 000 多亩，是广州大型机械游乐园 | 全园分白虎大街、尖叫地带、旋风岛、中心演艺广场、哈比王国和欢乐水世界六大主题区，建成游乐项目达 46 项 |
| 杭州宋城 | 浙江省第一家主题公园和中国最大的宋文化主题公园 | 景区分为"清明上河图"再现区、九龙广场区、宋城广场区、仙山琼阁区、南宋风情苑区等 |
| 浙江横店影视城 | 总投资 30 亿元，是亚洲最大的影视拍摄基地，被誉为"东方好莱坞" | 影视城共有七大景区：秦王宫景区、清明上河图景区、江南水乡景区、大智禅寺景区、广州街香港街景区，以及明清宫苑、屏岩洞府景区 |
| 桂林乐满地 | 占地 60 公顷，总投资 3 亿元人民币，是华南地区最大的主题乐园 | 分为欢乐中国城、美国大西部、梦幻世界区、海盗村、南太平洋区和欧洲区六大主题区 |

注：*董观志、张颖：《旅游+地产 华侨城的商业模式》，中山大学出版社 2008 年版，第 199~200 页。

教学案例

附表 6.2.2 世界三大主题公园 *

| | 迪士尼乐园（Disneyland） | 环球影视（Universal Studios） | 嘉年华（World Carnival） |
|---|---|---|---|
| 公司背景 | 沃尔特·迪士尼于1955年在美国加利福尼亚建成迪士尼乐园，是世界上最早的真正意义上的主题宫苑，迪士尼乐园成功地把迪士尼文化产品化，从米老鼠、唐老鸭，到白雪公主、小飞侠彼得·潘等，各种虚拟角色在现实中一一展示出来 | 美国环球影业公司是美国八大制片商之一，在制作和发行电影的同时，运用其影视资源发展多元化事业，包括电影式主题乐园环球影城 | 2001年，威廉·史蒂芬与香港金海岸有限公司一起，合作成立公司并注册商标"环球嘉年华"，专业经营巡回式游乐场。嘉年华创建者史蒂芬家族是欧洲历史最久的游乐园经营家族，从19世纪晚期的骑毛驴的儿童游戏，发展到今天全球最大的巡回游乐场 |
| 国际化发展 | 洛杉矶（1955）、奥兰多（1971）、东京（1983）、巴黎（1992）、中国香港（2005） | 在美国奥兰多、日本大阪、西班牙巴塞罗那等城市建有5家大型主题公园 | 近年来，巡游地点集中在亚洲，包括阿联酋的迪拜、马来西亚的吉隆坡、菲律宾、新加坡、中国香港、中国上海和北京 |
| 主要特点 | 以创造并带给消费者欢乐为宗旨，通过各种形式如幽默、惊险、发现、神秘、喜剧、浪漫、冒险、行动和戏剧等表现出来。另外，其创造的虚拟角色与动画片、主题乐园、戏剧、故事片、电视、体育、图书等媒介相结合 | 汇集世界各地最新的音乐、电影、游戏等娱乐节目，并以好莱坞众多电影精品为基础，运用高科技手段，让游客亲身体验电影中的逼真场景，增强游客的参与性和娱乐性。其游乐内容将依托环球影城制作的电影，并融入各国文化，不断创新 | 迁徙式游乐场是嘉年华的最大特色。每年迁徙4次，每地仅停留2个月。通过新鲜感和有限的时间以获得最高的单位时间客流量。另外，环球嘉年华只购买摩天轮、旋转木马之类经典的娱乐设施，其他都是租赁获得，这既降低了采购成本，又很容易不停地通过租借形式更换娱乐设备，保持人们对嘉年华的新奇 |
| 主要节目 | 众多的娱乐主题，不断更新的娱乐项目。比如幻想世界、探险世界、明日世界、梦幻乐园等 | 飞跃未来（Back To The Future）、E.T.外星人（E.T. Adventure）、未来战士（Terminator）、大白鲨（Jaws）、侏罗纪公园（Jurassic Park） | 通过代金币方式参与：体验型的摩天轮、谜城；技巧类的游乐机、博彩类游艺活动等 |
| 投资规模 | 10亿美元以上 | 10亿美元以上 | 每次迁徙1 000万美元左右 |
| 盈利模式 | 收入包括媒体网络、EPSN体育网、影视工作室、主题公园、游乐场、消费品、互联网等 | 门票、餐饮、酒店、纪念品、影视制作等 | 利润的大部分来自博彩游戏奖品收入加上体验型游戏的游艺收入 |

注：* 董观志、张颖：《旅游 + 地产 华侨城的商业模式》，中山大学出版社2008年版，第207~208页。

## 6.3 芭比娃娃：一个高档消费者

2009年3月6日（芭比娃娃50岁生日前夕），芭比上海旗舰店在上海最繁华的商业街淮海路盛大开业。这家旗舰店建筑面积3 500平方米，共6层，其中陈列并销售全系列的芭比产品，包括音乐、电子、生活用品等。当时，美泰公司高层对媒体宣布，在上海开设全球第一家芭比旗舰店，是出于美泰对中国市场的长期目标。而芭比上海旗舰店是"独一无二的女孩购物体验中心"，拥有1 600余种芭比产品，包括芭比娃娃、芭比服饰、芭比珠宝、芭比电子产品、芭比餐厅、芭比美容中心……然而，仅仅两年之后，2011年3月7日，美泰公司宣布："芭比上海旗舰店已完成芭比品牌在中国市场发展的使命，于2011年3月7日停止营业。"对此，专家和媒体众说纷纭，议论芭比在中国市场的失败。但是无论如何，也不能否认芭比娃娃创造的辉煌。

芭比娃娃诞生于1959年，她不是"娃娃"，而是"青春女性"。据《美国玩具制造商》估计，1993年，芭比为生产它的美泰公司盈利12亿美元；1994年销售记录已经突破50亿美元大关，是美泰公司最著名的产品，占公司利润来源的80%。1997年，芭比娃娃在世界上100多个国家和地区以每3秒钟一个的速度销售。平均每个美国女孩拥有8个芭比，普及率也达到90%；几乎所有女儿在3~10岁的母亲都能叫出每个芭比的名字。至今她仍然风靡世界玩具市场，60多年经久不衰。据说，现在每2秒钟就可以售出一个芭比娃娃，每个美国女孩平均拥有的芭比娃娃已经增加到10个，法国为5个。但是，在中国为什么卖得不好？有人说市场上假货较多；还有人说，她太性感了，中国妈妈不接受……不过至今还没有一个大家都接受的答案。

### 1. 芭比娃娃的诞生[①]

1916年，露丝·汉德勒（Ruth Handler）出生在美国科罗拉多州首府丹佛市。后来在派拉蒙公司摄影片场工作时，遇到了自己一生的爱人埃利奥特·汉德勒（Elliot Handler），1938年6月26日两人在丹佛市中心豪华的柏宁酒店举行了婚礼。后两人利用使用不久的有机玻璃材料，自行设计和生产书挡、托盘、香烟

---

[①] 该部分主要资料来源于罗宾·格博：《芭比传奇 一个举世闻名的娃娃与她的创造者的故事》，机械工业出版社2010年版，第1~100页。

**教学案例**

盒等用品，并自行销售。1941年5月21日，露丝顺利生下第一个孩子，即女儿芭芭拉·乔伊斯。此时，他们也开始设计、生产和销售一些饰品。1944年3月22日，儿子肯尼斯·罗伯特出生。

1945年，汉德勒夫妇与朋友曼特森开办了一家公司，取名为美泰（MATTEL），MATT取自曼特森的名字，而EL来自丈夫埃利奥特（ELLIOT）的名字。最初，公司的主要业务是经营人工树脂相框，后来经营玩具，主要是男孩子喜欢的枪、炮、汽车和飞机等模型玩具。由于销售音乐盒的成功，1952年公司销售额达到420万美元，税前收益23.8万美元。1955年美泰公司发明了"打嗝枪"，孩子一扣动扳机，就可以打出50响，由于跟片《米奇俱乐部》儿童电视节目打广告，广告播出6周后，商店的玩具枪被抢购一空，取得巨大成功。

露丝生产芭比娃娃的最初想法源于20世纪50年代初期。她经常看见女儿芭芭拉和小朋友玩纸娃娃，这些纸娃娃不是当时常见的那种婴儿宝宝，而是一个个青少年，有各自的职业和身份，其中最受孩子们喜欢的是成熟女性娃娃。"为什么不做个成熟女性的玩具娃娃呢？"她不应该是轻薄易损的纸制品，而应该是立体的、塑料制成的，让她拥有和现实生活中一样的衣服，或许还可以化妆，甚至拥有精美的指甲。但是，将创意变成新产品的方案，并非是一件容易的事情。

当时美国市场上的女孩玩具，大多都是可爱的小天使，圆乎乎、胖乎乎的，平平的胸，僵直的腿，类似著名童星秀兰·邓波尔的银幕形象，这是大人对孩子们玩具的想象。但从大孩子们的兴趣来看，这种玩具却略显"幼稚"，他们需要的是与自己年龄相仿的玩伴，而不是一个小宝宝。露丝坚信，小女孩不喜欢这种幼稚的娃娃。

此时，由于塑料材料在玩具娃娃行业应用，使生产精致娃娃成为可能。因此，露丝决定不模仿别人，设计成人女性模型的娃娃，并且突出成人女性的特征，她将创意逐渐具体化：青年女性，挺胸，苗条，穿带有拉链、暗褶及裙摆的真正衣服，脸上画有眼线、口红及彩妆，手指上涂上指甲油。但是，公司大多数人极力反对，包括她的丈夫。理由是：妈妈不会给自己的女儿买一个有胸脯的娃娃，同时那样精致和细节特征明显的娃娃难以生产出来，即使生产出来也是费用昂贵，不可能有销路。

露丝没有放弃，一方面思考说服公司人员的方法，另一方面努力具体化自己的产品创意。在双方僵持不下的时候，1956年7月至9月全家的一次欧洲度假使情况发生了转机。

一天，他们在瑞士小城卢塞恩游览时，看到了一家名为Franc Cart Weber的玩具店。露丝和女儿被这家店铺的橱窗所惊呆：一个硬塑料制成的、名为"莉莉"的娃娃映入她们的眼帘——模样可爱,衣着华丽,可以换穿多种服装。露丝为女儿购买了一个。接下来,在维也纳的旅行中,再次看到了"莉莉",又给女儿买了一个,同时多买了几个带回美泰公司。

莉莉诞生于1955年,是照着《西德时报比尔德》中一个著名卡通形象、用硬塑料制作的,高18~30厘米,有着成年女性一样的脸庞,她长长的头发扎成马尾拖至脑后,身材无可挑剔,各种体征应有尽有,双眼斜视,含情脉脉,鲜红的嘴唇微微外翘,而且穿着非常"暴露"。由于最早的目标顾客是成年男人,并作为情趣玩具,因此很像应召女郎。制造商为德国的O&M侯赛公司,以制作塑料模特而闻名。莉莉一般在酒吧、烟草店和成人用品店销售,也进入一些玩具店。

露丝对莉莉的出身一无所知,她认为找到了自己产品的模式或样板。回到美国,她就安排生产和制作。把一个想法变成市场上的产品也不是一件容易的事。露丝想的是:用新型软塑料代替莉莉的硬塑料,配上可以穿或脱下的袖珍服装,价格应该让普通大众接受。日本工人以对生产细节精益求精而闻名世界,于是,露丝就派人到日本寻找制造商。

美泰经过多方努力,找到了一家小的玩具公司——Kokusai Boeki。这家公司试验后建议,如果制造这种玩具,必须找到更好的材料和铸模方法。露丝在美国找到了开始应用的聚氯乙烯材料,以及与其匹配的离心浇铸工艺,经过美泰公司和日本工厂的双方努力,完善了工艺流程,最终生产出了样品。

公司在审核样品时,不太满意,认为样品具有"克夫相",而且像妓女。因此,决定对其改头换面,请来影视界著名化妆师巴德·韦斯特摩重新设计脸部,使其变得美丽动人。露丝为其想好了名字,就用女儿的名字"芭芭拉",或是女儿的昵称"芭布斯"。但是,这两个名字都已被他人注册,刚好"芭比"没有用,就选用了这个名字。她视"芭比"为自己的女儿。

娃娃诞生了,是一个不穿衣服的,露丝需要为她设计诸多的服装。因此,她向德国公司购买了十余个莉莉娃娃和另外9套服装,提供给设计师夏洛特·约翰逊,要求他为芭比设计美国式的服装,模拟少女人生经历的各种场合,如班级舞会、婚礼、职场等,匹配相应的服装。由于这些服装使用微型的拉链、摁扣、纽扣、暗褶和裙摆,甚至必须有内衣,制作成本很高,不得不再去日本加工生产,并在日本与裸体娃娃组装完成。进入美国时,要加上35%的关税,但露丝认为非常值得。

为了把芭比娃娃成功地推向市场,露丝花了3年的准备时间。1959年3月9日,露丝把芭比娃娃带到了纽约,在美国国际玩具博览会上正式亮相,会上有数以千计的采购商。但是,没有人下购买芭比的订单。此前露丝已和日本制造商签订了6个月的生产合同,每周发送2万个娃娃,还担心供不应求。结果令人失望,她赶紧要求日方减产40%。露丝哭了。

露丝花费1.2万美元邀请被称为营销怪才的迪希特进行营销研究,结果是妈妈们讨厌芭比,而她们的女儿们都非常喜欢芭比,表示自己长大了也要像芭比那样魅力四射,有着细长的双腿和丰满的胸部。随后,卡森&罗伯茨广告公司为芭比拍摄了广告片,在60秒广告中,芭比不像是玩具,而是一个会游泳、唱歌、参加派对,穿着不同服饰的女孩。配乐是当时流行的弗朗西斯风格,歌词也相当给力:"有朝一日,我也会和你一样,知道自己要做什么……芭比,芭比,美丽的芭比,我要把自己当成你"。1959年这一年,露丝宣布在公司100万美元广告预算之外,另外加12.5万美元专门用于芭比的广告。1959年3月广告开始播出,但是这个春天销售没有一点起色。

露丝知道:"在玩具行业里,成败的关键在于所做的预测是否准确,由于产品交货期一般很长,先期的承诺将会关系到生产或发货的数量以及最后是否会把货砸在自己手里。"露丝开始考虑进一步消减订单。

然而学生的暑假来临了,或是由于前期广告的作用,女孩儿们纷纷缠着自己的妈妈去买芭比,原先无动于衷的采购商们开始争相订购,芭比娃娃一下子火暴起来,第一年就卖出35万个,并且一直延续着。美泰公司在1964年取得德国玩具娃娃莉莉的版权,并停止了其生产和销售,从而为芭比推广扫清了道路。1959年推出的一款芭比娃娃如今估价在27450美元。后来,芭比成为明星,也有了自己的档案。

(1)芭比的外表(见图6.3.1)。

全名:芭比·密里森·罗伯兹(Barbie Millicent Roberts)

年龄:永远16岁

原创者:露丝·汉德勒(Ruth Handler)

本人身高:167厘米

娃娃身高:28厘米

本人体重:47~54公斤

娃娃体重:称称就知道

本人三围:90厘米/62厘米/89厘米(超级魔鬼身材!)

小腿长:46厘米

大腿长:50厘米

性格:开朗,充满好奇心,富想象力,热爱创作

图 6.3.1　1959 年的第一款芭比娃娃

（2）芭比的内心。

坚持自身的价值是芭比个性里很重要的一部分。她时常用自己的故事强调这个特点。

——芭比永远善良友好，不会粗鲁没礼貌；

——芭比十分热心，关心朋友和小动物；

——芭比不会嘲笑他人，也不会拿他人开玩笑；

——芭比不会用欺骗或诡计等手段得到她想要的东西；

——芭比潜心于她在乎的事情，并且十分坚持自己的理想。芭比的名声和财富来源于她的才华和自身努力地工作，她鼓励女孩子们要拥有梦想，相信自己可以做到任何想做的事。

——芭比不管做什么都会尽自己最大的努力；

——芭比总是鼓励她的朋友和她的妹妹们做最好的自己；

——芭比绝对不会利用自己的名声为所欲为或出风头，而是执著地坚持个人的信仰。

芭比是一位多才多艺的明星。她主演过很多电影，并在影片中担任主唱。

芭比酷爱时尚。她永远站在美丽风尚的最前沿。

芭比喜欢旅游，她在世界各地留下过非同寻常的冒险经历。

芭比待人友善，她有一群亲密无间的、最忠诚的朋友。

芭比富有爱心，她喜欢小动物，生活中有很多快乐时光是和小动物们一起度过的。

芭比喜欢笑，与生俱来的幽默感让她在任何环境里都能发现有趣的事。

**2. 芭比娃娃的生活**

芭比一出生就是 16 岁的女孩，随着岁月的流逝，声名鹊起，但是年龄、容颜和身材不变，这是一个花费和社交的年龄。在这个年龄，芭比有着自己的生活方式，一是不断地变幻自己的职业和人种，二是不断地交际各种各样的朋友，三是不断地消费各种各样的商品，当然也参与诸多的活动，创造了诸多的故事。1965年，在芭比诞生的第7个年头，美泰公司被《财富》杂志列为500强企业之一，控制了当时美国20亿美元玩具市场12%的份额。

芭比的全名是芭芭拉·密里森·罗伯茨，在兰登书屋20世纪60年代出版的一系列小说中，芭比的父母分别是乔治和玛格丽特，他们来自威斯康星州的一座虚构小镇——威劳斯（Willows）。芭比先是在小镇初中读书，后来入读虚构的纽约曼哈顿国际高中。为了证明芭比不是一个头脑简单的"花瓶"，美泰公司设计出不同身份的芭比：她曾当过舞蹈家、摇滚歌手、医生、女企业家、警官、运动员，甚至做过联合国儿童基金会的志愿者和总统候选人。芭比有飞行员执照，经营着一家商业航空公司，还亲自担任空姐。在鼓励女性上班的20世纪60年代，芭比穿上了行政套装，挎起了公文包，包里有名片、信用卡、报纸、计算器；当人类第一次登上月球时，芭比很快成为了一名宇航员；而进入信息时代后，芭比也开始给朋友们写电子邮件了[①]。至今，芭比拥有45个不同国籍的身份，遍布世界各地，有着各种肤色。

芭比有自己的亲人，数量随着岁月而不断增加。除了前面提到的父母乔治和玛格丽特，还有诸多的亲戚和弟妹。1964年，小妹巧比（Skipper）首次出现，至今最新的版本是装扮成高中生模样。到目前为止，巧比是芭比存在最久的妹妹，有出过六七种脸模，她的男朋友比芭比多，款式造型更是数不清。1966年，芭比的家庭出现了度蒂（Tutti）和陶德（Todd）两个双胞胎弟弟妹妹，造型可爱，相当受欢迎！不过在20世纪70年代初期，这对双胞胎却悄悄消失踪影，直到80年代末期，才以七寸身高再次出现，度蒂也改名变成史黛西（Stacie）。日后陶德却极少出现，只有史黛西偶尔有新造型上市。来自英国的表妹法蓝西（Francie），带来60年代的摩登打扮，从1966年起，一直到70年代中期都有她的芳踪。法蓝西是芭比第一个远亲，同时也因为受她的影响，芭比的装扮有了显著的不同。80年代中期，芭比又有另外一个表妹洁西（Jazzie）来造访。当时虽然推出她自己的故事和朋友，不过并未得到收藏家的支持，短短几年之后她就消失了！后来在90年代初期，出现过一款海滩装。1995年，妹妹凯莉（Kelly）出现，还有肯尼的北北小汤米（Tommy）也伴随上市。凯莉陆陆续续有数不清的朋友陪伴，这些手掌大小的娃娃马上大受欢迎！这样的系列每年都不断地推出新

---

① 滕晓铂：《芭比进化史》，载《装饰》，2009年第7期。

颖可爱的造型，凯莉俱乐部的成员增加迅速，配合假期庆典有礼盒包装的特别版。1999年，小妹妹克莉丝（Krissy）也加入芭比家族。

芭比有自己的好友，并且不断更迭，有的仍然保持着，有的已经消失。1964年推出芭比的第一个好朋友蜜琪（Midge），虽然面貌平凡，但是身材和芭比一模一样，让许多妈妈松了口气，不必为打理蜜其的衣服而烦恼。她全身上下都可以向芭比借来穿！此外，蜜琪的男友艾伦（Allen）也适时出现。蜜琪出现没多久也就消失了，直到80年代才再次出现。

芭比需要朋友一起购物逛街。美泰儿再次让她拥有其他英国友人史黛西（Stacey）、第一个黑人朋友克莉丝蒂（Christie）。70年代初期，美泰儿又介绍两位新朋友洁咪（Jamie）和史黛菲（Steffie）。前者出现不久即消失，后者则是芭比最漂亮的朋友，她的脸模。还曾出现在后来不少娃娃身上。到了80年代，芭比的圈子有了更多的异国朋友，她的两位亚裔朋友米可（Miko）来自夏威夷，达那（Dana）为1981年上市的东方人脸模。另外一个拉丁裔的朋友泰瑞莎（Teresa）在1987年出现。虽然泰瑞莎的脸模是以前被使用过的芭比脸模，不过在1991年终于出现专属于她的脸模。后来，像克莉丝蒂和蜜琪也有成熟的新脸模伴随着她们成长而出现。90年代的新朋友中，属青春气息系列（Generation Girls）最受人瞩目。在这个系列中，芭比都换上了新脸模，其他5位朋友则是国际学校的好同学。妮雪（Nichelle）是从纽约来的黑人；玛莉（Marie）来自法国，主修艺术；艾娜（Ana）则是来自墨西哥的奥运游泳选手；雀儿喜（Chelsea）是从英国一路弹唱到美国的民谣歌手；桃丽（Tori）则是远从澳洲来的运动好手。因为这个系列非常受欢迎，在2000年又加入了两位朋友，从东京来的电脑高手玛瑞（Mari）和喜爱音乐的业余DJ伯朗尼（Blaine）。随着现实社会的变迁，不断会有新朋友加入芭比，借以反映时代的风貌。

芭比有自己的男友。她和肯·卡森（Ken Carson）有着剪不断、理还乱的浪漫感情故事。芭比娃娃推出后，很多顾客来信，要求给芭比找个男朋友。1961年，在美泰公司推出的一则广告中，芭比遇到了风度翩翩的肯（是以露丝儿子的名字命名的），从此这两个玩具娃娃形影不离，"芭比和肯"几乎成了经典爱情的代名词。当年，为了保持自己与芭比感情的"新鲜度"，肯的形象不断地变化。20世纪70年代的肯甚至还有过方便拆卸的鬓角。20世纪80年代，肯的发型变得更加干净简洁，从而保证了他能继续长时间讨女友的欢心。另外，这件颇有特色的T恤可能也帮他吸引了女友的注意力。新千年开始之际，肯试图再变换些新形象，但是两人感情的裂痕也是在这个时候发生的。2004年情人节前夕，芭比娃娃与她的男友肯"分手"，肯与女友芭比——这对玩具王国中相恋 43 年的金童玉女正式宣告分手。2004 年 6 月 29 日美泰宣布，"芭比娃娃"的生活中出现了一个新的"男人"，这是一位名叫布莱恩（Blaine）的"澳大利亚冲浪迷"。2010 年在电影《玩具总动员 3》中，肯再次复出。2011 年，为了庆祝肯的五十大寿，这次美泰又特别推出了三款造型时髦考究的肯。一头金发，每天把胡子刮干净的"剃须肯"（包装里面还配一把剃须刀）。"潮人肯"穿着破牛仔裤和图案花哨的 T 恤。这两款都是小女孩的理想梦中情人，可以陪她们一起逛街购物，会欣赏她们的粉色唇彩。第三款是"甜言蜜语肯"，他体内装着一只录音麦克风，可以记录 5 秒钟的声音，并进行回放，且有高、中、低三种音调可选。他适合 3 岁及以上的女孩，只要在他胸口重重地按一下，便可向他灌输各种甜言蜜语了。

**Ken Carson 小档案：**

他出生于 1961 年 3 月 11 日，双鱼座，比芭比小两年零两天。

他身高 12 英寸，比芭比高 0.5 英寸。

他与 Mattel 公司创始人 Handler 夫妇的儿子同名。

1961 年诞生之初，他的售价是 3.5 美元。

他的第一身造型是红色游泳裤和软木底凉鞋，上身搭一条黄毛巾。

他直到 1973 年才拥有"真正的"植发，此前都是塑料头发。

1997 年，他有了一个弟弟，名叫 Tommy。

他的好朋友是 Alan，也是芭比好友 Midge 的丈夫。

1961 年，他与芭比相识于两人联袂出演的首部电视广告的片场。

2004 年情人节，他与芭比一度分手。

他也拥有 Facebook 和 Twitter 账号（见图 6.3.2）。

图 6.3.2　肯的形象变化

芭比有 40 多个宠物，有狗，有猫，一匹叫"舞蹈家"的马，一只熊猫、一头幼狮以及一匹斑马。她还拥有很多交通工具，包括粉红色的雪佛兰克尔维特敞篷跑车、旅行车以及吉普车等。芭比有着多姿多彩的生活方式，她的生活很舒适，有专属的卧室、客厅、浴室、厨房、家具、餐具、卧室、汽车，甚至手表、耳环、化妆品等，她会参加各种浪漫的节日，比如"缤纷巴黎"、"罗马假日"、"花园宴会"、"热爱阳光"、"迷醉之夜"、"复活节花车"、"聚光灯下的独唱"、"周五的约会"等，美泰公司利用广告树立芭比拟人化和情感化的形象，以销售额的 25% 作为广告开支，在电视、报刊上开辟"芭比乐园"、"芭比信箱"，组织芭比收藏会等①。

### 3. 芭比娃娃的涟漪效应②

美泰（Mattle Inc.）玩具公司曾经把购买玩具行为转化为领养孩子的行为，甚至推出女孩子 1:1 的复制品。拥有这种特制娃娃的父母感到满足和充实，有一种双胞胎父母的喜悦；拥有这种特别娃娃的孩子可以随意地宠爱自己、设计自己，甚至把自己紧紧拥抱。

一对夫妇曾对美泰公司提供的自己女儿的复制品不满意，原因是他们的女儿的眼睛一大一小，而美泰公司都做了一个两只大眼睛的娃娃。美泰公司真诚地向这对夫妇赔礼道歉，并给他们重做了一个满意的芭比娃娃。这对夫妇认真地说："我们订的是一个原版的女儿，不是修正版的女儿"。许多父母都把芭比娃娃视为自己的女儿，自然她就成为一个吃、穿、用、住的消费者。

一位买了芭比娃娃的女孩，发现包装盒里有商品供应单，提醒小主人芭比应该有自己换洗的衣服。小主要求父母为芭比买几套衣服。父母认为，女儿给芭比换穿衣服可以得到锻炼，就去商店里买回芭比娃娃穿用的"波碧系列装"，花了 45 美元。

一个星期后，女儿又得到商店提示，你想让你的芭比成为从事什么职业的人，商店里有各种各样的职业装。对装束的选择，包含了孩子们未来理想的憧憬，同时孩子们在同伴中的地位，取决于好的芭比有多少种职业。当女儿含着眼泪说"我的芭比在同伴中是最贫穷和没有地位"或是"我有一个理想，要成为一位空姐"的时候，父母只好掏钱去买各种职业装，空姐制服、护士白大褂和舞蹈服等，花了 35 美元。

---

① 滕晓铂：《芭比进化史》，载《装饰》，2009 年第 7 期。
② 李飞：《不断创造需求的芭比》，载《中华商标》，2002 年第 2 期。

青春小姐芭比到了谈恋爱的年龄了，美泰玩具公司又推出了英俊小伙子肯。当女儿听说芭比喜欢上肯时，善良的心不忍让他们天各一方，请求父母让他们团聚。父母看着女儿脸上的泪珠，只好掏出 11 美元将肯买回家。有趣的是，肯的名字不是与亨德勒女婿的名字相同，而是他们儿子的名字。

又一个男性消费者诞生了，他同样需要衣服、浴袍、电动剃须刀等用品，父母不得不一次又一次地打开钱包。

恋爱就要结婚。当女儿眉飞色舞地宣讲芭比各凯恩的婚礼计划时，父母只好依计划"大操大办"。美泰公司将一切用品都准备好了，随时等你掏钱去买。尽管推出了很多的婚纱，但是芭比仍然没有结婚。

这些亲人和朋友又带来新的需求。美泰公司推出的娃娃装就有 100 多种，同时还开发了与其配套的香水、钻石、手表、梳妆台等配件，以及赛车、游船、别墅等享乐品。

一个芭比带来的销售额达几十亿美元，占美泰公司总销售额的 50%。她像一棵摇钱树，不断地产生财富。最早期的芭比娃娃"一号"脚底有一个洞，现在每个可以卖到 4 000 美元；留着齐肩头发的"美国小家碧玉"也已价值 3 000 美元；名为"罗马假日"的芭比娃娃粉盒，也已价值 800 美元。世界上已经出现了芭比娃娃收藏大军，不仅使芭比娃娃畅销不衰，而且使芭比品牌价值不断腾升。

**案例讨论目的**

使学生掌握"产品开发和组合"的目的和方法，特别是在环境发生变化的时候，应该采取怎样的应对策略。

**案例讨论问题**

1. 第一个芭比娃娃开发的内容和方法？为什么？
2. 芭比娃娃相关产品组合内容和方法？为什么？
3. 美泰公司产品创新和组合的特征是什么？

**案例讨论形式**

开放式讨论，同学们根据案例提供的资料和数据，围绕前述三个讨论题进行讨论，一般会形成多种选择观点，让他们充分地说明自己的观点。

## 附录 6.3

### 附录 6.3.1　　　　　芭比相关的产品线[①]

美泰公司发现,美国家庭的儿童娱乐空间、居室的装饰涂料是五颜六色的,这促使了他们推出芭比涂料的想法。2003 年,美泰公司提供"芭比"品牌,联合一家涂料公司,推出"芭比"涂料,赢得了市场推崇。这种跨行业的品牌联合使美泰公司尝到了甜头,开发出一系列的芭比时装、芭比杂志及电子游戏等。以芭比为主题的附载产品也有很多:她的服装、首饰、手袋、太阳镜、高跟鞋、化妆品、玩具、手表、餐具、家具、小汽车、娃娃屋等。芭比的鞋子超过 10 亿双,她的衣柜每年增加 100 多件新装。

美泰公司还专门创办了《芭比时尚》杂志,兰登书屋不定期推出《芭比时尚指南》,克里斯汀·迪奥、伊夫·圣·洛朗等顶级服装设计师甚至会为芭比娃娃设计时装而感到骄傲。自 1959 年以来,为芭比及其朋友生产的服装接近 10 亿套。用于生产芭比娃娃及其朋友的服装的布料超过 1 亿 500 万匹,使得美泰公司成为了世界上最大的服装生产厂之一。与芭比有关的一切已经渗透到人们的日常生活,除了玩具和主题服饰外,配套的设计软件、电脑、照相机、文具也令女孩们爱不释手。

1999 年,芭比在动画《玩具总动员 2》中客串角色。2001 年,美泰公司将芭比打造成了电影明星,推出首部芭比主演的电影《芭比与胡桃夹子的梦幻之旅》,2002 年推出动画电影《芭比之长发公主》,到目前为止,芭比的系列电影已成功推出了将近 20 部,其未来主题规划已到 2015 年的第 31 部电影(见表 6.3.1)。这些电影的题材都来自经典的童话故事,芭比是这些电影中的主人公,她被塑造成一个美丽、勇敢、智慧的形象。电影的推广更加促进了芭比娃娃的销量,芭比在各部电影中的形象一被搬上专卖店的柜台,就受到了广泛的欢迎。在以往的销售中,销量最好的芭比娃娃是长发公主芭比,她的头发从头顶一直长到脚趾。

附表 6.3.1　　　　　　　　　　芭比的系列电影

| 序号 | 影片名称 | 年代 |
| --- | --- | --- |
| 1 | 芭比与胡桃夹子的梦幻之旅 | 2001 |
| 2 | 芭比之长发公主 | 2002 |
| 3 | 芭比之天鹅湖 | 2003 |
| 4 | 芭比之真假公主 | 2004 |
| 5 | 芭比之梦幻仙境 | 2005 |
| 6 | 芭比之魔幻飞马 | 2005 |
| 7 | 芭比梦幻仙境之人鱼公主 | 2006 |

[①] 滕晓铂:《芭比进化史》,载《装饰》,2009 年第 7 期。

续表

| 序号 | 影片名称 | 年代 |
|---|---|---|
| 8 | 芭比之奇幻日记 | 2006 |
| 9 | 芭比之十二芭蕾舞公主 | 2006 |
| 10 | 芭比梦幻仙境之魔法彩虹 | 2007 |
| 11 | 芭比之森林公主 | 2007 |
| 12 | 芭比之蝴蝶仙子 | 2008 |
| 13 | 芭比之钻石城堡 | 2008 |
| 14 | 芭比之圣诞颂歌 | 2008 |
| 15 | 芭比之花仙子 | 2009 |
| 16 | 芭比与三个火枪手 | 2009 |
| 17 | 芭比之拇指姑娘 | 2009 |
| 18 | 芭比梦幻仙境之穿越时空 | 2009 |
| 19 | 芭比之睡美人 | 2009 |
| 20 | 芭比之灰姑娘 | 2009 |
| 21 | 芭比与三姐妹公主 | 2010 |
| 22 | 芭比之人鱼公主 | 2011 |
| 23 | 芭比之魔法彩虹公主 | 2011 |
| 24 | 芭比之水晶河流 | 2011 |
| 25 | 芭比之伊丽莎白 | 2012 |
| 26 | 芭比之白雪公主 | 2012 |
| 27 | 芭比之豌豆公主 | 2012 |
| 28 | 芭比之秘密花园 | 2013 |
| 29 | 芭比之黑美人 | 2013 |
| 30 | 芭比之白雪皇后 | 2014 |
| 31 | 芭比之魔法水晶 | 2015 |

## 附录6.3.2　　芭比娃娃发展简史[①]

1958 芭比诞生。

1959.3.9 芭比在美国玩具博览会上首次亮相，穿着当时流行的黑白条纹泳装，扎着马尾辫。芭比正式进入玩具市场，当年共售出 351 000 个芭比娃娃。第一个芭比娃娃的售价为 3 美元，而现在 1959 年原型芭比娃娃售价高达 10 000 美元。

---

① 滕晓铂：《芭比进化史》，载《装饰》，2009 年第 7 期。

1961 芭比进入欧洲；芭比的男朋友肯（Ken）出现，他是以露丝·汉德勒的儿子命名的。

1963 芭比最好的朋友蜜琪（Midge）出现。

1964 芭比入大学；芭比的妹妹思奇帕（Skipper）出现。

1965 芭比宇航员出现，之后在 1986 年和 1994 年又两次出现。

1966 芭比的双胞胎弟妹托德（Todd）和图蒂（Tutti）出现；芭比来自英国的表妹弗朗希丝（Francie）出现。

1967 时装模特特姬（Twiggy）的同名芭比出现，她是第一个加入芭比家族的名人；芭比的"扭扭舞"（Twist and Turn）脸模出现，一直流行到 1976 年。

20 世纪 60 年代末芭比的第一个黑人朋友克丽斯蒂（Christie）出现。

20 世纪 70 年代初芭比的朋友杰米（Jamie）和史黛菲（Steffie）出现。

1972 芭比的"史黛菲"脸模出现。

1975 奥林匹克运动员芭比首次亮相。

1977 芭比的"超级明星"脸模出现。此后，"世界风情系列"中陆续出现许多新脸模，以配合各种族的脸部特征；《收藏家芭比年鉴》出版，芭比正式进入收藏型娃娃的队伍。

20 世纪 80 年代芭比以政府首脑形象出现，她出席了纪念苏美冷战结束的会议；芭比的亚裔朋友，来自夏威夷的米可（Miko）和摇滚歌手当娜（Dana）出现。

1980 第一个黑人西班牙芭比出现。

1981 芭比的东方人脸模上市。

20 世纪 80 年代中期芭比的另一位表妹杰西（Jazzie）出现；美国州际联盟娃娃俱乐部（UFDC）首次开放芭比出席当届"娃娃博览会"，让古董娃娃和当代收藏型娃娃同台展出。

1987 拉丁裔芭比出现。

1988 首款收藏型芭比"假日芭比"推出，造成相当大的轰动，当时以 29.9 美元的高价位上市，但仍成为圣诞节最抢手的礼物。次年第二款收藏型芭比出现时，首款"假日芭比"已飙涨到 200 美元。

1990 友好大使芭比出现在纪念推翻柏林墙的活动中；著名服装设计师鲍勃·麦凯（Bob Mackie）设计的第一尊"金芭比"以 125 美元的高价上市，更确立芭比成为收藏品的价值。

1991 拉丁裔芭比有了专属脸模。

1992 鲍勃·麦凯设计的"水神芭比"采用了新脸模，被称为"麦凯"脸模。这款脸模少了之前开口笑的可爱模样，让芭比看起来更加成熟美丽；作为应征加入沙漠风暴行动的见习军士的军装芭比出现。随之出现芭比系列军队形象，包括陆军、空军、海军及海军陆战队，得到了五角大楼的肯定，从而最大限度加强了服饰的真实性；芭比的妹妹史黛西（Stacie）出现；总统候选人芭比出现，她站在讲台上，为妇女、高等教育以及动物权利而竞选。

1994 墨西哥少女节的庆祝上，出现特蕾莎修道院的修女芭比；芭比欢度 35 周年庆，在佛罗里达州的迪士尼世界举行盛大庆典，吸引了媒体的大幅报道；芭比当选美国《人物》杂志当年"最美丽的 50 位人士"之一。

1995 芭比的妹妹凯莉（Kelly）和肯的弟弟汤米（Tommy）出现。

1996 节假日期间，芭比娃娃的"芭比时装设计师"光盘是销量最好的软件。
1997 芭比首次以轮椅形象出现；芭比收藏家俱乐部成立。
1998 芭比运动收藏系列出现。
1998 芭比缩小臀围，增大腰围，变成凹凸起伏较小适合小朋友玩的芭比；顾客开始能使用电脑和互联网在芭比的网站 barbie.everythinggirl.com 通过"我的设计"来定制他们的朋友芭比。
1998~1999 为庆祝芭比娃娃40周年诞辰，美泰公司举办隆重的纪念活动，包括发行纪念邮票、上街游行庆祝，时间长达一年。
1999 芭比的 CD 取得 1996—1999 年儿童主题软件的最佳销量；芭比以"E-secret"（E-时代的秘密）进入电子世界行业，最新为女孩开发的芭比软件是"Barbie Magic Genie Bottle and CD Rom"（芭比魔力基因瓶及光盘），供女孩子们互动玩三维冒险游戏；芭比娃娃的家庭成员凯莉（Kelly）加入毛绒玩具种类；芭比的妹妹克莱丝（Krissy）出现。
20 世纪 90 年代末"青春气息系列"中，芭比重新换上了开口笑的新脸模，而同系列中出现了她在国际学校的好同学：来自纽约的黑人妮雪（Nichelle），来自法国主修艺术的玛丽（Marie），来自墨西哥的奥运游泳选手安娜（Ana），来自英国的民谣歌手切尔西（Chelsea），和来自澳洲的运动好手托里（Tori）。
2001 芭比的首次主演动画电影《芭比与胡桃夹子的梦幻之旅》。
2003 巴黎 Retz 饭店举办"芭比：珠宝和时尚大使"展览，包括"2003 芭比珠宝秀"和"2003 芭比时尚秀"，这场展览中包含了 60 多位国际设计大师的作品。
2004 为庆祝芭比诞辰 45 周年，30 位设计师为其专门设计了服饰。展览在巴黎 Poupee 服饰博物馆举行，由 200 个芭比身穿克劳德·布拉班（Claude Brabant）等人设计的服装进行了展示；罗伯特·贝斯特（Robert Best）设计了特别版芭比。
2009 芭比娃娃 50 周年庆。

# 第7章 价格组合策略

## 7.1 鄂尔多斯如何应对价格战[①]

1998年6月的一天上午,在鄂尔多斯北京总部办公的楼内,主管公司销售的张总经理正静静地坐在那里,目光停留在手中的文件上。根据这份报告,1998年上半年,公司的主营业务收入比上年同期增长19.19%,净利润却反而减少了43.26。作为公司销售的主管,他知道这是受了羊绒行业无序竞争影响的结果。90年代以来,大量的羊绒加工企业产销量降低,产品积压;到1997年,国内市场的羊绒衫呈普遍打折降价趋势,在这样的情况下公司利润减少也就不足为怪了。但是,怎样才能在不景气的行业背景下阻止公司利润下滑呢?

### 一、"温暖全世界"的鄂尔多斯

羊绒素有"纤维钻石"、"软黄金"的美称,"它产于一种绒山羊身上紧贴皮肤表面即毛的根部。到了春季,这些薄绒由牧民用铁梳子抓取下来成为原绒。经过选洗、分梳、纺纱、织造等工艺,加工成羊绒衫及一系列羊绒制品。由于羊绒

---

[①] 该案例改编自马翔宇、何志毅:《鄂尔多斯如何应对价格大战》,参见厉以宁、曹凤岐:《中国企业管理教学案例》,北京大学出版社1999年版,第237~241页。由于本人参与了当年鄂尔多斯的这场讨论,因此根据实际情况和教学需要进行了一定的补充和修改,同时补充了分析所需要的附录材料。

鳞片边缘光滑，覆盖间距大，类似环状，细度不匀率小等，使羊绒制品具有手感柔软、细腻，立体感强，悬垂度好，保暖性好等特点"[1]。每年我国的羊绒产量占世界的2/3。但几个世纪以来，由于没有自己的羊绒加工，中国的羊绒全部以原绒廉价出口，饱受了外国商贾掠夺之苦。

1969年，为了改变这种局面，国家在羊绒的主产区兴建了鄂尔多斯羊绒衫厂，从而结束了中国只能出口原绒而不能出口无毛绒的历史。1979年，又以补偿贸易方式成套引进了日本具有20世纪80年代世界先进水平的山羊绒加工技术设备，并于1981年投产，实现了山羊绒就地增值。

自建厂至今，鄂尔多斯始终保持着世界一流的技术装备，逐年进行大规模的技术改造，以保证技术的先进；为保证产品质量，公司还非常重视原料基地的建设，创造条件从羊绒质量上下工夫；同时公司还执行严格的质量控制体系，每件产品都按国际标准进行生产和检验，生产15年始终保持了99.8%的一等品率。公司还把质量管理延伸到市场经营当中，1997年各分公司全部成立了售后服务中心，加强售中、售后服务，让消费者买得放心、穿得放心，增大了市场影响力。

在80年代初建成投产后，由于当时羊绒价格昂贵，国人消费水平较低，羊绒制品暂时在国内没有市场，鄂尔多斯的羊绒制品以外销为主，90%的产品直接进入国际市场，占据了1/4的市场份额。到1996年，鄂尔多斯羊绒产品已打入38个国家和地区，累计向境外销售近1 000万件羊绒衫。公司还在洛杉矶、香港、东京等城市设立分公司，开办专卖店，实现了国际市场直销。从80年代中期开始，公司把目光落在国内市场，并展开推销攻势。从1991年起，公司又率先在北京、大连、西安等八大城市设立销售专卖店，直销产品。到1997年年底，与鄂尔多斯合作的商场达到1 000家，其有统一CI标识的连锁店开到了200家，基本上辐射和覆盖了全国市场。据1995年的统计结果显示，鄂尔多斯在国内同行业中市场占有率全国第一，产销量全国第一。1996年，鄂尔多斯的市场占有率为47%。

## 二、羊绒业的困境

我国历史上是羊绒尤其是原绒的输出国，在20世纪70年代末80年代初才形成了自己的羊绒制品企业。1979年鄂尔多斯建厂时，其生产能力为年产6万件，

---

[1] 修颖毅、李桂英：《羊绒制品的市场现状浅析》，载《中国纤检》，1998年第6期。

当时在全国只有北京的雪莲、上海的联毛、新疆的天山及内蒙古的鄂尔多斯共十多家羊绒生产加工企业，品牌不足 10 个，总生产能力也不过几十万件，而且 90%多的产品以出口为主，国内市场份额很小，在当时，羊绒行业既特殊又微乎其微。

但是，近几年纺织服装行业不景气，促使企业不断寻找新的市场拉动点。纯棉、化纤、真丝产品的销售趋势逐渐偏冷，而羊绒市场却在快速成长，并已从单纯出口创汇发展成国际、国内两个市场并举。于是更多的企业便把下一个目标盯在了高附加值、高利润的羊绒制品上，以寻求更快、更多的利益回报，特别是一些家庭作为坊式的民营小企业更是如雨后春笋般地滋生了起来。短短几年间，羊绒衫品牌就已由最初的 10 个左右发展到现在的 2 700 多个，除雪莲、天山、鹿王、鄂尔多斯外，日神、维信、兔皇、天马等几千个原来名不见经传的品牌也都登堂入室，占据了商场的醒目位置。不仅产绒区的内蒙古及甘肃、宁夏、新疆把羊绒加工业作为发挥当地资源优势、振兴地方经济的重要项目上马，就连根本不产绒的浙江、上海、广东等省区，也利用自己的加工和销售优势，抢占羊绒制品市场；更有一些时装加工企业，也调整了产品定位，把羊绒制品作为其重点加工品种之一。

羊绒企业规模迅速扩大，随之而来的是对原材料需求的增加和羊绒制品产量的增加，在管理欠缺、市场无序的状态下，这种情况势必会造成羊绒的收购与羊绒制品销售中的恶性竞争。

世界的羊绒产量有限而企业对羊绒的需求无限，羊绒加工企业骤然增多、盲目扩大造成了羊绒原材料供应紧张的局面。一只山羊年产绒 200～300 克，产无毛绒仅为 50～100 克，这意味着四五只山羊一年的产绒量，可制作一件普通的羊绒衫[①]。虽然我国是世界上最大的羊绒生产国，年产羊绒 8 000～10 000 吨，但目前国内羊绒加工能力是羊绒产量的 2～3 倍。在全国 2 400 多家羊绒企业中，仅内蒙古 59 家重点羊绒加工企业就已形成年加工原绒 1.2 万吨的生产能力，超过了全国羊绒总产量，而内蒙古年产羊绒仅为 3 000～4 000 吨；1998 年，浙江、上海一带又把棉纺挤占的资金投入了羊绒加工产业，形成了与内蒙古等羊绒加工企业的激烈竞争。

面对巨大的羊绒供需缺口，羊绒加工生产企业为了生存、为了生产，相互之间你拼我抢，掀起了一次次哄抢原料的羊绒大战。企业之间的无序竞争严重地扰乱了市场秩序，中国的羊绒市场几经起落：1988 年供不应求、价格大涨，1993 年、1998 年生产过剩、价格大跌。在我国，羊绒原料价格曾一度高达 450 元/公

---

[①] 修颖毅、李桂英：《羊绒制品的市场现状浅析》，载《中国纤检》，1998 年第 6 期。

斤，而在呈现疲软态势的1998年，每吨羊绒的价格从1997年的200~230元/公斤，下跌至130元/公斤，仍然无人问津。羊绒市场的无序竞争造成了羊绒价格的涨涨跌跌，而在这涨跌的风浪中，大企业为获得原材料不得不高价收购，虽然以价格优势夺得所需羊绒，但其结果却是增加了企业的生产成本；而小企业势单力薄，它们既加剧了市场竞争，又加重了自己的负担，在与大企业的抗衡中，不具价格优势的小企业为了获取生存必需的原材料，不惜掺杂施假，使用多种手段，其结果是一些企业因缺少原料而被迫停产，市场上出现了大量劣质羊绒、假羊绒。据1997年的调查结果显示，"羊绒大衣的真正含绒量一般在4.5%~10%，而售价却高达1 200~2 800元之多。许多厂家利用消费者对羊绒制品的购买热情，在羊绒制品销售旺季，生产假冒伪劣商品，生产出的羊绒制品不仅含绒量低，甚至不含绒，完全以兔毛绵羊底绒及高支细羊毛来假冒山羊绒；还有的厂家利用消费者对羊绒的概念不清，打出了太阳绒、羊毛绒等新名词，以假乱真，谋取暴利"[①]。

而与此同时，国内羊绒加工企业的盲目发展、重复建设，又导致了国内羊绒制品市场相对过剩，产销量降低，产品积压，效益大幅度滑坡。据统计，羊绒生产厂家在短短的6年里由10多家发展到2 400多家，生产能力也由100多万件上升到数千万件，产品供给大于市场需求5倍以上，个体羊绒加工企业产销率只有20%左右，绝大多数企业都有几万、几十万件的库存。企业为了资金周转必须尽快清理库存，哪怕利润再低，甚至低于成本也在所不惜。到1997年，降价风愈刮愈烈，国内市场的羊绒衫降价率平均在20%~30%，有的品牌甚至达到50%~60%。打折降价促销，使大部分企业元气大伤，再度陷入困境。如果按1997年中国总出口羊绒2 500吨、羊绒衫350万件计算，则因国内企业间降价竞争而给国家造成的损失就达1亿美元，数额之大令人痛心。

## 三、各抒己见

当天下午，张总主持召开了公司部门经理级会议，以共同商讨公司在目前情况下的经营策略。有关羊绒行业困境的资料和王副总手中的那份报告作为会议资料分发给每一位到会人员。看完报告，会场上一片寂静，让人感到隐隐的沉重。扫视了一下会场，张总说："摆在面前的问题大家都看到了，虽然我们大家经常在一起开会，但今天这次会的意义非比寻常，它关系到公司以后的发展走向、兴

---

① 修颖毅、李桂英：《羊绒制品的市场现状浅析》，载《中国纤检》，1998年第6期。

衰存亡，希望大家能够畅所欲言，出谋划策，共同找出一条道路来。"会场上出现片刻停顿之后，市场部经理首先发了言："我认为现在由于行业内生产厂家增多，我们的竞争也就比较激烈。那些小厂家为保生存，大打价格战，以很低甚至是低于成本的价格销售，市场上平均的降低率为20%～30%，个别品牌已达50%～60%，这严重地影响了我们公司产品的销售。个别厂家的降低价格不足为怪，但目前这种行业性降价就形成了一种市场氛围，消费者误以为所有的羊绒衫都在降价。如果我们坚持原有的价格不打折、不降价，我们的市场占有率势必会下降，利润当然也就会减少。所以，我建议公司制订一个合理的降价幅度，这样才能保住我们的市场份额，保证利润。"

市场部经理的发言引起了众人的议论，大家在思考着鄂尔多斯降价的可行性。"我谈点不同的看法"，公司企业发展与规划部（即企划部）经理说："我认为在全行业普遍降价的形势下，我们公司的确面临着很大的降价压力。竞争是市场经济的基本属性，价格竞争是最基本的竞争形式，这很正确；但关键是只有正当的价格竞争才能促进社会的进步和企业的发展。而目前的这种恶性竞争，只能造成资源的浪费，几败俱伤。我想，我们公司作为行业的佼佼者，不应参与到这种竞相降价中来。相反，我们应该采取行动，倡导羊绒行业实行行业自律，尽快结束这种不正当竞争的局面。目前其他企业的降价行为的确使我们公司的市场份额受到威胁，但我认为市场占有率并不等于利润率，有些厂商企图通过降价来扩大市场份额，这只能满足其市场份额扩大的心理；而从长期来看，任何企业都很难坚持低价抑或是低于成本价销售，结果会不战而败。现在市场环境已经发生了变化，只靠降价来提高市场占有率是有限的，这促使我们思考如何进行多种竞争策略的综合运用，如何根据不同的市场环境采取不同的经营策略，只有这样想到了并这样做到了，我们才能始终保持行业领先地位。"

面对不同的意见，张总陷入了沉思：两位经理的分析各有道理，公司到底应该怎么做呢？他想听听专家的意见。随后，他安排企划部召开专家座谈会。座谈会云集了京城一二十位专家，张总亲自主持，专家中大多为经济学家，他们的意见比较集中，就是"市场经济，物竞天择，该降价就得降价"，只有一位来自商学院的营销学教授提出了反对意见。他的理由是，在改进产品的同时，提高价格，现在产品单一，礼品消费占比较大，同时不同地区竞争不同，也不适合"一刀切"地降价。他反其道而行之的发言引起了会场的哄堂大笑。

张总更糊涂了。他不知道是请的人不对，还是这些人不行。看来还得自己好好想想。他再次陷入思索当中：整个行业产品积压已是产量的50%，不降能行吗？如果降价，随着材料成本上涨，又面临着亏损的风险。真是难啊！

**教学案例**

## 案例讨论目的

使学生掌握"应对价格战"的目的、方法和实现过程。

## 案例讨论问题

1. 鄂尔多斯究竟应该不应该降价？为什么？
2. 说出降价或不降价的具体应对策略和方法。

## 案例讨论形式

开放式讨论，同学们根据案例提供的资料和数据，围绕着前述的两个讨论题进行讨论，一般会形成降价或不降价两组人群，让两组充分地说明自己的观点。

# 附录 7.1

## 附录 7.1.1　　　　鄂尔多斯集团（1998）简介

鄂尔多斯集团公司组建于1991年，是以鄂尔多斯羊绒制品股份有限公司为龙头、羊绒产品为拳头，集毛纺、建陶、电子、石油、制药、房地产、商贸旅游和通信服务为一体的跨行业、跨所有制、跨地区的大型集团公司。1997年经国务院批准成为全国120家试点企业集团之一。

集团总资产逾35亿元。成员企业46家，其中控股企业17家，全资企业15家，参股企业14家。境内家企业分布在东胜、呼和浩特、清河、定边、大连、海口、深圳、北京和拉萨等地；在马达加斯加、洛杉矶、科隆、伦敦、东京、莫斯科和香港建有7个国际分公司和20多家直销店。此外，还在全国各个大中城市设有180多家专卖店和办事处，并与全国800家大型商场和宾馆饭店建立了广泛的业务往来。

集团公司目前主要产品的生产能力：羊绒衫300万件，无毛绒680吨，羊绒纱1 200吨，羊绒面料30万米，羊绒围巾60万条，羊绒服装10万套，羊绒披肩5万条；精纺面料100万米，仿花岗岩瓷质墙地砖350万平方米，实心电阻器6 000万支；高频电感器6 000万支。主要产品中，羊绒的营销生产能力占到全国的40%和世界的30%。精纺、建陶、电子等产品也逐步占据了市场的一定份额。集团已形成一业为主，多种经营的产业格局和生产管理现代化、经营资本化、市场国际化的运作模式。1998年销售收入突破14.6亿元，完成利税2.34亿元，创汇5 121万美元。1998年年底资产负债率为41%。

龙头企业鄂尔多斯羊绒制品股份有限公司是在原国有大型企业基础上，1995年采取向境外发售人民币特种股B股进行资产重组而成的中外合资股份有限公司，1997年二次扩股，两次融资达10.5亿元人民币，是世界上规模最大、实力最雄厚的羊绒加工企业。产品曾多次获省优、部优产品奖和国家优质产品金质奖章,名牌"鄂尔多斯"羊绒衫是中国消费者协会、中国国产精品推展会首批推荐的优质产品,其质量、市场占有率、出口创汇均居全国羊绒行业第一名。1998年,"鄂尔多斯"品牌价值达26.28亿元,是中国纺织行业第一名牌,内蒙古最具价值品牌。1991年1月5日国家工商局正式认定"鄂尔多斯"为全国驰名商标。

"鄂尔多斯"是蒙语的音译,其汉语意思是"多个宫帐",原专指成吉思汗陵墓及为其守护的蒙古部落,后逐步演变成为地理名称,特指"几"字湾以南的大片高原。这里因高寒、干旱、多风沙而形成了独特的地理环境,出产着世界上最好的山羊绒。西方人早在100多年前就称鄂尔多斯是"真正的开司米的故乡"。1981年10月,内蒙古伊盟羊绒衫厂(即后来的内蒙古鄂尔多斯羊绒衫厂)建成投产,几经技术改造,到1986年,产品的内外销售已经达到了相当规模,经过多次研究和征求专家意见,最终确定"鄂尔多斯"为其产品商标。

### 附录7.1.2                 1998年的亚洲金融危机[①]

1997年6月,一场金融危机在亚洲爆发,这场危机的发展过程十分复杂。大体上可以分为三个阶段:1997年6月至12月,1998年1月至1998年7月,1998年7月到年底。

第一阶段:1997年7月2日,泰国宣布放弃固定汇率制,实行浮动汇率制,引发了一场遍及东南亚的金融风暴,菲律宾比索、印度尼西亚盾、马来西亚林吉特相继成为国际炒家的攻击对象。一向坚挺的新加坡元也受到冲击。印度尼西亚虽是受"传染"最晚的国家,但受到的冲击最为严重。10月下旬,国际炒家移师国际金融中心香港,矛头直指香港联系汇率制。台湾当局突然弃守新台币汇率,一天贬值3.46%,加大了对港币和香港股市的压力。接着,11月中旬,东亚的韩国也爆发金融风暴,韩元危机冲击了在韩国有大量投资的日本金融业。1997年下半年日本的一系列银行和证券公司相继破产。于是,东南亚金融风暴演变为亚洲金融危机。

第二阶段:1998年年初,印度尼西亚金融风暴再起,面对有史以来最严重的经济衰退,国际货币基金组织为印度尼西亚开出的药方未能取得预期效果,印度尼西亚陷入政治经济大危机。2月16日,印尼盾同美元比价跌破10 000:1。受其影响,东南亚汇市再起波澜,新元、马币、泰铢、菲律宾比索等纷纷下跌。直到4月8日印度尼西亚同国际货币基金组织就一份新的经济改革方案达成协议,东南亚汇市才暂告平静。1997年爆发的东南亚金融危机使得与之关系密切的日本经济陷入困境。随着日元的大幅贬值,亚洲金融危机继续深化。

第三阶段:1998年8月初,乘美国股市动荡、日元汇率持续下跌之际,国际炒家对中国香港发动新一轮进攻。经过近一个月的苦斗,使国际炒家损失惨重。俄罗斯中央银行8月17日宣布年内将卢布兑换美元汇率的浮动幅度扩大到6.0~9.5:1,并推迟偿还外债及暂停国债

---

① 源自互联网相关资料。

券交易。9月2日，卢布贬值70%。这都使俄罗斯股市、汇市急剧下跌，引发金融危机乃至经济、政治危机。俄罗斯政策的突变，使得在俄罗斯股市投下巨额资金的国际炒家大伤元气，并带动了美欧国家股市的汇市的全面剧烈波动。如果说在此之前亚洲金融危机还是区域性的，那么，俄罗斯金融危机的爆发，则说明亚洲金融危机已经超出了区域性范围，具有了全球性的意义。到1998年年底，俄罗斯经济仍没有摆脱困境。1999年，金融危机结束。

## 附录 7.1.3　　　　中国羊绒衫行业发展简述[①]

第一阶段：20世纪60年代。早在20世纪60年代，我国羊绒企业生产的羊绒衫就摆上了国内商店的柜台——但实际上是被来华的外国人买走。那个时代的国人还在为温饱奔波，羊绒衫是可望而不可即——甚至听都没听说过的奢侈品。

第二阶段：20世纪80年代。直至80年代，上述局面仍未有所改变。鄂尔多斯集团，正是在80年代中期开始从开拓国内销售起步，继而开疆辟土。

第三阶段：20世纪80年代末、90年代初。国内羊绒制品市场的真正形成是在这一时期。20世纪80年代末，连续爆发的"羊绒大战"使以外贸出口为主的国内羊绒企业损失惨重，也令中国羊绒制品的信誉受到很大影响；加上适值一些西方国家对我国实行经济制裁，中国羊绒制品的出口数量大幅下滑，国内的羊绒企业不约而同地把目光转向了国内市场。

第四阶段：21世纪以后。从20世纪90年代初到现在，国内羊绒制品市场又是一番新的景象：羊绒制品生产企业不计其数，仅注册商标就多达上千个；一些有影响力的品牌经受住了时间的考验，站稳了市场，并初步形成以鄂尔多斯为代表的内蒙古板块、以米皇为代表的湖州板块、以贝加尔为代表的深圳板块及以梦特娇为代表的"品牌延伸"板块。

从起步至今，比照各发展时期的特征及核心竞争力，中国羊绒产业已走过了两个阶段，即"工业量产阶段"和"单品崛起阶段"，当前正处于"残酷肉搏"的"终端制胜阶段"的后期；这是羊绒业关键的转折阶段，将会有一批先行者追随服装大行业的发展规律，在产品、行销、管理等方面平行发力而率先成就品牌综合实力，最终再经过激烈的行业洗牌，成就冠军地位。

附表 7.1.1　　　　　　三种主要款式羊绒衫价格构成*

|  | 羊绒衫 A | 羊绒衫 B | 羊绒衫 C |
| --- | --- | --- | --- |
| 成本价格 | 964.00 | 870.00 | 2 640.00 |
| +20%间接成本 | 192.8 | 174.00 | 528.00 |
| 商品成本 | 1 156.80 | 1 044.00 | 3 168.00 |

---

① 安捷智扬营销策划机构：《中国羊绒品牌白皮书》，载《纺织服装周刊》，2008年第22期。

续表

|  | 羊绒衫 A | 羊绒衫 B | 羊绒衫 C |
|---|---|---|---|
| +5% 利润 | 57.84 | 52.20 | 158.40 |
| 销售价格 | 1 214.64 | 1 096.20 | 3 326.40 |
| 实际售价 | 1 150.00 | 990.00 | 3 326.40 |
| 差额 | -64.64 | -106.20 | 0 |
| 价格敏感性 | 高 | 高 | 不高 |

注：*根据教学需要由作者设计的虚拟表格。

附表 7.1.2　　　　　不同价格带的成本效益情况*

| 价格（元） | 销量（件） | 销售额（万元） | 总成本（万元） | 利润（万元） |
|---|---|---|---|---|
| 1 298 |  |  | 75.00 | -75.00 |
| 1 198 | 600 | 71.88 | 78.00 | -6.12 |
| 1 098 | 800 | 87.84 | 80.00 | 7.84 |
| 998 | 1 000 | 99.80 | 85.00 | 14.80 |
| 798 | 1 100 | 87.78 | 86.00 | 1.78 |
| 598 | 1 200 | 71.76 | 87.00 | -15.24 |
| 398 | 1 300 | 51.74 | 88.00 | -36.26 |

注：*根据教学需要由作者设计的虚拟表格。

## 7.2 是否应该降低奢侈品关税

近两年，随着扩大内需政策的推行和奢侈品消费外流现象的普遍化，一些专家学者提出了降低奢侈品关税的建议，商务部及时做出了反应，表示要考虑降低奢侈品关税。但是，财政部有官员表示未考虑。国务院两部门的不同态度，引起了社会的关注，并展开了激烈的讨论，赞同者有之，反对者有之。至今，还远没有达成一致。

### 一、奢侈品关税"降不降"争论的缘起

十多年来，我国一直对奢侈品消费采取限制的政策，这从高档商品税的变化可以看出。1994 年，我国开始对烟、酒及酒精、化妆品、护肤护发品、贵重首

饰及珠宝玉石、鞭炮焰火、汽油、柴油、汽车轮胎、摩托车、小汽车等11类商品征收消费税。2006年4月1日，取消了"护肤护发品"税目，调整了白酒、小汽车、摩托车、汽车轮胎等部分应税消费品的税率，并新增了高尔夫球及球具、高档手表、游艇等奢侈品税目。至于我们关注的消费品关税，伴随着加入世贸组织，整体上有下降的趋势，但是对奢侈品关税降幅非常有限，甚至在2007年提高了入境旅客行李物品和个人邮递物品进口税，由原来的三级调整为四级（即10%、20%、30%、50%），香烟税额由0.4元/支上调为0.5元/支；价值10 000元以上的高档手表的税率从20%提高到30%；高尔夫球及球具的税率从10%提高到30%；化妆品税率提高最多，由20%提高到50%。因此，在很长的时间里，增加奢侈品关税的呼声占主导地位，很少听到降低奢侈品关税的建议。

但是从2007年开始，随着国际市场环境的复杂化，特别是2008年爆发的国际金融危机，导致我国出口明显减少，国务院把扩大内需作为了一项长期的策略。人们发现，在扩大内需的诸多路径当中，奢侈品市场具有巨大的发展潜力。贝恩公司2010年发布的调查报告显示：2008年中国奢侈品消费总额已达到1 410亿元人民币，2009年增长至1 556亿元人民币，2010年仍然有大幅度的提高，且这种提高约有67%主要来自新增消费者，[1] 预示着未来良好的发展前景。在人们感到欣喜的同时，又变得失望起来，仔细分析后发现，这部分增长50%以上是在境外（包括国外或海外）市场实现的，在2008年1 410亿元的消费总额中，境外消费（包括香港和澳门）为808亿元；在2009年1 556亿元的消费总额中，境外消费（包括香港和澳门）为872亿元。[2] 为此，2007—2011年，商务部有关部门进行了相关调研，多次召开专家讨论会，准备提出相应的解决方案，其中涉及调整奢侈品的高关税。但是，这个问题涉及"贫富差距"、"社会公平"、"炫耀性消费"等敏感性问题，远远超出了奢侈品消费外流问题本身。因此，尽管降低奢侈品关税的呼声很高，但是反对和质疑的声音也是此起彼伏。两种不同观点争论一直在持续，各说各的道理，远未达成一致。

---

[1] 贝恩公司：《2010年中国奢侈品市场调研报告》，来源于贝恩公司网站，http：//www.bain.com.cn/news.php?act=show&id=328，2010年11月9日。本次调研于2010年7月至9月在上海、北京、广州、武汉、深圳、南京等10多个一到三线城市展开，调研方法包括专家访谈、消费者调研、门店走访以及案头研究等。调研受访的样本数量为1471个。女性占53%，男性47%。其中55%的受访人的年龄段在25～34岁。本科及以上学历占67%。家庭收入在5 000～14 999元区间的受访人数最多，达到41%。分析不涉及服务、酒店、餐厅、酒类、奢侈汽车和游艇/私人飞机。

[2] 贝恩公司：《2010年中国奢侈品市场调研报告》，来源于贝恩公司网站，http：//www.bain.com.cn/news.php?act=show&id=328，2010年11月9日。

## 二、奢侈品关税"降不降"争论的焦点

关于是否降低奢侈品消费关税争论的焦点,是出发点不同。支持降低关税的一方,主要是从国民经济运营的角度看问题,关注的是解决内需不足的问题;而反对降低关税的一方,主要是从社会公平实现的角度看问题,关注解决贫富差距问题。

### 1. 支持派的理由

主张降低奢侈品关税的专家认为,在国际环境日趋复杂的环境下,扩大内需已经成为我国经济发展的一项长期策略,显示越来越重的作用,而急速增长的奢侈品消费,是扩大内需一股最为重要的力量,遗憾的是50%左右外流到境外或海外了,并没有对扩大内需做出应有的贡献,因此必须抑制或弱化奢侈品消费外流的现象。

商务部和专家通过调查后发现,中国大陆市场与国际市场奢侈品的价差,是奢侈品外流的重要原因,一般境内奢侈品的价格比境外高出大约30%,甚至高达50%~100%。[1] 价差产生的原因:一是跨国公司的分销体系、定价体系有所差异;二是部分品牌商品的综合进口税率比较高,包括关税、消费税。其中,进口关税一般在15%~25%,而且还需海关检测、进店检测等环节,销售过程中还有增值税、营业税、消费税等。这使得中国大陆成为世界上奢侈品的价格最高的地区之一。以进口化妆品为例,进口关税从6.5%到18%不等;增值税为17%;消费税则高达30%;累计需要缴纳50%以上的税费。如果某种化妆品进口价格为1 000元,进口税为10%,进口完税价格为1 100元,平行征收的增值税为1 100元×17%,消费税则为[1 100元/(1-30%)]×30%,三项相加,此化妆品入境价格约1 758元[2]。

因此,商务部有关领导提出:可以考虑适当降低化妆品、高档手表等商品的相关税率,促进国内需求的高档商品增加进口,将部分境外消费转化为境内购买,扩大国内市场的销售收入,为扩大内需做出应有的贡献[3]。

---

[1] 李飞、胡凯:《奢侈品消费外流的成因和对策研究》,载《国际贸易》,2011年第4期。
[2] 张孜异:《奢侈品差价之谜》,载《中国外资》,2011年第4期。
[3] 姜增伟:《必须坚定不移地扩大消费需求》,载《人民日报》,2009年8月6日。

**2. 反对派的理由**

反对降低奢侈品关税的专家认为，当前的奢侈消费已经成为一种社会问题，少部分人"炫耀性消费"，有悖于"先富带后富"、缩小收入分配差距、促进社会和谐进步的精神，使部分人群与广大低收入阶层的鸿沟越来越大，因此，开征或提高奢侈品税有利于社会公平。在《人民日报》发表的相关文章中，有政协委员呼吁，应尽快出台相关法律、法规遏制奢侈消费，倡导文明、节约、绿色、低碳的消费模式，直接提出了"开征奢侈税，调节社会分配不公，缩小贫富差距"[1]。

另有专家认为，对于中国这样的发展中国家，为了保护国内产业，必须遏制国内居民对进口奢侈品的消费，因此主张奢侈品进口壁垒要高于中低档消费品，要能够给国内民族产业留下生存的空间和赖以起步的"根据地"，让民族产业能够从较低档产品起步，逐步壮大，最终能够与西方企业、西方品牌较量[2]。

还有专家认为，降低关税不会降低大陆市场的奢侈品零售价格，例如 2006 年我国降低了护肤品进口关税，欧莱雅并没有降低零售价格，因此不会抑制奢侈品消费外流。退一步，降低关税即使能降低奢侈品零售价格，也无法完全控制奢侈品消费外流，因为境外购买奢侈品，除了价格因素影响之外，还受到近几年人民币汇率升值和出境旅游普遍化、购物成为重要体验有关系[3]。因此，降低关税难以抑制奢侈品消费外流，自然无法对扩大内需做出贡献。

## 三、国务院如何决策

国务院的两个部门的争论整整持续了 2011 年全年的时间，仍然没有达成一致，似乎各有各的道理。这就需要国务院领导进行相应的统筹决策了。假如你是国务院这方面的主管领导（副总理），你该如何分析这个问题呢？

**案例讨论目的**

使学生掌握"价格制定和调整"的目的和方法，以及二者的匹配性。

**案例讨论问题**

1. 奢侈品关税究竟应该不应该下调？为什么？

---

[1] 郭嘉：《奢侈消费：此风刮得有点猛》，载《人民日报》，2010 年 11 月 24 日。
[2] 张伟伟：《国内专家就此激辩：奢侈品进口税该不该降？》，载《新文化报》，2011 年 6 月 27 日。
[3] 卢晓：《国际奢侈品关税是否该降》，载《商业评论 奢侈品营销专刊》，2011 年版。

2. 说出下调或不下调的具体应对策略和方法。

**案例讨论形式**

开放式讨论，同学们根据案例提供的资料和数据，围绕着前述的两个讨论题进行讨论，一般会形成下调或不下调两组人群，让两组充分说明自己的观点。

# 附录 7.2

附表 7.2.1　　　　　　中国游客境外购买奢侈品的动因[①]

| 重要性排序 | 原因内容 | 受访顾客选择的（%） |
| --- | --- | --- |
| 1 | 售价低于境内 | 74 |
| 2 | 原装正品 | 56 |
| 3 | 产品选择比境内丰富 | 48 |
| 4 | 服务良好 | 31 |
| 5 | 有促销活动或促销套装 | 31 |
| 6 | 购物环境舒适 | 30 |
| 7 | 商场位置便利 | 22 |
| 8 | 路过 | 22 |
| 9 | 促销力度大 | 9 |
| 10 | 有小包装产品销售 | 8 |
| 11 | 有大包装产品销售 | 7 |

## 附录 7.2.1　　奢侈品零售价格的构成

我们仅以情况跟中国类似的日本市场为例：一件零售价格 150 美元奢侈品，生产成本 12.5 美元，占零售价格的 8.3%；出口价为 17.31 美元，出口商加价 4.8 元，占零售价格的 3.2%；到岸价格 20.25 美元，其中运费、保险、关税为 2.94 美元，仅占零售价格的近 2%（墨西哥这个数字为 6.8%）；批发价格为 67.5 美元，其中包括广告促销费用 10.125 美元，代理商利润 37.125 美元，代理商共加价 47.25 美元，占零售价格的 31.5%；下一层次批发价为 90 美元，该级代理商加价 22.5 美元，占零售价格的 15%；零售价格 150 美元，加价 60 美元，

---

[①] 尼尔森：《中国出境游监测报告》，载尼尔森中国公司网站，http：//cn.acnielsen.com/site/10.27cn.shtml，2008 年 10 月 27 日。调查通过电话和网络的综合调查方式进行，报告涵盖了北京、上海和广州，以及其他 23 个城市。调查的时间段覆盖了 2007 年全年，总共样本量超过 4 100 个样本。

占零售价格的 40%①。而这件奢侈品在法国本土的零售价格是 100 美元,在欧洲其他国家为 105~110 美元,即使完全取消关税,甚至还取消保险费、运费,日本零售价格也要大大高于欧洲。中国大陆尽管税率较高,但是关税是以到岸价为基数的,折算成零售价格的比例,并不是人们想象的那样高。

## 7.3 当代商城网店该如何定价

2010 年夏季的一天,北京当代商城董事长金玉华的办公室。他正在思考一个问题:2008 年当代商城已开设了网店,在自然地发展,随着竞争的激烈化,要不要大规模地进行当代商城的网店建设?公司战略顾问给他的建议是不同的,有的主张不能再等待了,必须加快网店的扩张速度,否则就会像柯达公司一样,由于没有跟上新技术的更新而被淘汰;也有的顾问认为,目前没有迹象表明,网上百货商店会取代实体百货商店,因此利用网络技术,提升实体店铺的营销水平是当下的当务之急。金董事长明白,无论如何,网络零售的比例增长速度很快,需要提前做好应对的准备,不能"临上轿子再扎耳朵眼儿";否则当网上商店大潮来到时,就会什么都晚了。提前做好准备,主要不是技术上的问题,技术问题现在都已经解决了,而是战略思路上的问题。他想到,应该把一个关键问题理清楚:当代商城网上商店和实体商店之间的关系,应该是互相补充和促进的,这就需要二者实现差异化,这能够做到吗?他发现目前成功的网店大多是以价格低廉取胜,而当代商城实体店打造的是高端百货商店形象,显然不太合适在网店推出廉价商品,但是假如不得不开办网店的话,究竟应该采取怎样的价格策略呢?

### 一、中国百货业②

世界上第一家百货商店于 1852 年在法国巴黎诞生,至今已有 160 年的历史。中国百货商店大体形成于中日甲午战争(1894 年)前后,也有 100 多年的历史了。1976 年美国学者提出了零售生命周期理论③。他认为,零售商店像生物一

---

① 米歇尔·舍瓦利耶、热拉尔德·马扎罗夫:《奢侈品品牌管理》,上海人民出版社 2008 年版,第 223 页。
② 王燕平:《中国百货行业发展报告 1999~2008》,经济管理出版社 2009 年版,第 3~13 页。
③ David W. R., Bates A. D. and Bass S. J., "The Retail Life Cycle", *Harvard Business Review*, 1976, 54 (11-12), p. 91, exhibit I.

样，有自己的生命周期，分为明显不同的革新、发展、成熟和衰落四个阶段。西方国家百货商店革新期始于1860年，大约80年以后的20世纪40年代进入成熟期，现在处于衰落期。中国百货商店100多年来的发展也大体经历了相似的阶段，只是还没有进入衰退期。

### 1. 1894—1949年：百货商店产生阶段

19世纪末至20世纪初期是中国百货商店的萌芽和产生阶段，一些较有影响的大型百货商店都产生于这一时期。1900年，俄国资本家在中国哈尔滨开设的秋林公司，是中国境内的第一家百货商店[1]。随后，若干家百货商店先后开业。该阶段只能算是百货商店的产生期，其革新性表现为经营品种丰富、统一价格、规模数千或超过1万平方米，功能为购物和休闲结合一体。在这个阶段，百货商店作为一种店铺形式已经被投资者和顾客所接受。

### 2. 1950—1995年：百货商店发展阶段

1950—1995年的45年时间里，中国百货商店的发展大体分为两个阶段：前40年是传统百货商店（满足日常生活的需要）发展的时期，后5年是现代百货商店（满足高质量生活需要）发展的时期。这两个时期是中国百货商店生意最好做的时期，它们依靠短缺环境、垄断政策、中心地段，创造了一个行业几十年"只赚不赔"的神话。

### 3. 1996至：百货商店成熟阶段

1996—2000年期间，大型百货商店盲目发展的势头仍然在持续，店铺数量急剧增加。按照零售生命周期理论，1996年后出现了进入典型的成熟期特征，有人甚至认为90年代末上海百货商店进入了衰退期[2]。其表现是：出现了大量亏损的店铺，微利经营成为一种常态，一些百货商店开始关门倒闭。21世纪初期，针对市场竞争变化和顾客需求的多元化，百货商店开始进行提升经营档次的转型调整，围绕着中产阶层进行商品和服务组合，重点经营高中档服装、化妆品、家庭装饰品等，奢侈品经营成为百货商店成败的关键因素之一。

随着网上商店的发展、其他零售业态的蚕食，以及奢侈品公司开设自己的专卖店，百货商店的面临的挑战十分严峻。

---

[1] 中国商业编辑委员会：《中国商业百科全书》，中国大百科全书出版社1993年版，第4页。
[2] 蔡鸿生：《城市商业发展的规模规划规范》，中国商业出版社2002年版，第72页。

## 二、公司的背景

北京当代商城成立于1995年，位于北京市海淀区中关村大街40号，地处中关村高科技园区的核心地带，毗邻北京大学、清华大学、中国科学院等诸多高等院校、科研院所和高新技术企业。

当代商城的建筑面积为61 800平方米，地下2层，地上11层，其中商业经营面积为28 000平方米。

当代商城定位于高档精品百货店，以商品经营为主，集餐饮、休闲娱乐、商务公寓于一体。地下一层为风尚生活馆、高档西餐厅；地上一层为国际精品馆；二层为时尚名品馆；三层为绅士服饰馆；四层为丽人服饰馆；五层为运动休闲馆；六层为家居儿童用品馆，七层为美食花园与会员俱乐部，九层至十一层为写字楼和商务公寓等，向消费者及社会各界提供全方位的服务。

当代商城以追求生活高品质的消费者为主要目标市场，在"品牌立店，前卫经营"的方针下，以经营国际名品为主，紧随时代潮流，突出尊贵和时尚，目前许多具有国际知名度的品牌在商城内设立了专卖店、形象店。当代商城被国家商务部评定为首批"金鼎级"精品百货店，拥有"中国商业名牌企业"、"中国商业服务名牌"、"中国商业信用企业"、"全国商业质量管理奖"、"首都平安示范商场"、"北京十大商业品牌"、"全国构建和谐商业杰出贡献企业"等多项荣誉称号。商城通过ISO9000质量管理体系认证，具有完善的会员服务体系，在首都零售业率先建成顾客呼叫中心，顾客服务热线010-62576688为消费者提供24小时咨询服务，是众多国内外知名品牌进行展示和推介的重要场所。率先实行停车场礼宾式服务，首创北京商业"一站式退换货"服务。此外，现代健康馆、色彩搭配、美丽私塾、VIP顾客陪购等极具个性化色彩的服务项目全方位地提升着顾客价值。

在国际化商业与高科技相结合的发展道路上，当代商城不断探索新形势下以营销为中心的现代商业管理模式，以科学发展观做指导，牢固树立"以人为本"的三大顾客观（消费者、供货商、员工），全面推进以经济效益为中心的经营管理、企业文化、运行机制和思想道德建设，统筹商品、服务、环境、便捷、安全五大商业元素的协调改进，坚持企业品牌战略、人才战略、质量战略的一体化可持续发展战略，全力打造高档精品百货名店。

## 三、价格形成机制

在古老的行商零售的时代，商品的价格是由小商人与顾客讨价还价来决定，这种价格形成机制一直持续到小店铺时代。目前的一些小店铺和集市贸易的商人仍然普遍存在着这种方式。有的是商人先提出一个价格，接着顾客进行讨价还价；有的则是商人先问顾客愿意出的价格是多少，然后再进行商讨。

世界上第一家百货商店（博马尔谢，Bon Marche）于1852年在法国巴黎诞生，被称为世界上第一次零售革命，其革命性特征之一是：由传统小店铺的讨价还价改为明码标价或曰固定价格。这就将小店铺的随意性、非透明或者欺骗性价格改变为一视同仁的公平性价格，价格高低不会取决于顾客讨价还价能力的高低，也不会取决于商人心情的好与坏[1]。但是明码标价并不意味着不调整，他们根据库存情况、季节变化、节日庆典等情况会定期或不定期地调整价格。

当时，除了百货商店之外，还有不少商人采取非固定价格的形式。1887年，在荷兰的一个小镇，一位菜农开着小船到市场卖菜花，结果购买者蜂拥而至，为了节省讨价还价的时间和卖出好的价钱，他喊出了一个较高的价格，让购买者应价，没有应价者，就再降低一些价格，直到有人应价把菜花买走[2]。这就是荷兰式拍卖的雏形，从高到低叫价，至今在荷兰、比利时的水果、鲜花和蔬菜批发交易中还保留着这种拍卖方式。后来，也出现了反向的竞价方式，拍卖人先喊出一个基价，买者竞相提高价格，出价高者获得商品，目前在古董等文物拍卖中大多采取这种价格形成方式。

1782年英国政府为了规范政府采购行为入手，设立了文具公用局，负责政府部门所需要公用品采购。之后，世界上许多国家陆续成立了类似的专门机构，通过专门的法律规定了招标采购的流程和方法。1809年，美国通过了第一部要求密封投标的法律。这就形成了招标价格形成机制，投标又被称为逆向拍卖。

## 四、面临的难题

这些定价方式，似乎都在网上交易中出现。但是，当代商城实体店铺采取固定价格方式，网上商店是否也应该采取固定价格方式呢？

当代商城采取与供应商联营的方式，在联营的方式下，零售价格是由品牌商确定，当代商城仅是提供参考建议，以及相应的价格审核，并没有决策权。换句话说，商品是否进店，商城有一定的选择权利；但是，进店后具体以什么样的价格销售，商城没有价格决策权。

---

[1] 李飞：《零售革命》，经济管理出版社2003年版，第14~15页。
[2] 李飞：《比较商业概论》，中国商业出版社1992年版，第187~188页。

网上商店是否要拥有商品的定价决策权？没有决策权，能保证网上商店的成功吗？或是为了开设网上商店，有必要将联营方式改为自营吗？当然最为重要的问题是当代网上商店究竟应该应用哪一种价格形成机制？

### 案例讨论目的

使学生掌握"网上渠道定价"的目的、方法和实现过程。

### 案例讨论问题

1. 当代商城网店价格形成有几种（或组合）方式？
2. 当代商城网店选择价格形成方式的依据是什么？

### 案例讨论形式

开放式讨论，同学们根据案例提供的资料和数据，围绕着前述的两个讨论题进行讨论，对于第 2 个问题会形成不同的观点和看法，让同学们充分说明自己的观点。

# 附录 7.3

## 附录 7.3.1　　　　百货商店的经营方式[①]

经营方式，通常是指所有者类型，如国有、合资、外资等，我们这里是指百货商店经营的具体形式，以是否转移和何时转移商品所有权为标志，分为自营、联营、出租柜台和代销四个类别，它是零售业盈利模式的内在形态。

1. 自营

百货商店自营，是指百货商店买断制造商或代理商的产品，在自己的店铺进行零售，传统的自营费用自己承担，利润归自己所有。在自营模式下，购销差价是最为主要的收入和利润来源。购销差价也称"进销差价"，是指百货商店经营同一商品的销售价格与购进价格的差额；它是为补偿商品购销过程中流通费用、支付税金，并使经营者获得一定利润所需要的。

2. 联营

百货商店联营，是指百货商店与制造商或代理商之间，按照合同的约定各自独立经营，其权利和义务由合同约定，各自承担民事责任。销售前，零售商一般不取得商品所有权；商

---

[①] 李飞：《中国百货店：联营，还是自营》，载《中国零售研究》，2010 年第 2 卷第 1 辑。

品售出后，所有权同时完成向零售商和顾客的转移。具体是指零售商为制造商或代理商提供经营场地，以及相应的综合管理（促销、店面、卫生、安全、环境等），监督进店的商品，负责（或不负责）导购、统一（或不统一）收银等服务，制造商或代理商向零售商缴纳联营扣点（或转让购销差价，如化妆品、家用电器等）。

联营扣点，是指零售商按销售额的一定比例向制造商或代理商收取的费用。比例数额由双方谈判确定，具体有三种方式：一是按着实际销售额收取；二是按着保底销售额收取，即由零售商确定保底（最低）销售额，无论制造商是否完这一数额，都按着这一数额的一定比例缴纳联营费用；三是综合方式，未达到保底销售额，按着保底销售额缴纳，超过保底销售额，按着实际数缴纳。一般按月缴纳。

3. 出租

出租，意为出租柜台或铺面，具体是指商业（包括服务业）企业或者个体工商户，将自有或者自用的部分商业柜台及相关的营业场地和设施交由其他商业（包括服务业）企业、生产企业或者个体工商户从事经营活动，并收取一定租金或者报酬的行为。商场出租柜台一般不对入租商户的商品进行经营方面的管理。

租金，是指零售商向承租柜台或铺面的制造或代理商收取的相关费用，一般按着每平方米多少元收取，具体金额根据商店或货位所处位置进行确定。

4. 代销

百货商店代销是指百货商店接受制造商或代理商的委托，在自己的店铺为其零售商品，通过收取一定代理费的方式赚取收入和利润，不负责代理商品本身的盈亏。在代销方式下，除产品本身产生的损耗费用外，零售商运营的相关费用一般主要由自己承担。因此，代销费是代销模式下最为主要的利润来源。代销费是指零售商根据代销商品实际销售额的一定百分比，向制造商或代理商收取的零售费用。费用比例大小由双方协商谈判决定。

在相关文献回顾的基础上，我们对百货商店四种经营方式进行比较，以发现它们之间的相同点和差异点（见附表7.3.1）。

附表 7.3.1　　　　　四种经营方式中百货商店的权利和义务

| | 特点 | 自营 | 联营 | 出租柜台 | 代销 |
|---|---|---|---|---|---|
| 绩效层面 | 商品所有权<br>主要利润来源 | 买断后拥有<br>购销差价 | 没有<br>联营扣点 | 没有<br>铺面租金 | 没有<br>代销酬金 |
| 顾客层面<br>（营销组合层面） | 商品选择权<br>价格控制权<br>促销管理权<br>商品陈列权<br>统一收银权<br>售中服务执行<br>售后服务执行 | 全部选择权<br>全部控制权<br>全部管理权<br>全部（地点、规模、风格）<br>统一收银<br>百货店<br>百货店 | 选择品牌<br>很少控制权<br>合作管理权<br>部分（地点）<br>大部分统一<br>供应商<br>双方 | 选择供应商<br>没有控制权<br>没有管理权<br>部分（地点）<br>两可<br>供应商<br>供应商 | 选择品牌和品种<br>部分控制权<br>部分管理权<br>全部（地点、规模、风格）<br>统一收银<br>百货店<br>百货店 |

教学案例

续表

| 特点 | | 自营 | 联营 | 出租柜台 | 代销 |
|---|---|---|---|---|---|
| 流程层面 | 采购流程管理 | 百货店 | 供应商 | 供应商 | 百货店 |
| | 配送流程管理 | 百货店 | 供应商 | 供应商 | 供应商 |
| | 销售流程管理 | 百货店 | 双方 | 双方 | 双方 |
| 资源层面 | 商场管理人员 | 百货店 | 百货店 | 百货店 | 百货店 |
| | 销售人员 | 百货店 | 供应商 | 供应商 | 百货店 |
| | 卖场设施 | 百货店 | 百货店 | 百货店 | 百货店 |
| | 商场品牌 | 百货店 | 百货店 | 百货店 | 百货店 |

## 7.4 翠微大厦把店庆做成品牌[①]

2009 年 11 月 19 日一早，清华大学经济管理学院的李飞教授收到《北京翠微大厦报》总编辑韩云的短信："昨天（翠微大厦 12 周年庆第一天——作者注）销售达到 8 300 万元。"李飞教授十分惊奇，当天赶到翠微大厦，发现促销折价幅度并不大于竞争对手，却人流涌动（后来知道日均超过 10 万人），交款排起了长队，店里顾客都提着大包小包，脸上喜气洋洋，呈现出百货商店难有的繁荣景象。遇到公司常务副总经理徐涛（2010 年 9 月 15 日被任命为总经理）时，他高兴地说："我们的促销活动与别家不同，我们是厂商、顾客、商店三家都满意。"当店庆活动结束时，翠微大厦张丽君总经理告诉李飞一个更为惊人的消息，5 天一共销售了 3.33 亿元人民币（翠微本店 3.6 万平方米、2003 年 12 月开业的牡丹园店 2 万平方米、2007 年 12 月开业的龙德店 2.3 万平方米，80% 销售额是本店实现，其他两店并非店庆日，但也参加促销活动），相当于一家万米百货商店一年的销售额（据中国连锁经营协会统计，中国百货店平均坪效约为 2.7 万元/年·平方米）和翠微大厦 1 个月的销售额。我们把目光转向了深受金融危机影响的 2008 年下半年，发现翠微大厦 2008 年 11 月的 11 周年店庆，4 天销售额达到 2.13 亿元，也是天文数字。我们又回顾了翠微大厦的前 10 次店庆促销，次次都取得了惊人的效果。看来这不是偶然事件，引起了人们的思考：翠微大厦

---

① 根据作者的相关研究论文改写，参考论文为李飞、贾思雪、刘茜、于春玲、吴沙莉、马宝龙、米卜：《关系促销：一家中国百货店的案例研究》，载《管理世界》，2011 年第 8 期。

店庆的折扣幅度并不比竞争对手更大,在金融危机环境下,顾客在百货商店整体购买额连续大幅度下降,但是翠微大厦店庆期间的销售额却没有受此影响,更令人惊奇的是,没有出现常见的大促销后的萧条效应,同时还能使顾客、厂商、商店三方都满意。听到这个故事的政府官员、零售老总、EMBA 和 MBA 学生,都睁大眼睛,问同样一个问题——这是为什么?

## 一、百货商店营销背景

在激烈竞争的市场上,零售企业可以组合的营销要素无非是产品、服务、价格、店址、沟通和购物环境六个要素。在已经开业的百货商店中,店址是不可改变的,而购物环境、沟通对百货商店的选择影响程度较小,因此决定百货商店竞争优势的关键在于产品、服务和价格。由于中国百货商店采取和供应商联营(供应商根据销售额的一定比例向商店交纳 5%～30% 的铺面占用金,其他销售额收入归供应商所有)的比例占销售额的 80%(美国仅为 20%,欧洲为 50%),这就导致商品难以实现差异化。服务水平的提升和价格策略的选择,就成为百货商店短期赢得竞争优势的重要要素。

价格策略的运用,无非有两种方法:一是价格的制订(低价策略),二是价格的调整(降价策略)。从 2003 年开始,中国百货商店为了适应消费者需求从量的增加到质的提高的转变,以及应对超市、仓储店、折扣店等低价业态的竞争,开始了由传统百货店向现代百货商店的转型,一个显著的标志是价格水平较高。同时,联营的结果也使制定价格的权利转移给了供应商。因此,百货商店就只剩下了调整价格的权利,主要体现为促销计划的制订与实施(当然这也要求供应商的配合)。足见促销在当今百货商店竞争中的重要作用,它是最有力的短期营销工具,其规划要求具有战略性和创造性思考。

由于中国政府采取了宽松的促销管制政策,使百货商店促销活动有着很大的自由选择空间,但是大多凭经验和感觉行事,出现了盲目化倾向,促销效果明显递减。特别是 2003—2007 年的返券促销,部分百货商店力度越过了成本线,亏损部分由供应商承担,个别供应商为了减少损失采取了先提价后返券的方法,结果既损伤了消费者利益,又没有增加多少销售额,使百货商店陷入了"促销找死,不促销等死"的尴尬境地。店庆促销不同于一般的促销活动,是百货商店走出单纯打折误区的一条路径,但是大多数商场的店庆活动还是打折、打折、再打折,大多数的打折只带来人气而没有有效地提高销售量。

促销是短期性奖励工具,目的是刺激顾客试用,或是鼓励顾客更快、更多地购买特定的产品和服务；而店庆是一种商家和顾客共同的节日，需要商家为顾客提供礼品和喜庆项目。二者结合具有非常明显的特殊性。

## 二、公司店庆简介

翠微大厦成立于 1997 年 11 月 18 日，从 1998 年开始，每年进行店庆促销活动，年年取得令人惊奇的佳绩，在 2009 年的店庆中，以单日销售额 8 300 万元创造了全国百货商场新的销售纪录。除此之外，翠微大厦还在 2008 年的周年庆典 4 天实现了 21 348 万元的销售额，2009 年的周年店庆 5 天实现了 33 300 万元的销售额（见表 7.4.1）。同时，翠微也有良好的品牌形象，翠微开有三家大型百货店和一家购物中心，荣获"全国金鼎百货店"、"全国文明单位"、"全国顾客满意十大品牌"、全国"学习型组织标兵单位"、"全国商业质量管理奖"等一系列荣誉称号。2008 年销售额达 31.2 亿元（2009 年为 35 亿元），排名北京市百货商场第一；实现利润 2.28 亿元；累计捐助社会公益事业共计 1 200 万元。

表 7.4.1　　　　　　　　翠微大厦历年周年庆的销售额

| 年份 | 店庆天数 | 实现销售（万元） |
| --- | --- | --- |
| 1998 | 1 | 1 330 |
| 1999 | 3 | 5 130 |
| 2000 | 2 | 5 630 |
| 2001 | 3 | 7 505 |
| 2002 | 4 | 7 175 |
| 2003 | 5 | 7 838 |
| 2004 | 5 | 8 413 |
| 2005 | 4 | 9 084 |
| 2006 | 4 | 13 024 |
| 2007 | 3 | 16 664 |
| 2008 | 4 | 21 348 |
| 2009 | 5 | 33 300 |
| 2010 | 4 | 41 800 |
| 2011 | 4 | 48 900 |

## 三、店庆活动的分析

促销法律方面。由于目前有关促销的相关法律较少，主要涉及《反不正当竞争法》和《广告法》以及北京市商务局下发的关于促销方面的一些管理规定等，翠微企划人员对相关法律比较熟悉，所以不用专门对其进行特别分析。在店庆时主要从促销政策（包括工具选择、商品价格锁定等）、广告宣传用语等方面分析相关法律法规的规定。比如能否返券、返券的方式等，翠微大厦会依照北京市现有的促销管理条例里的相关规定开展活动，同时还按照《促销活动特殊时期价格管理办法》严格锁定店庆期间的商品价格。

舆论导向方面。虽然店庆前对舆论的分析必不可少，但是相比其他各项不是最重要的。翠微会持续关注主流媒体的相关报道。比如某个活动会明显带来负面的舆论效应，翠微就会避免采用这种"超常规的做法"；同时，也会站在消费者的角度不断调整店庆的细节，主动与舆论互动。比如有消费者在现场跟记者反映店庆时商场里人多、还给热风，大家感到很热。翠微便改为开始吹冷风，潜移默化地影响了舆论。除此之外，《翠微大厦报》还会把店庆时各个部门所做的各种努力整合起来，用新闻报道的方式传播出去。负责宣传的部门也会与主要媒体进行沟通，以达到更好的互动效果。

营销战略方面。翠微在店庆前对营销战略的关注度最高，有着较为全面、细致的分析，这对翠微在店庆促销的计划阶段和实施阶段产生着最为直接的影响。店庆促销与战略相匹配，甚至成为战略的一部分。翠微大厦在成立之初，当时的总经理栾茂茹就提出：借助国外的圣诞节这种模式，把翠微的生日办成消费者的节日。她认为："商家时刻不能忘记自己的最终目标——创造顾客……所以，决定开业周年之时不搞店庆活动，而要优惠酬宾。"这与为顾客创造价值的战略目标、突出服务优势的战略定位相一致。成为战略的一部分就不能像战术那样频繁地运用。因此，翠微大厦平时很少采取全场打折的办法进行促销，"店庆"是一年中唯一一次"全场"性打折酬宾活动，其目的是通过最大限度地让利回报消费者，与广大顾客进行真诚的情感交流。

目标顾客方面。它与上述对营销战略的分析同排在第一重要的位置。截止到2008年年底，翠微已拥有近30万有效会员群体，来自全市各个城区和部分外埠城市，他们给商场带来的会员刷卡消费记录达到19万，占翠微全年销售额的62%。翠微"店庆"活动的目标顾客群选择的区域策略是：充分挖掘周边社区（主要以海淀为主），深度扩展海淀以外的城八区，适度辐射外埠。翠微店庆的目标顾客与平时的目标顾客是一致的。一方面，翠微对每一位持卡顾客的消费进行后台监控分析，将统计数据分类记录以供查询，通过对会员一年的消费金额累计，排出商厦的重点顾客。同时，通过调阅顾客消费明细表，分析一定时期顾客的购物特点、购买习惯、消费水平、购买频率等，从中发现他们的个性化需求、阶段性需求，开展有针对性的店庆营销策划。

竞争对手方面。它排在第四重要的位置。翠微对竞争对手分析的内容包括：卖场结构特点、商品组织情况（尤其是店庆时供应商参与活动情况）、后勤保障情况（比如店庆形成交通拥堵后是如何解决的）、信息管理情况等。竞争对手资料获得有三个途径：（1）关注媒体相关报道；（2）实地考察；（3）各种会议上的交流。这些分析工作不只是企划部门做，物价部门、质检部门、各业务部门都做。

供应商方面。排在第三重要的位置。翠微把供应商视为顾客，不是当做自己的摇钱树、不克扣供货商，也不是简单的合作关系，而是为它服务的关系。翠微通过与供应商的沟通和对数据的统计来分析供应商在不同阶段的需求。翠微根据调查，总结出供应商主要有两个需求：一是进店不要太难；二是结款不要太难。对于前者，翠微是按照自己的定位去寻找供应商，而不是让供应商先排队再去选择供应商，也就是说，如果供应商的商品不符合翠微的定位，给再多的优惠条件也进不了翠微；对于后者，翠微则是率先使用一卡通，并在一开业就实施了"5分钟无人签字结账法"，后来又发展成为完全无障碍的网上结算。

## 四、店庆活动的计划

在年初制订全年计划时，翠微会单独把店庆作为一项重要内容考虑，到店庆来临时再进一步规划细节。

店庆目标方面。这项在计划阶段排在第四重要的位置。这说明，翠微对其店庆规划是有目标的，包括形象和效益两个方面。从形象方面，翠微一直把"店庆营销"作为一个品牌来做，让"翠微的生日，消费者的节日"这一主题贯穿始终，让顾客"体验诚信营销，喜购时尚新品，享受实惠价格，获得超值回报"。从效益方面，翠微每年对对店庆都有非常严格的销售指标，通过业务线和行政线，将指标分解得非常细（见图7.4.1）。无论是哪条线的员工，翠微要求每一个导购人员、每一个品牌的负责人都必须明白店庆这几天一共计划卖多少钱，再具体到每一天要卖多少钱。翠微每年在制订店庆总目标时主要参考三方面因素：第一是参考上年的销售额情况，当年店庆的销售指标一定超过上年；第二是考虑当年与上年相比全年的平均销售增长额情况；第三是参考店庆月当月环境，如经济形势等。

目标顾客方面。这项在计划阶段，与店庆目标一样排在第四重要的位置。翠

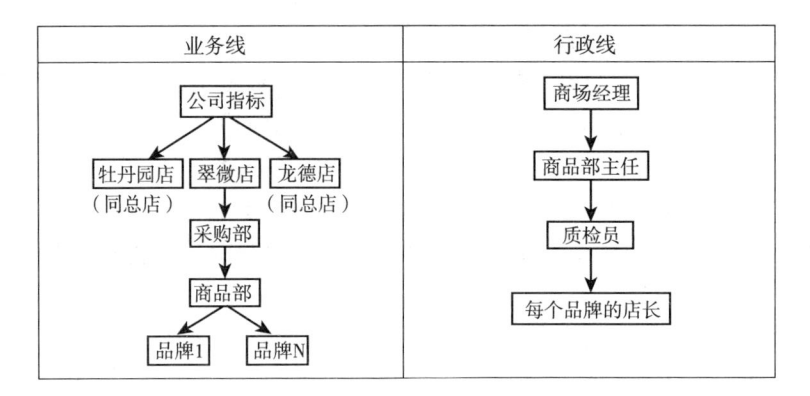

```
┌─────────────────────────────┬──────────────────────┐
│          业务线              │        行政线         │
│                             │                      │
│          ┌──────┐           │      ┌────────┐      │
│          │公司指标│          │      │商场经理 │      │
│          └──┬───┘           │      └───┬────┘      │
│    ┌────────┼────────┐      │          ↓           │
│    ↓        ↓        ↓      │     ┌────────┐       │
│ ┌──────┐ ┌─────┐ ┌──────┐   │     │商品部主任│      │
│ │牡丹园店│ │翠微店│ │龙德店│   │     └───┬────┘      │
│ └──────┘ └──┬──┘ └──────┘   │          ↓           │
│ (同总店)    ↓    (同总店)    │      ┌──────┐        │
│          ┌────┐             │      │质检员 │        │
│          │采购部│            │      └──┬───┘        │
│          └──┬─┘              │         ↓           │
│             ↓                │   ┌──────────┐      │
│          ┌────┐              │   │每个品牌的店长│    │
│          │商品部│             │   └──────────┘      │
│          └─┬──┘              │                     │
│        ┌───┴───┐             │                     │
│        ↓       ↓             │                     │
│      ┌────┐ ┌────┐           │                     │
│      │品牌1│ │品牌N│          │                     │
│      └────┘ └────┘           │                     │
└─────────────────────────────┴──────────────────────┘
```

**图 7.4.1　翠微店庆销售指标分解**

微通过调查方式,掌握了周边居民的收入状况、职业特点、消费水平等第一手资料,从而确立了翠微大厦"立足京西,以周围 30 平方公里内的 90 万居民为主要目标市场;以周边约 150 万居民为贴近目标市场;以全市乃至全国为亟待开发的潜在目标市场"的发展战略。翠微通过分析得知,目标客户群对店庆促销的主要需求特点为:喜欢简单、明了的活动形式;除价格打折之外,他们在乎商店的服务、品质和环境;对于购买新品有较高的参与率;购物的目的性非常强;时间概念突出;除了享受优惠活动之外,还希望能获得额外赠品或者参加小活动;注重购物过程的服务细节;维权意识显著;非常在意个人隐私。

市场定位方面。这项在计划阶段排在第三重要的位置。翠微店庆的理念经历了几年的实践,在第二年店庆的时候提出了"商品打折、质量不打折、诚信不打折、服务不打折",之后进一步提升为"营造一个节、体现一个诚、买到一个值",再后来就是"享受实惠价格、获得超值回报、体验诚信服务、喜购时尚新品",三年之后才确定为一直沿用到现在的主题——"翠微的生日、消费者的节日"。也就是从那时起翠微的店庆开始品牌化,同时在广告宣传、视觉识别、活动形式等方面都开始有了一套传承。"消费者的节日"和"开心快乐"成为翠微店庆的定位点。

工具选择方面。这项在计划阶段排在第二的位置,并且明显高于排在第三位的市场定位的频数。说明翠微在进行店庆规划时,对营销工具的选择和活动的具体开展形式有着比较多的考虑。翠微将每年的店庆活动分为主体和花絮两大部分。主体活动就是指厂家让利以增加销量、利润的活动,这个形式是不变的,有两种:一种是 8 折起,满 100 返 20,循环返;另一种就是 8 折起,满 100 减 20,折上减,部分商品满 100 减 10 元(一般不超过 10 个品牌)。后者一直沿用到现在。花絮活动（见表7.4.2）则主要是用于满足消费者参与的兴趣，形式有赠礼、抽奖、折扣、积分返利等。

表7.4.2　第十二届购物节暨翠微百货12周年店庆花絮活动（翠微店）

| 序号 | 活动名称 | | 活动时间 |
| --- | --- | --- | --- |
| 1 | 精致奢华 闪耀情结——翠微生日加赠礼 | | 2009.11.18~11.22 |
| 2 | "畅"停无忧 | | 2009.11.18~11.22 |
| 3 | 福气皆缘满 好礼尽分享 | | 2009.11.18~11.22 |
| 4 | 店庆好礼 逐级赠 | | 2009.11.18~11.22 |
| 5 | 福随吉人至 购物锦上花 | | 2009.11.18~11.22 |
| 6 | 金彩好礼——挑战高消费 | | 2009.11.18~11.22 |
| 7 | 生日礼·记录精彩瞬间 | | 2009.11.18~11.22 |
| 8 | 欢乐店庆日，优惠翠微行——翠微可晶婚纱摄影会馆 | | 2009.11.18~11.22 |
| 9 | 同贺翠微12周年庆（行业活动） | 浓情摄影同贺——古装风韵 写真浓情 | 2009.11.18~11.30 |
| | | 惠丰堂饭店同贺 | 2009.11.18~11.22 |
| | | 康玉药店同贺 | 2009.11.18~11.22 |
| 10 | 中体倍力（金域店）活动 | | 2009.11.21~11.22 |

营销组合方面。这项在计划阶段排在第一位，反映出翠微在店庆前非常重视对各营销组合要素的规划。通过分析发现，翠微店庆时对营销组合中产品、价格、环境、沟通等各要素都进行了运用，并围绕着店庆定位点（节日和快乐）进行。

在价格上，做到了一个"实"字，即实实在在地让利于顾客。8折优惠、购买满100再减20元，这一幅度并不大于竞争对手，但是真实于竞争对手，商品价格提前通过电子计算机进行锁定，避免供应商先提价再降价的现象发生。这种实实在在降价，才能真正让顾客有过节的感觉。

在服务上，突出了一个"值"字，每一个员工人手一本活动手册，他们对所有活动、信息熟记于心，现场管理人员一站到位，安保人员做到了"盯住点、看住线、守住片、镇住面"。后勤保障部门是保证活动进行下去的关键环节。例如有的顾客在商场打电话叫亲属来，打不出去，为什么？因为人太多了，信道拥堵，在第一年、第二年知道这些信息之后，翠微及时总结，调来了通信车，及时为顾客解决问题。

在产品上，做到了一个"新"字，即促销的不是积压品，也不是过季品，保证顾客以真实的优惠价格买到高质量的产品。翠微的店庆促销,与其他商店促销的最大不同,在于他们像对待圣诞节和春节一样,联合供应商在全国组合最好的产品,会提前两个月开始这项工作,绝不会在店庆时借机处理积压品。同时也不做畅销品和滞销品搭车销售,以优质商品为诱饵。为了在店庆时做到品种齐、规格齐、花色全,翠微还腾出会议室和办公室作为供应商临时库房,使店庆时新品、热销品所占的比例高于竞争对手,也大大高于平时。为"翠微的生日,消费者的节日"的实现做出了贡献。

在环境上,做到了一个"节"字,每年店庆,店铺环境都进行精心布置,以营造相应的节日氛围,比如运用灯光设备来装饰店堂等;同时各部门还会制订相应的保障方案,对涉及的各个方面进行检查和整修。当我们在现场进行实地考察时,有进了游乐场的感觉,处处彩旗飞舞,层层有中奖的宣传,一番喜庆的景象。

在沟通上,做到了一个"准"字,把店庆打造成品牌。首先,每年都宣传同一句定位语,"翠微的生日,消费者的节日"。同时也展示为店庆设计的同一个标志,每年在媒体上都会频繁出现,唤起消费者对翠微店庆的记忆。其次,分为三个时间段进行宣传:店庆前的预热、店庆活动时的情况以及店庆结束后的盘点。第一个阶段的报道核心目的就是向消费者传递"翠微要店庆了"这样一个基本信息,同时将以前店庆的基本情况告诉给消费者;第二阶段,媒体将当天发生的事情或者卖场的亮点以文字或者图片的形式宣传出去,让更多的人来关注和参与翠微店庆;第三阶段,重点宣传店庆促销的绩效。

翠微对广告投放的地域、广告的形式等都有着细致的规划。比如他们会根据目标顾客群体的特征来分析这些人所处的范围,从而确定广告投放的具体媒体和区域;同时随着人们的消费半径大幅外延,现在"翠微店庆"的广告已经开始在《太原晚报》、《华西都市报》等外埠媒体上刊登。同时店庆广告投入占全年广告预算的20%,店外楼体装饰氛围每年要斥资百万,让消费者对翠微店庆产生向往,像渴望节日一样渴望翠微店庆的到来。

实施计划方面。这项在计划阶段排在最后一位。翠微在制订实施计划前,会进行相关内容的调研,再通过对已有数据和资料的分析,由企划部门制订一个相关部门的详细分工(见表7.4.3),分工包含的所有活动都由企划部门来推动,包括执行的时候具体怎么运作、部门与部门之间如何协调配合等。这个分工计划,帮助专业部门在看到这个方案的时候会想到有相关的问题出现,然后再就此问题去制订更详细的专业方案。除了部门分工外,实施计划里还会涉及各项比较琐碎的工作,比如活动组织、环境布置等方面,同时还会涉及人员储备方面的相关规划，比如在店庆前对员工进行培训、收银员和导购员的调配等。这些员工必须在培训完之后才能在店庆时上岗。

表 7.4.3　　翠微百货十二周年店庆营销活动相关部室分工（部分）

| 责任部门 | 分工内容（部分） | 完成时间 |
| --- | --- | --- |
| 物流部经管中心 | 1. 物价锁定<br>2. 质量监控<br>3. 店庆前检查、监控<br>4. 结算录入<br>…… | 2009.11.16 前 |
| 物流部营销中心 | 1. 销售计划目标制订分解到各采购部<br>2. 做店庆销售分析<br>3. 策划并执行店庆 12 周年促销方案<br>4. 设计并监督、安装店庆装饰方案<br>5. 店庆分工及宣贯<br>6. 各种广告宣传品的设计、发布<br>…… | 2009.11.16 |
| 物流部各采购部 | 1. 各采购部特惠商品促销信息与参加活动品牌信息及时上报<br>2. 确保商品花色品种、规模型号齐全（重点是知名品牌）<br>3. 临时库房的要求及解决方案<br>…… | 2009.11.6 |
| 超市连锁 | 1. 上报超市及各分店联动营销方案<br>2. 做好店庆相应准备工作<br>…… | 2009.11.6 |
| 总办 | 1. 店庆活动期间重大指令发布（与物流管理部）<br>2. 联系媒体落实软性宣传报道<br>…… | 2009.11.6 |
| 人力资源部 | 完成各项工作人员调配需求<br>…… | 2009.11.6 |
| 组宣部工会、团委 | 组织开发票工作 | 2009.11.6 |

费用核算方面。这项在计划阶段排在倒数第二的位置，说明翠微在店庆前对费用核算方面的相关规划相对较少，准确地讲，翠微并没有根据店庆而专门进行费用核算，都是每年年底统一做全年的费用核算，而在每年初做计划时基本上是按照店庆时费用占全年投入的比例进行预算。"每年没有太大的变化，占全年的宣传费用差不多 1/6"。

翠微在做每年的费用预算时，主要考虑三方面的费用：一是广告媒体的投放费用；二是商店装饰等方面的费用；三是关于促销方面的费用，比如抽奖、赠礼等活动的费用。至于商品的价格是企划部门先与采购部协商，然后采购部再跟供应商去协商。企划部门会制作统一的给供应商做活动的洽谈函，然后采购部的业务人员就会去与商家具体谈，最后业务人员会把谈完的结果统一汇总到企划部门来打包进行宣传。由于翠微使用的是计算机系统进行单品管理，所以任何一个品牌的销售情况都完全可以在计算机系统中调出来，这样在店庆结束后，翠微可以根据之前确定的活动细则和各个商品的销售情况进行费用核算，从而在保证速度的同时还确保了准确度。

## 五、店庆活动的实施

执行组织方面。这项在执行阶段相比实施控制方面较少。翠微从第一年开始，在每年店庆的时候就会成立一个临时指导小组，小组的组长就是翠微的董事长、副董事长和各位副总，组员就是各个部门的部长，同时翠微三个分店的店长都是领导小组成员。可以说，基本上翠微店庆的时候，原有的领导班子就组成了这个领导小组。店庆期间，领导小组每一天都会设定一个固定时间点、在固定的地点开一个临时现场会，把当天的情况及时总结一下，如果有什么问题还可以及时做临时调整。领导小组直接分工针对各个职能部门，下面各部门不会再设单独的组织。在执行过程中，翠微大厦会有一个总控，这个总控往往是总经理办公室和物流管理部门来操作，从这里下达指令。总的来看，临时小组成员来自从分析、计划到实施的所有相关部门，店庆时若遇到问题则直接由对口负责部门派人进行处理。

实施控制方面。这项在执行阶段是最重要的一项，由此可以看出，翠微大厦在店庆时对实施控制方面的重视程度。具体来讲，这部分主要包括对商场内外安全的控制、对商品价格和质量的控制，以及对服务质量和效率的控制，方法是现场巡视和及时调整。

翠微在店庆时非常注重对商场内外安全的控制。从商场外来看，为了方便顾客停车，店庆期间翠微所有员工主动放弃了开车上下班，以留出车位给顾客和供货商；商场外围还组织了60多人的队伍配合交警疏导车流、人流，把购物多的顾客送上出租车；同时店庆前翠微会把周围能够用做停车场的地方包下来，作为临时停车场。在商场内则是分人包干来负责消费者的商品安全、人身安全、财产安全等，翠微运用现代管理技术实现了商场及楼层客流的自动扫描显示，用电子设备实时监控每一层楼的人数，这样当某层楼人数分布太多时就可以利用广播疏导人流。就安全而言，翠微并没有在店庆时专门成立小组来负责，平常的机构负责，副总和安保部在店庆前会有比较完善的防范措施和预警方案，所以对待现场出现的问题都能够较快解决。

在对商品价格和质量的控制方面，翠微对供应商有着很严格的要求，比如翠微对所有供应商提前1个月锁定商品价格，此后一直到店庆结束，价格只能下降不能提高，由于计算机管理到了单品，如果供应商对商品提价，"计算机"便不认，POS机无法打印销售小票，商品就卖不出去，这就从根本上杜绝了虚假打折。同时，翠微还要求供应商签订质量、价格保证书。"每次店庆前，总经理会带领相关部门的领导对所有商品价格、质量进行联合检查，一个楼层、一个楼层、一个品牌、一个品牌地看，是不是真正做到了货真价实"。除了保证商品的价格和质量外，翠微一般会提前3个月开始组织货源，而不是等到店庆时把滞销或库存的商品搬出来销售。

对于服务质量和效率的控制，翠微也十分关注。翠微实行无障碍刷卡结账，"正因为有进价核算和计算机管理，在周年店庆的时候，才能够对每件商品，每个类别的商品的成本摸得一清二楚"，也因此翠微可以实现无障碍退货，不损害消费者的利益。同时为了保证服务质量，在店庆前会对所有员工包括管理员进行培训；而店庆时由于顾客很多，便会从以前做过收银员的员工中抽调一部分去收银台帮忙，"店庆的时候，我们收银员是非常辛苦的，在台子那儿一站一天十几个小时。收银员平时是上三班，早、中、晚，他们的工作时间应该是6个多小时。店庆时，所有员工全都是从早一直盯到封场，这样的话人员就挤出来了"。

效果评估方面。这项在执行阶段为最不重要的一项。概括起来，翠微大厦在店庆结束后对其效果的评估主要包括销售额指标完成情况、媒体宣传效果、顾客和供应商满意度等三个方面，由此可看出与店庆目标的紧密关联性。

总的来讲，翠微在进行店庆管理时，会把顾客的利益作为思考问题的出发点，围绕顾客满意把店庆作为一项系统工程来抓，做好店庆营销活动的每一个细节，包括后勤保障、交通疏导、卖场服务、商品准备到店庆前的全员培训以及人手一册的《店庆服务工作指南》。让消费者在店庆时排队等候的时间越来越短、购物环节越来越少、挑选商品的余地越来越大。

## 六、日常的基础管理

翠微店庆之所以取得如此成功，还与翠微长久以来形成的店铺品牌形象有关，而店铺形象又与公司的独特资源紧密相连。

**1. 良好的品牌形象基础**

在顾客心目中，它是提供家人式服务的商场，是设身处地为顾客着想的商场，不会欺骗顾客，因此当商场说优惠酬宾时，顾客不会怀疑，自然会积极参与。例如，员工会自费打车去首都机场，送达顾客遗失在大厦的物品；会爬六层楼梯，免费把顾客购买的重物送到家中；大厦专设"钱华芳改衣服务部"，免费为顾客改衣长、改袖长、改胸围、改肩宽、改裤长、改裤腰等等。在"店庆"前两天顾客来买东西，翠微的导购员会直接给顾客支招："过两天等'店庆'再来，能省多少多少钱！"导购员胡秀银为了给顾客找一个为80岁母亲贺寿的寿篮，联系了16家商场，并自付打车费把寿篮送到了客人给母亲过生日的酒店，车费甚至高过了寿篮的价钱。

在供应商心目中，翠微是诚实和负责任的合作伙伴。例如面对2009年金融危机的影响，翠微大厦在全国率先推出了支持供应商的三项措施：对超额完成2009年经营指标的供应商给予一定奖励；对资金上遇到困难的供应商预先支付货款；对销售额较大的供应商缩短结款周期，最大限度地缓解由于资金给供应商带来的经营压力。翠微与供应商的良好关系，加上店庆促销带来的收益，使供应商在店庆活动中积极配合，全力支持，组织最好的商品，抽调京城最好的导购员上岗，推动了店庆促销过程中销售额的攀升。

**2. 优秀的无形资源整合**

翠微良好的品牌形象基础来源于优秀的无形资源整合。翠微树立了独特的大顾客观、鼎力支持的供应商、敬业的员工团队和超前的信息系统。

（1）独特的"大顾客观"。在翠微的诸多文件中，都会看到一个词——"大顾客观"。他们认为，消费者、供应商和员工都是大厦的顾客。消费者自然是翠微关注的衣食父母，经营策略的制定都会以顾客为中心。供应商是翠微商场的一部分，他们会像奖励自己员工一样奖励供应商派驻的销售员，不占压供应商货款，帮助他们实现理想业绩（2010年初，因2009年表现，翠微奖励各类品牌供应商共260万元，其中最高奖励达8万多元）。翠微也把自己员工视为顾客。他们认为，顾客的满意是通过员工的服务来实现的，因此，善待员工即是善待顾客。翠微的领导们平时坚持尊重职工的意见，遇到重大决定前都会及时召开职代会，把担忧和难处告诉员工们，以求得到他们的理解和支持。翠微始终贯彻"以人为本"的理念，鼓励员工进行再教育学习，重视人才的培养，和员工讨论企业的发展思路，听取建议，及时调整企业经营管理策略。即使面对突然来到的金融危机，翠微仍然使员工享受到了企业发展的成果，实现不裁员、不减薪。

（2）鼎力支持的供应商。由于中国百货商店采取的联营方式，商品价格主要是由供应商控制，因此商店调整价格的促销活动得以展开，而力度大小、效果如何、商品质量等都与供应商的配合密切相关。何况，目前百货商店促销酬宾活动，通常做法是百货商店和供应商分别承担50%费用，供应商不情愿承担或违心承担，都会影响促销效果。翠微大厦拥有一大批鼎力相助的供应商。仅从服装品牌马克·张负责人的一段话就可以看出端倪，他说："翠微店庆是一个品牌，无论从影响力和业绩都是最棒的。在翠微店庆前一个月，我们就专门开会抽调骨干，组织商品。我们会向北京地区所有VIP顾客发送信息，告诉顾客翠微独享的营销活动。我们的宗旨是全国保翠微，缺货用特快专递从全国各店调货补。翠微店庆是我们展示新品、宣传品牌、检验管理的一个平台，所以营销力度也是最大的，翠微几天的店庆活动是其他同等规模店两个多月的销售额。"

（3）敬业的员工队伍。翠微大厦的大多数员工来自传统零售业，他们吃苦耐劳、爱岗敬业、懂得感恩。公司像对待顾客一样对待他们，使他们更加热爱翠微（在过去相当长的时间内员工持有公司股票），成为一支特别能战斗的队伍，这为店庆促销期间超常规的高强度工作提供了执行力上的保障。在翠微店庆时，员工往往会发挥出非凡的创造性与无私的奉献，"在心里头就认为这个店庆一定要把销售搞好，一定要把销售达到我们既定的目标，已经渗透每一个员工的思想里"，他们会发短信给老顾客，告诉顾客店庆的信息，邀请他们来参加活动，每个员工还有一些外延销售，邀请一些机关团体或者亲朋好友来光顾。

翠微的店庆日是员工们的"忙碌日"，员工连续几天投入其中，有一种强烈的荣誉感，"没有一个员工提出来，那你让我加班到这么晚，我回家怎么办？每年店庆的时候，我们周边一圈全都是来接家属的，接爱人的，接孩子的，所以配合度非常高"。店庆时收银员一天要干十几个小时，连吃饭都替换不过来。为了保证收款时货款收付清楚，收银员坚持笔笔交易唱收唱付，货场人多声杂，收银员常常要扯着嗓子喊，顾客才能听到。一两个小时下来，嗓子就冒烟儿了。经理虽然把水送到款台，但为了少上几次卫生间，收银员们也是尽量忍着不喝，3天下来，个个嗓子嘶哑上火。

我们在访谈中听到两个故事可以佐证员工的敬业：一是在店庆期间，有的收银员为了减少顾客排队等候的时间，不上厕所，自己穿上尿不湿；二是在店庆期间，员工半夜才下班，为让家离店远的同事充分休息，住在商场附近的员工，会让家人去亲戚家住，腾出床位让自己同事住。尽管店庆期间公司每天会给每位员工百元左右的补助费，但是员工的奉献绝不是简单的补助费所能解释的。我们看到，在翠微长期以来形成的企业文化的影响下，翠微人有其独有的精神和工作作风，而这是店庆成功的重要保障。

（4）超前的信息系统。翠微长期重视信息系统建设，并重视实际应用，在这方面走在了全国百货商店的前列，该系统可以即时反映单品的价格、销售、结款和客流情况。仅以"翠微无障碍'一卡通'结算方式"为例，大厦设立开放式的结算中心，负责统一对供应商的结算业务。具体操作是：给每个结算单位发放结算磁卡，通过读卡器，调出该结算单位的结算资料，依据合同约定的条款（结算方法、结算日期等），应结多少，实结多少，打印出结算清单，核对无误后结款。供货商根据情况自动补货时，顺便递交增值税发票。这种结算方式强化了结算的控制力，强化了采购专业人员的自制力，淡化了个人的权力空间。翠微大厦超前的信息系统在店庆活动中大显身手，一方面信息系统可以提前1个月锁定单品价格，避免供应商先升后降假打折（这种现象在市场上常见）；二是可以即时统计销售和每位顾客的购买金额，前者可以控制调整促销活动，后者可以保证现场购买竞赛这种花絮项目的实施；三是可以时时监控店庆现场的顾客数量和人流走向，随时进行调整引导；四是可以保证供应商按天来结算货款。

**案例讨论目的**

使学生掌握"促销活动"的目的、方法和实施过程。

**案例讨论问题**

1. 翠微大厦店庆促销为何单一成功？
2. 翠微大厦店庆促销为何连续成功？
3. 翠微大厦店庆促销模式是否可以复制？

**案例讨论形式**

开放式讨论，同学们根据案例提供的资料和数据，围绕着前述的三个讨论题进行讨论，最终会形成成功促销的应用模型，以及相应的模仿条件。

# 第8章 渠道组合策略

## 8.1 当代商城的多渠道整合

2010年夏季的一天，北京当代商城董事长金玉华在他的办公室，思考这一个问题：2008年当代商城已开设了网店，在自然地发展，随着竞争的激烈化，要不要大规模地进行当代商城的网店建设？公司战略顾问给他的建议是不同的，有的主张不能再等待了，必须加快网店的扩张速度，否则就会像柯达公司一样，由于没有跟上新技术的更新而被淘汰；也有的顾问认为，目前没有迹象表明，网上百货商店会取代实体百货商店，因此利用网络技术，提升实体店铺的营销水平是当下的当务之急。金董事长明白，无论如何，网络零售的比例增长速度很快，需要提前做好应对的准备，不能"临上轿子再扎耳朵眼儿"，否则当网上商店大潮来到时，就会什么都晚了。提前做好准备，主要不是技术上的问题，技术问题现在都已经解决了，而是战略思路上的问题，他想到应该把一个关键问题理清楚：当代商城网上商店和实体商店之间的关系，应该是互相补充和促进的，这就需要二者实现差异化，这能够做到吗？他发现目前成功的网店大多不是传统零售业，例如淘宝网、京东商城等，是否意味着实体店和网店不太容易整合出协同效应呢？

## 一、中国百货业[①]

世界上第一家百货商店于 1852 年在法国巴黎诞生，至今已有 160 年的历史了。中国百货商店大体形成于中日甲午战争（1894 年）前后，也有 100 多年的历史了。1976 年美国学者提出了零售生命周期理论。[②] 他认为，零售商店像生物一样，有自己的生命周期，分为明显不同的革新、发展、成熟和衰落四个阶段。西方国家百货商店革新期始于 1860 年，大约 80 年以后的 20 世纪 40 年代进入成熟期，现在处于衰落期。中国百货商店 100 多年来的发展，也大体经历了相似的阶段，只是还没有进入衰退期。

### 1. 1894—1949 年：百货商店产生阶段

19 世纪末至 20 世纪初期是中国百货商店的萌芽和产生阶段，一些较有影响的大型百货商店都产生于这一时期。1900 年，俄国资本家在中国哈尔滨开设的秋林公司，是中国境内的第一家百货商店。[③] 随后若干家百货商店先后开业。该阶段只能算是百货商店的产生期，其革新性表现为经营品种丰富、统一价格、规模数千或超过 1 万平方米，功能为购物和休闲结合一体。在这个阶段，百货商店作为一种店铺形式已经被投资者和顾客所接受。

### 2. 1950—1995 年：百货商店发展阶段

1950—1995 年的 45 年时间里，中国百货商店的发展大体分为两个阶段：前 40 年是传统百货商店（满足日常生活的需要）发展的时期，后 5 年是现代百货商店（满足高质量生活需要）发展的时期。这两个时期是中国百货商店生意最好做的时期，它们依靠短缺环境、垄断政策、中心地段，创造了一个行业几十年"只赚不赔"的神话。

### 3. 1996—：百货商店成熟阶段

1996—2000 年，大型百货商店盲目发展的势头仍然在持续，店铺数量急剧增加；1996 年后，出现了进入典型的成熟期特征，有人甚至认为 90 年代末上海

---

[①] 王燕平：《中国百货行业发展报告 1999—2008》，经济管理出版社 2009 年版，第 3~13 页。
[②] David W. R., Bates A. D. and Bass S. J., "The Retail Life Cycle", Harvard Business Review, 1976, 54 (11–12), p. 91, exhibit I.
[③] 中国商业编辑委员会：《中国商业百科全书》，中国大百科全书出版社 1993 年版，第 4 页。

百货商店进入了衰退期①。其表现是：出现了大量亏损的店铺，微利经营成为一种常态，一些百货商店开始关门倒闭。21世纪初期，针对市场竞争变化和顾客需求的多元化，百货商店开始进行提升经营档次的转型调整，围绕着中产阶层进行商品和服务组合，重点经营高中档服装、化妆品、家庭装饰品等，奢侈品经营成为百货商店成败的关键因素之一。

随着网上商店的发展、其他零售业态的蚕食，以及奢侈品公司开设自己的专卖店，百货商店的面临的挑战十分严峻。

## 二、公司的背景

北京当代商城成立于1995年，位于北京市海淀区中关村大街40号，地处中关村高科技园区的核心地带，毗邻北京大学、清华大学、中国科学院等诸多高等院校、科研院所和高新技术企业。

当代商城的建筑面积为61 800平方米，地下2层，地上11层，其中商业经营面积为28 000平方米。

当代商城定位于高档精品百货店，以商品经营为主，集餐饮、休闲娱乐、商务公寓于一体。地下一层为风尚生活馆、高档西餐厅；地上一层为国际精品馆；二层为时尚名品馆；三层为绅士服饰馆；四层为丽人服饰馆；五层为运动休闲馆；六层为家居儿童用品馆，七层为美食花园与会员俱乐部，九层至十一层为写字楼和商务公寓等，向消费者及社会各界提供全方位的服务。

当代商城以追求生活高品质的消费者为主要目标市场，在"品牌立店，前卫经营"的方针下，以经营国际名品为主，紧随时代潮流，突出尊贵和时尚，目前许多具有国际知名度的品牌在商城内设立了专卖店、形象店。当代商城被国家商务部评定为首批"金鼎级"精品百货店，拥有"中国商业名牌企业"、"中国商业服务名牌"、"中国商业信用企业"、"全国商业质量管理奖"、"首都平安示范商场"、"北京十大商业品牌"、"全国构建和谐商业杰出贡献企业"等多项荣誉称号。商城通过ISO9000质量管理体系认证，具有完善的会员服务体系，在首都零售业率先建成顾客呼叫中心，顾客服务热线010－62576688为消费者提供24小时咨询服务，是众多国内外知名品牌进行展示和推介的重要场所。率先实行停车场礼宾式服务，首创北京商业"一站式退换货"服务。此外，现代健康馆、色彩搭配，美丽私塾、VIP顾客陪购等极具个性化色彩的服务项目全方位地

---

① 蔡鸿生：《城市商业发展的规模规划规范》，中国商业出版社2002年版，第72页。

提升着顾客价值。

在国际化商业与高科技相结合的发展道路上，当代商城不断探索新形势下以营销为中心的现代商业管理模式，以科学发展观做指导，牢固树立"以人为本"的三大顾客观（消费者、供货商、员工），全面推进以经济效益为中心的经营管理、企业文化、运行机制和思想道德建设，统筹商品、服务、环境、便捷、安全五大商业元素的协调改进，坚持企业品牌战略、人才战略、质量战略的一体化可持续发展战略，全力打造高档精品百货名店。

## 三、中国网上零售业

2008年，中国电子商务交易额达到3.1亿元人民币，2009年达到3.8亿元，2010年达到4.5亿元，增速为22%左右，大大超过了GDP增速。近几年，传统零售的比例在逐年减少，网上零售的比例在逐年增加。根据商务部发布的数据，2008年，网络购物交易额达到1 257亿元人民币；2009年，网络购物交易额达到2 586亿元人民币，同比增长105.8%。另有统计数据称，2010年网上零售市场交易规模达5 131亿元，较2009年又翻了近一番，约占全年社会商品零售总额的3%。预计未来两年内我国网上零售市场交易规模将会步入全新阶段，全年交易额有望首度突破10 000亿元，约占全年社会商品零售总额的5%。

淘宝网是目前中国最大的电子商务平台。2010年11月11日，当天淘宝网单日交易额达到最高的19.5亿元。这一数据已经超过了北京、上海、广州国内三个一线城市同期的单日社会消费品零售额。来自统计局的数据显示，11月北京市平均每天零售总额是18.19亿元，上海是16.8亿元，广州是14.04亿元。

根据连锁经营协会的统计，2010年连锁百强中已有34家开展网络零售业务，在独立的新型网上商店（淘宝、凡客、京东、钻石小鸟等）快速发展时，传统零售业已经度过等待和观望期，争相开设网上商店。

不过，网上零售由于后台信息系统和物流系统的巨大投资，目前基本上都没有实现盈利，有专家说亚马逊7年后才实现盈利，一般100亿销售额以后才有可能盈利。但是，2011年超过了100亿，但是仍然处于投资阶段。苏宁易购超过70亿元，刚刚实现盈利。

## 四、网上零售的优势和劣势[①]

有人认为网上零售的优势在于：（1）选址变得不再重要。零售业三个重要的要素就是"选址、选址和选址"。在商业街零售业中，最好的店址非常昂贵，店面选址的成本也非常高。而网上零售则避开实体选址，不再受其牵制，网上零售商可以在任何地方开展经营活动，不受实体选址的影响。（2）规模大小不再重要。小型网上零售商可以与零售商巨头同台竞争，同时又拥有比商业街零售商更多的顾客，还具有24小时营业的优势。（3）消费群体收入高。网上购物者的个人背景也是一大优势，通常有较高层次的教育背景、良好的职业状况以及较高水平的可支配收入。（4）节约人员成本和选址成本。网上零售可以节约面对面营销所需的人员成本和建立实体店面的成本。但是，由于网上零售商同样也需要与消费者建立联系，因此，建立和维护客户关系的成本以及包装费、运输费的存在使得网上零售节约下来的成本并没有预想的那么多。（5）整合客户关系管理和微观营销系统。网上零售可以方便地整合客户关系管理和微观营销系统——将消费者看成是每一个个体来识别和对待。更为方便的商品信息供应，将为交叉销售和向上销售提供更好的机会。

网上零售也存在一定的劣势。零售商必须进行前期投资，仅准备成本这一项就需要53 000～1 400 000美元。投资额的不同与规模直接相关，小型网站的准备成本和大型业务项目的准备成本差别很大，而准备成本仅仅属于初始投资。另外，相对于面对面营销，网络营销缺少相应刺激，对消费者而言，在一台计算机前说"不"更加容易。当零售商试图通过"氛围"——触觉、感觉、嗅觉来刺激消费时，网络营销往往会遇到麻烦。而且，顾客还很容易在网上进行价格比对，这也给网上零售的获利带来不小的压力，同时也会促使消费者形成在购物时一直期待持续低价的心理。最后，售后服务的开展也比较困难，尤其是面对海外消费者时，这个问题就会变得更加棘手。

## 五、当代商城可能的选择

当代商城虽然已经开设了网店，但是仍然可以有多种的选择模式，即有着不

---

[①] 鱼明：《网上零售和传统商业模式的整合战略研究》，载《商场现代化》，2008年12月（下旬刊）。

同的多渠道的整合方式。

从经营层面看，从完全的实体店铺到完全的网上商店，会呈现出不同的独立和组合的店铺形态。如完全的实体商店、实体商店+仅发布信息的网店、实体商店+发布信息和可以订购的网店、实体商店+发布信息和订购及增加顾客的网店、网上商店和实体商店彻底分离，建立独立的网上商店。

从资源层面看，实体店铺和网上商店二者可以完全独立且协同运作，也可以是虚拟的战略伙伴，还可以是资本的结合。这三个方面结合和分离的程度，一般体现在品牌、管理层、部门和股权等方面的一体化或分离化的程度，我们可以通过三个实例进行说明（见表8.1.1）。

表8.1.1　　　　　　实体商店和网上商店资源的结合模式①

| 实体店和网店名 | 结合范围 | 品牌战略 | 管理机构 | 运营系统 | 股权构成 |
|---|---|---|---|---|---|
| Office Depot 和 OfficeDepot.com（办公品店） | 自设部门 | 合为一体 | 完全合为一体，网店属于实体店商业服务分部 | 完全合为一体，网络是信息系统一部分，传统系统送货 | 完全合为一体，实体店拥有网店全部股权 |
| KB Toys 和 KBkids.com（玩具店） | 资本结合 | 仅沿用KB部分 | 轻度结合，独立的管理团队，不过实体店经理是网店董事，双方有互动 | 适度结合，独立的配送系统，共享市场，网店购买可到实体店退货 | 完全分离，Kbkids.com与另一家网络公司合资，自占80%比例 |
| Rite Aid 和 Drugstore.com（杂货药店） | 战略伙伴 | 相对独立 | 轻度结合，独立的管理团队，不过实体店经理是网店董事，双方有互动 | 适度结合，独立的配送系统，网店买可到实体店提货 | 适当分离，实体店占网店25%以上的股权 |
| 苏宁和苏宁易购 | 战略伙伴 | 合为一体 | 轻度结合，独立的管理团队，双方有互动 | 适度结合，独立的配送系统，网店买可到实体店提货 | 苏宁持股65%，易购管理层持股35% |
| 当代商城和当代商城网上商店 | 自设部门 | 合为一体 | 完全合为一体，网店属于实体店管 | 完全合为一体，网络是信息系统部分，传统系统配货 | 完全合为一体，实体店拥有网店全部股权 |

① 作者根据相关资料整理，国外公司情况参考了兰杰·古拉蒂和贾森·加里诺：《有效结合网络和传统业务》，参见 M·哈特（M. Hart）等：《哈佛商学院案例精选集 实务系列 零售业》，中国人民大学出版社2004年版，第149页。

教学案例

## 六、面临的难题

零售的多渠道整合有着许许多多的方式,面临着多种选择。实体零售,单店精耕细作有一定的局限,基本到了效益的极限,增开新店,租金成本几乎无法承受,自建店铺有需要巨大投资,发展网店有需要巨大的信息系统和物流系统的投入。金玉华董事长认为,当代商城网络店的模式选择,不仅与顾客界面的营销有关,还与当代商城目前的联营模式有关。整合什么?如何整合?分为几个步骤?这些问题难以一下子想清楚。

### 案例讨论目的

使学生掌握"多渠道整合"的目的、方法和实现过程。

### 案例讨论问题

1. 当代商城目前的多渠道模式要不要调整?为什么?
2. 当代商城多渠道模式调整的内容是什么?为什么?
3. 当代商城多渠道模式调整的步骤是什么?

### 案例讨论形式

开放式讨论,同学们根据案例提供的资料和数据,围绕着前述的三个讨论题进行讨论,对于形成的不同观点和看法,让同学们充分说明自己的观点。

# 附录 8.1

## 附录 8.1.1　　　　　百货商店的经营方式

经营方式,通常是指所有者类型,如国有、合资、外资等,我们这里是指百货商店经营的具体形式,以是否转移和何时转移商品所有权为标志,分为自营、联营、出租柜台和代销四个类别,它是零售业盈利模式的内在形态。

**1. 自营**

百货商店自营,是指百货商店买断制造商或代理商的产品,在自己的店铺进行零售,传统的自营费用自己承担,利润归自己所有。在自营模式下,购销差价是最为主要的收入和利润来源。购销差价,也称"进销差价",是指百货商店经营同一商品的销售价格与购进价格的差额。它是为补偿商品购销过程中流通费用、支付税金,并使经营者获得一定利润所需要的。

**2. 联营**

百货商店联营,是指百货商店与制造商或代理商之间,按照合同的约定各自独立经营,其权利和义务由合同约定,各自承担民事责任。销售前,零售商一般不取得商品所有权;商品售出后,所有权同时完成向零售商和顾客的转移。具体是指零售商为制造商或代理商提供经营场地,以及相应的综合管理(促销、店面、卫生、安全、环境等),监督进店的商品,负责(或不负责)导购、统一(或不统一)收银等服务,制造商或代理商向零售商缴纳联营扣点(或转让购销差价,如化妆品、家用电器等)。

联营扣点,是指零售商按着销售额的一定比例向制造商或代理商收取的费用。比例数额由双方谈判确定,具体有三种方式:一是按着实际销售额进行收取;二是按着保底销售额收取,即由零售商确定保底(最低)销售额,无论制造商是否完这一数额,都按着这个数额的一定比例缴纳联营费用;三是综合方式,未达到保底销售额,按着保底销售额缴纳,超过保底销售额,按着实际数缴纳。一般按月缴纳。

**3. 出租**

出租,意为出租柜台或铺面,具体是指商业(包括服务业)企业或者个体工商户,将自有或者自用的部分商业柜台及相关的营业场地和设施交由其他商业(包括服务业)企业、生产企业或者个体工商户从事经营活动,并收取一定租金或者报酬的行为。商场出租柜台,一般不对入租商户的商品进行经营方面的管理。

租金,是指零售商向承租柜台或铺面的制造商或代理商收取的相关费用,一般按着每平方米/元收取,具体金额根据商店或货位所处位置进行确定。

**4. 代销**

百货商店代销,是指百货商店接受制造商或代理商的委托,在自己的店铺为其零售商品,通过收取一定代理费的方式赚取收入和利润,不负责代理商品本身的盈亏。在代销方式下,除产品本身产生的损耗费用外,零售商运营的相关费用一般主要由自己承担。因此,代销费是代销模式下最为主要的利润来源。代销费是零售商根据代销商品实际销售额的一定百分比,向制造商或代理商收取的零售费用;费用比例多少由双方协商谈判决定。

在相关文献回顾的基础上,我们对百货商店四种经营方式进行比较,发现了它们之间的相同点和差异点(见附表8.1.1)。

**附表8.1.1　　　　　四种经营方式中百货商店的权利和义务**[①]

| 特点 | 自营 | 联营 | 出租柜台 | 代销 |
| --- | --- | --- | --- | --- |
| 绩效层面 商品所有权 主要利润来源 | 买断后拥有 购销差价 | 没有 联营扣点 | 没有 铺面租金 | 没有 代销酬金 |

---

① 李飞:《中国百货店:联营,还是自营》,载《中国零售研究》,2010年第2卷第1辑。

● **教学案例**

续表

| 特点 | | 自营 | 联营 | 出租柜台 | 代销 |
|---|---|---|---|---|---|
| 顾客层面（营销组合层面） | 商品选择权 | 全部选择权 | 选择品牌 | 选择供应商 | 选择品牌和品种 |
| | 价格控制权 | 全部控制权 | 很少控制权 | 没有控制权 | 部分控制权 |
| | 促销管理权 | 全部管理权 | 合作管理权 | 没有管理权 | 部分管理权 |
| | 商品陈列权 | 全部（地点、规模、风格） | 部分（地点） | 部分（地点） | 全部（地点、规模、风格） |
| | 统一收银权 | 统一收银 | 大部分统一 | 两可 | 统一收银 |
| | 售中服务执行 | 百货店 | 供应商 | 供应商 | 百货店 |
| | 售后服务执行 | 百货店 | 双方 | 供应商 | 百货店 |
| 流程层面 | 采购流程管理 | 百货店 | 供应商 | 供应商 | 百货店 |
| | 配送流程管理 | 百货店 | 供应商 | 供应商 | 供应商 |
| | 销售流程管理 | 百货店 | 双方 | 双方 | 双方 |
| 资源层面 | 商场管理人员 | 百货店 | 百货店 | 百货店 | 百货店 |
| | 销售人员 | 百货店 | 供应商 | 供应商 | 百货店 |
| | 卖场设施 | 百货店 | 百货店 | 百货店 | 百货店 |
| | 商场品牌 | 百货店 | 百货店 | 百货店 | 百货店 |

附表 8.1.2    十大网络分销渠道[①]

| 渠道类型 | 代表公司 | 特征 |
|---|---|---|
| C2C | 淘宝、拍拍等 | 对很多传统企业来说，做电子商务就是在淘宝开店，销量也绝大部分来源于淘宝；但对于传统大型企业来说，淘宝只能作为销售渠道 |
| B2C | 当当、卓越等 | 情况：在线上的地位相当于线下的沃尔玛、家乐福。2009年，中国前十名的B2C商城大多开始转入百货商城，大多数商品品类都卖，正在建立其他品类商品供应链，这就给传统企业进入B2C渠道提供了机会。<br>进入：如果商品是热卖品，又有电子商务的客服体系等基本条件，保证这些平台一定的毛利空间，就有可能成为这些B2C平台的供应商。<br>效果：如果能成为这些平台的主推供应商，每天可以带来几十个订单。更何况其他小有价值的B2C平台还有成百上千，累计起来每天订单也不少。 |
| CPS 平台 | yiqifa、linktech、成果网等 | 情况：电子商务比较主流且固定的渠道推广就是CPS模式，通过推广产生有效的订单后进行比例分成。如果网站主不能带来销售，不用支付广告费。<br>进入：制定超越竞争对手的联盟分成政策，增强竞争力，还需要有专人结算与维护。<br>效果：一般B2C平台，CPS销售会占到20%，不做这个渠道意味着损失20%的销量。有实力的企业也可以建立自己的CPS联盟。 |

---

① 根据相关文献整理而成，主要参考文献为龚文祥：《你必须知道的十大网络分销渠道》，载《销售与市场》，2010年第4期。

续表

| 渠道类型 | 代表公司 | 特征 |
| --- | --- | --- |
| 银行商城 | 招行、工行、交行、建行等网上商城 | 情况：大部分银行商城及信用卡商城都建设有 B2C 平台，这个渠道价值非常大，银行拥有大量网银支付的用户。<br>进入：银行在乎网上支付的流水，知道人家的需求就容易进入了。<br>效果：除了订单的实际效果，银行对 B2C 平台的背书作用也不容忽视。 |
| 网上支付 | 腾讯财付通商城、支付宝商城、第三方支付等 | 第三方支付平台拥有庞大的用户量，已经开通网上支付手段的用户，基本都有网购经验，是精准的网购人群。这些平台也希望企业使用其支付手段做大资金流。 |
| 门户商城 | 腾讯 QQ 会员商城、腾讯返利商城、新浪商城、搜狐商城、网易购物返现商城等。 | 情况：主流门户都有自己的 B2C 商城，虽然它交易量暂时不大，但门户的影响力及庞大用户量是不可小觑的。<br>进入：门户也欢迎直接与厂商合作，如果和这些门户有广告投放合作，结合推广进入商城，会更容易一些。<br>效果：在门户商城占据好的位置，并策划一些在门户的促销活动，有专门的人维护商品与专人的客服，也可取得每天几十单的销售。 |
| 积分商城 | 平安万里通商城/网易邮箱积分商城/携程特约商户等 | 情况：很多有庞大用户量的机构，建有自己的积分体系，并将这个积分和电子商务结合。在积分体系商城中，平安万里通是做得最极致的，将自己的 4 000 万用户的积分变成一个商城，用平安万里通的入口可以直接购买其他 B2C 平台的商品如 1 号店及红孩子等商品。<br>进入：这个渠道是给积分用户带来优惠，所以对商品价格的优惠力度要求较高，而且要求合作伙伴能和他们对接网上同步订单操作，对技术接口要求也高。<br>效果：1 号店的总销售额中 60% 来源于平安万里通这个渠道，超过其他渠道及官网销售额的总和。网易邮箱及携程用户也是海量级别的，将他们的部分用户转为购买用户，其战略意义是很大的。 |
| 通讯运营商 | 中国移动商城、中国联通积分商城、中国电信商城 | 随着移动互联网兴起及移动支付的普及，这个渠道的战略意义会越来越大。我们的实际经验是：与中国移动商城的合作每天带来上 10 单（用户用手机支付买我们的商品），等于多开了一个销售渠道与支付手段。 |
| 购物搜索 | 聪明点、返利网、易购网、派代等 | 这些购物搜索用户都是购买用户，其价值大于一般娱乐性信息网站，成为成熟网购人群的入口之一。如能让这些购物搜索全部收录一些你的网站商品，而且在首页推荐，每天都能带来一些订单。 |
| 网站搜索导航 | hao123/265/114la 购物频道 | 如果能进入这些导航站的首页的购物频道，每天可以带来上百订单，但审核较严，需要你的品牌商城关键词在百度每天有 5 000 左右搜索量才行。如果达不到这个标准，需要以做广告付费的形式进入。 |

## 8.2 阳光物流公司的多渠道调整

阳光公司是一家中型物流服务公司，提供仓储和运输服务，目标顾客主要是中小型企业的生产和销售等方的仓储和运输服务。随着市场竞争的激烈化，过去等客上门的方式已经显露局限性，因此公司开始了客户开发工作。主动开发顾客，取得了一定的成效，但是整体销售业绩还能令人满意，同时花费的成本大大超过了预期。公司总经理开始思考渠道调整和改进之事。他初步的想法是，先整合多渠道，然后再针对重点渠道实施具体改进。

### 一、多渠道整合的背景[①]

物流服务的分销活动一般分为 5 个环节（或功能）：唤起潜在顾客、确认潜在顾客、售前准备、销售过程、售后支持。这 5 个环节所要求的服务各不相同，所花费的费用也大相径庭，前两个环节相对简单容易，而达成交易是最复杂的环节。

调查果显示，在唤起和确认潜在顾客环节，电话营销、互联网渠道费用低，投入产出最高，而人员推销、中间商渠道费用高，投入产出比最低；相反在达成交易环节，电话营销、互联网渠道成功率较低，而面对推销渠道成功率最高。

第一步，阳光物流公司需要做的事情是对分销功能进行分解，然后找到与每个功能相匹配的分销渠道形式。表 8.2.1 为分析后得出的结果。

表 8.2.1　　　　　　　　各种渠道的优势功能

| 渠道＼任务 | 潜在客户的产生 | 客户身份认证 | 售前 | 销售结束 | 售后支持 |
|---|---|---|---|---|---|
| 自有销售队伍 | √ | √ | √√√ | √√√ | √ |
| 代理或分销商 | √√ | √√ | √√√ | √√√ | √√√ |
| 电话 | √√√ | √√√ | √ | √ | √√√ |
| 因特网 | √√√ | √√√ | √ | √ | √ |

注：√√√，最具有优势；√√，可以运用；√，不适合或不经济。

---

[①] 根据相关文献改编而成，基础资料来源于弗里德曼等著：《创建渠道优势》，中国标准出版社 2000 年版，第 252~255 页。

第二步，需要分析各渠道的成本，然后根据成本列出相应的分析结果。下面为分析后得出的结果（由于多方面原因，没有选择代理商模式）：

- 直接销售人员：年薪10万美元。一年工作时间250天。每天可有4次商业拜访或电话联系。其结果是每次接触的成本是100美元。每项功能完成一次拜访即可。
- 电话销售人员：年薪5万美元。一年工作时间250天。每天共有8次电话联系。其结果是每次联系的成本是25美元。前四项功能需一次电话，最后一项功能需两次电话。
- 因特网：粗略估计每月的维护成本是1 000美元。每个月有200个查询。每个潜在客户查询4次。其结果是每个潜在客户成本为20美元。每项功能完成一次网络互动即可。

第三步，需要进行渠道整合。目前单一的直接销售人员完成所有阶段的工作，花费成本太大（表8.2.2），效果也不是最好的，因此应该进行调整。或者直销人员在安排自己的工作时，可以组合面访、电话和因特网等多种形式。

表8.2.2　　　　　　　　　单一直接人员销售的成本花费

| 渠道＼任务 | 潜在客户的产生 | 客户身份认证 | 售前 | 销售结束 | 售后支持 |
| --- | --- | --- | --- | --- | --- |
| 直接销售 | 100美元 | 100美元 | 100美元 | 100美元 | 100美元 |
| 电话渠道 |  |  |  |  |  |
| 因特网 |  |  |  |  |  |

## 二、销售人员工作改进的背景[①]

物流公司的销售，无论何种渠道方式，主要通过销售人员来完成，或者说销售人员可以采取多渠道策略，不过公司建立了独立的呼叫中心。因此销售业绩的提高，还需要改进直接销售人员的具体工作，当然，呼叫中心和售后服务队伍也很重要。

---

① 根据相关文献改编而成，基础资料来源于弗里德曼等：《创建渠道优势》，中国标准出版社2000年版，第289～304页。

图 8.2.1 说明了阳光物流公司 1999 年确定的销售目标,以及各种分销渠道应完成的具体目标。

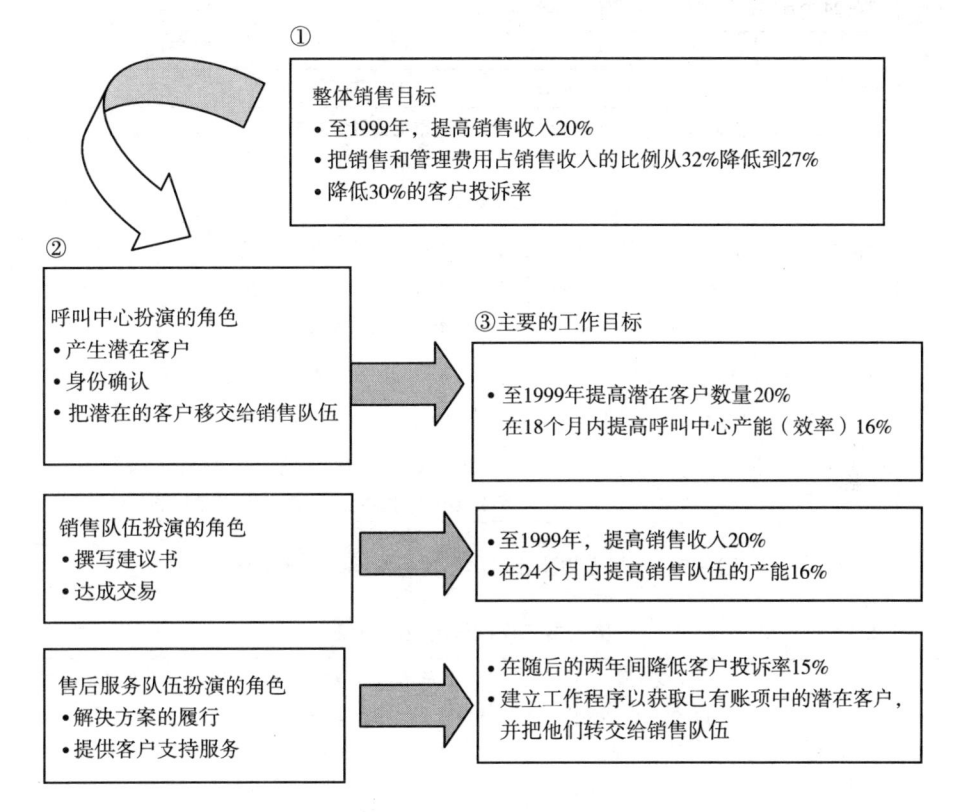

① 整体销售目标
- 至1999年,提高销售收入20%
- 把销售和管理费用占销售收入的比例从32%降低到27%
- 降低30%的客户投诉率

② 呼叫中心扮演的角色
- 产生潜在客户
- 身份确认
- 把潜在的客户移交给销售队伍

③ 主要的工作目标
- 至1999年提高潜在客户数量20%
- 在18个月内提高呼叫中心产能(效率)16%

销售队伍扮演的角色
- 撰写建议书
- 达成交易

- 至1999年,提高销售收入20%
- 在24个月内提高销售队伍的产能16%

售后服务队伍扮演的角色
- 解决方案的履行
- 提供客户支持服务

- 在随后的两年间降低客户投诉率15%
- 建立工作程序以获取已有账项中的潜在客户,并把他们转交给销售队伍

图 8.2.1 阳光物流公司的渠道目标

公司销售量的决定因素是新客户的开发。由于企业致力于业务的快速扩张,因此,对企业最重要的是销售队伍的行为能否为其带来大量新的、有潜力的高收入客户。公司发现,三个方面工作是关键,即每次交易的平均订单规模、新客户的平均销售额贡献和每个月能提供的新交易数量。其他工作如每周销售电话量等,看起来与销售队伍是否集中致力于那些主要新客户及销售机会有关,但同时又缺乏预示性(见图 8.2.2)。

根据上面的分析,列出与目标实现相对应的措施和改进方法。依关键影响因素进行渠道调整(见表 8.2.3)。

```
         ┌─────────────────────┐
         │    销售队伍的目标     │
         │"在24个月内提高销售收入20%"│
         └──────────┬──────────┘
                    ↓
```

| 主要决定因素 | 主要工作 |
| --- | --- |
| √产生更多的销售电话 | 每个月销售电话量（每个销售代表） |
|  | 每个月销售电话量（按地区） |
|  | 销售代表的数量 |
| √使每个销售电话产生更多的销售额 | 每个电话达成交易的数量 |
|  | 平均订单规模 |
| √较大潜在客户的电话联系 | 平均每个客户的销售额 |
| √优质潜在客户的电话联系 | 达成的销售额/失去的销售额（每个销售代表） |
| √花更多的时间用于销售过程中 | 销售拜访占每周工作时间的比例 |
| √发现更多的新客户 | 每月新账项交易完成的数量（每个销售代表） |
|  | 新账项中的销售额/已有账项中的销售额 |

**图 8.2.2　阳光物流公司渠道目标实现的主要工作**

表8.2.3　　　　　　　销售人员工作改进的具体方法

| 目标 | 主要工作 | 1998年完成 | 1999年目标 | 1999年需要采取的行动 |
| --- | --- | --- | --- | --- |
| 销售收入增长20% | 每月销售电话量 | 400 | 480 |  |
|  | 平均订单规模 | 2.6万美元 | 3万美元 |  |
|  | 平均客户经营规模 | 3 000万美元 | 1亿美元 |  |
| 降低交易成本6% | 每次销售的成本 | 1 500美元 | 1 410美元 |  |

### 案例讨论目的

使学生掌握"多渠道整合"的目的、方法和实现过程。

### 案例讨论问题

1. 阳光物流公司应该如何进行多渠道整合？为什么？
2. 阳光物流公司应该如何提升销售的业绩？为什么？

### 案例讨论形式

开放式讨论，同学们根据案例提供的资料和数据，围绕着前述的两个讨论题进行讨论，对于形成的不同观点和看法，让同学们充分说明自己的观点。

## 8.3 如何卖出 400 套包装设备[①]

2011年5月15日，在北京大学光华管理学院老楼的102教室，建技机械有限公司（Techgen Machineries Ltd.）销售总监张立女士做了一场颠覆性讲座：19年来，她在中国销售的进口包装设备共有400多套，每套设备的售价有几十万、几百万欧元。她的客户包括中石化、中石油、英国石油、雪弗龙、日本出光、可口可乐、百事可乐、雪花啤酒、青岛啤酒、海天酱油、娃哈哈、中粮、康师傅、汇源果汁、强生、宝洁、雕牌纳爱斯、立白、蒙牛和伊利等著名企业。行内人称这位纤细女子为"销售女皇"，他们说："全中国没有一个人没有用过她销售的设备包装出来的产品。"然而，她是（1）代理销售；（2）一个在中国知名度并不高的品牌；更让人惊奇的是（3）她成功的秘诀之一是从不行贿。

### 一、从采购到销售

张立，20世纪60年代出生在哈尔滨，父母是普通国家机关干部。她1983年毕业于中国人民大学贸易经济系商品学专业。那个时代的大学毕业生都是天之骄子，毕业后她被分配到中国石油化工总公司从事原材料进口采购工作。踏实肯干的张立很快成为业务骨干，她每年负责采购的金额都在几千万美元以上。8年中，她享受着如众星捧月般的工作氛围。但她为人平和，非常体谅销售人员的辛苦，也很尊重和欣赏那些有能力、有闯劲的销售人员。当时的她肯定没有意识到，这些都埋下了自己之后转行做销售工作的伏笔。

1991年，为了家庭，终于万般不舍地辞去了这份干了8年令人羡慕的工作，南下深圳与丈夫团聚。扔了铁饭碗的张立，在深圳找到了一份销售代表的工作。她就职的单位是一家美国公司的办事处。该办事处的其中一项业务，是代理意大利北部地区的一家生产包装设备的公司 LULU，独家在中国市场的销售，但由于没有合适的人，这项业务一直没有开展起来。这家美国公司的总裁认为，张立在石化的工作背景可能会帮助该公司打开这项业务，于是，让对包装设备毫无任何经验和知识的张立试着开展这项业务。

LULU 公司有五十多年的历史，专门研发和生产黏稠液体（润滑油、食用

---

① 慕凤丽、黄铁鹰、梁钧平：《从不行贿的销售女皇》，载《商业评论》，2011年第2期。

油、啤酒饮料和洗涤用品）的灌、装包装生产线，产品线包括灌装、包装、码垛和仓储运输机械设备。

一开始，张立对 LULU 的产品和使用完全没有概念，大学所学的知识和 8 年的石油产品进口贸易工作，同这类机械产品没有任何关联。更难的是，张立连个师傅都没有。公司总裁只告诉她，公司的要求是：leagle，honest，high standard。剩下的就要全部靠她自己。

刚开始的几个月里，张立能做的就是熟悉产品资料，当意大利的厂家来中国开展会的时候，她过去搭把手帮着做宣传。

几个月后，张立拿到了第一张订单。原来，几年前，北京石化公司的一个工厂曾直接从 LULU 买了一套包装设备，天津一个工厂也看中了这套设备。天津工厂详细考察了在北京工厂的 LULU 设备，双方之间了两次面，便洽谈成功签了合同。

这一单签得太容易了，张立用磕磕巴巴的英语很轻松地完成了任务。因为客户已经比较了解 LULU 的产品。看着不能张口讲英文的天津用户，同英文讲得不好的意大利销售代表，双方手脚并用、连说带比画地就谈完合同，张立明白了，要想做好这个生意，不懂设备和技术是不行的。

回到深圳后，她开始想方设法熟悉产品性能和技术，了解潜在客户信息。很快，她得知锦西有家石化工厂要上灌装设备，她马上打电话过去，问清楚工厂的名称、具体什么项目和负责人情况。

当时的长途电话还不能直拨，几经转接后，张立才找到负责人章经理。听完张立的自我介绍，章经理告诉她，有家深圳贸易公司也是代理 LULU 的灌装线，而且已经联系过他们了。

张立一头雾水，马上要找意大利工厂 LULU 理论。可她英文太差，8 年的外贸采购都有专门翻译的，她也没在英文上下过工夫。没办法，她先用中文写下自己的质疑——既然双方签了独家代理，LULU 就不该再找其他的代理商，再翻着汉英字典把她的质疑译成英文，然后电话打到意大利 LULU，照着写好的英文与对方理论。

张立大致听懂了对方的回复：你们公司的代理业务一直没有什么进展，LULU 也不能一棵树上吊死！再说深圳那家贸易公司也想做 LULU 的代理生意，并且与锦西的客户的关系很好，已经约好要带他们和客户见面，如果张立愿意参与也可以一起过去看看。

张立没有别的选择，只能比深圳那家贸易公司做得更好才能保住自己独家代理的地位。可是要想做得比别人更好，她只能从了解客户的需要开始。她一遍遍地拨锦西客户的长途电话,了解情况。她很快了解到,LULU从深圳那家贸易公司得到的信息完全不是事实。实际上,锦西客户已经非常倾向于一家新加坡公司的设备,其代理商已经在帮他们办理去新加坡考察的签证,一个月后成行。

张立更难了,看来光是比深圳那家贸易公司做得好还远远不够,她还必须比新加坡厂家的销售代理做得更好。

张立又开始一遍遍地拨打长途电话,当时老式的转盘电话机要一圈一圈地拨数字,几天下来,张立的手指头都拨肿了。她同锦西客户负责这个项目的所有相关人员取得联系,想方设法了解客户最具体的信息。

她先把这些信息整理后写成中文,再翻着字典译成英文发传真告诉LULU:锦西客户目前的意向是想用新加坡某公司的设备,理由是该设备在国内已经有了好几条参考线,最重要的是,新加坡的那款设备要便宜很多;锦西工厂只有一个副总倾向于选用LULU的设备,但其他相关人员都觉得LULU的设备太贵,认为这个副总有点贪大求洋;深圳那家贸易公司的负责人曾在锦西这家公司工作过,确实与个别负责人私交很好,但他反馈的乐观信息是不客观的。

同时,张立还列出锦西项目的具体要求、新加坡竞争对手的情况,要求LULU根据这些具体信息详细解释:LULU的设备为什么贵这么多?它到底比新加坡厂家的设备好在哪?

针对同一个客户,远在意大利的厂家LULU得到的是完全不同的信息:从深圳那家贸易公司得到的只是乐观:与某项目负责人私交很好,可以尽快安排和客户见面,对方承诺一定会用我们的设备。而张立虽然还没有见过锦西客户一面,但反馈回来的信息却是非常具体:客户的具体要求、具体进展、具体意见等。有着生产制造背景的意大利人是务实的,他们开始认真对待张立的信息,按照张立的要求尽快用传真回复她的问题。

张立再翻字典把她卖的意大利设备为什么贵、贵在哪里、为什么比新加坡厂家的设备更值得买的原因,翻译成流利易懂的中文,再传真给锦西客户。

半个多月里,张立拨了无数长途电话,也发了不知多少份传真。锦西客户被她的那种工作能力和执著认真的态度所折服,开始认真考虑并最终认可了她的观点:虽然LULU的设备比新加坡那家公司的贵很多,但工作效率高,维护费用低,算下来性价比更划算。客户再也不认为选购LULU是"贪大求洋",还推迟了去新加坡的考察,开始认真思考LULU的设备了。

然而,还有最重要的一关没过:价格。到现在为止,张立和锦西客户都很清楚,他们之间还有一个巨大的障碍,那就是意大利设备LULU的价格对他们来说实在太贵了:认同该设备LULU的性价比并不意味着掏得起这份钱。张立非常理解客户的处境，一再要求客户好好商量一下，试着给出一个可能购买的最高价位。可当张立把客户的把报价信息传给 LULU 时，意大利人气急败坏地告诉她：这个价格低于制造成本，那是绝不可能的生意！

是啊，赔本的生意当然不能做。犹豫几天后，张立还是不甘心，她把想到的 LULU 应该接受这个价格的理由一条一条列出来，然后她把这些理由整理出来，再传真给 LULU，并用电话说服 LULU。张立特别强调的是，这一款设备在中国还从来没有用过，如果这次客户选用，从此这种机型就在中国有了参考线，这比来中国开多少次展会都有说服力，算算每次展会的成本，这次投入还是很划算的。

在数不清的长途电话和传真之间，两个多月的时间很快过去了。张立终于签下那张订单。之前几乎毫无销售经验的她终于成功了，摸着拨电话拨肿了的手指，她的内心充满了被承认的满足感。

## 二、第一次失败

张立不仅是个做事非常认真和追求完美的人，她的责任感也往往让朋友们感到哭笑不得。1990 年年初张立刚到深圳时，看到刚到城市的打工仔打工妹逆行骑自行车时，她会立在马路边，大声教育人家。人的性格不可能不在职业上体现出来，一个客户曾对张立说，她同客户沟通的传真比对手多 1 倍还多。锦西项目之后，张立开始找到了做销售的感觉。

天道酬勤。市场没有辜负她超出一般人的付出，她又陆陆续续签了几张订单。然而 1994 年的一次失败，让她重新认识了销售这份工作。

那是北京一家石化工厂要上的一条灌装线。这家工厂曾在十几年前从意大利直接进口过 LULU 的灌装线，所以张立对这个项目非常有信心。按照积累了几年的成功经验，她非常认真地准备了招标的每一个环节。不料，还没到正式讨价还价，她就被正式通知：下面的投标过程你们不必参与了！她一下子懵了，完全不能相信这个事实。自己满怀希望，可是还没真正开始，就出局了！就像一个运动员临近比赛却被取消了比赛资格。

十几年后，张立依然记得听到客户通知这一消息时的痛苦感觉：一个人躲进卫生间失声痛哭，那种弥漫全身的痛一直深入骨髓！耳畔不断重复的是客户给她的冰冷理由：我们之前确实是用过你们的设备，但这家意大利厂商服务不好，设备也很一般，我们很不满意。

痛定思痛，她开始明白了：客户需要的不仅仅是一台设备，而是需要几十年的正常生产和整套的系统服务——包括售前的方案设计、售中的安装和培训，以及售后的设备维护等系列服务。合同签署那一刻才是她和客户真正合作的开始，她必须保证客户选了自己的设备不后悔；否则，今后的销售之路只会越走越窄，她不能容许这样的不满意再次发生。

然而，这样的系统服务不是她单枪匹马一个人就能完成的，也不能完全指望意大利生产厂家，还需要中国的本土团队。此时，张立已经赢得了公司总裁的信任，她开始拿出精力物色和培养中国本土团队成员：她需要有了解客户信息的、有能现场调试和维修的、有给客户提供技术培训的、有能按合同进度收款的……

随着这些团队成员的加入，也开始有了不同的声音，其中就包括：行贿是不是更有利于我们的生意？这提醒了张立，她想起被客户通知出局的前不久，曾有一家自称采购代理的公司找上门要与张立合作。这家公司说可以帮她搞定客户，当然拿到订单后要提一定比例的费用。当时，张立一口回绝了这个要求。张立跟对方说："对不起，我就是代理了。LULU 给不出再请一个代理的费用。"但事后，她听说拿到订单的竞争对手——代理的是另一个意大利品牌 Sigama，答应了这家采购代理公司的要求。张立心里犯嘀咕：我被那么早通知出局是不是也有这个原因？

## 三、为什么不行贿？

她和她的团队开始郑重考虑到底行不行贿的问题，经过激烈的争论和慎重的思考，张立和她的团队最后还是统一了认识——只能坚持不行贿的原则。

一是，公司对这个问题的态度十分明确，公司不能做违法的事。

二是，张立胆子非常小，哪怕撒个小谎，心跳会加速，脸也会通红。她说："我的心理素质不强，承担不了违法的事，我从小到大没做过违规的事，连排队加塞都没有做过。"张力是家里老大，哈尔滨冬天需要储备大白菜，每家都要派人早早排队买菜，张立永远是最早排队，却是最后买到菜的人。

三是，如此胆小的张立，在竞争的压力下，也曾背着公司，自己花钱给一个潜在客户的关键人物买过一款最新的日本相机。可惜，张立的相机不仅没有帮她拿到订单，且成为"肉包子打狗"之物。从此，张立知道行贿也是需要竞争的，这种竞争显然不适合于她。

四是，LULU 的设备本来就没有价格优势，其生产和组装全在欧洲，价格常常是国内产品的 5~10 倍，为了提高竞争力，他们的利润已经降至最低了，根本也无法增加行贿的预算。

五是，张立相信，即使是受贿的人，也有把工作做好的愿望。如果 LULU 的价格已经这样高，还行贿，只会让客户怀疑你的设备是暴利。反过来，会对我们的质量、功能更挑剔，并进行更狠的压价。

六是，张立和她的团队明白了，他们只能用其他武器与行贿的对手竞争！要想把 LULU 的设备卖出去，就必须把 LULU 的设备做到性价比最高。什么是性价比高？就是顾客支付的高价钱，换来的是高品质的产品和高品质的服务！

然而，这个道理讲起来容易，听起来明白，做起来就难了。每个供应商都宣称自己的产品是高性价比，怎样才能让客户在付钱之前就明白 LULU 的设备是高性价比？

张立的答案是：因为我们不用行贿，自然会有更多的时间和精力。因此，我们必须在所有其他方面比对手好！我们要比竞争对手更用心地了解客户的需求；更详细地了解自己的产品和对手的产品；更有效地教育客户，因为很多客户是第一次接触这类设备；更有效地教育 LULU 工厂，因为意大利的生产技术人员对中国客户的需求始终不如张立的团队清楚；还要更好地为客户提供售后服务。

紧接着，中石化系统在各地的工厂都要新购灌装线。北京石化项目的失败要求她在后面的角逐中更不能有任何懈怠。她经常教育下属和鞭策自己的一句话就是："每一个项目都是一次奥运比赛，选手都不弱。因此，任何一个细节都要全身心地投入，才有可能拿金牌！"

北京石化项目失败后，张立带着深深的挫败感第一时间赶往大连的一家石化厂。当时，她的心理压力非常大：中石化系统内各家工厂之间交流频繁，北京这家石化厂又是全国石化系统的排头兵，她刚从北京败下阵来，紧接着还要与同一竞争对手再次遭遇，她的胜算在哪里？

先不说那些名气更大、价格却贵不了多少的德国设备。刚从北京石化拿到订单的恰恰是那家 Sigama 意大利公司。Sigama 的产品在当时的知名度和价格都比 LULU 更有吸引力。不仅如此，从阵势上的反差也很明显：作为 LULU 的代表，她只身一人来了，而且是个外形纤细的女人；而对方是一个整齐的团队，虎视眈眈。对方还有曾提出要帮张立沟通客户的采购代理助阵，客户凭什么选择她？

张立是一个只要有一丝机会就必须百分之百去努力的人。带着忐忑不安的心情，她开始和大连石化厂接触。结果第一次见面就让张立败下阵来。

## 四、背着打印机的女人

一见面，项目负责人翻了翻她的方案，就毫不客气地扔了回来说："你的方案表达方式完全不符合我们的顺序要求。"张立匆匆扫了一眼对方提供的参考目录，深深吸了一口气，要符合对方的要求，她的方案必须全部调整一遍。

张立是昨天晚上才准备好方案，今天赶到大连的。她庆幸自己早有准备，专门从深圳背来了打字机和专用的打印纸，这下正好派上用场了。因为设备投标经常要临时修改文件，背着打字机旅行已成为张立的习惯。19年这样的旅行工作让张立右肩已有些变形，因为90年代初期的打印机挺重的。

回到宾馆已是下午5点，张立吃完路上买的方便面，用刚学会的打字法笨拙地敲完重新调整的方案，再用带来的专用打字纸打印、装订，完成时已是第二天凌晨6点了。

不能睡了，早上就要汇报。洗漱完毕，张立还认真地化妆——她的第一份工作就是同外商打交道，因此，很早就养成同客户见面一定要化妆的习惯！

早上8点，张立带着整洁美观的方案书准时出现在客户面前，客户项目经理很意外，翻了翻张立重新调整后的50多页方案，盯了张立足足两分钟，说："你还真做出来了！"那一刻，张立明显地感觉出来，客户团队里的几个人都对她有了好感，不再像昨天那样冷冰冰和不屑一顾了。

将心比心，即使是受贿者也会佩服和欣赏这样努力、勤奋和坚持的人；特别是这种超出一般人的努力、勤奋和坚持体现在一个体重不超过50公斤，如此专业、斯文和知性的女子身上！她就是用这种勤奋和绝不言弃的精神给自己争取到一丝机会。

大连项目进展顺利，并最终拿到订单。设备验收时，客户项目组的一个人告诉她：按理说，对手的实力应该比你强，而且北京石化厂已经选了它，刚开始我们认为他们很有优势。但你给我们讲得更多更明白，连我们自己没考虑的细节你都考虑到了，你表现出来的实力比竞争对手更强，用你的设备我们更放心。

虽然过程千辛万苦，她总算是扳回一局。可还没等喘口气，LULU正在参加的新疆一家石化厂的招标结果出来了，LULU落选了，她的直接对手Sigama签了合同。不过，这家石化厂马上还要上一个更大的生产线——这条生产线的规模是当时石化系统里最大的，张立又要马不停蹄再次奔往新疆的沙漠腹地。

同一家客户连续两次招标同一种设备，LULU在第一次招标中又刚刚失利，加之客户所在地条件又非常艰苦，LULU的意大利支持人员扔给张立一句话后，就再也不肯陪她去新疆了，他说："我都来好几次了，这家客户的操作很不规范。我的判断是客户不可能选我们的设备。你要不肯放弃，就自己去吧。我可不陪你再去白受罪了！"

也许上一次投标失利有很多理由，但张立只认准其中一个理由：她认为是自己的工作没做足，因为刚刚开标的新疆石化项目与大连石化项目在时间上相冲突，她不能同时兼顾，所以新疆石化第二次招标她一定要补上该做的功课。

背上打字机和专用打印纸，张立只身赶往新疆，参加她的又一个奥运比赛。不管压力多大，她只全身心做一件事：了解客户的需要，提供更好的解决方案！她争取每一个机会与每一个相关的部门接触：帮助技术部门了解她的设备性能优势，帮助生产部门打消设备操作复杂的顾虑，帮助采购部门评价性价比，帮助决策领导评估投入产出比……，她把客户问到的所有问题都认真整理、回答和解决，不清楚就打电话或是发传真咨询 LULU。

张立会给涉及设备采购和使用的每个部门提供不同分析报告，而这些报告大都是完全在客户的意料之外。张立很自豪她的中文功底，她说客户不仅没想到我会提供那些报告，更没想到这些报告完全是站在他们部门的角度去阐述和分析。经常有客户在给上级提交汇报材料时，会参考，甚至全文引用张立所提供的数据和分析。

在新疆期间，除了和客户的工作接触外，张立整天一个人躲在招待所用功。竞争对手又是来了五六个人，还和张立住在同一个招待所。张立经常听到和看到他们和客户热热闹闹地去吃喝玩乐。面对这种情况，张立每每心里也会想，客户是不是已被他们搞定了？他们和客户这样熟络和融洽，我还有机会吗？

但张立总是马上压住这一瞬间的杂念，提醒自己：我是在参加奥运比赛，不可以有任何分神。既然早就有了结论——我们没有这项预算，也没精力去做那些事，就只能把所有的精力放在我能努力的事情上：了解客户更具体的需求，为客户提供更好的解决方案，让客户理解她推荐的方案。

张立经常说自己真是太幸运了，她只是埋头做了她能做的，客户却给了她更多的回报。她不仅拿到了新疆这家石化厂的第二张订单——那是当时石化系统最大的生产线，还在接下来的两三年里拿到了全国石化系统新上的所有六条灌装线，当初让她倍感压力的竞争对手——Sigama 的代理商，从此在这个行业里销声匿迹。

## 五、敲开可乐的大门

一晃几年过去了，业界开始瞩目张立的业绩：她把一个在中国几乎没人听说过的意大利设备做成了中国石化行业熟知的知名品牌。她从心里感谢那些认可她的工作并选用了她的设备的客户。

虽然北京石化项目的失败是一段痛苦的经历，但这家石化厂20年前进口的

LULU 灌装线，在当时毕竟是这个行业里难得的一条参考线，她可以带客户去参观考察。正是拜它所赐，她才打开了石化行业这个市场。随着石化行业包装设备的饱和，张立知道必须去开拓新的行业了；而打开新的行业最有效的方法，就是要想方设法建立这样一个桥头堡。

张立一一搜索那些适合 LULU 设备特点的黏稠液体的行业，这些行业包括饮料、啤酒、矿泉水、食用油、奶液、洗衣粉、酱油等，它们都可能用 LULU 设备。所以张立开始关注处在这些行业中领先地位的那几家公司，她的电脑里开始有了这些行业的文件夹，里面开始积累越来越丰富的这些行业和企业以及他们目前包装设备的主要供应商的详细资料。

擒王要擒头！张立此时心里已不惧怕任何竞争对手和任何显赫的客户。

可口可乐是张立最关注的几家公司之一，能打进可口可乐就一定能开启一片新天地。她开始利用一切可能的机会和国内各可口可乐工厂接触：打电话、发邮件和顺便拜访，想尽一切办法，找到准备新上包装项目的负责人。

经过两三年的跟踪和努力，张立终于见到了华南地区最大的一家可口可乐工厂的项目负责人王总，这是可口可乐当时在中国最大的一家工厂，之前所有的生产线，包括灌装线全都是全球总部统一配置并采购最好的德国设备。王总对张立的意大利设备完全没有兴趣，只是出于礼貌见个面而已。

张立很认真地告诉王总：可口可乐全球总部把全套生产线委托给这家德国公司，而这家德国公司并不生产全部的设备，有些设备是需要采购其他厂商的。最初采购的都是一些德国厂商的，后来也开始采购其他国家的设备，包括 LULU 的包装机，近些年还采购过中国生产的一些设备。经过多次分包环节后，可口可乐工厂最后得到的价格和服务都不是最好的，每条生产线的总价都在 1 亿欧元之上，这里面可做的文章肯定不小。

张立带来的新思路完全在王总的意料之外，事先约好二三十分钟的见面时间延长到了两个小时，并相约保持联系。

华南这家可口可乐开始正式考虑放弃原来把整个生产线打包给德国公司的做法，决定分别招标，张立仔细衡量了自己的情况后，没有投标整条灌装线，而只是参加了包装机的竞标，因为可口可乐的生产线曾配备过 LULU 的包装机，单独投标包装机的胜算最大。

张立用几年的时间争取到了进入可口可乐的机会，也同时把这一机会给了更多的竞争对手。这家可口可乐每次一发布招标信息，都会有十几家公司前来竞标。张立面临着非常激烈的竞争，特别是德国的竞争对手。虽然德国的设备比她的设备贵 10%，但客户一直用得非常满意，对她代理的意大利设备的质量有所担心。

她反复对比 LULU 的设备和德国的设备在其他国家的使用情况，并得出结论：LULU 并不差，只是在一些细节上确实不尽如人意，所以整体声誉稍逊于德国公司的产品。她带着客户的意见频频飞往意大利，要求 LULU 改善它的设备，并要求 LULU 的技术人员亲自向客户演示改进后的产品，慢慢改变客户对意大利产品不够一流的看法。

反复多次、几近吹毛求疵的改进，弄得 LULU 老板和工程师们烦不胜烦，意大利人忍无可忍地告诉张立："我们的产品就是菲亚特，你不要当成是法拉利。我就是如大象一样笨重，别指望我像快速列车一样奔驰。"

可张立就是不服输，就是要不断推动 LULU 工厂精益求精地改进每一个不足，难怪她身边的人都劝她："你这不是皇上不急太监急吗？明明是一份工作，你都快做成自己的生命了，至于嘛！"

张立的辛苦耕耘得到了情理之中的回报，这家在中国最大的可口可乐厂开始选用她的高速包装设备——每分钟 70 箱的包装速度，而且所有包装过程全在行进中完成：在行进中输送带上，把每 12 瓶分成一组，按照 3×4 的排列码好，然后垫进一块裁好的纸板，折叠、喷胶、粘好，一整箱可乐下线。

看着输送带上每一个完美的动作依次完成，张立把几年来的委屈全都抛到了九霄云外。为这条线，她已不记得哭过多少次。LULU 的人向她咆哮她的过分苛刻时，她忍不住哭了；客户坚持她的技术人员必须在大年三十安装调试，她也曾为难地哭了；最惊险的是，原来的设计是针对平板式的包装材料，等他的同事大年三十赶到现场时才发现，客户的包装材质已经改成波浪形的了，两位负责调试的同事愣是在春节假期泡在现场完成了设计修改。她为此也感动得哭了。

张立的第一条高速包装机在这家可口可乐成功运行后，这条参考线一时成了业内标杆。几年下来，可口可乐、百事可乐的订单忙得她都喘不过气来，仅是这家可口可乐工厂就前后买了十五六台这样的包装机。

进入任何一个新的行业，都必须面对惨烈的竞争：和高端品牌拼质量和拼技术，和低端品牌拼价格。张立和她的团队明白，他们必须能够站在客户的角度选择最适合的方案，挖掘其设备在性价比上的优势。

中国有句老话："买的没有卖的精。"说的是卖方总是对产品了解更多。张立努力做到的就是不遗余力地把自己的设备全方位地展示给客户，让客户对设备的了解和自己一样多。幸运的是，张立发现每个有事业心的客户在购买设备之前都非常有兴趣了解更多的信息，这给张立和她的团队争取客户的机会，他们用点点滴滴的努力赢得了客户的认可。

**教学案例**

## 六、受贿不仅是道德问题

为了提高技术服务的能力和质量，张力的本土技术服务团队在不断扩大，只要客户需要，不管时间多么的不合理，她都要求他们保证按时解决客户的问题。

然而，设备调试和服务现场，情况千变万化。有些客户的现场调试人员，偶尔会故意刁难张立的技术服务人员，于是，关于行贿的话题又再次提起："我们不靠行贿做生意。但同客户吃吃饭、送些礼品拉近关系总行吧？"

张立知道下属只有从内心被说服，他们才能真正执行这条纪律。说实话，绝不靠行贿做客户，不仅仅是公司的要求，也确实有张力自己心理的原因。张立说：只要想到要给客户送礼、行贿，就如做贼般浑身不自在。她相信，收贿的人也会有不自在的感受。如果行贿和受贿双方都有这种不自在，又怎么可能做到开诚布公的沟通？而每一套设备从谈判到落地，是一个双方相互教育的过程，如果没有有效的沟通，怎么可能达到教育的目的？

张立也有被别人行贿的经历。20世纪80年代，张立在石化做进口采购工作时，她经常出国考察各地厂商。有一次，张立到日本考察几家设备厂商，其中一家厂商不仅非常积极地招待她，在她去洗手间的时候，让一个女职员跟着她进了厕所，交给她一个信封。她很奇怪，回房间一看，里面竟装着一大沓美元。张立吓坏了，赶紧退还对方，并从此再不愿意和这家厂商打交道。那种感觉在张立的心中至今留下了深深的烙印。张立坚持不行贿的原则也深受这件事的影响。她能体会到受贿人的那种忐忑。

张立多次问自己：也许现在形势变了，真像有的同事说的那样，很多行业买卖双方都认为行贿，特别是请客吃饭是太正常的事了。如果大家可以很自然地行贿受贿，她为什么还要如此固执地坚持不行贿呢？

每次让张立说服自己和她的团队原因，不是行贿对不对的道理理由，而是行贿是否有利于一个人和一个生意的长远发展。

她用她做过的项目一一举例，不管是国企、民企还是外企，客户购买设备是天天用来生产的，决定采购的一定是一个团队，而不是一两个人。有负责技术的，有负责采购的，有负责生产管理的，你搞得定一个人，你能搞定所有的人吗？如果你费尽心思和精力去琢磨每个人的心理，试图搞定每个人，还不如把这些心思和精力放在你所能控制的事情上——更好地了解设备和客户需求。

而且，所有管理者的第一需要是职业上的不断进步，即使是受贿的人，也有稳定和向上的职业需求；一个好的销售人员和工程服务人员是要帮助客户的管理者做好他的本职工作，在职业上不断提升。张立举出很多活生生的例子，说服同事。很多客户的项目负责人在张立的帮助下，因为设备选型正确，安装顺利，运作稳定，都获得公司嘉奖，甚至提升。为此，张立比自己受了嘉奖还要高兴。因此，张立教育她的团队成员，我们的使命不仅仅是卖设备，还要帮助我们的客户在职业上晋升！想把工作做好的找我们，想赚黑钱的找别人！

最重要的是，你一旦有了行贿的暗示，客户的心态也会发生变化：不愿意受贿的可能会远离你，有受贿想法的人，为了掩人耳目还会对你吹毛求疵，于是，你和客户的精力都开始偏离最重要的东西——用最合适的价钱，选择最合适的设备。客户是要靠优良的设备赢得市场，一个好的销售人员应该把所有的精力和资源都放在设备上。

张立明白，她不行贿并不意味着少花钱和精力，可能会更多，只是花的地方不同。比如，为了让客户从老板到车间主任都能了解自己的设备，她经常想尽各种办法用各种手段来展示自己的产品，包括逼着同事加班和委托动漫公司把产品运行做成动画、拍成录像；客户有任何要求，张立都马上调动从欧洲到香港的同事全力配合修改方案。

她曾近距离地接触和观察过那些擅长"客户关系"的竞争对手。一个普遍的现象是，一旦公司允许行贿，销售人员就开始把精力放在向公司申请更多的钱打通关系上，如果没拿到订单就抱怨行贿的"炮弹"不够多，关系不够好，而不反思自己没把工夫用到工作上。张立告诉她的团队：那些抱怨因为没搞定客户关系而丢单的销售人员，实际上是为自己的能力和工作投入不够找借口而已。

## 七、张立跳槽了

16年的时间里，张立在中国包装市场上把 LULU 从无人知晓，做成了无人不知。以前她们要自己到处搜索客户需求信息，而现在是很多客户会发函邀请他们参加投标。

强将手下无弱兵。不行贿的张立，带出的团队成员也个个是业务上的精兵强将，她的销售人员能在电话里就把客户信息了解地八九不离十；她带领出来的技术人员给客户做技术指导和操作培训的水平，已经达到国外生产厂家同样的水平，以至于客户愿意付给他们与国外生产厂家同样的培训费；她的行政人员总是能把方案书做得比对手更准确而精美。

张立的团队极其注重细节，哪怕就是一张设备布置图，她们都会给客户提供一大一小两张，方便客户在不同的情况下翻阅。不仅如此，他们一定要争取当面解释的机会：设备为什么这么布置，其中的考虑细节是什么。

就这样，张立带着她的团队，用了十几年的时间，硬是把这个在中国市场默默无闻的 LULU 设备打造成与德国产品一样的知名度。不仅打开了更多像可口可乐这样的新行业，还开始代理新的包装设备品牌，包括美国、德国和意大利的包装类设备。她的团队也从当初一个人发展到后来的十几个人。

这么多年挖张立的公司太多了，但她从未真正动过心。张立是个过来人，她知道熟悉一个产品容易，可是熟悉一群人，并能在一起并肩作战可太难了。

然而，2008年张立终于跳槽了。她加入了几年来一直游说她的一家香港公司。张立易主这家香港公司的原因除了不能拒绝的高薪外，更主要的原因是她认为国产设备的质量已有了长足的长进。这家香港公司有着比较强的产品成本优势和比较宽的产品线。这家公司除了代理国外几个品牌的包装设备之外，还在中国还有自己的工厂，生产自己的品牌。

交代好 LULU 的业务，张立离开服务了 16 年的公司，一个兵没带，只身跳槽了。那家美国公司和 LULU 都拼命地挽留张立。美国公司的老板甚至提出把 LULU 的代理业务一分钱不要送给张力，他说：" 这完全是你自己开拓的生意，我们只需要一个名声就可以了。"张立是一个一旦打定主意就决不回头的人，她婉言谢绝了和她共事十六年的老板的好意。

2008 年年底，张立正式加入新公司。还是原来的工作，还是原来的客户，只是不同的品牌。张立和新公司的很多人并不陌生，多年来他们经常竞标同一客户的订单。很多同事听说来的新领导就是被业内誉为销售女皇的张立，都热切盼望张立能带来什么销售秘诀。

然而，张立给他们传授的秘诀却没有半点新奇的内容，简直就是教科书上的原话："把我们所有可能的精力全部用在研究客户需要上，用在熟悉产品性能上，帮助客户选择最适合他们的产品！"

有同事开始直奔主题："你真的从不给客户送礼？"

张立在给新同事介绍过她的经典案例后，总爱讲她非常喜欢的一个寓言：一个老婆婆有两个儿子，一个晒盐一个卖伞，雨天老太太为晒盐的儿子没有生意而哭泣，晴天老太太为卖伞的儿子没有生意而哭泣，所以老太太每天都在哭泣。有人就劝她：雨天应该为卖伞的儿子有生意而高兴，晴天应该为晒盐的儿子有生意而高兴，这样你就可以每天都高兴了。

人面对的世界是一样的，有丑陋，也有美好。我们无法改变世界，但我们可以选择用什么态度和方法去面对！张立用十几年和 400 套设备的销售经历告诉大家：你如果用微笑面对每一天，你一定会遇到更多笑的人。你用不行贿的方式去销售，就会遇到更多不受贿的客人；受贿的客户总是极少数，在中国不行贿也可以成功！

然而，让中国人相信在当代中国销售400套设备没有行贿不是一件容易的事。新公司老板也将信将疑地说："要不，你做你的；需要给客户送礼的事，我们绝不让你出面。"

张立对此苦笑不已，她说："我们认识这么多年，我真是没有行过贿，不仅如此，我甚至都没有请过客人大吃大喝！也从来没陪客人唱过卡拉OK。我的确碰到过明示和暗示索要回扣的客户，但真是极少数。碰到这种情况，我会诚实告诉他们我们真没这个预算。我也碰到因此刁难我的人，但我会绕过他们找到别人，或者干脆放弃这样的客户！"

张立的故事不仅中国人不理解，就连跟她打交道十六年的意大利人也不理解。一次她同LULU老板的太太聊天时，女人对女人话题更直接，老板娘突然问起："听说中国的客户就喜欢两样东西，一个是钱，另一个是女人。"张立很吃惊，好半天才反应过来怎么回答，她盯着那双地中海的黑眼睛说："我代理你们LULU十几年，在中国市场上成功地卖了四百套设备，我从没在客户那里用过你说的任何一种！"

## 八、作茧自缚

然而，2009年一个项目让新老板和新同事终于相信了张立。

2009年初，西北地区一个可口可乐公司联系她，要继续采购LULU的码垛机，客户在电话里和她开玩笑说：张立呀，你这回可要作茧自缚了！2006年你费那么大工夫劝我们选LULU的码垛机，我们实在没理由拒绝，就同时选用了一台台湾的、一台LULU的做对比。事实证明，LULU虽然贵，但确实值。今年我们新上的码垛机预算就直接提高到LULU的价格上了。没想到，你现在又销售国产的设备了。

这家可口可乐厂是按80万元人民币一台的预算，准备买一家台湾品牌的设备。当时LULU在中国的工厂刚投产，价格尽管大幅下降，但也要130多万。张立艰苦地游说客户应该提高一下预算，试一试LULU；同时，又说服LULU再进一步降价，赔钱也要做成这台中国生产的参考线。最后，双方各让了一步终于成交。3年后，事实证明，张立是正确的：太原可乐要继续选用LULU的设备。

张立完全可以像之前经常做的那样告诉客户，我现在代理新的品牌，不符合你们的品质要求，等我们改进到符合你们要求的时候，我一定会再联系你。

但这个客户太熟了，从 2000 年的包装机到 2006 年的码垛机，她都以实力和敬业赢得了客户的信任，张立不愿意放弃这个宝贵的机会：她要拿新公司的设备与 LULU 竞争。

她要来客户新设备的信息，整整 9 张大表，密密麻麻地写着 9 台码垛机的详细参数。她拿着这 9 张表找到新公司的技术总工问：我们能不能以 LULU 的机械式码垛机的价格，做出机器人式的码垛机？

总工看着那 9 张表的技术参数直摇头：机器人式的码垛机是最先进的技术，我们见都没见过，更不可能做了。

张立不甘心，找到老板说："如果我们能通过这家可口可乐的项目开发出机器人式的码垛机，我们在行内的地位一定会得到很大的提升。"再说机械手部分反正都是日本人生产的，我们可以同日本人一起开发这个设备。我和这客户有多年的信任，放弃这个机会太可惜了！

能做可口可乐的设备供应商当然是梦寐以求的事，新公司马上挖来技术高手，专门配合张立为太原可口可乐项目做研发设计。

张立也非常坦诚地告诉她的客户：我现在的设备是国产的，有成本优势，我想给你们做出机器人式的码垛机，这样会更适合你们的场地；不仅如此，价钱比 LULU 的机械式码垛机高不了多少。但我们确实是第一次做，价格低是一方面，付款上还可以做最大优惠，使用 3 个月后，你们认可，就付钱；不认可，我们拆走。

机器人式码垛机是这个行业的发展趋势，有着明显的优势，不仅节能环保、搬运精度高、维护成本低，最重要的是占地小。这家可口可乐的码垛车间本来是人工的，地方小，机械式的码垛机需要一大段输送带，会使空间很拥挤。但好品牌的机器人码垛机又太贵，对他们来说，选用机械式的 LULU 码垛机是退而求其次的选择。

她的方案很难拒绝，加之以前的信誉又非常好，客户决定让她试一试。签订合同时，张立手里只有一张设备设计图。

从设备安装调试那天开始，对张立的折磨也开始了。

公司第一次生产技术含量这么高的设备，客户的要求又非常高，每一个修改意见都超出了公司的技术能力。客户抱怨设备质量不好，提出的修改意见又多又难；技术人员抱怨这么低的价格能买到机器人式的码垛机已经很好了，客户凭什么还这么挑三拣四？

看着摇摇晃晃的机器人式码垛机，张立的心也紧了。客户要求把控制点由三个改成一个，以提高稳定性。然而，技术人员告诉张立这根本做不到，因为机器人臂是日本人生产的，本身就是三个控制点。没办法。张立又去找业内专家了解情况，找机器人的日本供应商寻求解决办法，让机器人供应商直接参与修改设计。只要能满足客户要求，张立都会使出浑身解数去说服各方去做。

机器人码垛机的机器人手臂大多由日本三大厂家制造，但抓手需要根据客户的具体需求由张立的团队自己设计。太原可口可乐的要求是：要把包装好的几捆可乐，按照特定的形状堆成几摞，然后机器人手臂的抓手正好扣住确定的受力点，提起、转动、放到确定的位置。控制抓手的软件设计必须非常精确，需要根据现场的具体操作进行改进，而张立的技术人员却在关键步骤的编程上卡壳了。

张立心急如焚，表面还要很平静地鼓励工程师，张立经常的口头禅是：你已经很棒了，连机器人都没见过竟然能做到这一步，放松一下，再回去试试，你一定行的！

类似的难关已经不知道攻克了多少，可是头两次的测试还是没有过关。客户等不及了，要求张立把设备拆走。

她的同事埋怨客户太挑剔、有畏难情绪。张立就鼓励大家：客户有这么好的机会帮我们开发新产品，还给钱，哪找这样的好事啊！

财务经理急得都要跳起来了：你要花这么多钱进去，这一单我们赔死啦！即使把钱收回来，本都不够。

张立和他们算账：如果在我们自己的工厂做研发需多少钱？况且，即使研发完成，上哪去找这样高端的客户给我们做测试呢？

机器人码垛机终于通过了第三次测试，公司上下都非常振奋。公司不仅有了行业领先的拳头产品，还锻炼出一个行业领先的技术队伍。

成功地拿到几个订单后，新公司的同事们终于彻底相信张立真的是从不行贿了。他们的问题又变成了另一个：我们这么辛苦地投入当然不需要给客户行贿了，但如果行贿可以轻轻松松地拿到订单，我们为什么不呢？

张立反问道：我知道有人靠行贿确实拿到了订单。可是如果靠行贿拿下这单之后，我们的产品质量会提升吗？我们的能力会提高吗？如果我们的产品和能力都没有提高，下一单我们靠什么？

有同事和她开玩笑说：我们现在申请给客户送瓶酒都很难了，老板会毫不客气地回绝道："把你的心思全放到正事上，想想怎么帮客户做出更好的方案，不要老去想这些旁门左道。"

## 九、结束语

在张立看来，行不行贿从来不是一个简单的道德问题，而是一个战略选择。一个生意人和一个公司如果想把自己的生意做强、做大和做长久，就不应该选择行贿。因为一旦选择了行贿，你的精力和资源就会偏离你的员工、质量、技术、成本和服务，这些保证做强、做大和做长久的必要因素上。于是，这两种战略会逐渐形成不同的执行能力。

有人可能会说："如果一个公司两者兼做，岂不更好？"

这是理想主义的说法。一心不可二用，殊途不能同归。

谁见过一个既能察颜观色，又能把业务做到像张立这样一丝不苟的人？

液体包装行业是中国的新兴行业，在过去 20 年经历了爆炸式的增长。很多和张立同时进入这个行业的人和公司，很多也取得了骄人的成绩。有的，转行做别的生意了；有的，退休了；有的，移民了；有的，喝酒喝得中风了。然而，像张立这样依然活跃在这个行业第一线的，几乎没有！

张立笑称自己在中国这个行业是师奶级的人物，她说："过去 19 年，星期一到星期五，我每天习惯只睡四五个小时，每年飞行超过 100 次。我就是再笨，也比现在绝大多数竞争对手对这个行业要熟悉。我现在碰到的对手经常是五六年行业经验、三五个项目经历的人。因此，我至少比他们给客户讲得清楚，再加上我们服务好，不骗人，有口碑。所以，客户真想买一条安心使用的设备，自然而然就选择我。"

**案例讨论目的**

使学生思考"提升大型设备销售业绩"的路径及风险，有时是处于难以取舍的两难境地。思考合理的解决方法。

**案例讨论问题**

1. 你赞成张立的做法吗？为什么？
2. 中国关系式营销框架的思考。

**案例讨论形式**

开放式讨论，同学们根据案例提供的资料和数据，围绕着前述的两个讨论题进行讨论，一般会形成多种选择观点，让他们充分说明自己的观点。

## 附录 8.3

### 附录 8.3.1　　　　　营销战略统一体[①]

格朗鲁斯（Gronroos）认为，偏爱交易营销和偏爱关系营销的两种类型顾客并存，因此，建议企业实施"营销战略统一体"，即对前者实施交易营销，对后者实施关系营销（见附表 8.3.1）。

附表 8.3.1　　　　　营销战略统一体

| 战略统一体 | 交易营销 | 关系营销 |
| --- | --- | --- |
| 分析单位 | 一次交易 | 关系 |
| 时间观 | 短期 | 长期 |
| 主要营销职能 | 营销组合 | 互动营销（受营销组合支持） |
| 价格弹性 | 顾客对价格较敏感 | 顾客对价格不敏感 |
| 主要质量维度 | 产出质量（技术质量） | 互动质量（功能质量）越来越重要，并占主导地位 |
| 顾客满意度的度量 | 考察市场份额（间接方式） | 管理顾客群（直接方式） |
| 顾客信息系统 | 专门的顾客满意度调查 | 实时的顾客反馈系统 |
| 组织内部（营销、运营和人力资源管理部门）的协作 | 相互接触没有或稍有战略意义 | 相互接触具有很重要的战略意义 |
| 内部营销的作用 | 内部营销对成功没有或稍有影响 | 内部营销对成功具有极大的战略意义 |

### 附录 8.3.2　　　　　反商业贿赂法规

《中华人民共和国刑法》对商业贿赂罪，有着相关的法律条文，进行界定和定罪。

**第一百六十三条**　公司、企业的工作人员利用职务上的便利，索取他人财物，为他人谋取利益，数额较大的，处五年以下有期徒刑或者拘役；数额巨大的，处五年以上有期徒刑，可以并处没收财产。

公司、企业的工作人员在经济往来中，违反国家规定，收受各种名义的回扣、手续费，归个人所有的，依据前款的规定处罚。

国有公司、企业中从事公务的人员和国有公司、企业委派到非国有公司。企业从事公务

---

[①] Gronroos C., "Marketing Mix to Relationship Marketing: Toward a Paradigm Shift in Marketing", *Management Decision*, 1997, 35 (4).

### 教学案例

的人员有前两款行为的，依照本法第三百八十五条、第三百八十六条的规定定罪处罚。

**第一百六十四条** 为谋取不正当利益，给予公司、企业的工作人员以财物，数额较大的，处三年以下有期徒刑或者拘役；数额巨大的，处三年以上十年以下有期徒刑，并处罚金。

单位犯前款罪的，对单位判处罚金，并对其直接负责的主管人员和其他直接责任人员，依照前款的规定处罚。

行贿人在被追诉前主动交代行贿行为的，可以减轻处罚或者免除处罚。

**第三百八十五条** 国家工作人员利用职务上的便利，索取他人财物的，或者非法收受他人财物，为他人谋取利益的，是受贿罪。

国家工作人员在经济往来中，违反国家规定，收受各种名义的回扣、手续费，归个人所有的，以受贿论处。

**第三百八十七条** 国家机关、国有公司、企业、事业单位、人民团体，索取、非法收受他人财物，为他人谋取利益，情节严重的，对单位判处罚金，并对其直接负责的主管人员和其他直接责任人员，处五年以下有期徒刑或者拘役。

前款所列单位，在经济往来中，在账外暗中收受各种名义的回扣、手续费的，以受贿论，依照前款的规定处罚。

**第三百八十九条** 为谋取不正当利益，给予国家工作人员以财物的，是行贿罪。

在经济往来中，违反国家规定，给予国家工作人员以财物，数额较大的，或者违反国家规定，给予国家工作人员以各种名义的回扣、手续费的，以行贿论处。

因被勒索给予国家工作人员以财物，没有获得不正当利益的，不是行贿。

## 8.4 如何成为彩色胶卷市场的霸主[①]

在 2000 年前后，中国市场爆发了一场彩色胶卷大战，柯达、富士、爱克发、乐凯、柯尼卡形成多足鼎立之势，但富士、柯达、乐凯之间的竞争十分激烈，大有古代三国时期的态势。各家都面临艰难选择，何去何从让三家公司的决策者伤透了脑筋。

### 一、潜力巨大的市场

1907 年卢米埃尔兄弟发明了根据"加色法"原理的彩色摄影胶片，并使其

---

① 李飞：《柯达、富士彩卷分销渠道在中国营销中的作用》，参见李飞：《分销渠道设计与管理》，清华大学出版社 2003 年版，第 18~22 页。作者对其进行了适当的改写，补充了新的文献和情节。

商业化，在接下来的30年里，他们制造并售出了上百万的彩色摄影胶片。但是，价格昂贵，难以普及。柯达公司在1935年生产了更便宜的"柯达彩色胶片"后，彩色胶卷才逐渐成为市场的主流，直到2009年因为数码相机的风靡而停产。

富士1980年捷足先登进入中国大陆，柯达1981年紧随其后跟进。乐凯1980年开始生产民用黑白胶卷，1984年从日本引进了一条彩色生产线，开始生产Ⅱ型彩色胶卷；1992年BR100第二代彩卷问世，达到国际80年代末的水平[①]。中国大量使用彩色胶卷，是20世纪80年代末和90年代初的事情。

随着中国人彩色相机进入家庭，使彩色胶卷的需求量大大地增加。在20世纪90年代初期的时候，彩色胶卷已经成消费的主流，它与黑白胶卷的消费比例大体为90/10。此时，所有生产厂家都预测中国还有着非常巨大的持续的增长潜力。论据非常可信，美国照相机普及率为75%，人均年消费胶卷3.6卷；2000年中国城市家庭相机普及率为75%，人均消费胶卷为0.1%。同时，胶卷消费的增加，会带来彩色相纸、冲洗业务、冲洗设备等多方面的连带效益。仅仅以1991年美国市场的情况为例，人口2.4亿，销售彩卷8.9亿个，人均消费彩卷3.5个，相纸销售量达3.4亿平方米，2万台扩印机的拥有量。这就意味着，彩卷消费起着一定的杠杆作用。

## 二、各不相让的市场争夺

### 1. 定位

柯达定位于图像清晰自然，而富士定位于美丽鲜艳，乐凯则强调"中国的乐凯，民族的乐凯"；富士胶卷的包装主色是绿色，柯达为黄色，乐凯则为红色，尽管其间的商标名称及说明有红色或黑色或黄色，但是给消费者留下的标志印象就是富士的绿色、柯达的黄色和乐凯的红色。

三个品牌包装尽管用色不同，但有异曲同工之处。其一，采用单一色调，使很小的包装盒产生看似很大的感觉。假如采用多种颜色，必然会使狭窄的空间产生杂乱无章、拥挤不堪的效果。其二，当众多胶卷陈列在货架上、柜台里时，会形成整片的绿色或黄色，以吸引顾客视线，鲜明的绿色与黄色会大放异彩。

当然，绿色、黄色和红色本身也是极具感召力的色彩。富士胶卷的绿色包装，容易使人联想到层峦叠翠、碧绿草原、浓郁草香而产生心旷神怡之感。柯达

---

[①] 金占明、马力著：《中国著名企业战略管理案例》，清华大学出版社2000年版，第90页。

胶卷的黄色，容易使人联想到温暖的阳光、金色的太阳而精神振奋。乐凯的红色会让人想到激情和热烈的、喜庆的场景。

**2. 价格**

彩卷市场占有率频繁变化，其中除了通路竞争态势变化的影响外，还有价格变动的影响。在正常情况下，柯达每卷 22～24 元人民币，富士有意识地略低于柯达，每卷 21～23 元人民币，但二者都高于乐凯的每卷 12～14 元人民币。

2000 年彩卷价格大战频繁出现。富士彩卷曾在仓储商店、大型超市售价 13 元，低于正常价格 5～6 元，引起人们关注与猜测。因为富士无权在中国生产感光材料，中国市场所销富士胶卷均为直接进口，其到岸价为每卷 1.3 美元，加上 17% 的增值税、经销商和分销商的利润等，进口胶卷最低零售价不该低于 15 元。因此，低价胶卷有 3 种可能情况：一是经销商促销；二是走私进入；三是冒牌货。

针对富士的降价促销策略，柯达并不紧张，因为他们从 1994 年开始就筹划着柯达胶卷本土化生产的事宜，一旦成功，柯达胶卷价格马上就会大大降低。1998 年终于取得进展，由柯达公司、厦门福达感光材料公司、汕头公元感光材料有限公司联合组建的柯达（中国）股份有限公司正式宣告成立，随后又在中国成立了多家合资公司，为日后柯达胶卷降价打下了长期基础。

**3. 渠道**

柯达 1993 年在中国市场占有率为 26%，1994 年在中国开设第一家洗印店。富士进入中国市场早于柯达，并最早在中国建立了专业洗印店，因此在 20 世纪 90 年代初期其在中国的市场占有率达 50% 左右。

富士最先在中国发展专业洗印店网络，市场占有率在 1996 年高达 48%。后来，柯达加大发展专业洗印店的发展速度，1997 年其店铺数量与富士接近，到 2000 年底洗印店总数达 6 000 多家，市场占有率由 30%一跃升至 63%。而乐凯，1999 年建立专业洗印店 400 家，年底总数为 1 017 家；2000 年总数在 1 500 家左右，因此市场占有率一直在 20% 左右徘徊。富士专业洗印店发展处于半停滞状态，仍是 2 000 家左右，因此市场占有率已由 50% 左右下降至 25% 左右。可见，某种品牌胶卷的市场占有率与专业洗印店数量相关。各家洗印店数量占 3 家洗印店总数的比例恰好也约等于它们胶卷各自的市场占有率。2000 年分别为 63%、26% 和 8%。

虽然在街头我们也能看到柯尼卡、爱克发的招牌，但其连锁店铺数量很少。洗印店基本上是柯达、富士、乐凯三足鼎立之势，形成过程可概括为富士先下手为强，柯达后来者居上，乐凯猛醒后直追。

从近几年洗印店连锁经营发展情况看，基本上是两条腿走路，即直营连锁和特许经营相结合。但是，2000年明显反映出：特许经营发展速度快、投资风险低，这从柯达后来居上的实例可以得到说明。

至2000年底，柯达连锁店铺发展到6 000家，市场占有率为63%。其成功的方法是：优势品牌＋民间资本＋特许经营。2000年柯达品牌价值达119亿美元，列世界第24位，而富士未进入前50名。柯达利用自身的品牌优势，采取特许经营方式，推出"9万9"创业计划，吸引民间资本发展加盟店。这一计划取得了成功。富士和乐凯也不得不加大网络建设的力度。

### 4. 技术

伴随着胶卷大战，各方使出了浑身解数，提高市场占有率。但是，胶卷的真正天敌不是其他胶卷品牌，而是数码相机，因为它根本不需要使用胶卷。2000年数码相机开始走进居民家庭，其零售价格已从万元以上下降至3 000元左右。IMI公布的一项调查结果显示：2000年中国大城市数码相机已成为人们的新宠（见表8.4.1）。

表8.4.1　中国七大城市受访者的数码相机拥有率及计划购买率

| 城市 | 2000年拥有率（%） | 未来一年中计划购买率（%） |
| --- | --- | --- |
| 北京 | 5 | 15.5 |
| 上海 | 4.5 | 9.5 |
| 广州 | 5.4 | 14.8 |
| 重庆 | 4.1 | 11.3 |
| 武汉 | 2.3 | 7.3 |
| 西安 | 6.3 | 11.1 |
| 沈阳 | 3.7 | 10.2 |

面对这种新变化，行家公司都不敢怠慢。柯达公司是"领头羊"，率先推出了加盟店的数码创业板，这一计划需要投资70万元以上，可以配备全能的数码彩扩系统，一次性投资便可以扩大业务收入来源，提高竞争优势。他们计划在2001年底之前，把网络彩扩店开到1 000家。

2001年9月14日，柯达中国店区最大的数码冲印店在北京亚运村开业，擅长公关造势的柯达将开业仪式搞得格外隆重，同时宣布：2002年底前在中国推出 20~30 家数码冲印店；到 2004 年，40%的业务量将来自数码方面。

几乎就在同时，富士在广州举办了一场名为"富士千嬅激情派对"的活动，邀请其数码激光冲印店形象代言人杨千嬅与乐迷及消费者见面。一向低调的富士此次毫不隐讳其在数码领域的野心，宣布将投资 5 000 万元人民币，在未来 3 年内在中国建立 1 000 家数码冲印店。

冲洗业的两位巨头不约而同地公布计划，似乎预示着"黄绿之争"尚待了断，而"战斗"已进一步升级为蓝色柯达与绿色富士的数码店之争。

## 三、渠道发展尚存的问题

伴随着洗相业在中国的飞速发展，也带来了一些问题。主要表现在四个方面：（1）店铺数量增长速度远远快于质量提高速度。一个品牌或一个企业连锁体系规模快速扩张并非难事，但是扩张后的管理工作十分复杂。在诸多洗印店中，虽然挂着世界知名品牌的牌匾，但其服务质量、服务水平、服务方式却有明显差异，个别洗印店甚至与几年前街旁的个体户差别不大。这会使知名品牌价值贬值。出现这种问题的原因，主要是总部疏于对各个加盟店的培训与管理。（2）特许经营合同条款与执行存在着很大弹性。在一般规范的特许经营中，合同明确规定"解约后，原有加盟方几年内不得从事同类事业的经营"。但是，我国曾多次出现"区域倒戈"事件，原有柯达加盟店换牌为富士；原有富士加盟店换牌为柯达。这种不规范的运作方式极易造成恶性竞争。（3）农村市场的开拓还存在着很大障碍。中国农村人均消费量更低。农村市场拥有很大的潜力，推出一些低价的相机，对农村胶卷市场开拓有重要意义。目前，农村市场开拓速度缓慢。

## 四、未来的对策选择

面对着越来越激烈的竞争，以及数码技术的快速发展，三家公司的营销战略选择变得非常非常重要。如何选择？学者给出了建议，三家公司也都有自己的思考。

### 1. 学者的建议[1]

清华大学经济管理学院李飞教授认为，竞争的焦点在洗印技术，而洗印技术

---

[1] 李飞：《世界名牌》，经济管理出版社 2002 年版，第 350~356 页。

的焦点又在洗印店经营技术。洗印店的经营与发展是一个系统工程，同时也与新经济时代的信息技术密切相关，这就需要每一个经营者跟上时代的步伐，进行及时的调整。

（1）确定洗印店数量规模技术。一个城市、一个地区要不要建立专业洗印店，取决于第三方洗印服务体系是否健全，能否满足自己品牌的需要。美国由于专业洗印服务业非常发达，柯达在美国并没有建立自己的专洗店网络。在中国，则是第三方洗印店与品牌洗印店发展。任何一个想发展洗印店业务的企业，都必须弄清楚一个地方的洗印店容量。

洗印店容量＝［人口数×人均年胶卷消费量×36张×（1＋加洗量比例＋耗损量比例）］÷洗印机每小时完成张数（600）×机器每天工作小时（6）×机器工作天数

例如：北京市人口1 300万人，人均年胶卷消费量1卷，加洗量为30%。耗损量3%，洗印机每小时完成600张，一天工作6小时，一年工作360天，那么就有：

洗印店容量＝［1 300万×1×36×（1＋0.3＋0.03）］÷（600×6×360）＝480（台）

如果一店一台洗印机，那么北京洗印店容量为480台，减去已开的数量，就是需要新开的数量。

（2）增加数码洗印业务。一家洗印店仅仅冲洗胶卷而不能完成数码相机的冲洗业务，在业务拓展过程中会有很大的局限。柯达捷足先登，1999年亚洲的柯达影像中心在上海成立，推出新的数码洗印服务和经营模式，2000年又在深圳开了第二家店。柯达公司声称：到2001年底将达1 000家。富士的一些彩扩店也已经引进了数码冲印设备。而乐凯在这方面还是空白。这项技术包括数码相机照片打印、照片光盘制作和许多个性化的影像产品，例如制作照片光盘、个性化名片、贺卡、年历，为顾客提供数码快照和无底片扩印等。

（3）完善特许经营技术。它包括两大方面：一是总部的管理技术，二是店铺的经营技术。其具体内容包括投资规划、商圈分析、店面设计、品质控制、技术支援、培训、促销和零售管理等内容。特许经营技术之所以成为洗印业的核心技术，是因为专业洗印店铺数量多少成为该品牌经营市场占有率多少的决定性因素，而特定经营正是以较少投资取得店铺数量快速增长的独特技术。

## 2. 三家公司的思考

柯达、富士和乐凯的高层决策者认为，2010年或更早些，中国将成为世界最大的影像产品市场，竞争会在中国市场将会愈演愈烈，最终结果无非是三种：多赢，有输有赢，或是皆输。

（1）柯达的想法。柯达的想法是通过洗相店的发展争夺潜力巨大彩卷市场，同时发展数码洗相业务提高分销系统的生存和创利能力。柯达中国公司办事处对外联络部的尹少刚说："我们计划是把70%的研发费用投入到数码领域。在中国，柯达的目标是平均每1万人拥有1家柯达快速彩色冲印店"。到2004年，来自数码影像领域的业务量将达到40%。

另外，柯达一直努力地在考虑对竞争对手乐凯的合资，实现"联吴抗曹"。1993年柯达就向乐凯提出"控股合资"的方案，1995年乐凯4 700名员工讨论的结果是80%不赞成，当时乐凯还有着生存和发展的能力，还有着打造中国民族彩卷品牌的梦想。但是，到了后来乐凯彩卷业务发展受阻，柯达决策者对中国市场仍然充满着信心，因此最终双方于2003年达成协议：伊士曼柯达公司以4 500万美元现金出资和提供一套用于彩色产品生产的乳剂生产线和相关的生产技术，换取中国乐凯胶片集团公司持有的乐凯胶片20%的股份。同时，伊士曼柯达公司向中国乐凯胶片集团公司提供2 950万美元资金和技术支持，对中国乐凯胶片集团公司现有的两条TAC生产线及相关作业进行质量提升。2007年11月，宣布终止与乐凯的合作。

当然，柯达公司也一直没有放弃数码技术的研发，掌握着诸多数码技术的专利。柯达想证明自己才是照相技术的领头羊，不停地发布新技术成果，但是没有重点地进行市场化开发。

（2）富士的想法。长期以来，受中美框架协议的影响，富士不能在中国建厂，因此它的产品只能从日本进口销售，价格降不下来，让柯达占了先机，2001年中美框架协议到期，富士燃起雄心，2002年宣布投资5 000万元，到2003年年底开设1 000家数码洗相店。

与柯达相比，富士在影像技术方面不占据优势，但是业务也不像柯达那么专注。富士胶有三大事业领域：一是包含传统和数码两大产品群（胶片、照相机、相纸、化学药品、冲扩设备等）的影像事业领域；二是包含印刷系统、医疗系统、液晶材料、记录媒体等系列产品的信息事业领域；三是由富士胶片的子公司富士施乐公司生产和销售的文件处理设备（复印机、打印机、多功能数码文印中心、耗材等）构成的文件事业领域。

富士胶片的企业理念是"追求技术完美，创造'影像和信息文化'"。在这一理念的指引之下，致力于运用尖端技术，将影像和信息表现得更精细、更完美，在影像、信息和文件处理三大领域提供综合解决方案，力求成为受社会和用户信赖的全球性企业。

（3）乐凯的想法。乐凯最初认为，产品质量不差于柯达和富士，价格又低廉，落后的关键是没有钱打广告。1997年国家为了扶植民族工业，给了乐凯40个亿的低息贷款，1998年初，他们一次投入600万元，在中央电视台《水浒传》播出期间做跟片广告，收到一定效果。2001年乐凯也开设了"数码快乐印"的店铺，但是发展速度较慢。2003年乐凯为了获得柯达的先进技术，与其合资。乐凯2005年上半年公司的利润总额和净利润同比下降60.48%和59.92%。当时董事长秘书李建新在接受记者采访时表示：乐凯将把数码相纸、数码冲印店和网络店作为未来公司的发展方向。但是，2000年之后，传统感光材料市场在数码产品的冲击下迅速萎缩，而原本被柯达视为"传统感光材料最后一块市场"的中国三四线城市和乡镇也已遭遇了数码转型的汹涌大潮。传统影像市场的衰退比柯达想象的要快。柯达在2007年终止了早先承诺的20年合作，将以3 700万美元向第三方投资者出售所持有的20%乐凯胶片股份。柯达在完成20%的股份转让后，还将在一年内获得乐凯分三次支付的专利许可费900万美元。协议中的"第三方"则是广州诚信创业投资有限公司。

数码技术的发达使民用胶卷的市场越来越小，乐凯开始筹谋再次转型。乐凯的影像记录、印刷材料向数字化转型，并充分集成企业在涂层、成膜、微粒方面的三大核心技术，重点发展聚酯薄膜（PET）、三醋酸薄膜（TAC）、聚乙烯醇膜（PVA）中高档薄膜及带涂层深加工产品。高档薄膜加工应用广泛，笔记本电脑和液晶电视的显示屏、太阳眼镜膜、汽车玻璃膜、军用防弹玻璃夹层膜等都采用了这类薄膜技术。

最终的结果究竟是多赢？还是有输有赢？还是都输了呢？

**案例讨论目的**

使学生掌握渠道规划的复杂性和重要性，了解环境变化对渠道变革的影响。

**案例讨论问题**

1. 什么营销组合要素影响着彩卷品牌成为霸主？为什么？
2. 技术环境的变化对彩卷原有连锁体系的影响如何？为什么？
3. 三家公司如何进行战略或策略选择？为什么？

### 案例讨论形式

开放式讨论，同学们根据案例提供的资料和数据，围绕着前述的三个讨论题进行讨论，一般会形成多种选择观点，让他们充分说明自己的观点和理由。

## 附录 8.4

### 附录 8.4.1　影响影像产业营销的三次技术变革

第一次：胶卷的革命——从黑白到彩色

1873 年底，德国柏林工科大学教授佛克尔（H. W. Vogel, 1834-1898）将火棉胶感光版，浸在苯胺液后，就能感受绿色光，试验一公开，鼓动了科学家们，寻找其他色彩的感光增添剂。摄影软片（胶片），最早仅能感应蓝色光，再改善可感应紫色光；公元 1874 年，已可感应黄色光；到公元 1881 年，更进步可以感应到红色光。底片到此，已可以对红、橙、黄、绿、蓝、紫等色光有了"色感"，不过，照片的缤纷明丽程度，需要加予改善。

1904 年，法国鲁米埃兄弟（Lumiere August and Louis 1862.1864—1954.1948）发明了真正的彩色底片，这是公认"彩色摄影"革命性的大事。鲁米埃兄弟是世界上从未见到、制造摄影器材的伟大发明家。兄弟俩未到二十岁，就创办一家制造摄影器材工厂，在公元 1894 年，已年产销了近二百万张底片。

1935 年生产了更便宜的"柯达彩色胶片"后，彩色胶卷才逐渐成为市场的主流，直到 2009 年因为数码相机的风靡而停产。

第二次：相机的革命——从胶卷到数码

长期以来，照相技术使用传统的银盐胶卷记录信息，到了 20 世纪 70 年代出现了数字存储器作为记录信息的媒介。1973 年 11 月，日本索尼公司推出了全球第一台不用感光胶片的马维卡（MABIKA）相机，分辨率仅为 27.9 万像素，首次将光信号改为电子信号。接着松下、COPAL、富士、佳能、尼康、柯达纷纷开始了数码相机的研制，并在 80 年代中期推出了一系列的数码相机。但是，像素都不太高，一直在 30 万左右徘徊，直到 1988 年才由佳能公司推出了 60 万像素的相机——RC750。

在 20 世纪 90 年代，出现了一派繁荣景象。1990 年柯达推出了 DCS100 数码相机，确定了数码相机的一般模式，并成为了业内标准。该台相机达到 140 万像素，售价高达 22.5 万人民币。显然还无法普及化。

1996 年 6 月，尼康推出了数码单反——DI，由于价格大大降低而开启了民用化的时代。随后数码相机体积越来越小，像素越来越高，价格越来越便宜。1998 年发布或者上市的数码相机就有 60 多种，20 多个厂商加入其中，成为数码相机厂商快速发展的一年。

2001 年佳能的新型数码相机还是 7 000 美元，2003 年推出的新相机价格已经低于 1 000

美元了，像素达到630万像素。从此数码相机取代传统的胶卷相机，逐渐走入普通百姓家中。

第三次：呈现的革命——从相纸到屏幕

随着数码相机的普及和信息技术的发展，照片的存储和呈现方式也发生了巨大的变化。过去照片的存储有两种方式，一种是以底片（冲洗后的胶卷）方式存储，还有一种是以照片的方式存储，数码是胶卷和底片消失，通过各种优盘和数据存储器进行存储。过去照片的呈现是以相纸的形态存在，装在相册之中，翻阅进行欣赏，今天可以在任何具有显示器功能的屏幕上呈现。

### 附录8.4.2　　　　40亿元能救乐凯吗[①]

进入1998年，彩卷的竞争将会更加激烈。年初，绿色的富士满怀信心地说："我们的市场销量第一"；黄色的柯达毫不示弱地宣称："我们是消费者的首选"；红色的乐凯更是豪气十足："现在我们谁都不怕。"

看来，前几年诸多人士对乐凯的担心是多余的。

乐凯人缘何豪气十足？据报道，信心来自实力。实力来自国家给了钱。国家计委在"九五"期间将向乐凯注入8亿元的资本金和32亿元的贷款，投资总量为40亿人民币。这自然国人非常高兴。然而高兴之余，不免使人产生疑问：40亿元能救乐凯吗？

或许乐凯的确缺钱，但更缺优秀的竞争思路。竞争思想对头，没钱可以有钱；竞争思路走偏，有钱可以变得没钱。与富士、柯达相比，乐凯人自以为有诸多的竞争优势，最为明显的是价格便宜、商品质量并不逊色。之所以受到冲击，是因为乐凯广告宣传做得不够，某些局外人甚至认为是中国消费者的不健康消费心理所致。为此，1998年初，乐凯加大了广告力度，在中央电视台黄金时间频繁进行轰炸，引来一片叫好声。但这是药不对症，如此下去，40亿元很难拯救乐凯。

乐凯的最大问题仍是分销环节。几年前，人们就传统乐凯胶卷并不次于富士、柯达，笔者曾买了一卷试用，冲出来的效果远远不及富士和柯达。经请教乐凯公司的人，得知冲洗者并没有将机器调低至乐凯所适用的专档上。自然，柯达、富士的专洗店对冲洗乐凯卷漫不经心。消费者并不是凭广告来评判商品的质量，也不是凭摄影大赛上的照片来评判哪个牌子胶卷的好坏，而是凭自己日常洗出来的照片效果来选择胶卷。恰恰是在洗相环节，乐凯与富士、柯达的竞争中处于劣势，最终导致销售力颇弱。殊不见，富士公司早在1994年就在中国市场建立了第一家彩扩店，至今已有2 200多家，北京一地就有200多家。柯达公司也在扩展自己的彩扩店网络。但是，乐凯公司仍在热衷于建立收活点而不是迅速扩张连锁彩扩店，其前景令人担忧。富士彩卷在中国市场的占有率为45%。为什么？富士彩卷中国经销商坦言："开彩扩专营店是富士公司赢得市场销量第一重要的原因。虽然支持一家专营店富士公司要

---

[①] 李飞：《40亿元能救乐凯吗》，载《中国改革报》，1998年5月4日。

投入数千元甚至上万元，但获得的却是中国胶卷市场的半壁河山，这正像本世纪初美国人为销售煤油，先将煤油灯送给老百姓一样，都是采取'欲取之，先予之'的销售策略"。乐凯显然不是如此做法，他仍不能保证顾客使用乐凯胶卷的良好效果，自然是难与富士与柯达较量。

中国彩卷市场潜力巨大。有数据显示，美国人平均每年使用彩卷3.7个，日本人为3.1个，而中国每8人一年才拍1个彩卷。以中国市场的人的基数，如果人均消费1个，就是12亿的销量。但它属于谁呢？就看谁具有二次服务（最终提供美丽照片）的优势了。

## 8.5 联想该不该兑现销售员的奖金

这里的文字，是摘自联想集团董事局主席柳传志一次演讲的内容[①]，出版时作了文字修改，但仍以第一人称陈述。

在1983年前后，中国科学院院长周光召访问美国和欧洲。当时，他们先是做访问学者，一段时间后回国。他们知道在国外都是大的企业里进行研究开发，然后才有可能把研究开发的成果变成产业化，利用企业的能力推到市场上去，这是一个机制问题。因此，回国以后就号召科技人员把自己的科研成果带到市场上去，当时绝大多数的人是不敢去做，但是我就特别愿意去，因为我觉得活到40岁总算是机会来了，所以就特别愿意去做。

但是实际办企业真的是千难万难，为什么呢？那时在计划经济体制下，我们科学院所办的企业不是计划内的企业，什么是计划内的企业呢？当时国家有若干个工业部门，比如管计算机和电子领域的叫电子工业部，管农业机械生产的叫农业部，还有什么航空工业部、航天工业部等，这些部和今天的功能不一样，每个部下面都有企业，他们直接管着这些企业，就是管这个企业生产多少东西，原件从哪儿来，东西从哪儿进，卖多少钱，全部由部里统管，那就是计划经济。而科学院办企业，周院长当时还没有系统地考虑，"把你们也归到计划内，那只是计划外的一种考虑"。计划内和计划外有什么不同？计划外的企业拿不到必须办企业的某些指标，比如说生产，生产要有生产批文，进口要有进口批文，因为我们是做计算机的，像CPU、操作系统，以及一些重要的元器件和设备是需要进口的，没有批文，进口非常的麻烦。外汇是有指标的，比方在计划内的企业给你

---

[①] 柳传志：《商业沉浮，机会永存》，2010年9月11日在阿里巴巴第七届网商大会暨第六届西湖论剑上的演讲，载于同日网易科技报道，http://tech.163.com/10/0911/14/6GACBATK00094IR2.html。

100万美元的指标，那是什么意思呢？就是只要你花两块六毛钱，就能买到一个美元，我说的是1984年，花260万人民币就能买到100万美元的指标。那时已经有灰色市场了，像我们没有这个指标，就要到灰色市场想办法去买，大概六块多钱人民币换一美元。关键的问题还不是六块多钱，因为灰色市场理论上讲是犯法的，但是没有人去管你，大家都在摸着石头过河，所以并没管，但是你要惹了谁那可就要"犯法"了。

那时的日子其实很难过，对一个想做好人、好好做企业的人是很难做的，尤其是像我们，所有权还是国家的，并不是我做完这些事之后，自己就变成富翁了——不是这样的。这种情况下还要冒某些政策风险，我举个例子。1987年，我们开始学着从国外往国内倒腾计算机，所谓"倒腾"的意思是说不是非常合法的渠道，但是卖得非常之好，因此我的销售部门经理就大大超额完成了指标，根据预先的考量，在年底他们这个部门的员工和经理本人都可以得到巨额奖金，多少钱呢？经理可以得到人民币6 400多元的奖金，部门里的其他人也都有4 000元、3 000元不等的奖金，6 400多元是什么含义？我当时的月工资约100元左右，也就是说，相当于我的六十几倍的月工资。大家想想，你们现在的工资要加六十几倍是什么感觉？而且那时还特别缺钱花，所以那就不得了！但是发钱的时候遇到很大的问题，我们在一起开会才知道，当时交的不是现在的所得税，而是计划经济年代的"奖金税"，就是当你的奖金超过了3个月工资的时候，剩下的部分要交300%的奖金税，这一算就不得了了！如果把几千块钱奖金罚了，再把奖金税交了，下一年就没法干活了，所以几个领导研究出三条路：第一条路是发了奖金再交税，明年就不知怎么干了，我们就很难考虑下一步怎么走了。第二就是以前经常的做法，对大家说，毛主席教导我们，情况是在不断变化，没想到你们做得这么好，以后一并发，陆续发，今年暂时不发了——那就是食言，这是第二条路。第三就是不好的做法，中关村街上的民营企业都是这么做的，一般都是拿支票换现金，根本不入账，把钱发完了谁都不知道就算了。很不幸，研究了半天，我们选择了第三种做法，选择第三种做法之后，真的没想到，第二年我们换钱的单位"东窗事发"，换钱的是广东的一个实验工厂，他们因为其他事被查出来，连带把我们的事也查出来，给了我警告处分，还罚了9万元钱。由于每隔一年营业额都有很大的增长，没过两年也改成了现在的所得税。这说明，那个税法本身也不合理。我心里也不舒服：我这是为了谁？自己也没有多拿钱，实际上所有权是国家的，还必须是科学院的，但是你要承担这个责任……。

### 案例讨论目的

使学生掌握"销售员薪酬管理"的法律和信任风险,有时是处于难以取舍的两难境地。思考合理的处理方法。

### 案例讨论问题

1. 联想该不该兑现销售员的奖金?为什么?
2. 兑现不兑现的具体方法是怎样?为什么?

### 案例讨论形式

开放式讨论,同学们根据案例提供的资料和数据,围绕着前述的两个讨论题进行讨论,一般会形成多种选择观点,让他们充分说明自己的观点。

## 附录 8.5

### 附录 8.5.1                 奖金税

1984年国家对企业发放奖金实行"上不封顶,下不保底"的政策。同时,为了从宏观上控制消费基金的过快增长,合理引导企业的生产经营和分配行为,决定对超额奖金征税,运用税收杠杆约束企业奖金发放额度。同年6月国务院发布了《国营企业奖金税暂行规定》。1985年8月和9月又先后发布了《集体企业奖金税暂行规定》和《事业单位奖金税暂行规定》。

国营、集体企业奖金税以企业为纳税人,以企业全年发放的各种形式的奖金(包括多种具有奖金性质的工资、津贴、补贴和实物奖励)为计税依据,按五级超额累进税率征收。为了保证职工收入水平随企业生产发展得到逐步提高,奖金税规定有免税限额。例如,1985年国家规定的免税限额相当于职工4个月的月平均标准工资额。标准工资按照允许进入企业成本的工资等级和标准计算,对企业全年发放奖金总额不超过职工4个月标准工资总额的予以免税。国家为了进一步增强企业活力,在企业奖金分配上更好地体现按劳分配原则,财政部于1987年和1988年对奖金税的免税限额、级距及税率作了调整,免税限额调整为职工4个半月的标准工资,超过部分按超过幅度划分级距累进计征。

集体企业奖金税实行超额累进税率,按年计征,其分级税率如下:全年发放奖金总额人均不超过4个月标准工资的,免税;全年发放奖金总额人均超过4个月至5个月标准工资的部分,税率为30%;全年发放奖金总额人均超过5个月至6个月标准工资的部分,税率为100%;全年发放奖金总额人均超过6个月标准工资的部分,税率为300%。

### 附录 8.5.2　　　　　联想简介

联想集团有限公司（港交所：0992）成立于1984年，由中国科学院计算所投资20万元人民币、11名科技人员创办。当时称为中国科学院计算所新技术发展公司。1989年成立北京联想计算机集团公司。

联想公司主要生产台式电脑、服务器、笔记本电脑、打印机、掌上电脑、主机板、手机等商品。1996年开始，联想电脑销量位居中国国内市场首位。

2004年4月1日，联想集团的英文名称由"Legend"改为现在的"Lenovo"。"Lenovo"是个混成词，"Le"来自"Legend"，"-novo"是一个假的拉丁语词，从"新的（nova）"而来。同年，联想以17.5亿美元（12.5亿美元以及IBM的5亿美元欠债）的价格收购IBM PC事业部，并获得在5年内使用IBM品牌权，成为全球第三大PC厂商。

联想在2005年5月完成对IBM个人电脑事业部的收购。联想在全球有19 000多名员工。研发中心分布在中国的北京、深圳、厦门、成都和上海，日本的东京以及美国北卡罗来纳州的罗利。

根据美国《财富》杂志公布的2008年度全球企业500强排行榜，世界第四大计算机制造商联想集团首次上榜，排名第499位，年收入167.88亿美元。

## 8.6　麦考林的中国多渠道整合之路[①]

在上海麦考林国际邮购有限公司忙碌的呼叫中心里，"成为多渠道零售行业的领导者"的标语口号随处可见。总裁顾备春的目标是，计划用3年时间，开出2 000家零售连锁店，与邮购渠道、网上商店并存，5年内，把麦考林打造成销售额达百亿元的企业。但是，线上店铺、线下店铺和邮购采取的目录渠道三者之间如何协同，还需要考虑清楚；否则难以形成集合效应。

### 一、渠道拓展：由邮购延伸至网店

1995年前后，国际大型邮购公司通过设立分公司或组建合资企业，积极拓

---

[①] 秦雷：《麦考林：永不落幕的女性百货商店》，清华大学经济管理学院中国工商管理案例中心案例库。该案例由本书作者辅导完成。该书引用进行了适当修改。

展海外市场。随着中国市场的开放，这些企业看好中国经济的快速发展和拥有的庞大的人口基数，这为邮购市场的发展提供了一个巨大的潜在市场。于是，为抢占市场份额，他们各自投入数亿元人民币，在中国成立合资企业。美国麦考林邮购有限公司和上海国际服务贸易公司共同出资成立的上海麦考林国际邮购有限公司。

麦考林的外国投资方——美国华平集团（Warburg Pincus），为麦考林组建了一支国际化的高层管理团队。来自德国的总经理喜欢传统的经营方式，因为在德国，大多数邮购者居住在乡间而非都市地区，其中多为四人家庭。他们喜欢通过邮购购物是因为到市区商店购物不方便（例如，昂贵的停车费、交通问题、有限的购物时间）以及商店提供的商品种类较少等因素。所以，德国也是全球通过邮购进行个人消费所占比重最高的国家。那么在中国，尽管政府对外资进入零售业有管制政策的限制，而且大多数中国人还没有邮寄购物的消费意识。但是，中国市场潜力巨大，二级、三级城市的消费能力不容忽视，这些地区的居民由于当地商业网点缺乏、商品种类有限，同样也会希望从其他途径购买到优质的名牌产品。因此，公司成立之初，麦考林将市场定位于中小城市和大城市的郊县地区，并自主创立了"欧梦达（Euromoda）"品牌，主要经营女性服装。

一年后，外国经理发现，由于物流体系的不完善、支付信用的缺失以及当地居民消费能力的有限和信息闭塞，中国还不具备发展邮购市场的基础。而且，在外国人的眼中，中国的社会环境还处于相对封闭的阶段，时尚并不被主流文化所接受。服装设计全部由外国设计师完成。如果中国设计师提出今年流行什么或者需要改变什么，外国设计师会说："好的，等明年吧！"因此，当时在邮购目录上展示的服装款式具有浓烈的欧洲乡村风格，非常符合中老年人的品位。

此外，邮购是通过地址目录进行邮寄，而麦考林为了建立客户名地址库想尽各种办法，先后在《知音》、《家庭》、《精品购物指南》等生活类杂志、报纸以及电视媒体上投放广告。但是，外国经理通过市场调查发现，有过邮购经历的客户对麦考林的邮购目录，反馈率高达10%~18%。因为，这些客户知道，麦考林的商品一定比市场上同类商品的价格便宜，钱寄给麦考林，一定会收到货，而且就是在目录中看到的商品。如果有问题，客户可以退货或者调换。他们信任麦考林，这是最重要的基础。然而，没有尝试的客户，反馈率只有百分之零点几，最高也不过3%。同时，邮购目录每3个月更新1次，可是印刷、邮递不仅需要花费很长的时间，而且随着纸价的上涨，邮购目录使用较高档次的纸张印刷，成本比较高。特别是有些客户因为住址或工作单位的变化，无法及时收到。

截至1998年，麦考林在上海的员工数量达到300多名，办公及仓储面积达到15 000平方米，每天有2 000~2 500个邮购包裹、4 000多件服装从配送中心发往全国各地，是上海邮政局的最大客户，年营业额为6 000万元。

1999年初，随着互联网的发展，电子商务正在成为中国商业新一轮发展的热点。当时，不断有朋友游说麦考林公司的首席执行官（Chief Executive Officer, CEO），认为在原有邮购业务的基础上，引入基于互联网的电子商务经营模式，会让麦考林将竞争对手远远地抛在后面，不管是普通的邮购公司，还是其他的电子商务公司，这是一个千载难逢的机会！

外籍CEO也信心十足，"首先，电子商务在中国才起步，中国的消费者对不直接接触商品的购物方式还比较谨慎，但是在中国从事了4年的邮购业务，麦考林不仅走进了250万中国人的生活，更培养了他们对我们的熟悉和信任，这是我们拓展电子商务的宝贵的无形资产。其次，现有的邮购业务一般集中在二线、三线城市，邮购客户中75%~80%是女性，而互联网客户大多集中在中心城市，其中80%是男性，这也是麦考林需要开拓的市场。所以，我们不是向电子商务转型，而是运用一种现代化的工具对邮购业务做自然的延伸。"

至于在信息技术的投入上，麦考林最初的IT系统十分简陋，采用的是适用于制造业的库存管理软件，而客户管理系统也只是比较简单的数据库。因此，在1999年初，麦考林以购买源代码的方式，从美国引进了一套针对邮购销售的后台管理系统，这套系统把客户管理、订单管理和库存管理整合在一起，每天能处理订单4万多张。同时，麦考林公司还聘任了一位首席技术官（Chief Technology Officer, CTO），专门为网站开发一套前台应用系统，并重新购买了十几台基于英特尔架构的服务器，这也是当时性能最好的产品。但是，如何让企业内部信息管理系统和前台网上交易系统完成对接，却是一件非常复杂的工作，也是麦考林在客户服务方面最重要的投资。

现在，麦考林一天24小时可以随时更新产品目录，或者撤下销售不畅的商品，客户也可以自由更改个人信息，这些信息会保存进入后台数据库。更重要的是，客户登录网站，通过栏目分类或搜索引擎寻找所需的商品，选购完毕，经确认提交的电子订单可以即时反馈到公司。经审核后，产品配送由邮局完成。而随着包裹邮寄速度的加快和中国邮政推出了包裹免费直投到户的服务，客户能够在规定期限内收到商品。同时，在支付方式的选择上，除了传统的银行转账、邮局汇款、银行电汇、预付账户以及货到付款以外，网站还支持信用卡网上付款。但是，出于安全考虑，网上支付会先在小范围内试用。

1999年12月15日至2000年1月25日，在没有任何市场推广的情况下，麦考林试运行了"欧梦达天地"（www.euromoda.com.cn）和"麦考林商厦"

（www.mecoxlane.com）两个网上商店网站，并建立了专门的内容维护、商品销售和客户服务部门。期间，共有 27 000 名消费者访问了这两个网站，麦考林收到订单 3 500 份，网上交易总额达 55 万元。

2000 年 4 月，在整合试运营网站的成功经验的基础上，麦考林推出了集电子商务、门户网站及休闲购物等为一体的综合型网站——"麦网"（www.m18.com），在线销售商品超过 2 万余种，从女性服装到日用百货应有尽有。而通过预先向北京、广州、乌鲁木齐、武汉、成都和拉萨等六个城市①的邮购用户预发消息和在其他媒体上刊登广告，截至 9 月底，"麦网"的注册用户超过 20 万人（28% 是邮购客户），平均日访问量达到 50 万次，收到有效订单 2.5 万份，销售收入超过 1 500 万元。

然而，短时间内随着员工数量的增加以及信息系统建设和广告成本的大幅攀升，与中国总部设在上海的其他四家合资或独资邮购公司相比，截至 2000 年，麦考林在邮购业务上的实际投入超过 3 000 万美元，而为开发电子商务项目，华平集团又联合几家投资公司向麦考林注入了 1 300 万美元，麦考林也成为中国投资规模最大的邮购公司。但是，资本的压力是巨大的，4 年之内，公司的经营业绩始终没有达到投资方的要求，无法实现收支平衡。而德国的翱拓、奎尔等其他国际邮购企业由于在中国市场持续亏损，彻底失去信心，先后停止了在中国的业务。

## 二、顾客调整： 由小城镇转为大城市

2001 年 4 月，顾备春以股东和 CEO 的双重身份加盟了麦考林。在此之前，国际化的高层管理团队已经与华平集团达成协议，陆续撤出了麦考林。而顾备春在与各部门经理面谈后，发现公司内部管理流程复杂和客户服务质量差的问题比较突出。例如，电话呼叫中心作为公司联系客户、沟通客户、服务客户的核心部门，麦考林使用的是板卡式呼叫中心，虽然成本低，但功能少，只能支持二三十个呼叫坐席，性能也不够稳定。所以，客户拨打客服电话，不一定能一次接通。即便打进电话告诉客服人员需要订购的商品后，还要等待客服人员排队保存订单。可在麦考林内部，却有着超过 200 个管理职位，一项工作经常在多个部门间流转，经营业务决策周期长、效率低。这简直就是"恐龙的身体，小鸡的嘴巴！""精兵简政"势在必行。于是，接下来的两周内，由于得到了合适的补偿，

---

① 来源于 http：//www.chinapostnews.com.cn/051/ygyj04.htm。

裁员工作顺利进行。但是，如何让剩下的员工恢复信心，振作士气，与公司渡过难关？这是顾备春需要解决的第一个难题。

在顾备春看来，2001年以前麦考林的商业模式并没有错。因为，与传统渠道相比，目录邮购这种无店铺零售业态，优势就在于方便和低价。而在产品类别的选择上，要集中于毛利率比较高的行业。这样的话，才能够抵消低价销售带来的损失，而服装的确是一个很好的选择。但是，在经营的过程中目标客户群不对，比如，在上海这样的大城市里面，麦考林只有3 000多个客户，其中就有2 000个来自郊县地区，这样就会出问题。那么，即便花再多的钱，铺天盖地做广告，很多人也只听说过麦考林，却不知道他究竟在做什么。而且，女性购物是一个非常个性化的消费过程，每件衣服要符合每个人的身材、气质和审美观。因此，与男装相比，女装的标准化要差很多，不容易形成规模。所以，有效客户（即"回头客"）的数量没有足够的积累，就无法保证盈利。当时，仓库里堆满了滞销品，而公司账面的剩余资金也只能维持1个多月的营运开支，根本没有足够资金去重新设计生产服装。那么，不如先暂停服装产品线，尝试一下其他领域。

通过市场调查，顾备春发现随着国内经济的发展和居民收入的增长，中国的城市女性对饰品的需求旺盛，她们希望变得更为时尚，展现个性化魅力。然而，当时国内的饰品行业还处于发展初期，缺乏领先品牌，没有任何一家企业的市场占有率能够超过5%。其中，在大型城市，专卖店和商场柜台是主要的销售渠道；而在中、小型城市，主要在鲜花店和礼品店内销售。可是，在传统批发的经营模式下，尽管在生产环节，原材料银的价格只有1.6元/克。但是，由于中间的销售环节比较多，造成了饰品零售价格的虚高，一般都要两三百元。那么，凭借直销模式，保证价格有竞争优势，更重要的是，饰品的进货价低，资金占用少，麦考林进入饰品行业会有生存和发展的空间。

于是，通过对消费群体的分析，顾备春把目标客户群的定位调整为20~30岁之间、具有一定消费能力、追求时尚潮流的一线城市白领女性，并联系厂家采购了10万件银首饰。没想到，2个月之内，随着电视广告的播出，这些以39元、49元、59元的价格在邮购目录和网站上展出的银饰产品被销售一空。"当时，我们做的一些畅销款式饰品，在一节地铁车厢里面，可以看到两三个人带着。我们还有一款叫'十二星座'的吊坠，据说在一次八个人的大学同学聚会上，就有七个人带着，而这部分群体也成为支持麦考林发展的基石。"

2001年第4季度，麦考林公司的现金流第一次由负变正，全年共实现销售额 4 000 万元，2002 年上升至 7 000 万元[①]。从这个阶段开始，公司的主营业务收入保持 50% 的年平均复合增长率，实现平稳发展，并逐渐把产品线延伸到服装配饰、家居用品、健康美容和宠物用品领域。2004 年，麦考林公司进入了盈利阶段，当年销售额突破 1 亿元。其中，女性服装、配饰以及箱包的销售占有较大份额。而"麦网"经过改版，也重新上线，销售范围囊括邮购目录的所有商品。

麦考林的产品之所以能够得到年轻消费者的青睐，除了针对大众化消费水平，价格基本控制在 300 元以内，更多的还在于产品设计新颖，符合当季时尚潮流。产品总监丁毅娜认为，"我们目前拥有邮购、网络两种销售渠道，但是，中国的消费者更加注重的是购买看得见、摸得着的产品，同样的东西，她可以在门店购买，就不太愿意相信无店铺的销售。因此，产品本身的设计非常重要，必须要做到独特，是你在一般的零售门店内买不到的，而且能足够激发你的消费冲动。"

在每年的换季时节，麦考林的设计师对一些权威的时尚杂志和日韩购物网站进行分析，根据他们倡导的服装款式和色彩搭配，找出下一季最有可能流行、最容易被接受的时尚风格。此外，设计师还会到世界各地参加时装发布会，他们偶尔也会从街头文化、艺术展览和重大事件中寻找灵感，捕捉最前沿的潮流趋势。

有了产品创意，设计师在设计出款式图后，会马上送到隔壁的制衣间。然后，制衣师傅按照要求，选用合适的布料，完成样衣的缝制后，签约模特马上试穿。麦考林的设计师、采购人员以及营销人员，常常聚在一起讨论，从流行色到款式细节，从生产成本到销售价格，哪款服装最受欢迎。接下来，设计通过的样衣被送到采购部。而采购人员通过参加展会和利用互联网寻找服装生产商（以外贸服装生产厂为主），然后经过实地考察和对工厂报价、交货期、生产能力等方面进行综合评估后，确定向厂商下订单要求生产。为了降低风险，每张订单额只占单个厂商产量的 10%~20%。期间，麦考林的质检跟单员大部分时间出差在外，直接负责服装厂的生产质量检验工作，包括样衣确认、原辅料品质检验，再到上线生产、包装和最终的验货环节。

在顾备春看来，麦考林的价格优势更加明显。"工厂机器一开，就会出来 2 000 米的布料，假如一款服装，只有 200 件的规模，因为量太小，那么工厂就无法用机器做印染和出布料，结果只能用人工，成本就会很高。但是，我们的订单量大，工厂的生产成本至少可以减少两成到三成。除了女装，我们也推出了童

---

① 来源于 http://news.mbalib.com/story/15076。

装和男装，当然也不排除在服装这个产品系列里，会有新的品牌。但是，提供超值商品永远是麦考林立足的根本。哪怕将来我们某一个系列的产品出现了亏损，但是也得保证我们的产品在这个价位段上有明显的优势。"

在销售环节，除了保留传统的报纸夹页和杂志广告投放的同时，麦考林主要的销售策略是根据目标客户群、分布区域、有效客户数量、季节来确定当期目录的发放数量。然后，通过邮局，麦考林将精心设计的产品目录邮寄给客户，凭借其中详细的图示和文案来介绍产品，引起客户的兴趣，让客户能够拨打电话热线下订单。同时，为了鼓励积极消费，麦考林还给每一件商品按照其售价设定了积分和星数，即客户购买了该产品，可以获得相应的积分和星数。当它们累加到一定的数量，客户就可以换购相应的特价商品或者直接兑换礼品。

表8.6.1　　　　　　　　　　麦考林的目录分类

| 目录分类 | 主要产品 | 发行量 |
| --- | --- | --- |
| 服装配饰 | 时尚类的服装、鞋帽、饰品、手表等，产品具有鲜明的季节性 | 每年发行4期，分别以"春"、"夏"、"秋"、"冬"为刊号，每期发行量在70万册以上 |
| 家居用品 | 新潮小家电、厨卫用品、床上用品、收纳用品、布艺和瓷器等，倡导合理利用和美化空间的家居理念 | 每年发行4期，每期发行量在50万册以上 |
| 健康美容 | 流行的健身用品、健康食品以及女性用于美容美体的化妆品，减肥减脂、美白护肤是该系列产品的主旋律 | 每年发行2期，每期发行量在20万册以上 |
| 宠物用品 | 涵盖饲养宠物所需要的各种产品，从食品、服饰到清洁护理用品。该目录告诉消费者如何更好地饲养、护理自己的宠物 | 每年发行4期，每期发行量在15万册以上 |
| 精品特卖 | 特价商品，较具代表性的是每年的《情人节特刊》和《年底特价》 | 控制在30万册左右 |

麦考林的呼叫中心[①]经过两次技术改造，使用的基于交换机的呼叫中心理论上可以支持1 000多个呼叫坐席。现在，客服人员不仅要记录下客户的详细情况，为市场部门的分析预测提供支持，还可以实时查询产品价格和库存状况，对客户需求做出响应。如果缺货，客服人员会告诉客户下一批商品大概何时到货。

---

① 根据业务种类，麦考林的呼叫中心划分为前台销售组、售后服务组、"麦网"组、客户投诉组和客户回访组。其中，由前台销售组承担电话订单的处理工作。

教学案例

最后，订单经过确认，通过第三方物流公司，产品将由物流中心统一发货。其中，急需产品保证上午订、下午送，而在主要的大、中型城市，保证隔天或至多三天送到客户手中，并且服装产品体积小、重量轻，运输过程中不易损坏，再加上较大的出货量，麦考林能够保证较低的单件运输成本。

在处理客户退货或者投诉上，通过系统的岗位培训，麦考林要求客服人员具备快速反应能力以及独立解决问题的能力。"这种情况下，往往就要靠客服人员的经验以及客户的过往购买记录来做出选择，对于记录良好、购买力强、很少出现退货记录的顾客，我们会及时予以办理，对于那些无理取闹、记录很差的客户，客服人员也会做出相应的处理。"

## 三、渠道再拓展：建立实体店铺

2005年6月，西班牙著名服饰品牌 ZARA[①] 在上海成立了飒拉商业有限公司，开始筹备建设在中国的首家门店。时隔一年，位于上海市南京西路的 ZARA 旗舰店正式营业，众多慕名而来的年轻男女涌进店铺，引发了抢购热潮。其实，ZARA 的价位并不算真正的大众化。可是，面向追求时尚的都市白领群体，只需不到1 000元就可以享受到媲美顶级设计的奢侈品品牌的服装款式。

源于对市场商机的敏感，顾备春认为，快时尚市场有着很大的发展潜力。"在发达国家，消费者可以买到任何她想要的价位、风格的服装，设计师品牌、便装和基本款都可以涵盖。但是，在中国还没有这样一个连续的产品供应，如果按照年龄来区分，服装界的'头（16～22岁）'和'尾（40岁以上）'的竞争已经十分激烈，中间的市场却是一片空白，这部分人群已经走出学校，开始工作，可不论身处都市还是城镇，一边是贵得离谱的国际品牌，另一边是竞争过热的体育服饰，尽管她们有时尚需求，可并不容易买到称心的衣服。所以，我们要做的就是挖掘这部分的服装需求。而快时尚，顾名思义，一个是'快'，一个是'时尚'。'快'就意味着品种要多，生产要快。一般的品牌一年也就推出2 000个单品。做快时尚的话，要推出6 000个单品，甚至更多。这就像日本料理，食物装了很多盘子，而每个盘子放的分量都比较少，消费者可以自由搭配。当然，

---

① 西班牙 Inditex 集团是西班牙排名第一，全球排名第三的服装零售商。2005年，全球销售额达67.41亿欧元，销售数4.29亿件，净利润8.03亿欧元。截至2006年6月，Inditex 集团在全球64个国家和地区开设了2 899家专卖店，旗下共有8个服装零售品牌，包括 ZARA、Pull and Bear、Kiddy's Class、Massimo Dutti、Bershka、Stradivarius、Oysho、ZARA Home。其中，ZARA 是最知名的品牌，在全球62个国家拥有917家专卖店，销售额占集团总销售额的70%左右。

价格还要便宜，贵的话就快不起来。所以，产品数量多，跟流行趋势跟得快，价格合理，客户买得快。但是，这需要规模化，需要有庞大的客户群做支撑。"

通过市场调查，顾备春发现，虽然有很多女性顾客喜欢麦考林的产品，但是至少有50%的消费者还是想亲自试穿，或者是亲手触摸一下服装的材质。因此，按照顾备春的设想，消费者通过邮购目录或者网站，看准了某款服装，直接进入到专卖店试穿，挑选适合自己的尺寸。挑选好后，既能当场购买，也可以通过网站或者电话订购。而且，顾客在网上购物，一般会选择在中午休息或者晚上回到家里以后的时间。那么，如果她们在这个时间段不愿意上网，就可以去专卖店里逛逛。这样的话，线下销售可以与网站销售产生一种时间和空间差。

但是，这个颠覆传统邮购模式的发展思路，立即遭到了质疑，主要理由是，现在围绕"互联网+传统产业"这个主题，创业成立虚拟型企业正在成为服装领域的热点，重资产模式逐渐淡出主流。其次，专卖店先期投资、固定成本大，会提高公司的营运成本。而且，麦考林也没有操作专卖店的经验，包括店铺选址、设计、平面陈列、补货和加盟等等。

为此，顾备春与公司高层多次召开内部会议，充分阐述了计划的可行性。首先，就服装而言，线下门店与线上网络渠道相比，在进货环节，并无差别。但是，在中间环节，作为零售商，国内的大多数百货商场完全依靠招商经营，他们对品牌商统一收银，然后通过向品牌商收取进场费和拖延账期、积压资金来获利，以至于在零售商的资金来源中，应付账款所占比例最大，而这部分资金原本应该是及时给到品牌商的货款。于是，综合考虑拖延结款的成本与风险，为了保证利润，品牌商往往需要在成本价的基础上提高6~8倍，或者再拖延付款给供应商，而供应商也会再拖延付款给他们的下一级供应商，这样就形成了一个恶性循环。所以，消费者看到某品牌服装的衣服非常好看，即使喜欢，有理智的话，通常也不会选择在当季的时候购买，会盘算着等节假日促销打折的时候再来买更划算。这就使得日常的大众化消费出现了一个空当，而平价专卖店填补了这一市场空白，这是一片蓝海。

其次，从成本和库存流转方面考虑，除去共有的采购成本和仓储、物流成本以外，邮购的主要成本在于目录印刷和发行，网购的主要成本在于IT投入和网络营销，而专卖店在于店铺租金和销售人员工资。其中，前两者都是产品生产完了，进入仓库，才能销售，部分顾客的订购有时会在两三个月后才会发生。所以，麦考林必须提前备货。但是，商品进入专卖店，是一刻不停地在销售，可能顾客第二天就买走了，反而减轻了库存压力。那么，无论是哪一种渠道，都有它的优势，也都有一部分成本是省不下来的。因此，如果将资金投向线下门店，虽然在短期内不会增加效益，但从长期来看，如果它的运转效率高的话，市场成长空间更大。

2006年6月，麦考林的第一家"EUROMODA"专卖店落户于上海浦东的新梅广场，面积约为120平方米。而这个被顾备春比喻为"试衣间"的实体店一经推出，立刻受到了消费者的青睐。"服装的面料跟质量很难通过目录图片看出来，我只有到专卖店亲自挑选才放心。这家店每过两三天就会有新款上架，店里会发短信通知。关键是他们设计的新款都是限量的，穿出去很少会撞衫。"

同时，新顾客来店消费后，还会在店员的指导下，填写一份会员申请表。而按照顾备春的设想，这名顾客在成为会员以后，无论是邮购、门店还是网站，顾客在这三个渠道都能使用同一账号，而且积分通用，也能享受优惠价。这样的话，有人喜欢看到实物再购买，那么麦考林有门店；有人想足不出户又看得很全，可以登录"麦网"；如果喜欢在办公室一起凑热闹买东西，那就看看邮购目录。所以，通过多渠道营销，麦考林可以加强与顾客的紧密程度，将来各个渠道的特长都发挥出来，一定能得到1+1+1>3的效果。

接下来，麦考林将按照客户邮寄地址的所在商圈来确定门店位置，扩大线下的销售规模。按照计划，麦考林会先在上海、北京、广州等一线城市建立直营店，然后开展特许加盟业务，吸引加盟商加盟，再拓展到二线、三线城市，两年内将在全国开设100家店。但是，顾备春也表示，麦考林还是会坚守主体经营模式，

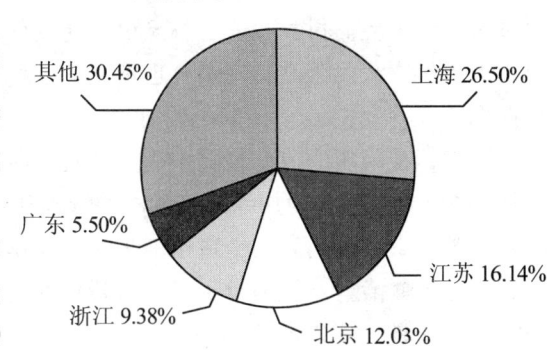

图8.6.1 麦考林会员的区域分布情况

把主要精力放在自己最擅长做的事情上，其他的经营模式只是一种很好的配套。

从2007年开始，麦考林加快了开店的速度。2007年3月，多渠道并行的模式初见成效，麦考林当月订单金额达到6 500万元，其中目录销售占50%，网站销售占30%，另有20%是通过门店零售及电话直销获得。而在创造新增客户方面，通过查询POS系统，顾备春发现门店60%的销售收入来源于新顾客，其中很多人都表示听说过麦考林。所以，在顾备春看来，线下门店对麦考林的意义是不言而喻的。"原本发100本目录或者投若干线上广告可能只有5个人来订购，另外95个人因为各种原因或消费习惯没有产生购买，但她们知道这个品牌。这样一来，实体店就成了抓取新客户的补充渠道。"

但是，随着门店数量的迅速增长，顾备春也感受到了成本上涨的经营压力。也许，这是一个难以回避的问题。因为，网络渠道的毛利率最高，能保持在50%左右，远远高于线下渠道30%的平均毛利率。可是，这并不能说明实体店模式缺乏效率，关键是要看企业采取怎样的措施将营运成本降到最低。

首先，在选址方面，有些品牌商倾向于选择根植于百货商场的"店中店模式"，希望借助商场的客流、人气带动产品销售。但是，在销售额比较大的情况下，商场按约定的扣点抽成，品牌商就需要付给商场更多的利润。因此，除了路边店以外，麦考林的策略是不进高额扣点的百货商场，只选择在大型购物中心（Shopping Mall）。这样的话，按面积计价，收取的租金成本是固定的，操作起来比较简单。更重要的是，专卖店的日常管理，比如店员的招聘和培训以及开展一些主题式的促销活动，可以完全由自己掌控。

同时，坚持门店自主收银，不接受统一收银，这是麦考林与招商经理的谈判底线。而在网购与邮购渠道，根据协议，在交易完成的第二天，麦考林也可以收到快递公司代收的货款。这样的话，能够保证销售款及时回流。而且，接下来，通过及时给供应商付款，麦考林又可以比其他内贸服装企业，拿到一个更加有竞争力的报价。久而久之，麦考林也树立起了稳固的商业信誉，这样就形成了一个良性循环。

其次，在门店的成本核算中，人员费用所占的比例也比较高，往往超过月营业额的6%。因此，为加强人工成本的管理和控制，麦考林根据店面面积大小和经营种类多少以及门店的销售指标来合理安排岗位编制。同时，为了最大限度发挥店员的工作潜力，根据对平日客流量的统计，上午9点到10点，店里只安排1个人；10点，第2个人到岗；11点，第3个人到岗，她们轮流吃午饭。晚上7点以后，店员数量逐步递减。到了周末以及节假日，没有完成的工时数，再通过排班补充回来。这样一来，每人每周的标准工时数还是40小时。并且，麦考林实行奖金制度，店员不以提成模式为工作考核和薪酬基础，只领取门店的集体奖金。那么，严格控制用工人数，奖金分摊下来就高一点，也调动了员工的积极性。

最后，在选择目标城市招募经销商的时候，麦考林要求经销商具备一定的行业经验和社会资源，以及与经营规模相匹配的资金实力和抗风险能力。而经销商在取得加盟经营权后，虽然需要经历一段市场磨合期，但是，麦考林会为经销商提供关于陈列展示、销售技能和商品结构等方面的培训，让他们能够有做强、做大的信心。同时，在市场监管方面，通过对POS机传回总部的销售数据进行分析，麦考林能够实时掌握门店的销售状况。而通过直营店长或区域经销商定期对各店进行巡店、发展神秘顾客和聘请市场调查公司，麦考林总部又能及时发现市场中发生的经营问题。

截至 2007 年年底，虽然门店租金同比增长 20%，但是由于成本控制得当，麦考林公司的经营业绩同比增长超过了 70%。其中，在一线城市，与"奥莉（Only）"、"维莎曼（Veromoda）"等欧美服装品牌相比，顾备春确信麦考林具备差异化的竞争优势。"以前，我去美国，在旧金山的联合广场，你既可以看到奢侈品品牌，也可以看到那些快速时尚、低价的品牌。那么，在市中心这样一个租金比较昂贵的地段，为什么最贵的商品和和最便宜的商品能够同时存在？一个关键因素就是销货数量，现在麦考林竞争的是'时尚度'，但是凭借超值的价格，客流量可能就是旁边那家店的 2~3 倍，也就是每平方米的产出高。所以，我们整个的门店系统能够保持很高的效率运转。"

## 四、多渠道整合：数据库营销

现在，虽然麦考林同时涉足邮购、网站和门店领域，但是，不管营销形式如何变化，都离不开数据库的支持。而从各种途径汇集而来的客户信息会统一保存在麦考林的消费者信息数据库中，其中不仅包括客户姓名、年龄、职业、家庭成员、收入等基本资料，还包括与客户之间的双向沟通记录，例如，购买历史记录、产品使用反馈信息、回访调查信息和投诉信息等等。

但是，再多的数据信息如果不加以利用，终究是毫无价值的。现在，麦考林的时尚类目录已经做到了一年 7 期，即不到 2 个月就要更新一期，而健康美容和家居类目录也做到了一年 4 期。然而，出于成本考虑，麦考林不可能给 600 万会员每人都发送 4 本目录。那么，接下来如何锁定正确的目标人群呢？

麦考林的数据分析人员正是以客户数据库里的消费信息为基础，通过建立专业的客户细分模型，分析客户的最近一次购买时间、购买频率和购买金额，从而将客户细分成不同的群体。然后，在新产品大量上市的前一个月，数据分析人员从数据库里抽取 2 万名会员，并针对她们的消费偏好，寄送 2 万本目录，以检测市场反馈。目录发出的第 10 天左右，根据这些测试会员的购买情况，数据分析人员通过建立销售模型和风险预测模型，计算出每种货品的备货量，开始制作正式的邮购目录。而采购部门也会按照实际需要发出采购订单，明确说明采购货品的种类、技术指标、价格、数量等，供应商以此为依据按期交货。

然后，在正式的销售环节中，数据分析人员还要通过对邮购和网站渠道的销售收入和库存数据做分析,根据销售额、销售比重和周转率的排行,挑选出最畅销的商品,并把它们引入线下门店。但是,由于产品不同,对季节的敏感度也不同。男装一年只有夏、冬两次换季,女装及童装则除秋、冬两季外,尚有春、夏两次换季,休闲装却几乎每个月就要进补两次货。其中,刚上市的新款服装利润最高,但是随着季节转变,服装价格会逐步降低,所以结合门店的POS系统,如果一款产品在20天里销售不畅,出现滞销的情况,门店就会把它撤下货架,而配送中心也会将各门店的退货商品统一存放。到了季末年尾,为了清理库存和回笼资金,麦考林可以发挥多渠道的优势,借助网站和邮购目录加大力度促销。

同时,每月月底,这些销售报告还会及时反馈给设计部。因为,在设计师看来,从设计图到成衣是一道难关,好的服装设计图只能说明设计师有了好的设计思想,但是能否把它体现在实际中,这并不容易。毕竟市场需求是第一位的,不能光考虑美观。所以,绘画技巧只是基本要求,更重要的是通过市场信息搜集和强大的团队配合,能够给设计师提供设计灵感,把握市场流行趋势。而为了提升服装品牌的设计实力,麦考林聘用法国时尚品牌"艾格(Etam)①"的主设计师担任服装首席设计师,还与日本最大的网络直销商 Nissen 公司签署战略合作协议。其中,Nissen 公司每月最新的日系风格女装设计将同步出现在麦考林发行的商品目录和网站上。

最后,根据老客户的购买情况,如果较长时间没有得到她们的订单,数据分析人员还要把这样的客户筛选出来,为她们做相应的产品促销。例如,在她们的生日或者特殊节日时送上一些纪念品,给她们的家人或者朋友寄送新的产品目录。而对于顾客的维护与老顾客新价值开发的问题,顾备春也有着自己独到的见解。"现在,除了给顾客发短信、打电话,麦考林会给习惯上网的顾客发电子目录,给习惯纸质阅读、定期查收邮包的顾客发印制的目录,她们的喜好在数据库中都有记录。但是,要想留住这些老顾客,就必须提供她们想要的东西,预测开发她们的新需求,不断丰富自己的产品线。未来,'欧梦达'的品牌覆盖面还会更广泛,会用时尚、日韩、基本款等不同的产品线来覆盖不同人群。"

---

① 艾格(Etam)创建于1916年,创始人马克思·林德曼(Max Lindeman)在德国柏林开办了第一家以"Etam"为名的零售店。1928年,艾格品牌的连锁店登陆法国巴黎,并以此为基地,逐步成为法国乃至欧洲的著名女装连锁品牌。艾格品牌的设计风格和定位是以适中的价格,满足女性(25~35岁)对时装的职业感和时尚度的双重需求。目前,艾格在全球拥有3 433家分店,除中国和法国以外,最大的市场是比利时(93家专卖店)和西班牙、葡萄牙(82家专卖店)。

## 五、未来之路：机会和挑战

2008年2月，红杉资本中国基金[①]宣布以8 500万美元投资控股麦考林公司，这也是红杉中国迄今为止最大的单笔投资和第一个控股收购项目，而华平基金（原麦考林主要股东之一，占60%的股权）则全面撤出麦考林。投资完成后，尽管红杉中国取得了控股地位，但麦考林公司的日常运作仍由原先的管理团队经营，而这种"让企业有自主权，不会过多干预"的信任也是顾备春选择红杉中国的主要原因。"从去年9月认识红杉资本，到12月达成投资意向，我们与红杉接触不过3个月的时间。一般来说，新股东进来要更改公司策略，但他们没有，这一点非常关键。"

接下来，通过与顾备春等公司高层探讨沟通，双方取得的共识是随着城市化进程的不断推进，内陆中小城市呈现出消费需求不断增长、消费水平不断升级、消费结构不断优化的新局面。所以，未来5~10年，麦考林既会有渠道的扩张，也有地理方位的扩张，而邮购目录、互联网和实体门店的多渠道零售模式十分符合中国的实际情况，这三种渠道并行是麦考林的强项。

除了多渠道以外，麦考林下一步的计划是以自有品牌"欧梦达"为核心，补充和发展其他定位相错的品牌，做大细分市场的规模。因此，在红杉中国的帮助下，通过委托第三方机构撰写资产评估报告书，顾备春亲赴美国进行项目融资路演。而作为多品牌战略的重要一步，麦考林成功地将美国时尚女装品牌兰沛琪[②]（Rampage）引入中国内地，并计划在2009年，通过目录和电子商务渠道，同步推出最新的春夏款时装及配饰系列。

目前，随着业务发展，"麦网"在线销售的产品有10 000多种，零售门店其次，200多平方米的店，投入的产品种类在3 000个左右，邮购目录最少，只有1 000个。其中，除了自有品牌以外，麦考林先后代理了14种国外女装品牌，这

---

[①] 红杉资本（Sequoia Capital）创始于1972年，共有近30只基金，拥有超过60亿美元的总管理资本，投资超过500家公司。其中，130多家成功上市，100多家通过兼并收购成功退出。目前，其投资的公司总市值超过了纳斯达克市场总价值的10%。2005年9月，红杉资本中国基金组建成立，管理总额约10亿美元和约10亿人民币的总计4期基金，用于投资中国的高成长企业。

[②] 艾康尼斯集团（Iconix Brand Group, Inc）是美国时尚产业增长最快的上市公司之一，旗下拥有众多时尚品牌。其中，兰沛琪（Rampage）的品牌特质符合当下年轻一代追求时尚、自信、快乐、渴望被关注等个性理念，是美国年轻人最喜爱的服装品牌之一。主要面对18~35岁的女性消费群体，款式主要涵盖三个系列：运动休闲、牛仔服装和正装。与其他同档次的服装品牌相比，它的产品价格约低1/3，主要通过遍布全美国的1 500家品牌专卖店与商场专柜以及公司网站进行销售。

些产品都存放在物流中心的库房。现在，麦考林的日均订单数达到 8 000 ~ 12 000 个，在全国的专卖店数量发展到 80 家，产生的物流业务需求量正以每年 100% 的速度持续增长，而在去年刚刚投入运营、占地 60 000 平方米的物流中心已经处于满负荷运转。为此，公司高层经过深思熟虑，决定全面升级物流系统。

在此期间，麦考林的工作人员针对物流工作中存在的关键问题，比如送货时间不稳定、畅销产品容易断货造成货物无法配送等，进行重点改进。2008 年 9 月，新的物流系统正式启用。其中，除了对仓储面积进行扩容以外，考虑到直销行业的特殊性，针对顾客订单具有产品分散、多元化的特点，麦考林引入了快速分拣系统，而每条自动分拣线设有多个工作站，可以根据需要实现多元化分拣任务。

麦考林的日订单处理能力得到大幅提升，位于上海松江的配送中心内，数百辆物流推车按照订单，以 200 个为一车的标准从仓库取货，再由 100 个人分拣物品并配发产品目录，最后由 80 多个人完成信封封装。每天，10 万件货物和 15 万本目录从配送中心发往全国各地。更重要的是，通过采取人性化的购物解决方案，顾客在网站上输入订单编号，可以实时查询商品配送的进程信息，还可以灵活调整接收商品的时间和地点。

2008 年第 4 季度，受金融危机的影响，消费者的消费心理发生转变，这也预示着一个新的消费时代的来临，消费者在消费时更为理性，对价格有一定的敏感度，也更追求性价比高的品牌产品。而迫于市场压力，国内各大服装品牌商纷纷打出了降价促销的旗号，麦考林在积极应对"价格战"的背后，是销售额的增长幅度从 60% 降到了 30%。对此结果，公司高层十分紧张。为此，顾备春决定重新规划 2009 年的服装款式、生产产量和投放的广告额度。

当时，公司高层多次召开内部会议，通过分析每个产品线、销售渠道和营运细节得出结论，麦考林的产品是快速时尚女装，很有前景，即使遇到金融危机，但大众化的价格定位，应该还会拥有数量可观的顾客。但是，如今经营业绩的增长速度突然慢了下来，必须想办法弥补。

通过对销售渠道的研究，公司高层发现，作为邮购渠道的补充，虽然"麦网"只是市场部的下属部门，却始终保持强劲增长。2006 年，"麦网"的销售收入达到 9 000 万元，开始实现盈利。截至 2008 年，"麦网"的注册会员超过 180 万人，活跃会员 60 万人，平均日访问量达到 200 万次，当年实现销售额 2.23 亿元，占麦考林整体销售收入的 28%[①]。为此，麦考林聘请咨询公司，对"麦网"

---

① 来源于 http://news.webtextiles.com/info/2009-11-10@390396.htm。

的发展现状，比如在顾客应用性、互动性以及人力、物力等资源配备方面，做了详细分析，并对未来如何运作"麦网"提出了专业意见。最后，通过梳理整个公司的营运架构，顾备春提出将"麦网"作为独立的销售渠道，由专业的电子商务团队运营。同时，在经济环境不明朗的情况下，其他内贸服装企业都在削减营销预算，放慢扩张的步伐，麦考林仍然制定了60%的增长目标。

2009年3月，麦考林成立了电子商务事业部，并用两个月时间完成了团队组建。而新团队成立后做的第一件事，就是对"麦网"的全新改版。当时，员工的情绪都非常高，有人甚至两天两夜不回家，在公司加班加点。2009年6月，"麦网"完成了改版工作，与原来的界面相比，产品分类更为细致，购物流程也更为便捷。而在"麦网"上展示的每款商品，都附有精美图片和详细的文字说明。接下来，"麦网"的工作重心是对会员社区的建设，工作人员希望通过加入对产品的评论功能，顾客能够找到与自己购物品味相近的网友，使"麦网"的会员社区成为会员在穿衣打扮、居家生活等方面的社交沟通平台。

2009年7月，"麦网"与国内各大门户网站、垂直类网站签署协议，开始进行为期一年的网络广告投放，预计投放金额将占次年"麦网"销售收入的15%。而在电子商务事业部总经理浦思捷看来，如果B2C购物网站想要快速成长的话，大幅提高互联网广告的投放，这是必要条件。"2007年加入'麦网'的时候，我就明确表示，'麦网'要成为麦考林的先锋，要做行业内优秀的电子商务平台。而且，我也给团队讲了具体的规划和目标，比如说经营业绩，从单日营业额几十万元开始，我会逐渐累加，100万元、120万元……，10月份，我们的日销售额突破了300万元。当一个个目标实现以后，员工本身就有成就感，他们会觉得公司制定的目标是可信赖的，干劲就会更足。今年，'麦网'的销售额预计将达到3.5亿元，超过总收入的1/3。未来，我希望'麦网'能先做成服装和家居领域的B2C龙头，而麦考林可能只是我的一个供应商，我可以有很多供应商，只是现在还没有那么多公司准备好。但是，如果以后所有公司都为了网络开发产品、定价的话，'麦网'会打开大门，与大家合作。到时候，凡是麦考林的自有产品享有的资源和服务，品牌商都可以分享。"

2009年11月，在上海光大会展中心，麦考林举行了2010年EUROMODA春季时装订货会，集中展示了1 300多款春季新品，而参会的加盟商数量也比往年大幅增加。订货会期间，顾备春接受记者采访时表示："去年麦考林的销售额达到7个多亿，今年估计会在15亿元左右。连续5年，我们都实现了60%~70%的销售增长。这些都是麦考林通过120%的努力，自己挣回来的，没有贷款过一分钱，也没有向股东要过一分钱。未来，拓展加盟店是大方向，我们将选择重点突破，比如明年可能会在北部一些地区开设诸多分店,或许二线、三线城市也将大量出现麦考林的身影,我们希望直营店与加盟店的比例可以达到1:1。当然,在拓展计划中,还需要很多专业人才的加入,同时,分公司的组织架构也有待完善。未来 2~3 年,如果说 ZARA 已经是在轨道上的火箭,那么我们就是正在脱离地心引力之前的火箭,我的目标就是要将麦考林做成中国最好的自主'快时尚'品牌。"

**案例讨论目的**

使学生掌握"多渠道零售整合"的目的和方法,特别是在环境发生变化的时候,应该采取怎样的应对策略。

**案例讨论问题**

1. 麦考林是如何形成多渠道零售的格局的?为什么?
2. 麦考林多渠道零售整合策略包括哪些内容?为什么?
3. 麦考林多渠道零售整合是渠道策略,还是营销策略?为什么?

**案例讨论形式**

开放式讨论,同学们根据案例提供的资料和数据,围绕着前述的三讨论题进行讨论,一般会形成多种选择观点,让他们充分说明自己的观点。

## 8.7 零售业态发展的故事[①]

零售业是一个古老的行当,具有数千年历史。其演变和发展过程是与生产力的演变和发展密切相关的。

### 一、古代的手工生产力时代——个体零售商人

在这个时代,人类只能使用简单的工具进行生产和生活。简单的工具分为石

---

[①] 根据作者相关研究成果整理,这些成果包括:(1)李飞:《比较商业概论》,中国商业出版社 1992 年版,第 62 页;(2)李飞:《零售王——现代商场策划与设计》,北京经济学院出版社 1995 年版,第 1~10 页;(3)李飞:《零售革命》,经济管理出版社 2003 年版,第 11~70 页。

器、铜器和铁器三个时期。在这个时代，零售的典型特征是零售商人的出现和发展。

在石器时期，人们过着自给自足的生活，即人们消费的所有东西都是自己生产的，没有零售活动，但是已有赠予活动或曰礼品"交换"。

在铜器时期，爆发了人类历史上第一次社会大分工，即农业与畜牧业分离，此时出现了剩余产品，产生了物物交换——最早的零售活动。马克思在《资本论》中列举的诸多案例就是物物交换，诸如谷物、山羊和斧头之间的交换。

在铁器时期，先后爆发了人类历史上的第二次、第三次社会大分工。第二次大分工是农产与手工业的分离，为零售而进行的生产出现，货币产生，此时进化到以货币（钱）为媒介的零售，人们开始把自己的产品换成钱，然后再用钱购买自己所需的东西，这样就便利了人们的交易活动，物物交换时最大的困难是双方的购买和售卖不一定契合，想用斧头交换谷物的人，可能遇到的是想用谷物交换山羊的人。在这个时代，零售交易是在集市完成，人们把自己生产多余的东西拿到市场上交换需要的其他商品。此时开市才能交易，开市时间为某月的某一天或某几天。至今，人们还保留着赶集的习惯，穿上新衣服，约上朋友或家人，在集上看看潮人、杂耍、就餐，再买点东西，肩背人扛或用牲畜拖回家。陈明远的水粉画《赶集归来》记录了集市给人们带来的欢乐（见图8.7.1）。

图8.7.1　《赶集归来》作者　陈明远

第三次大分工是商人出现。随着交易量的增加，专门从事零售交易的人——

零售商出现。

早期的零售商，像安徒生童话"卖火柴的小女孩"一样走街串巷叫卖，当然也常常出现在固定的集市当中，后来集市在空间和时间上都固定了，零售商由露天经营进化为室内经营，出现了店铺，店铺聚集在一起形成了街道，街道多了起来，就形成了城市。北宋画圣张择端的《清明上河图》就是通过店铺街道，展示汴梁城市的繁荣。图中展示了12世纪中国都市商业街的情景，有人在聊天，有人在购物，有人在喝酒，有人在逛街等等（见图8.7.2）。

图8.7.2 清明上河图（局部） 张择端

## 二、近代的机器生产力时代——有形零售商店

在这个时代，人类开始使用机器进行生产、交换，甚至消费活动。机器分为蒸汽和电气两个时期。在这个时代，零售的典型特征是有形零售商店的发展与进化。

在蒸汽机器生产力时期（18世纪中叶到19世纪末期），零售商主要以企业的形式存在，家族式企业占有较大比重。被称为人类历史上的第一次零售革命——百货商店的诞生,就在这一时期,这标志着零售商从小店铺时代进入了大商场阶段。左拉有一本小说,名为《太太们的乐园》(又译《妇女乐园》),就是描绘巴黎百货商店开始出现时的情景,使人们交往和购物的好去处。

同时,19世纪后期,美国庞大的铁路网和邮政系统的日趋完善,以西尔斯为代表的邮购公司产生并发展起来。这种零售形态的变化,基于工业革命带来的运输(蒸汽机车)和信息(电话、电报、邮递)系统的发展。另外,一家商店革命、连锁商店革命也爆发这一时期。

在电气机器生产力时期(20世纪初到40年代左右),零售商主要以公司的形式存在,股份化公司成为大型零售商的主要形态。超级市场、购物中心都产生与这一时期,连锁商店革命在这一时期达到高潮。购物中心的最大特征是建设在郊区,吃喝玩乐功能一应俱全,有人曾经形容说,人在购物中心里待一个月也不会寂寞。加拿大阿尔伯塔省埃德蒙顿市的西埃德蒙顿购物中心,拥有商铺、旅游景点和各种服务设施,是全球最大的零售、旅游和娱乐综合型商业中心——有世界上最大的室内游乐场(25个游乐设施),世界上最大的室内三环过山车(1 285米长的轨道),世界上最大的室内人工湖(拥有哥伦布的圣玛丽号复制帆船),世界上最大的室内人工造浪泳池(1 250万公升水),世界上最大的停车场(停车位达2万辆),世界上最高的室内蹦极台(30米上,30米下),它给人们带来的是娱乐购物体验(见图8.7.3)。

图8.7.3 西埃德蒙顿购物中心的娱乐设施

## 三、现代的信息生产力时代——无形零售商店

在这个时代,人类开始使用电子信息进行生产、交换,甚至消费活动。电子信息技术很快进入互联网时代。在这个时代,零售的典型特征是无形零售商店的革命性发展与进化——不仅催生了诸多新的无店铺零售形态,也使原有的传统无店铺零售形态发生了巨大的变化。

仅从信息技术革命的演变来看,经历了一个漫长的演化过程。第1次信息技术革命是语言的使用,是从猿进化到人的重要标志,发生在距今约35 000年至50 000年前;第2次信息技术革命是文字的创造,它使信息传递突破了时间和空间上的限制,发生在大约在公元前3 500年;第3次信息技术革命是印刷术的发明,大约在公元1 040年;第四次信息革命是电报、电话、广播和电视的发明和普及应用,开始于19世纪中叶,实现了用金属导线上的电脉冲来传递信息以及通过电磁波来进行无线通信;第五次信息技术革命是始于20世纪50年代,其标志是电子计算机的普及应用及计算机与现代通信技术的有机结合。随后在20世纪90年代之后,单一的计算机很快发展成计算机联网,实现了计算机之间的数据通信、数据共享。21世纪初期,互联网催生了零售业发生了翻天覆地的变化。在单一计算机时代,出现了电子技术控制的自动售货机。在互联网时代,出现了网上商店、手机商店、E-mail商店等新的零售形式。

在第1代互联网Web 1.0时代,是将人与计算机联系在一起;在第2代互联网Web 2.0时代,是把人与人联系在一起,形成了一个社交的网络;在未来的第3代互联网3.0时代,有海量的信息,信息传递速度更快,可以使用各种接收装置收集信息,如计算机、手机、电视、收音机等。特别令人惊异的是一些公司与社交网站Facebook链接后,产生了巨大的销售额。美国社交媒体调查公司Syncapse通过询问Facebook上20个大公司品牌,包括诺基亚、黑莓、维多利亚的秘密、阿迪达斯、耐克、可口可乐、星巴克和麦当劳的4 000名粉丝后得到一个有趣的数据:每个粉丝价值136.38美元。

我们从零售业的发展历程可以看出,零售业由以商人移动为核心的无店铺时代,经历了以商品提供为核心的有形店铺时代,开始进入以信息传递为核心的无形店铺时代,完成了一个轮回。当今,产品和服务,以及需求的多样化,使信息传递成为零售的重要功能,或者说是零售过程的一个重要环节之一。这样就会带来一种现象:有几种信息传递方式,就会催生出几种零售渠道方式。因此,零售业不得不走进了多渠道协同的时代。不适应这种变化,就会真应了前苹果零售主

管罗恩·约翰逊（Ron Johnson）说的一句话，"零售不会破产，商店才会破产"。

### 案例讨论目的

使学生了解零售业的本质和功能，特别是在零售业态演变过程中发现变与不变的内容，对零售业趋势形成判断。

### 案例讨论问题

1. 零售业态演变过程中哪些功能（零售本质和基本职能）没有变化？
2. 零售业态演变过程中营销组合要素如何变化的？

（信息、比较、挑选、付款都可以背对背，但是送货成为不可缺少的面对面，前台物流成为关键）

### 案例讨论形式

开放式讨论，同学们根据案例提供的资料和数据，围绕着前述的两个讨论题进行讨论，一般会形成多种选择观点，让他们充分说明自己的观点。

# 附录 8.7

## 附录 8.7.1 梅西百货感恩节大游行

梅西百货感恩节大游行始于 1924 年。当时梅西的许多员工都是从欧洲来的第一代移民，他们决定采用欧洲人的方式来庆祝感恩节。1924 年的感恩节那天，他们穿上戏服，打扮成小丑、牛仔、骑士，和从中央公园动物园借来的 25 只动物一道，从 145 街一直走到 34 街。游行取得了巨大成功，自那以后，梅西感恩节游行遂成传统。

所有的游行方式和传统均被很好地保留下来，只有两样，一个就是活的狮子、老虎和狗熊因在 1925 年和 1926 年吓坏了路边的小朋友们而被禁止；巨型气球第一次出现在随后的 1927 年游行中。随着电视的普及，梅西感恩节游行遍播全国，成为全国性的人们欢度节日的重要节目。

梅西的感恩节游行又被称作"最长的百老汇音乐剧"，众多演员在梅西百货店的舞台演出著名音乐剧的精彩片段。

每年的游行都吸引了众多的人前来现场观看。据统计沿途观众至少有 250 万人，超过 6 000 万人在家看电视转播。2.5 英里的街道上人头攒动，27 辆花车，59 个不同造型的卡通气球，10 支几百人组成的鼓号乐队，25 个小丑马戏团，及目不暇接的百老汇音乐剧和歌舞实在让人大饱眼福。从中央公园西侧、哥伦布圆环、百老汇大道到三十四街的梅西百货前，上午六时起便陆续涌进人潮，随后警方架起拒马禁止民众再进入。

除了花车、军乐队和小丑外，梅西大游行最受欢迎的要数五颜六色、卡通造型的大气球了。最大的气球长达65尺、灌了5 000立方尺的氦气，即使飘浮在曼哈坦中城的摩天高楼群中，也毫不逊色。这些气球造型都是大家耳熟能详的卡通或童话人物。

梅西感恩节大游行由美国梅西百货公司主办，每年在感恩节即11月的最后一个周四举行，持续时间为3个小时。经历了20世纪30年代的经济大萧条，第二次世界大战，惨绝人寰的9·11，一直都没有停歇。

教学案例

# 第9章 沟通组合策略

## 9.1 可口可乐雅典奥运沟通策略

21世纪初期的几年，中国市场碳酸饮料的竞争趋于激烈化。可口可乐一直长期霸占着龙头老大的地位，市场份额占整个碳酸饮料类别中的23%，接近者为雪碧的19%，其最大的竞争对手百事可乐达到16%，其他的本地品牌非常可乐和健力宝分别为3%和5%。由于雪碧是可口可乐公司另一个碳酸饮料，最大的威胁来自百事可乐。随着国内的饮料行业的竞争加剧，市场上不断推出符合消费者口味和健康诉求的功能性健康饮料，整个碳酸饮料的未来发展所面临的竞争异常严峻。2004年雅典奥运会即将来临，可口可乐公司（中国）期望借着这一机会，巩固自己的霸主地位。

### 一、可口可乐的奥运渊源

可口可乐和奥运的关系可以追溯到1928年。从首次出现在阿姆斯特丹奥运会上开始，可口可乐如影随形般地参加了每一次的奥运盛会，在所有合作对象中，可口可乐公司是奥运会为数不多的长期和坚定的伙伴之一。虽然赞助的投入越来越大，但营销的方式也越来越多样。当然，赞助带来的回报和产出自然也不菲。1996年亚特兰大奥运会召开，作为全球赞助商的可口可乐公司在当年第三季度的盈利增加了21%，达到9.67亿美元；而同期百事可乐的利润却下降了

77%，只有1.44亿美元。以2000年悉尼奥运会为例，在悉尼奥运会前11个月可口可乐就收回了赞助投资，并实现了销售收入增长58%的业绩。可口可乐长期拥有"全球第一品牌资产"的称号，以及拥有全球42%的饮料销量份额，"奥运会官方指定饮料"的头衔是功不可没的。70多年来，可口可乐不仅成为历届奥运会的荣誉合作伙伴和官方指定饮料，更在于其与奥运会共同创造和弘扬人类的奋斗进取的历史和精神。诚然，需要指出的是奥运并不是"万能药"，也不是驱动可口可乐增长的唯一因素，但却是可口可乐品牌营销中的重要环节。可口可乐的奥运营销在每个地区或国家的做法并不一定相同，需要根据每个国家的消费者的特点和市场需求来规划营销的内容。我们如今已经很难计算出到底是奥运会更多地成全了可口可乐，还是可口可乐更多地推广了奥运概念，某种程度上，可口可乐和奥运会这一对互相攀附而生的伙伴，它们的合作是一部历史，一部精彩的关于体育营销的商业史。

## 二、中国市场竞争环境

从市场的占有率分析，在大都市市场百事可以与可口可乐竞争。这主要是因为百事把营销投资重点投入在大都市市场，而可口可乐需要维护全国的市场并保持其在所有软饮料市场中的领先地位，其投资策略更倾向于全国市场的平衡。可口可乐目前的重点是和非碳酸饮料争夺农村和二线市场，加强品牌在这二大市场中的渗透力度。所以在大都市的营销投资和百事的投资有一定的差距。

从品牌的偏好度分析，在12～19岁的年龄群体中，百事要优于可口可乐；在其他年龄特征的群体中，可口可乐明显优于百事可乐。这主要是品牌的沟通定位差异带来的结果。可口可乐必须照顾更加广泛的消费群体以维护其长期的利润增长，沟通定位相比百事显得略微保守。而百事是走前卫时尚的、年轻化的定位和品牌诉求，目的是吸引年轻的消费群体为自己日后赶超可口可乐做长远的战略规划。所以对于可口可乐来说，要完全击败百事，品牌必须要抓住年轻的消费群体，而提升品牌在这一群体中的偏好和关联度至关重要。因此为了提升品牌在年轻消费群体中的形象，可口可乐的广告主题和沟通定位也逐步地年轻化。

自2000年以来，非碳酸饮料每年都有新产品和新口味上市，极大地强化了非碳酸饮料的产品种类的增长。为了争夺市场份额，非碳酸饮料在现代渠道和传统渠道上分别承诺给经销商更大的利润，以获得产品的最大渗透和在陈列方面的支持。过去，可口可乐总是被放在小店铺最显眼的位置，而现在更多出现的还有其他各种非碳酸饮料，盘面的比率也在萎缩。与此同时，总体市场的碳酸饮料在消费者中的渗透力在减弱，甚至于趋于零增长。碳酸饮料的消费频率在大都市趋于平缓，但在一线城市和过去相比已开始出现下滑（见图9.1.1）。

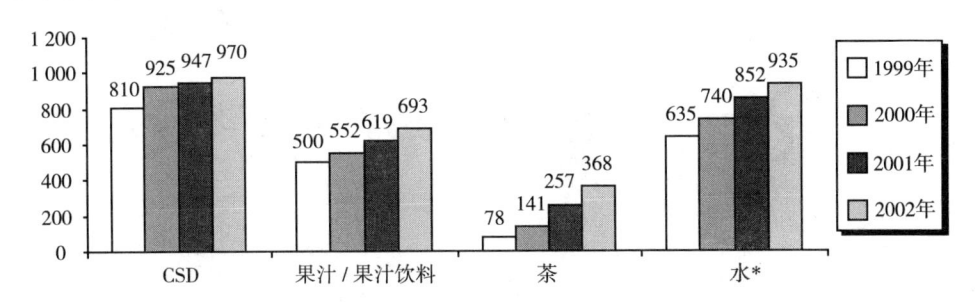

图9.1.1　1999～2002年各类型饮料的变化

| 类型 | 1999年 | 2000年 | 2001年 | 2002年 |
|---|---|---|---|---|
| CSD | 810 | 925 | 947 | 970 |
| 果汁/果汁饮料 | 500 | 552 | 619 | 693 |
| 茶 | 78 | 141 | 257 | 368 |
| 水* | 635 | 740 | 852 | 935 |

威胁还同时存在于碳酸饮料产品的渗透力和忠诚度。当碳酸饮料还在苦苦维持其在大都市和一线市场的产品渗透时，整体碳酸饮料的消费者忠实度却在下降，而且大量饮用碳酸饮料的群体在减弱。大都市的消费者对于饮料中糖和碳酸的成分比较敏感，而乡村的市场却对于碳酸饮料的售卖价格表现得十分在意。这一系列给可口可乐公司及其他的碳酸饮料业务带来了极大的挑战。

从目前的现状分析，短期内任何饮料都难以撼动可口可乐在市场中的领导者地位，但基于非碳酸饮料在未来市场上的增长潜力和速度，可口可乐必须找到新的品牌增长动力要素，以提高品牌在消费群体中的偏好和关联度，重新使品牌获得能量，以达到品牌长期垄断市场的战略需求。而奥运会，一个承载着全球数十亿电视观众人口和一个充满激情的全球体育盛会，无疑是可口可乐最好的选择之一。

## 三、奥运带来的营销机会

奥运会提供给可口可乐一个全球性差异化营销的舞台。由于奥运的TOP计划授予每个赞助商在全球独家的排他性的权利，这使可口可乐在饮料类别中可以大肆利用奥运，进行差异化营销。

奥运会提供给可口可乐一个广泛传播的机会。奥运会是一个拥有着全球几十亿电视观众的体育盛会。电视正逐步成为一个重要的"消费"奥运的营销场合。在2000年的悉尼奥运会，全球近有37亿人口收看了奥运会。越来越多的奥运电视观众使2000年悉尼奥运会的累积收看时间达到了创纪录的361亿小时。这对于家庭渠道的营销无疑是绝好的良机。

奥运和可口可乐从本质上拥有相同的价值取向，利用这点可以更有效地加速品牌资产的建设和增强公司的信誉；而奥林匹克精神更使品牌的价值得到了延伸（见图9.1.2）。

奥运品牌的价值
团结、参与
信赖的、受人尊重的
奋斗、追求卓越

可口可乐品牌的价值
连接消费者
原创的、正宗的
乐观的、内在提升的

可口可乐公司的价值
社区的公民，良好的社会关系
可信任的、相互尊重的
卓越的

图9.1.2　奥运、可口可乐产品和公司的价值

奥运所具有的体育赛事领导者地位的形象，将强化可口可乐品牌和公司在全球各地饮料界中领导者地位的形象，产生品牌的相互光环效应。奥林匹克运动在全球范围内推广和平，它的信仰是体育可以超越语言、文化、种族、性别和年龄的障碍把全球的人民团结在一起。奥林匹克精神已经超越了体育的本身内涵，这是其他的任何运动所不具备的。支持奥运会能够使可口可乐扮演一个领导者的角色，在公众面前展示可口可乐同时也在支持奥运的这些重要的价值观。

加快可口可乐饮料家族中的新产品的发展和上市，借助奥运提升新产品的可信度；可以提升对于系统内部客户或合作伙伴的服务，增强客户的忠诚度；利用奥运提升和政府的关系，抓住具有战略性潜在的机会。如战略性市场、新的产品、包装、新的渠道等。

从长远的战略意义上看，可口可乐认为奥运是品牌塑造和长期发展的重要基石（见图9.1.3）。

图9.1.3　奥运的营销机会

- 用忠实于消费者奥运诉求的品牌沟通计划来加强品牌和消费者的联系
- 通过令人兴奋的奥运促销活动来提供消费者独特的"参与"体验
- 奥运的青少年项目和消费者建立日常的沟通
- 奥运火炬传递项目将通过社区和消费者的参与加强品牌的公共关系
- 奥运青少年项目在社区中的广泛开展
- 奥运"健康生活坊"的校院项目以支持青少年的健康状况的发展
- 通过奥运主题促销活动来提高可口可乐零售商的店内人流量以推动零售商的销量
- 通过奥运，可口可乐可以在渠道借机推广零售金牌模式店的方案
- 通过2004年和2008年的奥运客户激励计划来促进建立和客户的长远关系
- 扩大品牌的家族成员来满足广大消费者对于健康产品的市场需求，尤其是运动饮料
- 奥运五环标志将用于所有的产品，零售设施以提升消费者对于产品品质的感知和认可
- 在关键的营销市场，通过奥运的执行项目来提高可口可乐装瓶系统的执行能力

可口可乐公司根据奥运营销机会，设定了相应的营销目标（见图9.1.4）。

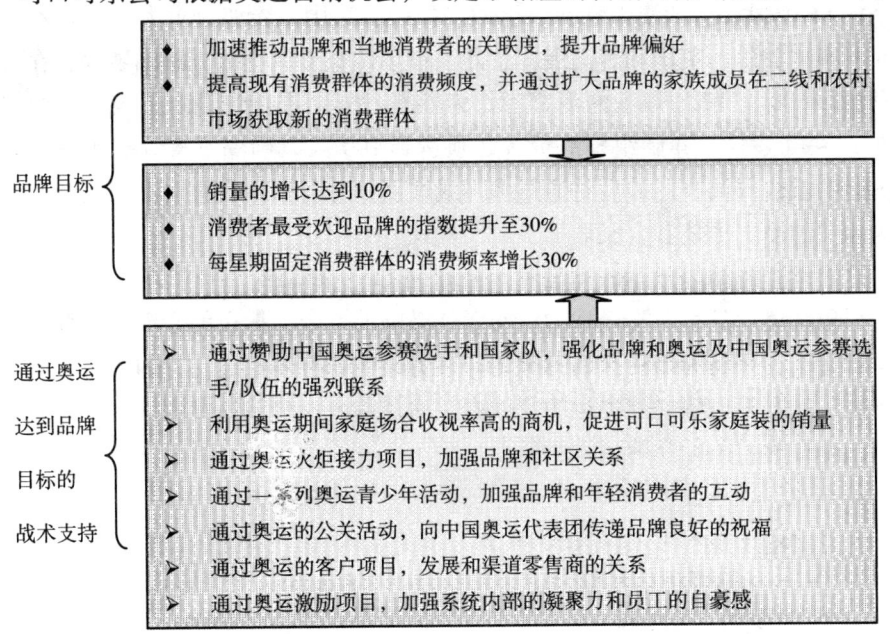

**品牌目标**
- 加速推动品牌和当地消费者的关联度，提升品牌偏好
- 提高现有消费群体的消费频度，并通过扩大品牌的家族成员在二线和农村市场获取新的消费群体
- 销量的增长达到10%
- 消费者最受欢迎品牌的指数提升至30%
- 每星期固定消费群体的消费频率增长30%

**通过奥运达到品牌目标的战术支持**
- 通过赞助中国奥运参赛选手和国家队，强化品牌和奥运及中国奥运参赛选手/队伍的强烈联系
- 利用奥运期间家庭场合收视率高的商机，促进可口可乐家庭装的销量
- 通过奥运火炬接力项目，加强品牌和社区关系
- 通过一系列奥运青少年活动，加强品牌和年轻消费者的互动
- 通过奥运的公关活动，向中国奥运代表团传递品牌良好的祝福
- 通过奥运的客户项目，发展和渠道零售商的关系
- 通过奥运激励项目，加强系统内部的凝聚力和员工的自豪感

图9.1.4　奥运营销目标

## 四、奥运沟通调查研究

自2001年北京成功地申办2008北京奥运会以来，中国的消费者从没有那样期待奥运会的来临。北京申办的成功，强烈地激发了民族的自豪感和爱国热情。消费者希望通过奥运被世界重新了解和认识；希望通过奥运向世界显示中国人的力量和智慧，展示中国体育的强盛。在2003年所做的市场调研中发现，每4年一届的奥运在中国不仅吸引的是体育爱好者，而且包括了广大的老百姓，他们主要动机是支持国家队所表现的强烈的爱国主义。

研究还显示在奥运期间将有90%左右的消费者表示会谈论奥运或和奥运相关的话题，消费者对于奥运拥有无限的热情和期待，而中国奥运选手的成功也将极大地激励消费者，给他们的生活带来乐观的情绪。报告还发现半数以上的消费者对奥运的过分商业化并不认同，对赞助商普遍持有正面积极的态度，认为奥运赞助商带给他们的企业形象要比奥运广告商显得更好，至少没有剥削奥运的嫌疑。而且，奥运的赞助商无疑是行业中和奥运一样具有领导者地位的品牌。认识这些中国消费者的内在诉求无疑将给可口可乐品牌营销带来无限的商机。

2002年5~6月，国际奥委会通过Ipsos-Reid全球第四位的市场调研公司，在全球11个国家包括澳大利亚、巴西、中国、法国、希腊、意大利、日本、俄罗斯、塞纳加尔、英国和美国展开了此项市场调查。调查的方法归纳为：在每个国家抽取600个12岁以上的消费者作为样本，分别进行访谈。调查样本中规定了在12~17岁这一年龄组别消费者必须达到100人以确保了解青少年消费者对于奥运的看法。调查的最后将通过多样线性回归分析来研究奥运在消费者心目中最为相关的品牌价值和含义。

这次调查的结果显示，奥运对于全球的11个国家的消费者具有非常正面的品牌形象，奥运品牌对于全球的消费者是激励的、令人振奋的。消费者普遍认同奥运创造了和平与和谐社会的感觉，并且奥运代表着体育运动中的最佳。消费者对于奥运的友善也辐射到奥运的赞助商。通过调研，全球消费者认为奥运品牌代表了八个最为相关的品牌属性：

内在属性：
— Being the best（成为最好的）
— Trustworthy（可信赖的）
— Friendship（友爱的）
— Striving（努力奋斗）

外在属性
— Respectful（尊敬的）
— Eternal（永恒的）
— Dynamic（动感的）
— Participation（参与的）

值得一提的是，中国的消费者强烈地与奥运及奥林匹克理想联系在一起，消费者更容易联系奥运品质的是"和平的"、"友爱的"、"团结的"、"激励的"、"荣誉的"和"可信赖的"。

### 案例讨论目的

使学生掌握"营销沟通"的目的和方法，特别是具体规划的逻辑思维和实施路径。

### 案例讨论问题

1. 可口可乐如何进行此次的沟通定位？为什么？
2. 围绕着沟通定位应该如何规划相应的营销活动？
3. 如何实施奥运营销的整个规划？

### 案例讨论形式

开放式讨论，同学们根据案例提供的资料和数据，围绕着前述的三个讨论题进行讨论，归纳出相应的逻辑框架。

## 9.2 得力该请谁当形象代言人

2009年6月底，浙江大学EMBA 2007年秋季班移动课堂在清华大学经济管理学院举行。李飞教授讲授了一天的《营销理念和定位工具》。课间休息时，得力集团副总经理陈雪强邀请李飞教授为得力文具进行品牌咨询，李飞教授表示可以对策划方案提供义务性评价帮助，但是没有时间提供咨询服务。几个月之后，陈总带着广告公司的品牌策划方案再次来到了李飞教授的办公室。陈总说，一个难题是定位语的选择，另一个难题是请谁当形象代言人。得力与广告公司商量的结果，提出了三个备选对象：杨澜、徐静蕾和陈鲁豫。但是，对于这三个备选者，无论是公司内部，还是广告公司，都没有达成一致意见。李飞教授翻开了陈总带来的一大包广告策划材料，双方展开了讨论。

## 一、中国文具市场[1]

2010年，中国文具行业（不包括办公设备和家具）市场容量约1 500亿元，约合215亿美元，全球文具市场总量约2 500亿美元，中国文具市场占全球文具市场总额的8.6%。

在中国文具市场中，办公耗材占41%，约615亿元；文件处理用品占13%，约195亿元；书写工具类占10%，约为150亿元；本册类和桌面用品各占7%，约为105亿元；教学及学生用品占9%，约为135亿元；另有其他用品占20%。

中国办公文具产品消费市场主要集中在沿海经济发达地区，其中70%左右集中在广东、浙江、江苏、上海、北京5个地区。具体分布比为浙江17.5%，江苏18%，上海7.80%，京、津、冀地区12.50%，鲁、豫7.00%，闽、皖5.80%，湘、赣、鄂地区5.50%，东三省4.50%，其他地区6.90%。

中国文具有800万户企业、2亿学生和各级政府机关等庞大的消费群体，近年来中国文具市场以平均每年12%的速度高速增长，预计以后年度中国文具市场将以每年5%~10%的速度增长，中国文具消费市场前景十分广阔。

## 二、主要品牌商[2]

中国文具产业链上下游企业多达10万余家，其中制造商约4.3万家，供应商约3万家零售终端约3万家。销售额超过10亿元的企业寥寥无几，超过5亿元以上的企业仅5家，超过1 000万元以上的约占5%。全国4.3万多家文具生产企业中，70%集中在广东、浙江、江苏三个地区。主要品牌商有得力、贝发、齐心、晨光等，它们之间更多的不是竞争关系，因为中国文具市场分散而巨大。各家开始有品牌意识，但是在消费者心目中差别不是很大。

### 1. 得力集团

得力集团始创于1988年，历经20多年的发展，已成长为国内较大的综合文具供应商。得力集团从20世纪90年代以来，连续保持高速增长，2007年全球营业收入超过12亿元人民币，5 000多名员工遍布全国29个省市。2007年得力

---

[1] 邱智铭：《中国文具行业的现状与趋势》，载《文体用品与科技》2010年第12期。
[2] 资料来源于相关公司网站。

集团成立了泰国销售分公司,标志着得力品牌已成功进入东南亚市场,也标志着得力的战略远景"让世界每个办公室都有得力"又成功地迈进了一大步。

企业定位于国际一流的综合文具供应商。得力拥有分别针对学生市场和办公市场的两个品牌:优酷和得力。

作为中国较大的文具供应商,得力品牌先后获得"国家免检产品"、"中国文具十大品牌"、"中国出口名牌"、"中国最畅销文具品牌"、"中国驰名商标"等荣誉称号,并先后通过 ISO 9001、ISO 14000 等体系认证。在未来,得力的发展目标是成为世界领先的综合文具供应商,创建具有全球竞争力的企业。

### 2. 贝发集团

贝发集团股份有限公司是一家集制笔和文具研发、生产、销售以及国际商贸服务于一体的大型文具集团。位于宁波;公司占地面积 126 000 平方米,注册资金 1 005 万美元。

公司成立于 1994 年,到 2008 年,已成为国内文具行业发展速度快、品牌知名度高、行业内创造力和影响力较高的企业之一。年产销各类笔 20 亿支。产品远销世界 150 多个国家和地区,拥有 400 多家稳定的客户群,公司与 WALMART、STAPLES、OFFICE DEPOT、TESCO 等 22 家世界 500 强企业建立了战略贸易关系。

公司非常重视产品和技术创新,每年用于新技术、新产品的开发经费始终保持在年销售额的 5% 以上,60% 以上为高新技术产品;是国家重点高新技术企业,获中国名牌产品、中国驰名商标、国家免检产品;拥有 800 多项专利,近几年连续获得美国 STAPLES 和 OFFICE DEPOT 公司颁发的全球产品创新奖,Tesco 全球最佳供应商奖和 Global Sources 的顶级供应商奖。

贝发是奥运会历史上第一个集奥运会特许经营商、特许零售商和文具独家供应商三种资质于一身的企业,作为 2008 年北京奥运会文具独家供应商,贝发为 2008 年北京奥运会独家提供文具办公产品和服务以及资金和技术方面的支持。

"成就梦想,书写未来",是贝发人的追求。

### 3. 齐心文具

齐心文具,是 2000 年 1 月 12 日,深圳市宝城新荣文具实业有限公司、潮阳市齐心实业有限公司、潮阳市新协力文具实业有限公司、上海齐心文具有限公司、沈阳齐心文具有限公司作为发起人申请设立了深圳市齐心文具股份有限公司,注册资本为 1 400 万元。2004 年 12 月 15 日增资扩股后,注册资本变更为

6 000 万元。2006 年 4 月 25 日增资扩股后，注册资本变更为 8 000 万元。

公司主要从事文具及办公用品、办公设备的研发、生产和销售，是一家办公文具专业制造商和供应商，主营产品包括文件管理用品、OA 办公设备、电子文具、书写工具、制品本册、学生用品、桌面文具和办公耗材等14 大类、1 600 余种，在业内具有较高的品牌知名度。2010 年销售额 9 亿多元，利润 5 000 多万元。

**4. 晨光文具**

上海晨光文具股份有限公司落户在奉贤区青村镇光明经济园区，公司占地面积260 亩，是一家整合创意价值与制造优势，专注于文具事业的综合文具集团。晨光致力于提供舒适、有趣、环保、高性价比的文具用品，让人们享受使用过程并激发使用者创意。产品领域涵盖各式笔类、书包、画材、橡皮泥、胶水、橡皮、尺类、修正工具、抄本等学生文具和办公文具。

到 2010 年为止，公司销售收入连续连续五年增长40%。公司拥有国内外 27 个省级配送中心、1 800 多个区域核心合作伙伴和 30 000 余家零售样板店，形成了良好的国际和国内销售网络。"晨光"品牌在市场上享有较高的知名度，产品畅销全国各地，并出口美国、日本、韩国及东南亚。

"晨光总有新创意"是 M&G 晨光的核心价值，也是晨光得以保持优势，成为世界级品牌的关键因素。晨光的全球创意工作室拥有一支具备国际视野和世界水平的跨国设计师团队，从消费价值设计、产品工业设计、产品模具开发到品牌形象设计，晨光建立了行业内独一无二的"全程设计系统"，使晨光能迅速将创意转化为产品。

晨光文具的经营使命是：提供舒适、有趣的书写工具，让人们享受书写而激发创意。担负起企业作为世界公民的责任，努力使用环保材料和制造方式，为地球环保和建立循环经济的社会做出贡献。

## 三、备选形象代言人

**1. 杨澜**

出生年月：1968 年
毕业院校：北京外国语大学英语系，哥伦比亚大学国际及公共事务学院
现任职：阳光媒体投资控股有限公司主席

国内著名资深电视节目主持人。曾在国内具有强大影响力的电视台担任电视栏目主持,以极具亲和力的主持风格备受广大电视观众的喜爱。曾主持《正大综艺》、《杨澜访谈录》等电视栏目;曾被评选为"亚洲二十位社会与文化领袖"、"能推动中国前进、重塑中国形象的十二位代表人物"。一向为正面、知性、大气、健康的女性形象。

代言的品牌较少:蓝月亮、LG、南山奶粉、高露洁牙膏、康师傅矿泉水等。

代言费用:约每年 500 万元。

**2. 徐静蕾**

出生年月:1974 年

毕业院校:北京电影学院表演系

现任职:北京电影学院

作为演员,徐静蕾获得过所有中国表演类的最佳女演员、最受欢迎女演员的奖项,并自 1997 年开始连续 9 年获得"最受大学生欢迎的女演员"的称号。

作为导演,因她自编自导自演的电影《一封陌生女人的来信》(即徐静蕾执导的第二部电影),获得了西班牙圣塞巴斯蒂安电影节(国际 A 类电影节)最佳导演奖,使她成为迄今为止中国电影史上获得最高殊荣的女导演(该奖项是中国女导演有史以来获得过的最高奖项)。

2005 年 6 月,美国《时代周刊》在名为《中国新革命》一文中,将徐静蕾作为中国唯一一位导演及演员入选,并称其为"中国电影界有革命性的代表人物"。

2005 年 10 月,她开通了个人博客(blog),至 2006 年 2 月,她的博客以短短 112 天的时间冲破 1 000 万点击量大关,刷新了中国所有博客点击量的纪录,被称为最大的个人媒体平台。2006 年 3 月 28 日,她的博客已经突破 2 000 万点击量,日点击量维持在每日 30 万左右。新浪网总编辑、全球资深副总裁陈彤先生称:徐静蕾创造了一个博客世界纪录。

在某门户网站的一项调查中显示,她除了是网友最喜爱的明星,她的文字和才华更为大众一致认可的。如今,她已经成为最具中国当代职业女性特质的代表人物。

代言的品牌有:西铁城、凯迪拉克、卡西欧、碧生源、洁丽雅、麦当劳、欧意电器、佳能、微软、奥迪、屈臣氏、英纳格、凡客诚品、高姿、诺基亚、卡地亚等。

代言费用:约每年 300 万元。

### 3. 陈鲁豫

出生年月：1970 年

毕业院校：北京广播学院外语系

现任职：凤凰卫视中文台

陈鲁豫，因获得北京市申办 2000 年奥林匹克运动会英语比赛第一名而一举成名，紧接着进入中央电视台主持《艺苑风景线》，1996 年 3 月底加盟新开播的凤凰卫视，曾为娱乐音乐节目主持人，后主持《凤凰早班车》，以清新稳重的"说新闻"的主持风格著称。目前主持《鲁豫有约》，该节目 2008 年进驻湖南卫视，2010 年进驻安徽卫视。

鲁豫自然而清纯，清新而不艳俗，谈吐和气质透露着淡淡的书卷气。她是内敛的，连表情也是那种有教养的得体和节制，不张扬，却让你感觉有底气。

2010 年 7 月，国务院新闻办公室正式启动了《国家形象系列宣传片》的拍摄工作。作为参演人员，入选 2010 年《中国国家形象宣传片》人物。该片是为塑造和提升中国繁荣发展、民主进步、文明开放、和平和谐的国家形象而设立的重点项目。

代言的品牌有：丸美化妆品、诺亚舟学习机、辉煌水暖—洁具卫浴产品、欧林雅生态竹纺、养元六个核桃等。

代言费用：大约每年 200 万元。

**案例讨论目的**

使学生掌握"选择形象代言人"的目的和方法，有时是处于难以取舍的多难境地。思考合理的处理方法。

**案例讨论问题**

1. 得力文具该不该聘请形象代言人？为什么？
2. 如果应该聘请形象代言人，应该聘请谁？为什么？

**案例讨论形式**

开放式讨论，同学们根据案例提供的资料和数据，围绕着前述的两个讨论题进行讨论，一般会形成多种选择观点，让他们充分地说明自己的观点。

## 附录 9.2

### 附录 9.2.1　　　　明星代言的选择[①]

通常客户与广告代理公司在制定行销策略时，会根据他们的市场需要，先行选定合适的代言人。制作公司主要是在片子执行的时候，协助协调艺人档期与拍摄事项。但如果是客户属直接客户的状况下，代言人有时会由制作公司推荐。当制作公司或广告公司需要推荐代言人人选给客户的时候，我们会对于商品做一个全面的调查，通过怎么样的艺人适合这个产品、这些艺人的背景与经历、曾经合作过的厂商、作品的种类、市场的受欢迎度、主要消费年龄层的喜好度、艺人形象以及企业要达到的市场目的和代言人投入价值比例，即代言人投入性价比分析、代言人投入与企业经济承受能力评估等来做评估。每个商品的特性都不同，这不是迷信名牌的时候，挑选正确的人选与整体策略与创意的制定，才是打赢一场胜仗的关键条件。

除了策略市场分析外，在执行面上，站在制作角度上，在拍摄前期，通常会提前与客户做好规划，比如拍摄规划的沟通，从脚本的制定、制作流程的进行、艺人档期的配合、服装的要求，到拍摄现场的安排，每个艺人的要求与状况都不同，必须特别小心，在前期制作时与明星或经纪公司沟通清楚所需配合的事项，并清楚地告知客户，让双方都在一个清楚安定的状态下完成拍摄，并达到最好的效果。将这些细节一一落实，避免临时状况出现。另外，预算的控制对于制作方和客户都是非常重要的，明星代言的价码高低不一，预算的管控包含了明星代言的工作酬劳、工作天数、工作时数的掌控、拍摄现场的规模及代言人在拍摄过程中的种种要求，等等，这些都可在有限情况下减少客户预算的开支。

### 明星代言的价值分析[②]

**附表 9.2.1　　　　演员、歌手社会责任感形象健康榜前十**

| 演员排名 | 明星姓名 | 形象健康指数 | 歌手排名 | 明星姓名 | 形象健康指数 |
|---|---|---|---|---|---|
| 1 | 成　龙 | 8.35 | 1 | 张学友 | 6.30 |
| 2 | 李连杰 | 6.76 | 2 | 周华健 | 5.45 |
| 3 | 刘德华 | 6.74 | 3 | 宋祖英 | 5.02 |
| 4 | 濮存昕 | 6.32 | 4 | 陈奕迅 | 4.98 |
| 5 | 梁朝伟 | 5.56 | 5 | 王　菲 | 4.94 |
| 6 | 陈道明 | 5.49 | 6 | 韩　红 | 4.93 |
| 7 | 周润发 | 5.26 | 7 | 任贤齐 | 4.74 |
| 8 | 赵雅芝 | 5.17 | 8 | 陈慧琳 | 4.67 |
| 9 | 葛　优 | 5.11 | 9 | 许　巍 | 4.53 |
| 10 | 张国立 | 5.04 | 10 | 陈楚生 | 4.52 |

---

① 何锦荣：《明星代言广告明星化操作》，载《中国广告》2010 年第 9 期。
② 表 9.2.1—9.2.4 来自艺恩咨询、梅花网：《明星广告代言数据汇编》，载《中国广告》2010 年第 9 期。

附表9.2.2　　　　演员、歌手婚姻和爱情责任感形象健康榜前十

| 演员排名 | 明星姓名 | 形象健康指数 | 歌手排名 | 明星姓名 | 形象健康指数 |
|---|---|---|---|---|---|
| 1 | 成　龙 | 8.35 | 1 | 张学友 | 6.30 |
| 2 | 梁朝伟 | 5.56 | 2 | 周华健 | 5.45 |
| 3 | 刘德华 | 6.74 | 3 | 陈奕迅 | 4.98 |
| 4 | 李连杰 | 6.76 | 4 | 任贤齐 | 4.74 |
| 5 | 陈道明 | 5.49 | 5 | 王　菲 | 4.94 |
| 6 | 濮存昕 | 6.32 | 6 | 宋祖英 | 5.02 |
| 7 | 谢霆锋 | 5.03 | 7 | 陈慧琳 | 4.67 |
| 8 | 周润发 | 5.26 | 8 | 王力宏 | 4.51 |
| 9 | 赵雅芝 | 5.17 | 9 | 韩　庚 | 4.52 |
| 10 | 葛　优 | 5.11 | 10 | 孙燕姿 | 4.43 |

附表9.2.3　　　　演员、歌手商业价值榜前十

| 演员排名 | 明星姓名 | 商业价值指数 | 歌手排名 | 明星姓名 | 商业价值指数 |
|---|---|---|---|---|---|
| 1 | 章子怡 | 9.30 | 1 | 周杰伦 | 9.00 |
| 2 | 成　龙 | 9.26 | 2 | 王　菲 | 8.64 |
| 3 | 刘德华 | 9.00 | 3 | S.H.E | 7.96 |
| 4 | 李连杰 | 8.86 | 4 | 王力宏 | 7.90 |
| 5 | 周　迅 | 8.84 | 5 | 张学友 | 7.73 |
| 6 | 梁朝伟 | 8.81 | 6 | 孙燕姿 | 7.69 |
| 7 | 张曼玉 | 8.74 | 7 | 蔡依林 | 7.61 |
| 8 | 金城武 | 8.56 | 8 | 林俊杰 | 7.54 |
| 9 | 周润发 | 8.49 | 9 | 陈奕迅 | 7.50 |
| 10 | 林志玲 | 8.49 | 10 | 任贤齐 | 7.31 |

附表9.2.4　　　　演员、歌手商业潜力榜前十

| 演员排名 | 明星姓名 | 商业潜力指数 | 歌手排名 | 明星姓名 | 商业潜力指数 |
|---|---|---|---|---|---|
| 1 | 孙红雷 | 8.40 | 1 | 周杰伦 | 8.37 |
| 2 | 周　迅 | 8.40 | 2 | 张靓颖 | 8.06 |
| 3 | 章子怡 | 8.29 | 3 | 王　菲 | 7.91 |
| 4 | 林志玲 | 8.14 | 4 | 陈楚生 | 7.42 |
| 5 | 金城武 | 8.11 | 5 | 王力宏 | 7.40 |
| 6 | 小沈阳 | 8.11 | 6 | 林俊杰 | 7.37 |
| 7 | 舒　淇 | 7.84 | 7 | 潘玮柏 | 7.23 |
| 8 | 梁朝伟 | 7.63 | 8 | 蔡依林 | 7.14 |
| 9 | 范冰冰 | 7.57 | 9 | 孙燕姿 | 7.09 |
| 10 | 黄晓明 | 7.54 | 10 | 李宇春 | 7.04 |

## 9.3 是学富亚，还是学立邦漆

在2010年夏季的一天，康洁涂料公司老总王一在自己办公室里发愁，近几年涂料市场竞争非常激烈，国内外品牌同场竞技，自己的产品虽然非常环保，但销售几乎没有多少增长。调查结果显示，知名度不是很高，急需进行传播提升知名度。自己的一个同学恰好开了一家广告公司，给他出了一个主意，或者像富亚涂料一样，策划一个老板喝涂料的公关事件；或者是模仿立邦漆做一个争议性的广告。左思右想，也难以做出决策。

### 一、富亚公关：老板喝涂料[①]

2000年10月8日，《北京晚报》上打出一则通栏广告10月10日上午，在北京市建筑展览馆门前开展"真猫真狗喝涂料"活动，以证明该公司生产的涂料无毒无害。刊登广告的是北京市一家名不见经传的装饰材料开发公司——富亚。

10月10日上午9时，北京建筑展览馆门前已经挂起了"真猫真狗喝涂料富亚涂料安全大检验"的横幅。富亚公司还特地请来了崇文公证处公证员（最初公证员曾经以美国大作中国人权文章而拒绝）。一猫三狗已准备就绪。

适逢北京市"宠物热"方兴未艾之际，广告一出，即在市民中间引起轩然大波。展台前已经拥满了观众，其中不少是跑来"抢新闻"的媒体新闻记者，几位激奋的动物保护协会成员发誓要阻挠此事。

富亚公司总经理蒋和平向围观者宣传：1998年，中国预防医学科学院就用小白鼠为富亚牌涂料做过无毒试验，结论是："实际无毒级"。开展这次活动，是请大家亲眼见识一下，毕竟是"耳听为虚，眼见为实"嘛。

蒋总的解释并不能打退动物保护协会、中国环境科学学会动物救助分会的吴会长在现场慷慨陈词："就算富亚涂料没毒，也不应该给动物喝。因为涂料是工业产品，是一种乳胶漆，会腐蚀肠胃。"这位以爱护小动物为职业的北京老大妈向观众呼吁"不要残害动物"！

在此之前，曾有人给动物保护者协会打了电话通知此事。吴知道后大为震

---

[①] 主要资料来源于易铭：《"老板喝涂料"背后的困惑》，载《中国市场》，2000年第12期。

惊，亲自给富亚公司打电话，希望取消此项活动，建议未被采纳。10日这天，吴特意起了个早赶到活动现场，准备阻止小动物受罪。

北京市保护小动物协会的人也一大早赶来，他们在现场举起标语"请不要虐待动物，孩子们看了怎样想？"。要求立即停止动物喝涂料的实验，几次强行要把正准备喝涂料的小动物带走。据称，"猫狗喝涂料"的广告见报当日，北京市保护小动物协会接到了很多投诉电话，希望能够制止让"真猫真狗喝涂料"的行为。

现场秩序很乱，围观者越聚越多，眼见"真猫真狗喝涂料"就要泡汤了。骑虎难下之际，蒋和平左右为难：活动不搞，广告钱就白花了；猫狗真喝了，会极大地破坏富亚公司的公众形象。

时间已经是9时30分了，蒋和平摆出一副豁出去的架势，大义凛然地宣布：考虑到群众情绪，决定不让猫狗喝，改为人喝涂料，他亲自喝。话音刚落，场内顿时鸦雀无声。在两名公证员的监督下，蒋和平打开一桶涂料，倒了半杯，又兑了点矿泉水，举在眼前顿了顿。

在四周观众直勾勾地注视下，蒋和平咕咚咚喝下手中一大杯。喝完后一擦嘴，干脆利落，面带笑容。人群中立刻歔欷不已，有人起哄："再来一杯！"用做实验涂料的一只猫和三只狗，已经被观众抢走了。

故事一波三折，并没有以蒋和平"悲壮"地喝下自己的富亚涂料告终。当日，新华社播发了一篇700字的通稿《为做无毒广告，经理竟喝涂料》。此后，媒体纷纷跟风，"老板喝涂料"的离奇新闻开始像野火一样蔓延。北京市各大媒体《北京日报》、《北京晨报》、《北京晚报》、《北京青年报》、北京电视台竞相报道。不同之处仅在于：你正话反说，我就反话正说。最后有人做了统计，全国竟然有200多家媒体报道或转载了这则消息。北京电视台评选10月份十大经济新闻，"老板喝涂料"赫然跻身其中，与"悉尼奥运会"等同列。真的是一个突发的经济新闻？非也。

事后人们知道，事情没有那么巧，这是策划出来的。在街头表演的虽是富亚公司总经理蒋和平，躲在幕后策划的却是策划人秦全跃。据了解，事前，富亚总经理蒋和平找到秦全跃，寻求点石成金之术。秦全跃问："你说你那涂料环保，你敢喝吗？"蒋和平一拍胸脯"敢！"于是双方痛快地商定酬金。最后，北京街头上演了一出"老板喝涂料"的一幕，以及紧随其后的轰炸性新闻炒作。

**1. 蒋总当时的想法**

"我们当初只想用这种方式跟老百姓接轨。"蒋和平这样解释策划方案的初衷。"五六年前，我们产品销售不错。但现在，光产品好已经不行了，还得有营销手段。我们这么好的涂料，又无毒又环保，为什么老百姓还不知道？"对于产品的知名度，蒋非常痛心。

富亚公司离北京鼓楼地铁站不远，门面不大，公司底子是国有企业，后来改造成股份制，职工还不到100人。在富亚公司里，蒋和平任总经理兼总工程师，主管科研和生产，销售经理朱荣琴也是搞技术出身。蒋对记者坦言，对如何做市场营销、怎样打品牌这类企业发展问题，两人都不太懂，一边学一边弄，做得很辛苦。

为迎接奥运，北京市委有新指示：把所有临街的多条街都粉刷一新，富亚公司的销售人手不够，蒋总也亲自动手，经常忙到夜里，弄得满身都是涂料。

在蒋和平的记忆里，刺激很大的一件事是：一个施工单位使用进口涂料不够了，就用了一点富亚涂料，调色时蒋和平亲自到工地去了一趟，一比较蒋发现，从细度等各项指标看，进口涂料还不如富亚呢！

"上次毛主席纪念堂装修，专家会上几个局长把关，十几种涂料往那一放，那可是看真格的！"那次比武结果富亚涂料中了标。"放到两年前，北京市有点名的建筑几乎都用过富亚涂料，那时有一种提法：专家都用富亚涂料。"

北京市建筑协会一位人士也向记者证实，富亚涂料在圈里口碑不错，毛主席纪念堂、港澳中心、中央电视台、军事博物馆等建筑都使用过，就连"立邦漆"的生产国日本驻中国大使馆也用过富亚。

尽管如此，现在的蒋和平却很难能得意起来。"为什么人家进口涂料一吨卖几万元，富亚才卖七八千元，销量却赶不上人家的一个零头？"蒋总反思的结果是：自己企业做市场的能力太差。在熟人介绍下，蒋朱二人前去拜访秦全跃，买来了"人喝涂料"的点子。

### 2. 秦全跃创意的由来

在富亚的策划方案出台之前，"喝涂料"的点子早就在秦全跃心里酝酿了，因为此前曾有好几家涂料企业来找，大讲自己的涂料"如何无毒、如何环保"，但每当秦全跃问一句："你敢喝吗？"全给吓退了。

"很简单，尽管前两家企业标榜如何绿色，如何环保，如何无毒，但并不敢用自己的嘴做证实，那么无毒环保就要大打折扣"——秦全跃这样说。这一创意直指"立邦漆"的广告，用秦全跃特有感染力的话就是：在电视上、路牌广告上，立邦漆的婴儿们扭动着屁股的时候，谁还关心一个叫富亚的涂料？或者说，假如消费者对某些厂家的产品有了一种普遍的满足谁还关心后来者是否达到了同样的水平。

立邦漆的"几个小屁股"几乎抢走了中国涂料业一半以上的市场份额,那么小小的富亚涂料又该如何行事,难道就看着别人的屁股默默地等死吗?

秦全跃说:"只好拿嘴跟屁股争了!虽然涂料是不能喝的,涂料不是饮料,但人们对它的需求不会是喝,而是怎样环保而无毒,但又通过什么办法向人们证实这真实的一切呢?打广告,中小企业的口袋里钱没那么多,即便是东拼西凑,南借北贷,其效果也远远不及这关键的一口。""喝涂料!这是一顿大餐,一顿有望让弱势企业走出低谷的大餐。"秦全跃对策划出街头喝涂料那出戏非常得意:"因为要是仿照人家重去塑造几个别的屁股,显然第二个屁股怎么也不会干过第一个。"

### 3. 没有结束的故事

喝涂料事件后,富亚的知名度大大提高,但是知道喝涂料事件的人,不少并不知道富亚,对销售额的促进也不是十分明显。2000年11月初,蒋和平找到秦全跃问下一步怎么办?秦全跃则大度地说:我只擅长前期新闻炒作,现在已经扔爆原子弹了,该干的事我干完了,后期工作我不太感兴趣。接下来,还需要跟进中整体营销规划和实施。

蒋总不知如何是好,"新闻轰动性肯定达到了,比我们预期还要高!"蒋和平告诉记者,真有一些老百姓到建材市场,指名要那"能喝的涂料"。但从销售额的增长并不非常明显。为什么只记住涂料能喝,而没记住"富亚"呢?蒋和平认为问题出在策划的后期工作上,在那股声势浩大的新闻炒作中,有的媒体提到富亚,有的根本没提。显然,蒋和平要的并不是新闻轰动本身。

秦全跃则认为,富亚公司的失误主要在于喝完涂料后没有马上打广告,在秦的设想里,账面上有400万元,至少就要豁出200万元,广告打少了不管用,要打出气势来。

但是按照蒋和平和朱荣琴的经验,现在正处于市场淡季,如果马上大规模上广告,等于做4个月的淡季广告,相对于富亚的实力而言,这钱是扔不起的。"广告也得做,但得科学地做,有针对性,"蒋和平告诉记者,"不能满大街打几百万甚至上千万广告,那种做法咱难以承受,打水漂的比例也太大。"

"这次策划其实是省钱的招儿啊,要是真有钱,谁弄这个啊!"蒋和平掰着手指给记者算了一笔账,如果打广告让老百姓踏实地接受你这个企业的品牌,没有500万元以上做不到。某电视台记者要求蒋和平向动物保护者道歉,蒋回答:

第一是人喝了,第二猫狗没有喝,对它们有什么道歉的?我唯一要道歉的,就是没那么多广告费告诉老百姓:咱们自己的涂料已经相当不错了,只能用这种不太高明的方法告诉你们:我们的涂料也很好。

这次"喝涂料"的策划确给了富亚一次很大的机会,但蒋和平认为,根本还是靠企业自身去"精耕细作",一步步按科学的方法去完善自身。"咱们这些企业为什么干不过立邦漆?好多环节都有毛病,企业管理制度、市场体系、产品结构很多方面多的完善。"但是,要是一下子达到国际水平,不可能啊!中小企业难啊!蒋和平叹息道。

## 二、立邦漆广告:滑落的龙[①]

2004年9月份的《国际广告》杂志第48页,刊登了一则名叫"龙篇"的立邦漆广告作品,画面上有一个中国古典式的亭子,亭子的两根立柱各盘着一条龙,左立柱色彩黯淡,但龙紧紧攀附在柱子上;右立柱色彩光鲜,龙却跌落到地上。画面旁附有对作品的介绍,大致内容是:右立柱因为涂抹了立邦漆,把盘龙都滑了下来。评价称:"创意非常棒,戏剧化地表现了产品的特点……结合周围环境进行贴切的广告创意,这个例子非常完美"(见附2)。

这则广告一经登出,经网络传播之后,几天内在网上掀起了轩然大波,一段时间成为各BBS上的热门话题。

9月23日,《北京晨报》刊出《立邦漆广告网上起争议》一文。报道了《国际广告》杂志刊登的李奥贝纳广告公司作品《龙篇》,由于采用了"立邦漆滑倒盘龙"的创意,在网上引起争议一事。

### 1. 网民表示难以接受

网民小江在接受记者采访时说:"我乍一看还觉得挺有意思,可仔细一想就觉得别扭了。龙是中国的象征,怎么能遭到这样的戏弄!这个创意应该赶快改掉。"

更多的网民则认为,"发布广告者别有用心",而且"恶劣程度比'霸道广告'有过之而无不及"。

---

[①] 杨丽丽:《立邦漆广告事件:杂志向读者致歉》,载《北京晨报》,2004年9月25日。

### 2. 专家认为忽略了文化因素

广告专家认为，从广告本身的三个因素考虑，这个创意没有问题。但是，广告设计和发布者显然忽略了一个重要问题，就是广告与文化的联系。

北京工商大学传播与艺术学院副院长张翔在接受采访时说："龙是中国的图腾，在一定意义上是中华民族的象征。每个国家对传统文化的理解不同，在我国的文化中，龙的内涵非常丰富。广告一旦忽略了与文化的联系，就会使受众感到不舒服甚至产生厌恶。"

### 3. 杂志社说有创意才予刊登

《国际广告》杂志编辑部的工作人员告诉记者，这两天已经有一些读者打来电话询问此事。

"广告的设计单位是李奥贝纳广告公司广州分公司。在杂志上刊登的介绍和评价是该公司自己做的点评。"

工作人员表示，刊登这篇广告绝没有任何特别的想法。"编辑部看了这个投稿后，觉得广告有创意，所以才予以刊登。"

### 4. 广告公司说影响始料不及

9月24日，该广告公司北京分公司公关部很快给记者发来了关于此事的声明，并表示希望通过媒体向公众做一个解释。

声明说，这个广告是为立邦涂料广东有限公司生产的"木器清漆"设计的。这种油漆的最大特点就是保持木器表面光滑，防止产生小刺。广告希望借用夸张手法来表现产品功能。

"在创作过程中，我们曾经征询过公司以外人士的意见，均认为创意具有相当高的吸引力。因而忽略了在部分人心中衍生的其他意义和联想。"

对立邦品牌和公众人士所产生的影响，该广告公司表示"始料不及，深感遗憾"。

24日，《国际广告》杂志社就"立邦漆广告作品事件"给《北京晨报》发来声明，表示希望通过媒体向广大读者道歉。

25日，李奥贝纳中国总公司就"立邦漆广告作品事件"向《北京晨报》独家发来声明，希望通过本报向广大读者道歉。李奥贝纳中国总公司有关人士说，公司的创意队伍全是中国人，为立邦漆提供此创意展示，是公司在媒体上为了推广自身形象而发表的，仅仅是一个创意概念的交流，从来没有在任何主流媒体上作为广告发布过，将来也不会发布。对此创意展示，立邦漆客户对此并不知情。同时，立邦漆对此创意展现意料外的广泛公开，深表遗憾。

虽然这是一个"未刊登"的广告，但是立刻受到网友的网络攻击。后来，事件虽然平息，但是诸多商学院将其作为案例不断地进行传播，对立邦漆、李扬贝纳广告公司和《国际广告》杂志社都有一定的影响。

### 案例讨论目的

使学生掌握"传播和沟通"的目的和方法，有时知名度和美誉度是矛盾的结果。思考合理的处理方法。

### 案例讨论问题

1. 康洁涂料公司应该选择哪种方式提高知名度？为什么？
2. 提高知名度之后还需要做哪些工作？为什么？

### 案例讨论形式

开放式讨论，同学们根据案例提供的资料和数据，围绕着前述的两个讨论题进行讨论，一般会形成多种选择观点，让他们充分说明自己的观点。

# 附录 9.3

附图 9.3.1　蒋和平当场喝涂料

**附图9.3.2  邦漆龙篇广告**[*]

注：*李扬贝纳：《立邦漆 龙篇》，载《国际广告》，2004年第9期。

**附图9.3.3  丰田霸道车广告**

2003年第12期《汽车之友》杂志刊登了一个丰田霸道车广告：一辆霸道汽车停在两只石狮子之前，一只石狮子抬起右爪做敬礼状，另一只石狮子向下俯首，配图广告语为"霸道，你不得不尊敬"。

广告一刊出，立即引起网友的愤怒，他们认为丰田公司的两则广告侮辱了中国人的感情，伤害了国人的自尊。更有网友发出言语过激的评论，甚至有人砸了霸道车。

12月2日，《汽车之友》杂志向读者道歉；丰田公司表示"此问题我们正在研究"；广告公司表示"如何解决此事不能透露"。随后，工商局介入调查。

**教学案例**

## 9.4 故宫"门"为何越开越多

谁都没有想到，一个偶然的失窃案，让故宫成为2011年舆论的焦点，不是由于文物和历史文化，而是由于一系列的应对失误而成为众矢之的。危机的控制与管理、舆情的影响与反应，都使故宫领导者显得措手不及和无能为力，最终竟然演变为一系列的关不上的"门"，大大影响了故宫的声誉和形象。

### 一、故宫"一重门"："失窃门"

2011年5月8日晚10时许，故宫的安保人员在巡夜过程中发现可疑人员。在上报过程中，该可疑人员逃离。次日上午8时许，故宫开放前发现诚肃殿内的9件展品被盗。当日上午9时许，在网络论坛上就有人爆料，称故宫被凿洞窃宝，包含较为详细的细节。随后5月9日中午，"故宫"在其官方微博上发布失窃消息，并称公安部门已展开调查。5月11日19时40分，北京警方将犯罪嫌疑人抓获，部分展品被追回。

后来发现，这个窃贼身材矮小、瘦弱、有恐高症、脊椎受过伤，并不是会飞檐走壁的江洋大盗。他为何轻易地躲过重重安保，盗窃成功？网友无论如何不能理解，"真的是故宫无能，而不是窃贼太狡猾"。故宫毕竟花的是纳税人的钱，老百姓越来越清楚哪些部门是自己花钱养活的，因此指责声四起。

### 二、故宫"二重门"："错字门"

本来迅速破案，会减缓故宫的舆论压力，但是"屋漏又遭连阴雨"。5月13日，故宫博物院副院长纪天斌等相关负责人来到北京市公安局赠送锦旗，对市公安局迅速破获故宫博物院展品被盗案表示感谢。在故宫博物院给公安局赠送的一面锦旗上写有"撼祖国强盛，卫京都泰安"的字样。赠送锦旗的图片被公布至网络后，其中的"撼"字被网友指为错别字，引来众多网友"围观"和批评。5月14日故宫负责人回应说"撼"字没用错，"跟'撼山易，撼解放军难'中'撼'字使用是一样的。这样显得厚重"。这一下引起网络舆论的哗然，网上甚至掀起了恶搞的"撼"字造句热。5月16日，故宫方面不得不在其官网发布微博道歉信。但是"撼"字引发的网络围观风波不仅仍然持续，而且进一步引发了网民的质疑热情，道歉信一公布就被网民指责道歉信"推卸责任"、"强词夺理"、"毫无诚意"，而且还被细心的网友指出了十余处错漏。

## 三、故宫"三重门"："会所门"

5月11日央视主持人芮成钢在其微博上爆料，说故宫的建福宫已被某知名企业和故宫管理方改成一个为所谓全球顶级富豪们独享的私人会所，其《入会协议书》也被网友曝光，成为网民关注的又一个焦点。5月13日，故宫方面称该情况"不存在也不可能"。后来故宫官方回应称，北京故宫宫廷文化发展有限公司，在未经院里审批情况下，擅作主张，扩大服务对象、发放所谓入会协议书。

5月19日，故宫建福宫再陷"解雇门"，有微博称，宫廷文化发展有限公司怀疑内部人员泄密而解雇了所有的员工，又引起网民的微观和谴责（一般没有将其排列在"十重门"之列）。

故宫"三重门"之后，事态逐渐平息，似乎大门已经关上。没想到，7月底再起波澜，又发生了新的事件。

## 四、故宫"四重门"："哥窑门"

7月30日，有网友爆料称，7月4日，故宫一件宋代哥窑瓷器被工作人员损坏，但没有按规定上报。7月31日，故宫博物院证实一件宋代哥窑青釉葵瓣口盘7月4日在进行分析测试时因工作人员操作失误损坏。之所以未将情况上报，是因为事故原因复杂，须核查清楚才能上报。

## 五、故宫"五重门"："瞒报门"

8月2日晚，网友"龙灿"在博客中发帖爆料，称故宫近年发生4起文物人为损坏事件，导致多件珍贵文物被损毁或被遗弃。事发后，故宫秘而不宣，未将有关情况上报主管部门。

故宫博物院8月10日表示，"瞒报4起文物损坏事件"说法不实。故宫馆藏祭、法器中没有一级品，佛堂旧址没有发生过文物安全事故。

## 六、故宫"六重门":"屏风门"

据财新网 8 月 9 日报道,继 7 月 4 日一件宋代哥窑青釉葵瓣口盘在进行无损分析测试时碎裂后,故宫又有重要文物被损坏,由故宫宫廷部负责保管的清宫旧藏木质屏风,在文保科技部进行修复时被水浸泡。事故发生后,文保科技部负责人在超过一周的时间内对院方隐瞒不报。故宫亦未向主管部门汇报此事。

故宫博物院表示,上述文物经核查并没有损坏,"他们所说的文物'被水泡坏',其实是在进行正常的修复和除尘"。

## 七、故宫"七重门":"拍卖门"

据《中国青年报》8 月 5 日报道,2011 年 5 月 16 日,一位名叫"湘江渔隐"的网友发帖,引用著名文物鉴定家裴光辉的日记指出,故宫博物院曾于 1997 年拍得并收藏了 5 件一度流失海外的北宋珍贵书札,但该批书札于 2005 年再次"现身"文物拍卖市场,并以超过 1997 年购入价 2 倍多的价格,被拍出易主。网友质疑故宫私自拍卖馆藏珍贵文物"创收"之举涉嫌违法。

8 月 8 日,故宫博物院致函《中国青年报》进行解释,称当年收购经费未获批复,收购未能实现,不存在"私自拍卖珍贵藏品创收"的情况,官网及相关文献上的购入记录不对。

## 八、故宫"八重门":"封口门"

据财新网 8 月 9 日报道,2009 年前后,故宫发生一起内部人士自导自演的私分票款案,事情败露后被知情者勒索 10 万元"封口费"。

故宫博物院相关部门负责人 8 月 10 日记者表示,所谓的"封口费"传闻不实,故宫博物院当时已协同公安机关处理此案。

## 九、故宫"九重门":"古籍门"

8 月 13 日,《京华时报》收到自称"故宫职工"的一封举报信,经初步调查后,《京华时报》于 18 日撰文《故宫承认丢失部分古籍》,记者向故宫博物院求证此事,相关部门负责人表示,故宫博物院近 7 年清理了 20 万册图书,目前确实有100多册挂账存疑有待详查。该负责人表示，由于涉及半个多世纪的历史遗留问题，情况非常复杂，清理工作至今仍在继续。

## 十、故宫"十重门"："逃税门"

8月16日原国家外汇管理局资本司副司长、国家行政学院决策咨询部副主任陈炳才在其实名认证的微博爆料，称故宫非法经营，在端门地区开设多处展览，游客门票上却不见税务章和公司财务章。陈炳才指责故宫博物院借此敛财，涉嫌逃税。陈炳才在微博上说，端门西侧设有杨贵妃、历代皇帝展等多处展览，门票5元至10元不等，但展览实际内容较少，且游客门票上没有税务章和公司财务章。据了解，这些展厅虽然不在故宫内部，但场地归故宫所有，门票收入也都上交故宫，工作人员为故宫聘用制员工。

8月19日，故宫博物院院长郑欣淼在故宫接受记者专访。他说，这些事件的发生，暴露了故宫平时管理工作的缺陷、漏洞和不到位，衷心向公众致歉。并且对"十重门"一一进行了说明。至此，故宫事件才逐渐平息下来。

**案例讨论目的**

使学生掌握"危机处理"的目的和方法，特别是在遭受网友的网络攻击时，应该采取怎样的应对策略。

**案例讨论问题**

1. 故宫连续出现系列"门"的原因是什么？
2. 故宫应该如何应对当时的"失窃门"事件？为什么？
3. 当遭遇顾客网上攻击时应该如何应对？

**案例讨论形式**

开放式讨论，同学们根据案例提供的资料和数据，围绕着前述的三个讨论题进行讨论，一般会形成多种选择观点，让他们充分说明自己的观点。

## 附录9.4

### 附录9.4.1　　故宫向公安局赠送的锦旗及故宫官方的错字道歉信

5月16日，故宫博物院通过微博对外发布声明，就错字事件向公众道歉。故宫方面的声明全文如下：

由于我们工作的疏漏，在5月13日向北京市公安局赠送的锦旗上出现错别字，谨向公众致歉。

此次赠送锦旗由院保卫部门负责联系、制作，由于时间紧，从制作场地直接将锦旗带到赠送现场，未再交院里检查。下午媒体播出后，院里才发现把"捍"写成"撼"的严重错误。尤其错误的是，在媒体质疑时，该部门未请示院领导，仍然坚持错误，强词夺理，不仅误导公众，而且使故宫声誉受到严重影响。

事情发生后，院里即时进行认真调查，给予当事人严肃的批评教育，并采取了补救措施。故宫博物院现正组织全院各部门举一反三，吸取教训，堵塞漏洞，增强工作责任心，进行全面整改。

### 附录9.4.2　　故宫第一波系列门事件舆情研究[①]

#### 一、事件概述

2011年5月8日，香港两依藏博物馆在北京故宫博物院临时展出的部分展品遭窃。北京故宫博物院开通的实名微博于10日更新内容证实："在故宫博物院斋宫展出的引进临时展览《交融：两依藏珍选粹展》，现公安部门正在侦破中。"

2011年5月11日，央视主持人芮成钢在其微博上爆料建福宫成私人会所。

2011年5月13日，故宫博物院向北京市公安局赠送锦旗，感谢警方迅速破获展品被盗案。网友质疑"撼"字用法。

2011年5月14日，辟谣称"撼"字没错，显得厚重。

2011年5月16日，故宫针对错字进行了道歉，再次否认私人会所说法。

2011年5月18日，故宫官方微博陷入口水战，最终以故宫官网道歉结束。

---

① 庞胡瑞：《失窃门、错字门、会所门、解雇门 应对不当致故宫深陷舆论漩涡》，载人民网，2011年5月19日。

2011年5月19日,故宫建福宫再陷"解雇门",有微博称:宫廷文化公司疑内部人员泄密开除所有员工。

## 二、媒体关注度走势

从舆论趋势图上看到,在事件突发的伊始,新闻关注飙升,符合突发型舆情的发展特征。在5月10日仅116条新闻通稿的情况下,次日新闻转载量猛升20余倍,达到了2220条,网民开始关注。在此期间舆论从纠结于到底是"文物还是现代展品"到"故宫大盗身份",讨论话题围绕事件本身而展开,在此过程中微博客、社区、博客讨论较为理性,负面话题量增长幅度不大,网民评价较为客观更多表现为关切之意,希望尽快破案。

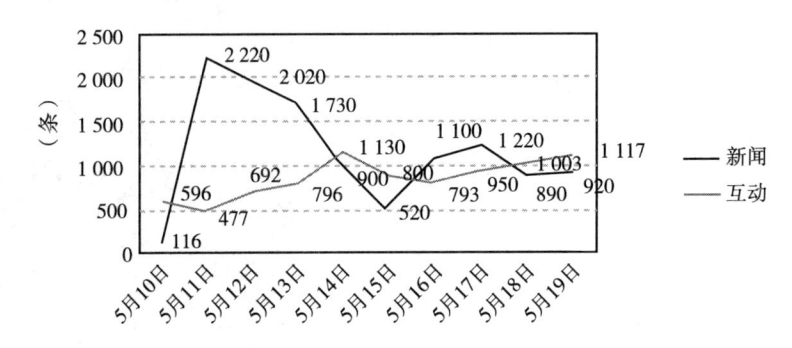

**附图 9.4.1 "故宫失窃"事件媒体报道与互动话题数量趋势**

新闻《故宫窃案58小时告破》成为舆情的转折点。民众在一早打开新闻力赞公安破案有功的同时,部分网络舆论出现了对故宫安防的质疑,当日相关微博话题数达到了300余条。5月13日,故宫博物院负责人向北京市公安局赠送锦旗,网友认为"撼祖国强盛,卫京都泰安"中出现了错字,此言论得到了网友的大量转播支持。5月14日,网友质疑被媒体成文,故宫官方随即回应称"'撼'字使用并无不妥"。5月16日,面对如潮的网络质疑,故宫承认错误。至此,网络舆论开始转向,舆论核心从"技术性"偷盗探讨转向"价值型"文化水平判断,触发了网络争议。

互动舆情的走高由央视主持人爆料建福宫成私人会所的信息引起。在5月13日,故宫回应称微博信息有误,但是随着网络中"入会邀请函"等的陆续曝光,故宫不得不于5月16日再次回应网友,称"建福宫不可能成为私人会所"。至此,由网络舆情再次变得严峻,网民由对故宫的争议变成了批判。由此我们在舆情趋向图中看到,新闻量下降的同时是互动话题数的猛增。

5月18日,故宫微博又卷入一场口水战:针对网友蔡成平发微博批评道歉信,"故宫官网"意外地在新浪微博上反击,指责前者"马后炮"、"想出名"。接下来的两个小时里,双方你来我往地交锋几回合,最终以故宫官网编辑承认自己失言并道歉而结束。此事件在"故宫失窃"事件舆情将要平息之时发生也推涨了舆情走势,故宫负面舆情压力增大。

截至发稿日,故宫建福宫又陷"解雇门"。据称,因怀疑泄露故宫建福宫修建豪华会所的机密是内部人所为,北京故宫宫廷文化发展有限公司开除了所有员工。

从"失窃门"到"错字门"再到"会所门"直至"解雇门",这一场场"闹剧"让整个故宫在漩涡里越陷越深，舆情走势更加严峻，故宫负面信息呈几何增长。

### 三、舆情应对过程研究

此次事件由"故宫失窃"引发，但由于信息不透明、应对手法落后使得后续的"锦旗错字"、"私人会所"事件让故宫博物院不断站在舆论的风口浪尖，网络舆情也从关注到争议再到批判（见附图9.4.2）。

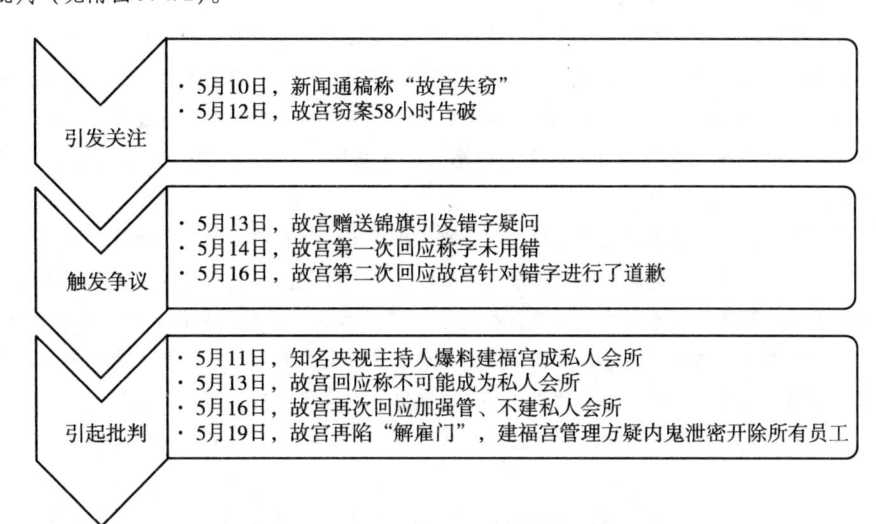

**引发关注**
- 5月10日，新闻通稿称"故宫失窃"
- 5月12日，故宫窃案58小时告破

**触发争议**
- 5月13日，故宫赠送锦旗引发错字疑问
- 5月14日，故宫第一次回应称字未用错
- 5月16日，故宫第二次回应故宫针对错字进行了道歉

**引起批判**
- 5月11日，知名央视主持人爆料建福宫成私人会所
- 5月13日，故宫回应称不可能成为私人会所
- 5月16日，故宫再次回应加强管、不建私人会所
- 5月19日，故宫再陷"解雇门"，建福宫管理方疑内鬼泄密开除所有员工

**附图9.4.2　"故宫失窃"事件舆情应对过程一览**

在失窃事件中故宫第一时间发布了故宫被盗的新闻稿件，但是在针对丢失藏品的问题上未给予民众更多的信息，使网络中针对案件产生了多处传言。随着案件的侦破，盗窃案细节逐步展开，网友质疑得到了回应。

接着，网友围绕"错字"问题进行了网络热论，故宫针对此问题进行了两次官方回应。在第一次回应中，故宫漠视如潮的网络民意力挺"撼"字没有错；在第二次回应中，故宫承认错误，并推责系保安部负责人所为。故宫的一系列不当回应触动了网络争议。

然而，"压死骆驼的最后一根稻草"出现在微博中，央视主持一条"建福宫成私人会所"的言论引发网友深度关注，网络争议变成了对故宫的深度批判，虽然故宫两次进行回应，但是依旧无法阻挡如崩的民意，故宫"丢物又丢人"的言论不绝于耳。时至5月19日，故宫又陷入"解雇门"，网传由于不满泄密而开除所有员工的说法再次触动网民神经。

至此，由于回应不当而造成的完整舆情链显现。

### 四、舆情应对点评

故宫系列热点事件是近期关注度很高的舆情事件，在舆情应对中由于故宫回应不当、缺乏技巧使得故宫文化形象受损，面对较大的舆情压力。回顾在此次舆情应对过程中"失窃→错字→会所"的舆情演变，官方回应存在着多处的不足，这些方面不仅成为故宫的"软肋"往往也是官方危机应对惯有"通病"。

信息不透明，缺乏先进信息发布机制。在盗窃案发生之后，故宫针对事实进行了新闻通稿的发布。但随着民众关注热情的高涨，信息发布则无法顺应舆情的发展，多种渠道的传言频传，导致故宫在此阶段没有把握舆情方向，同时也辜负了网友对故宫失窃的热心。而此过程中故宫不断推卸责任，否认自身安保不足的说法也受到了网友的质疑。

态度不诚恳，没有正确的舆情应对经验。"错字"事件的发生可以说是故宫一步一步"推动"的结果。在错字得到网友确认的情况下，故宫强行自我辩解，拒绝承认错字，故宫傲慢的态度失去人心。作为回应，网友恶搞了故宫博物院在5月16日发布的"致歉辞"，指出了其中多达12处错误令故宫名誉扫地、文化尽失。这警示官方在舆情应对过程中应该保持谦虚、谨慎的工作态度，并尊重每一条真实的意见，用诚恳的态度解决现实中问题，一味地坚持自我无益于紧张舆情的缓解。

手段不科学，忽视新媒体的使用规范。在此次事件中，故宫官方始终以博客、微博客作为话语载体，具有较好的舆情反应速度和亲民形象的塑造。但是，能使用新媒体并不等于能用好新媒体，在此次事件后期发生的故宫官方微博陷入"口水战"即是其新媒体利用不当的体现。故宫官方微博具有公共属性，应该慎言、慎行并积极搞好受众关系，防止陷入舆论漩涡。也正如人民网舆情监测室发布的《给党政机构和官员微博的七点建议》所言：党政机关和官员微博要尽量避免与网友激烈争辩，当发现无法说明白问题时，要主动"休战"、和解，求同存异。

### 附录9.4.3　　　故宫第二波系列门事件舆情研究[①]

7月30日下午，一则微博爆料，故宫一级文物宋代哥窑青瓷葵瓣口盘7月4日被损坏，后故宫博物院方确认：7月4日上午，故宫古陶瓷检测研究实验室向古器物部提取的上述文物在进行无损分析测试时损坏。故宫方面解释称，是为了彻查事故原因才迟迟没有将文物损坏的事实公布。对于故宫博物院的被动表态，舆论质疑其蓄意瞒报。进入8月后，对此事件不透明的处理过程，再度把刚从"失窃门"中抽身的故宫博物院拖入舆论的泥沼。

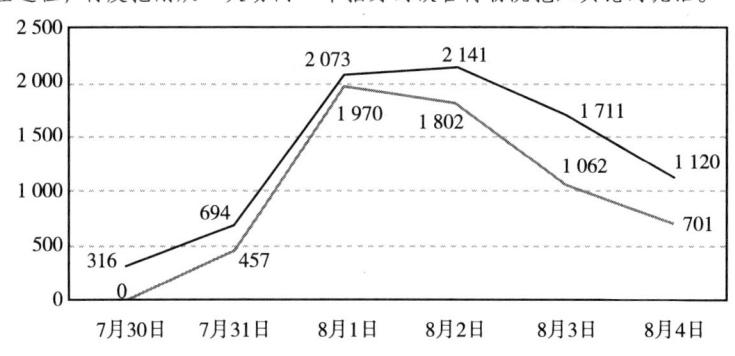

**附图9.4.3　故宫"文物被损"事件新闻与互动话题数量走势（单位：篇）**

---

[①] 庞胡瑞：《故宫文物被损事件舆情研究》，载人民网，2011年8月16日。

## 一、事件概述

7月30日，网友"龙灿"发微博称："故宫失窃案大家还记得吧？没有任何人被处理。告诉大家一个震惊的消息，故宫又出大事了！"随后该网友在10分钟之后更新内容："故宫器物部手续不全，将国家一级品宋代哥窑瓷器一件出库，不料被工作人员摔碎，故宫一级品一共才1106件。现在，故宫、文化部下了封口令。"

7月31日，故宫发表官方声明，证实存在着文物被损坏的事实，并表示，此事件发生日期距消息发布日期遥隔26天。闻得此说法，民众纷纷质疑故宫存在瞒报现象。

8月2日，网友"龙灿"再次爆料，称故宫近年发生多起珍贵文物被损毁或被遗弃的事件，相关情况未按要求上报主管部门。对此，故宫方面未予正面回应，只称"所有事情该处理的都处理了"。

8月3日，"失声"多日的故宫对外公布了处理意见，称对造成本次文物损坏事故的直接责任人给予行政记大过处分，给负有领导责任的该部门主要负责人行政警告处分。

## 二、媒体关注度走势

在图9.4.3中，我们看到舆情经历了"发生、发展、高潮、回落"的4个阶段。在事件的"发生期"，由微博主导了事件的爆料和信息延伸，使其迅速成为一个网民竞相转发的网络热点，但在此阶段，传统媒体的反应相对滞后；在事件"发展期"，传统媒体公布了故宫官方的声明，证明了文物被损的事实，在此期间微博数量激增，部分意见领袖对该事件发表了评论，矛头直指"信息瞒报"；进入"高潮期"之后，媒体、网络言论挟裹着激烈的批评声把故宫拖入了舆论的泥沼，甚至网络上出现了"寻找院长"的呼声，充分反映了此阶段中故宫缺乏信息公开、结果透明的诚意；在故宫发布对责任人的处理与文化部、国家文物局发表声明之后，此事件暂时进入"回落期"，但是汹涌的网络民意要求进行深度问责。

在舆论关注度走势中我们不难发现，此事件是由微博推动、媒体关注、全民参与的一次影响较大公共事件。在事件中，微博充当了"爆料人"和"观察者"的双重角色，对故宫官方造成了极大的压力。几次的应对失当均成为了媒体关注核心和话语把柄，使得故宫付出了无法挽回的名誉代价。

## 三、舆情应对过程研究

从事件整个过程来看，故宫在舆情应对过程中存在着两个方面的严重失误，导致了此事件被网民恶评：

1. 漠视公众知情权。从此次故宫的官方应对来看，时隔26天后的被动应对成为了事件初期最大的负面信息，使得故宫在亮相媒体的瞬间即失去了话语权。

2. 忽视民众参与权。在面对舆情时候应该保持良好的心态，闭门造车只会导致舆情的发酵，微博时代人人都是记者，在这种环境下只有营造"平等、对话"的舆论环境才能促使危机的化解。在故宫"文物被损"事件中，故宫方面忽视了民众的参与权，不仅否定民众对事情真相的追问，更在一定层面上深度封锁网民获取信息的途径。故宫态度上的傲慢是此事件不断被网民批判的重要原因。

从文物失窃到文物被损，故宫接连发生新闻事件，舆论焦点并没有聚集在新闻本身。大众更为看重的是这一系列事件所反映出的无论是管理机制还是具体舆情应对，故宫方面的失职问题。而微博上的质疑声既是针对"文物被损"这个事实的本能回应，更是对其在文物管理、民意沟通等方面长期存在缺陷的忧虑与反思。

### 附录9.4.4　　　　　　故宫失窃案的巧合

石柏魁身高1.60米，体重不足100斤。2011年5月8日，他躲在一个旅行团后面，趁乱进入故宫博物院内，随着旅行团参观，在诚肃殿听导游说展品很值钱，就滞留下来，傍晚潜入诚肃殿旁边的斋宫（恰好是闲置的）。20时许，石柏魁感觉斋宫里配电设备嗡嗡响，心烦意乱，也怕雨夜触电，就断开了斋宫配电室电源，该电源恰好也是故宫安防系统电源。大约10点，破窗进入诚肃殿，但是有一个展板挡在窗前，他一脚踹开了挡板（恰好是石膏板）后进入，宫内一片漆黑，他点燃打火机，发现了门后有一把手电筒（好像专门为他准备的），打开手电筒看到了展品，随后打破殿内展柜顶部玻璃，窃得香港两依藏博物馆在此展出的《交融——两依藏珍选粹展》展品金嵌钻石手袋、金錾花嵌钻石化妆盒、金嵌珐琅斜格纹化妆盒、金嵌宝石化妆盒（又名金嵌蓝宝石粉盒）、金嵌珐琅花饰化妆盒、金嵌宝石龟饰化妆盒、金嵌宝石化妆盒（又名金嵌宝石球形粉盒）、金錾花嵌钻石手袋和金嵌钻石化妆盒共计9件。

盗窃了9件展品之后，石柏魁走出了斋宫。从小房顶爬上大房顶，再从大房顶爬上斋宫宫墙。因宫墙太高，石柏魁无法跳下。此时他突然发现墙头竟有小手指粗的一截电缆线。于是，他将电缆线固定在墙上，顺着电缆线滑下了高墙。故宫的城墙分为内墙和外墙，石柏魁需要先出内墙再出外墙，无论出哪个墙都必须走门。在出内墙走大门时，被一名保卫人员发现，他先把盗窃物扔在了草丛中。保卫人员问他干什么的，他说是旅游的，睡着了，没走出去。保卫人员让他等一下，但就在电话上报情况的时候，他突然站起来跑进竹林（恰好这位保卫人员年龄较大，追不上），拿上扔在草丛中的盗窃物，慌不择路，居然在内墙上发现了一个小洞，恰好能让身材矮小的他钻出。出来后就是外墙墙根，他通过铁栏爬上一个房顶，顺着房顶爬上了10米高的外墙。他已经看到追查自己的人员和灯光，慌乱之中，飞身跃下10米高的墙，恰好墙外有一棵松柏树起到了缓冲作用，他受了轻伤，不影响他逃跑。

石柏魁在逃跑过程中，先后将所窃5件展品遗落或丢弃在故宫后宫围墙东北角、十三排南岗亭南侧及上驷院东面竹林内（上述遗弃物品均已起获），后逃离现场。次日，石柏魁因去大钟寺某地销赃，被告知为假货，一气之下将手中4件展品丢弃在颐和园路西侧的垃圾桶内及知春路大钟寺东路北口路边（其中1件已起获）。上述被盗的9件物品经核实，香港两依藏博物馆投保金额共计人民币41万元。其中，3件丢失的被盗物品投保金额共计人民币15万元。

石柏魁小学三年级辍学，长大后开始在工地上干小工。曾从脚手架摔下来，脊椎骨摔伤三节，伤至骨膜，从此发育变得迟缓，不能干重活。2011年春节前，石柏魁在菏泽市学了电气焊，并领到证书。过完年，石柏魁和哥哥一起离家去内蒙古打工，但他还是嫌累，没坚持下来，一个人离开了内蒙古。此外，石柏魁虽然出身农村，但其父母的过度溺爱让其好逸恶劳，家里十分贫穷。

### 教学案例

# 第10章 营销定位实施

## 10.1 动感地带入市的历程

2001年11月21日,广东移动在广州和深圳两地召开品牌推介会,推出了"动感地带"新品牌。广东移动经过市场分析,根据年龄细分市场,针对年轻人的消费特征,确定了"将数据业务打包、短信批量优惠"的产品和价格策略,使喜爱尝新,但收入不太高的年轻用户,在免月租的同时,每月只需要掏20元就可以发300条短信,或掏30元发500条短信,还可以率先享受时尚的数据业务。与此相配,还设计了一个卡通人物作为品牌代言人——酷酷的、刺猬头、带着一脸坏笑的M仔。"动感地带"在广东和深圳已经推出,受到了时尚年轻一族的喜爱,不仅用户数猛增,还对以短信为平台的一些数据业务起到了拉动作用。

2002年3月,中国移动将"动感地带"品牌由广东推向全国,并进行了全新的营销设计,取得了惊人的快速成功。据中国移动的不完全统计,当顾客达到1 000万人时,启用动感地带品牌比未启用动感地带品牌:短信流量增长超过63%,点对点短信业务收入增长超过30%,短信增值业务收入增长超过45%。而到2003年,动感地带的顾客达到3 000万人,而后一路飙升。最终,中国移动通信公司"神州行"、"全球通"、"动感地带"三大业务品牌群形成,三个品牌对其占据中国通信市场的霸主地位起到了至关重要的作用。

我们感兴趣的是动感地带切入市场的过程。

## 一、2002年的市场背景

摩托罗拉公司1983年上市了世界上第一部手机Dyna TAC 8000X,重2磅(约为900克),通话时间半小时,销售价格为3 995美元,被称为最贵的砖头。1993年的手机重量减轻为300克,价格也逐渐降低。20世纪90年代末,中国手机开始进入大众化时代,1997年的普及率1.1%,2000年达到了6.8%,2001年11.2%,2002年16.2%,2003年已经超过了20%,当年销售的手机数量已经超过了7 000多万部。这标志着移动通信时代的来临,用户有了,接下来的问题是提供怎样的产品和服务,吸引顾客入网、增加消费量并实现忠诚,最终在新增的通信市场领域分得更多的市场份额。

### 1. 移动和联通二虎相争

当时,在中国移动通信市场,主要是中国移动和中国联通两大运营商之间的竞争,各自推出抢占市场占有率的业务及品牌。

(1)中国移动通信集团公司(China Mobile Communications Corporation,China Mobile)是一家基于GSM和TD-SCDMA制式网络的移动通信运营商。中国移动通信集团公司是根据国家关于电信体制改革的部署和要求,在原中国电信移动通信资产总体剥离的基础上组建的国有骨干企业,于2000年4月20日成立,由中央政府管理。2000年5月16日正式挂牌。中国移动通信集团公司全资拥有中国移动(香港)集团有限公司,由其控股的中国移动有限公司(简称"上市公司")在国内31个省(自治区、直辖市)和香港特别行政区设立全资子公司,并在香港和纽约上市。

"全球通"是中国移动通信的旗舰品牌,知名度高,品牌形象稳健,拥有众多的高端客户。随着中国移动业务的迅猛发展和中国移动的不懈努力,"全球通"已经成为国内网络覆盖最广泛、国际漫游国家和地区最多、功能最为完善的移动信息服务品牌,充分体现了"全球通"品牌的核心理念——"我能"。

"神州行"是中国移动通信推出的又一个重要品牌,其客户数量已占中国移动通信客户总数的70%以上,是中国移动通信旗下客户规模最大、覆盖面积最广的品牌。"神州行"品牌以"快捷和实惠"为原则,针对不同细分客户推出不同的资费套餐,所有的这些资费套餐被统称为"神州行"本地营销案。现在的"神州行"品牌包括"神州行"标准卡和"神州行"本地营销案两大部分。随着品牌建设工程的系统化实行,神州行正带着"轻松由我"的主张为大众客户群体服务。

(2) 中国联通信集团公司经国务院批准于1994年7月19日成立,是一家基于GSM和WCDMA制式网络的移动通信运营商,同时作为中国主体电信企业和基础网络运营商,覆盖全国城乡,在全国范围内经营电信业务,也是中国唯一一家同时在纽约、中国香港、中国上海三地上市的电信运营企业。母公司为中国联合网络通信(香港)股份有限公司(前称中国联通股份有限公司,港交所:00762NYSE:CHU)。于2008年10月15日由原中国联通红筹公司、中国网通红筹公司合并成立,为与合并前的中国联通相区分,业界常以"新联通"进行称呼。

"世界风",是中国联通为了满足用户多样化的通信需求推出的一项移动通信服务,仅用一部双模手机就可在GSM、CDMA两种移动网之间自由切换,享受两网特色优质服务。支持移动通信用户在GSM网络和CDMA网络间双向自由切换的产品。

"如意通"是中国联通面向普通大众的品牌。"如意"两字表达使用移动电话入网方便、简单;经过精心计算,话费可得到有效控制,不用总是惦记在固定的时间和地点交纳话费,要打多少、打了多少完全由用户自行掌握,随心所欲的感觉、轻松愉快的心情甚至会感染整个工作和生活。"如意"带给用户吉祥的祝愿,正是每个人时时刻刻都在寻求的目标与境界。"通"是通达、通畅,体现了通信产品的特性和优越性。"如意通"展示了联通推出的一种更加体贴人们需要的通信方式。以实惠、方便的低通信门槛,贴近百姓生活的沟通需求。

### 2. 搅局的小灵通

小灵通(PHS)无线市话技术源自日本,它使传统意义上的固定电话不再固定在某个位置,可在无线网络覆盖范围内自由移动使用,随时随地接听、拨打本地和国内、国际电话。小灵通长期游离在我国政策边缘,被称为"固话的补充和发展"。以小灵通为代表的无线市话,在解决一定时期的应用问题是很好的选择。

2000年6月,原信息产业部下发通知,将小灵通定位为"固定电话的补充和延伸",这标志着限制小灵通发展的政策有所松动。2002年8月,小灵通在全国200多地市开通,系统网络容量达1 100多万线,网上用户数超过600万。2002年12月,小灵通业务在除京、沪之外的地区全面开禁。小灵通全球用户接近9 000万,中国电信和中国联通则拥有其中的近7 000万用户,日本本土拥有450万用户,中国台湾地区、越南也有一些用户。

小灵通有诸多的好处：一是便宜，它与固定电话采用相同的费率标准，并实行单向收费，以固话的价格享受本地移动电话的方便；二是绿色环保，小灵通功耗小，电磁波辐射极小，对人体没有任何辐射危害，为一些特殊群体，如老年人、孕妇、医务人员所喜爱；三是待机长，方便、省时、省电，充电一次，待机时间可达10天，省去了频繁充电的麻烦。

小灵通是特殊时期产物，也是中国电信和中国网通当年没有移动牌照的无奈之举，在3G前夜为运营商抢占了大批用户。2007年以后，逐渐消失。

### 3. 面临的难题

无论是中国移动，还是中国联通，当时都面临着两大难题：一是客户流失增加，二是效益下降。一方面，移动用户增量出现了逐渐下降的趋势，留量也出现了大量流失现象。2001年移动通信用户新增用户为6 000多万，但是2002年用户净增减少了300多万，同时移动电话用户离网率由2000年的7.5%上升为2002年的32%。另一方面，出现了严重的"增量不增收"的现象，联通推出的"低资费吸引客户"的策略，以及中移动的应对，用户数增加了，但是新入网的平均消费额仅为60元，其中90%都是低端用户，出现了明显的平均每户贡献收入大幅减少的情况，加之运营成本增加，利润增长面临着挑战。

摆脱困境的方法之一，是推出一个吸引新用户的产品和服务。

## 二、设计产品和渠道

2003年3月，中国移动推出子品牌"动感地带"，宣布正式为年龄在15～25岁的年轻人提供一种特制的电信服务和区别性资费套餐。

### 1. 目标顾客选择

动感地带的目标选择是按年龄而不是按着业务的档次和价格进行细分的结果，15～25岁年轻人成为动感地带的目标顾客群。因为若干调查结果显示，他们是移动数据业务需求的主力军（见表10.1.1）[①]，是预付费业务用户的重要组成部分，中国每月新增的预付卡用户是当月新增签约用户的10倍左右。同时，年轻人有着很大的成为高端客户的潜力。另外，这个品牌的推出，会形成中国移动相对完整的品牌群，进入全部市场领域。竞争对手没有针对年轻人

---

① 郑纪乐：《精确细分 动感地带赢得新》，载《成功营销》，2004年第2期。

推出任何品牌。

表 10.1.1　　　　　　　　有线、移动互联网用户对比

|  | 按年龄分布 | | |
|---|---|---|---|
|  | <25 | 25~35 | >35 |
| 有线互联网 | 42% | 43% | 15% |
| 移动互联网 | 8% | 58% | 34% |
|  | 按职业分布 | | |
|  | 学生 | 商业 | 其他 |
| 有线互联网 | 21% | 24% | 55% |
| 移动互联网 | 7% | 60% | 33% |
|  | 按收入分布 | | |
|  | >$2 000 | >$2 000~6 000 | >$6 000 |
| 有线互联网 | 72% | 24% | 20% |
| 移动互联网 | 20% | 60% | 4% |

另外一项研究显示[1]：移动通信是黏性很强的行业，消费一旦使用，常常会终生使用（不是指品牌而是指服务），因此，一个 20 岁的新用户会比一个 40 岁的新用户带来超过 20 年的价值，他们的每月消费额贡献也会随着收入的增加而增加。当然，为争取一个 25 岁以下年轻人的成本也会更高。

### 2. 产品和价格规划[2]

移动通信产品常常是以套餐的方式推出，因此产品和价格是一同进行规划的，中移动在原有基础上对这个套餐进行了相应的完善。

首先，继续保留预付费的入网方式。实时扣费、实时充值的计费方法，提升了年轻客户对动感地带的认同度。

其次，根据年轻人收入较低，对短信业务需求量大的特点，推出数据产品优惠套餐。用户每月支付 20 元可发 300 条短信，支付 30 元可发 500 条短信，对于喜欢以短信方式进行情感沟通的年轻人来说，具有相当强的吸引力。

---

[1] 上海奥美广告背景分公司：《动感地带 在路上——中国移动通讯动感地带品牌策划案》，载《广告人》，2005 年 Z1 期。

[2] 刁新军、杨德礼、王建军：《中国移动动感地带的品牌营销》，载《管理案例研究与评论》，2008 年第 3 期。

最后，根据年轻客户追求时尚、崇尚个性的特点，中国移动还将 15～25 岁的年轻群体进一步细分，针对"自由学生族"、"年轻好玩族"和"时尚白领族"设计了"学生套餐"、"娱乐套餐"、"时尚办公套餐"等各具特色的数据业务和资费套餐。其中，"学生套餐"专为学生设计，通过校园计划、熄灯计划、假日计划、学生聊天计划等满足了学生用户的需求；"娱乐套餐"则瞄准时尚族群推出了彩信计划、移动 QQ 计划、聊天计划、周末假日计划等；"时尚办公套餐"针对都市白领的生活工作特点，推出了语音计划、GPRS 时尚计划、聊天计划、IP 长途计划、工作漫游计划等丰富的服务业务。

2005 年 3 月，中国移动为动感地带客户量身订制了更具有品牌个性服务的新一代 SIM 卡（M2.0 卡），该卡拥有 64k 的超大容量，支持高达 50 条短信的存储，还内置了动感消息、动感密语、动感乐园、动感休闲等相关增值业务。菜单名称有我的身份认证、我的短信群发、我的自习室、我的铃声图片等，而且所有动感地带的菜单和数据业务都可以自由下载，自由更新。和以往的 SIM 卡相比，在功能上 M2.0 卡的个性化设计能够更好地满足通信、娱乐等需求，也满足了年轻移动一族对适合自己个性化的业务和品牌的需求。

动感地带品牌的核心价值是它所提供的资费灵活、低廉方便的个性化增值服务，给用户带来了前所未有的移动通信生活。另一核心价值则体现为内容丰富、多彩多样的个性化增值服务。不仅为用户提供优质的语音通话服务和超值短信，还有丰富、新奇、好玩的数据业务，例如，个性铃声、图片下载、手机游戏，移动 Flash、移动 QQ、语音杂志、邮件收发、星座运势、互动游戏等，还有通话优惠的亲情号码和情侣卡，寻找 M - Zone 人活动等。

### 3. 分销渠道规划[①]

动感地带的分销渠道包括实体渠道和虚拟渠道（动感地带专用网站）两部分，不管哪种渠道，中国移动对动感地带品牌形象输出信息的统一和各终端形象化营造上都有严格的监控和评估。它的促销活动的设计，应统一服从于阶段内动感地带整体品牌发布主题的大局，不允许有任何冲突。

实体渠道包括自有渠道和合作渠道，自有渠道主要指动感地带的移动通信营业厅、品牌店、自助服务店等；合作渠道主要是指通过传统的社会代理渠道来分销，包括合作营业厅、加盟店、指定专营店、指定代销店和普通代销店

---

[①] 刁新军、杨德礼、王建军：《中国移动动感地带的品牌营销》，载《管理案例研究与评论》，2008 年第 3 期。

等。此外，中国移动还在各大学校园设置了学生代理。这样，在校的大学生可以非常方便地购买动感地带，真正使主要的消费群体能够获得购买动感地带的便利。

虚拟渠道主要是指网上渠道。中国移动专门开通了动感地带专线和网站，建立为用户提供随时服务的客服通道，针对年轻人特点重新设计和规划相应的服务流程和操作接待方式。在动感地带专用网站，用户只需登录就可以了解到各种服务，还可以进行在线服务；用户只要输入自己的手机号码，就可以实现查询话费、增值服务等功能，如果要使用只需按照提示发送短信就可以了，几乎实现了用户和移动通信之间的零距离接触。不仅如此，动感地带也是一个年轻人互动娱乐的交流和沟通社区，里面丰富多彩的主题讨论、游戏空间以及定期的会员活动。

## 三、实施品牌的传播

中国移动决定在全国推广动感地带品牌后，就决定寻找一家这样的传播公司，它能组合广告、公关、媒体购买、市场调研等多方面资源。几经比较后，委托北京奥美广告对品牌进行全方位的策划。奥美进行了一系列的调查和研究，以及品牌规划工作。负责该项目的北京奥美广告公司业务总监吴昊介绍，从"动感地带"正式上市到现在，除了广告策略，奥美还要深入中国移动内部，做相关的品牌营销、产品资费、服务、渠道策略等工作。

每年七八月份，奥美都会对全年"动感地带"品牌进行一次"健康检查"，并规划下一年要做的工作，包括一年的用户增长、用户贡献、用户价值评估等。

### 1. 品牌的定位及目标[①]

奥美首先对动感地带目标顾客群特征进行了分析，发现这部分人群的共同特征是：15～25岁的年轻人，主要是大学高年级或刚毕业的学生，其次是中等学历和较早进入社会的年轻人及家庭条件好的中学生，崇拜新科技，追求时尚，对新鲜事物感兴趣。他们凡事重感觉，崇尚个性，思维活跃，喜欢娱乐休闲社交，移动性高，有强烈的品牌意识是容易互相影响的消费群体。

---

① 上海奥美广告背景分公司：《动感地带 在路上——中国移动通讯动感地带品牌策划案》，载《广告人》，2005年Z1期。

年轻人的学生构成和生活方式会对消费和企业营销产生相应的影响。可支配收入有限，能够分配给移动通信的消费也必然有限。年轻人追赶时尚潮流，兴趣广泛，需要把有限的消费支出拆分为多种分配：书籍杂志、网络游戏、Nike运动鞋、英语学习班、日本漫画书、麦当劳汉堡、百事可乐……一个都不能少。

如果将动感地带仅限制在运营商的竞争圈中，它必将被限制。如果将竞争的范畴锁定在年轻人的"钱包"，路更广阔。所以，动感地带将品牌定位在"年轻时尚品牌"的行列。奥美希望未来的动感地带用户可以每个月少喝一瓶可乐、少吃一个蛋筒、少泡一夜网吧……通过移动通信，多与父母朋友沟通一些，尝试更多的移动娱乐、资讯，聊出更多的新朋友，享受更多的外出游走的新乐趣……现实中，移动通信正在努力从语音时代向数字时代跨越，日新月异的新产品所提供的服务正是如此。于是"年轻人的通信自治区"新鲜出炉。

这样就形成了动感地带的品牌特征（也是营销目标）：动感地带是中国移动为年轻市场量身定做的移动通信品牌；让不仅是通信品牌，还是时尚品牌，还是一个只属于年轻人的通信与流行文化空间；动感地带应该成为针对年轻族群的通信品牌领导者；在细分的市场中保持中国移动的领导地位，培养年轻用户成为移动未来的忠诚客户，为中国移动赢得未来市场。

### 2. 品牌的表现符号

品牌名称：动感地带。

品牌标志：由中文"动感地带"和英文"M-ZONE"，以及"我的地盘我做主"构成一个方形结构图。主色是充满年轻朝气和活力的橙色（见图10.1.1）。

品牌定位语：我的地盘听我的。

品牌定位：时尚、好玩、探索，补充描述是：创新、个性、归属。

品牌形象代言人：周杰伦。

图 10.1.1 动感地带

### 3. 2003年的传播事件[①]

2003年3月，中国移动召开新闻发布会，宣布推出品牌"动感地带"。

2003年4月，中国移动举行"动感地带"（M-ZONE）形象代言人新闻发

---

① 郑纪乐：《精确细分 动感地带赢得新》，载《成功营销》，2004年第2期。

布会暨媒体推广会，台湾新锐歌星周杰伦携手"动感地带"。

2003年5—8月，中国移动各地市场利用报纸、电视、网络、户外、杂志、公关活动等开始了对新品牌的精彩演绎。

2003年9—12月，中国移动在全国举办"'动感地带'M-ZONE中国大学生街舞挑战赛"，携万大学生掀起街舞狂潮。而后每年举行，口号是"我的地盘，以舞会友"、"扩张我的地盘"。

2003年11月，中国移动旗下"动感地带"（M-ZONE）与麦当劳宣布结成合作联盟，此前由动感地带客户投票自主选择的本季度"动感套餐"同时揭晓。主题口号是"我的地盘，以食聚友"；"我的地盘，我就喜欢"。

2003年12月，"动感地带"品牌权利赞助由香奈儿5号联袂中央电视台、上海文化广播新闻传媒集团主办的"未来音乐国度——U and Me! 第十届全球华语音乐榜中榜"评选活动。

### 4. 传播内容和主题词

品牌定位的主题词：我的地盘听我的；年轻人的通信自治区。

品牌内容的主题词：我这里有你喜欢的一切；我专为你而生；用新奇宣泄快乐；你在任何地方都能感受到我的存在。

短信业务的宣传语：从传纸条到发短信，我们做了N年同学。

彩信业务的宣传语：发个鬼脸，给他点颜色看看。

语音短信的宣传语：原汁原味的祝福。

WAP无线上网的宣传语：早上晚上路上床上，我的手机都在网上。

语音杂志的宣传语：一本用耳朵倾听的杂志。

### 5. 2003年传播三阶段[①]

（1）第一阶段（3—4月）——品牌初始化阶段。与消费者沟通品牌的基础要素（名称、标志、口号等），根据年轻人的言语特征，发展使他们有共鸣的语音语调，并相应地创作出系列广告。沟通的重点在于讲解涂鸦效果的标志内涵——"我的地盘，听我的"的品牌主张和"超值短信、铃声图片下载及移动QQ"三项主要业务。

TVC广告：《喷画篇》，推出M-ZONE新LOGO，宣告上市；《拆墙篇》，

---

[①] 上海奥美广告背景分公司：《动感地带 在路上——中国移动通讯动感地带品牌策划案》，载《广告人》，2005年Z1期。

M-ZONE 主题广告，突出"我的地盘"；《明星篇》，短信数量多到超乎想象；《企鹅篇》，移动 QQ 到哪里都能发；《办公室篇》，只属于年轻人的铃声。广播部分推出 M-ZONE。

平面广告：《自治区路牌篇》用于宣传主题，标题为"欢迎进入年轻人的通讯自治区"，将动感地带比做"年轻人的通讯自治区"，上市就好像亮出了通行路牌；《薯条篇》用于宣传短信套餐，标题为"超值短信，多少条都吃得消"，借"条"的谐音和"吃得消"的类比体现短信量的超乎想象；《校园铃声篇》用于个性铃声图片下载，标题为"铃声图片下载，只要我喜欢"，校园的下课铃，是学生特有的铃声，将品牌主张中"听我的"态度，自然而然地引了出来；《企鹅篇》用于移动 QQ，标题为"移动 QQ，走着玩"，使用企鹅对 QQ 的象征意义，将动感地带比成移动的启动者，直接传达产品特征。网络部分，通过门户网站和微型网站，沟通动感地带的标识和概念含义。

（2）第二阶段（4—9月）——品牌告知增强阶段。推出酝酿已久的品牌代言人周杰伦利用他超人气的魅力，引发动感地带的新一轮流行，让受众更多了解"时尚、好玩、探索、新奇"的品牌内涵。传播的沟通重点仍然在品牌主张和三项主要业务上。系列广告、渠道系列制作物、配合代言人的推出、大型新闻发布会及落地活动相继展开。

TVC 广告：《诊所篇》用于推广超值短信套餐；《咖啡馆篇》用于推广个性铃声图片下载；《演唱会篇》用于推广移动 QQ。

平面广告：《自治区篇》，标题为"玩转年轻人的通讯自治区"，用年轻人的语言"玩转"，通过代言人周杰伦的宣告更增加了目标消费者对动感地带是属于"年轻人通讯自治区"的认同感；《超值短信篇》标题为"超值短信，一发不能罢手"，是电视广告"诊所篇"的延伸，内文的开头与其他特色业务广告一样以周杰伦的歌词开头，加强品牌与代言人之间的关系；《移动 QQ 篇》，标题为"移动，走到哪里都能 Q"，以周杰伦巡回演唱会为线索，带出两者的联系，周杰伦的造型同时也是电视广告"演唱会篇"的延伸；《铃声图片下载篇》标题为"铃声图片下载，多到想不到"，周杰伦以指挥家的造型出现，带出多种不同风格的铃声可以下载。

街舞大赛是动感地带上市以来主要的地面活动。对于定义的年轻人群，街舞主题对他们有足够的吸引力，街舞的时尚和探索精神与品牌契合，街舞活动也帮助动感地带同时深入到校园。

（3）第三阶段（10—12月）——"特权"建立阶段。这一阶段，利用品牌代言人深化动感地带赋予用户特权身份的宣传。沟通的重点是强调"特权"的建立。深入解释动感地带对于年轻人到底意味着什么。从一个 SIM 卡，一个动感地带门号，就可以带来一系列特权，而且这就是动感地带人的生活。

TVC 广告：动感地带人篇和飞贼篇，表现动感地带特权，并引出这族群的概念。

平面广告：《亮出特权身份篇》宣传主题，标题为"亮出特权身份，就在动感地带"；《花样繁多篇》，标题为"谁敢和我玩花样"，告诉受众还有个性彩铃图片下载、移动 QQ、游戏百宝箱、12586、12950 等；《话费优惠篇》，标题为"说了和没说一样"，动感地带优惠权，情话、废话、长话、短话等统统可以说个痛快；《换机篇》，标题为"换机狂热分子"，动感地带推出定制手机，优惠购买，旧的没去，新的就来了；《联盟篇》，标题为"别人的地盘，正在变成我的地盘"，与麦当劳联盟，提供动感套餐。

经过这三个阶段的传播，取得了相应的效果。2003 年 3 月开始上市，半年后，在 15～25 岁城市人口中的知名度达到 71%，学生中的知名度达到 83%，美誉度达到 73%。2003 年年底，用户数量超过千万，用户月均消费超过企业传统预付费品牌 10 元，数据业务消费比例约 30%，超出市场总体平均水平 2 倍。动感地带品牌成为了"时尚、好玩、新奇和探索"的代名词。

直至几年之后，动感地带已经由一个"通信自治区"成为"生活自治区"。

由于动感地带的巨大成功，中国联通于 2005 年 3 月也推出了竞争性品牌"UP 新势力"，从而也形成了"新时空"、"如意通"和"UP 新势力"三个与中移动一对一竞争的集群品牌。

**案例讨论目的**

使学生掌握"企业成功营销"的实施过程和路径，以及具体的资源整合的匹配方法。

**案例讨论问题**

1. 动感地带成功入市的关键因素是什么？
2. 如何评价动感地带上市传播的策略？

**案例讨论形式**

开放式讨论，同学们根据案例提供的资料和数据，对动感地带的成功入市进行综合分析，最终发现其成功过程的整体逻辑框架。

# 附录 10.1

## 附录 10.1.1　　　　中国移动的服务品牌*

1. 个人用户

- **全球通（GoTone）品牌特色——我能**：是中国移动通信的旗舰品牌，知名度高，品牌形象稳健，拥有众多的高端客户，是国内网络覆盖最广泛、国际漫游国家和地区最多、功能最为完善的移动信息服务品牌。
- **动感地带（M-zone）品牌特色——我的地盘，听我的**：是中国移动通信为年轻时尚人群量身定制的移动通信客户品牌，不仅资费灵活，还提供多种创新的个性化服务，给用户带来前所未有的移动通信生活。
- **神州行（Easyown）品牌特色——轻松由我，神州行**：是中国移动通信旗下客户规模最大、覆盖面积最广的品牌，也是我国移动通信市场上客户数量最大的品牌。它以"快捷和实惠"为原则，带着"轻松由我"的主张服务于大众。
- **3G 品牌特色——G3，带你进入高效、精彩的 3G 新生活**：生活在 3G 时代，可以更快捷地掌握最新资讯、可以更方便地与人沟通、可以更自由地享受电子娱乐……你的视野将变得更加宽广和辽远，你的工作和生活将变得更加高效和精彩，你的梦想将与更多人分享。这就是 G3 所带来的新生活，让更多梦想成为可能。

2. 集团客户

- **中国移动通信品牌特色——动力 100，信息就是力量**：通信基于现实，面向未来，根据集团客户在管理、技术和服务等方面的实际需要，结合未来发展趋势，利用自身强大的网络资源和业务能力，推出移动信息化整体解决方案，以移动管理全面提升电子政务与电子商务的层次，实现以客户为中心的移动信息化。

\* 中国移动通信集团网站。

附表 10.1.1　　　　联通新势力与动感地带品牌比较

| 项目 | UP 新势力 | 动感地带 |
| --- | --- | --- |
| 推出时间 | 2005 年 3 月 | 2003 年 3 月 |
| 目标顾客 | 15～26 岁的年轻人 | 15～25 岁的年轻人 |
| 业务范围 | 语音服务、短信套餐、手机上网、来电宝、手机游戏 | 语音服务、短信套餐、手机上网、短信呼、手机游戏 |
| 产品功能 | 彩 e、炫铃、互动世界、聊天交友、资费 DIY、空中下载、横跨 GC 两网 | 彩信、彩铃、无线上网、WAP/如意邮箱、聊天交友 |
| 品牌内涵 | 积极向上的年轻人 | 独占一方天地的年轻人 |
| 品牌文化 | 自信、创新、分享、团队 | 时尚、好玩、探索、个性 |
| 主题广告 | 就要你最红 | 我的地盘我做主 |

## 10.2 海底捞是如何成功的

海底捞由 1994 年的一个路边麻辣烫小摊发展而来，以经营川味火锅为主，经过 16 年的持续成长，已经发展成为大型跨省直营餐饮民营企业，在北京、上海、南京等多个城市拥有 51 家直营店、四个大型现代化物流配送基地和一个原料生产基地，2010 年营业额近 15 亿元，拥有员工 1 万多人。曾获大众点评网评出的"最佳服务餐厅"和"最受欢迎 10 佳火锅店"称号；连续三年获得"中国餐饮百强企业"名誉称号。在 2008 年"餐饮连锁业成长十强"的评选中，以 208.14% 的成长速度，成为当年中国餐饮连锁业发展最快的企业。

中国餐饮业的平均员工流动率为 28.6%，而海底捞低于 10%，海底捞的顾客回头率高达 50%，顾客满意度和口碑明显优于竞争对手，单店的日翻台次数为 7 次，新店从开业到回本盈利的周期为 6 个月，种种数据显示其经营业绩整体优于竞争对手。在中国餐饮业"风水轮流转、各领风骚三五年"的情境下，她的成功使其成为非常稀缺的案例资源，受到全社会的关注。清华大学、北京大学等商学院将其作为案例进行研究，国际餐饮业的巨头到海底捞去试吃体验，董事长张勇也被频繁邀请做演讲，但是对于它的成功仍然是众说纷纭，莫衷一是。有的说，海底捞，你学不会[1]；有的说，海底捞，你学得会[2]；还有的说，海底捞，一学就会[3]。有的问，海底捞，凭什么[4]? 有的问，海底捞能捞多久[5]？……还有诸多揭秘者[6]。

对海底捞进行学术型、规范性案例研究的也不在少数。从 2007 年开始，就有媒体对海底捞进行研究，但是影响有限。影响较大的是黄铁鹰等人 2009 年发表的研究成果[7]，随后开始引起诸多学者的注意。具有代表性的学术型案例研究成果有：2010 年清华大学经济管理学院零售管理课程班发表了对海底捞的营销定位方面的研究成果[8]；2011 年 11 月在中国人民大学商学院和《管理世界》杂

---

[1] 黄铁鹰：《海底捞你学不会》，中信出版社 2011 年版，第 1~212 页。
[2] 杨铁峰：《海底捞你学得会》，人民邮电出版社 2011 年版，第 1~184 页。
[3] 冯雪：《海底捞一学就会》，中国商业出版社 2012 年版，第 1~237 页。
[4] 李翔：《海底捞凭什么》，新世界出版社 2011 年版，第 1~222 页。
[5] 陈禹安：《海底捞能捞多久》，东方出版社 2011 年版，第 1~160 页。
[6] 易钟：《海底捞的秘密》，广东经济出版社 2011 年版，第 1~159 页。
[7] 黄铁鹰、梁钧平、潘洋：《海底捞的管理智慧》，载《商业评论》，2009 年第 4 期。
[8] 清华大学经济管理学院零售课程班：《火锅店稳定高速成长的定位地图——基于海底捞火锅店的案例研究》，载《中国零售研究》，2010 年第 2 卷第 1 辑。

志社联合举办的"中国企业管理案例与理论构建研究论坛及第五届中国人民大学管理论坛"上,郑晓明等人提交了"双元能力促进企业服务敏捷性"的案例研究论文[1];2011年12月在首届"中国企业管理创新案例研究前沿论坛"上,李飞等人提交了海底捞商业模式创新方面的案例研究论文[2];另外,2011年第12期《管理世界》发表了徐细雄等人关于海底捞农民工雇佣关系管理的研究成果[3]。

谁说也不如当事人自己说。2010年3月17日,海底捞董事长张勇参加清华大学经济管理学院主办的中国企业管理最佳实践讲坛,现场做了题为"海底捞的经营智慧"的报告(2小时),并与教授们进行了交流(1小时)——或许能揭开海底捞成功之谜(根据录音整理,做了部分删减,未经本人审阅)。

## 一、"双手改变命运" 价值是如何形成的?

"双手改变命运"的价值观,我是这样理解的:顾客掏钱吃饭,肯定是需要一个优质的菜品和一个优质的服务。我们员工双手的劳动,应该能改变一些东西。这不仅和我个人的价值观有关系,我觉得这与普世的价值观也是有关系的。不管是古代的、现代的,中国的还是外国的,我们都遵循勤奋、敬业、忠诚,我们双手可以改变一些东西。

正式提出"双手改变命运"这个话题的时间不是太长,但是我们以前是这样做的,只是没有总结出来。我想有两件事促使我把这句话确定为我们公司的核心价值观。

第一件事,我老家简阳县城有一个农机站,我家就在农机站的对面。农机站有一个智力有缺陷的人,光长身体不长智力——他的父母是近亲结婚。小时候,我们在一起玩儿。长大后我做生意了,他的智力还停留在几岁。当然我们还是好朋友。后来我在西安开店,有一次出差回老家,我问我妈:"哎,那个智障怎么样了?"我妈说:"怎么会问起他?"我说:"现在咱们不是有钱了嘛,可不可以

---

[1] 郑晓明、丁玲、欧阳桃花:《双元能力促进企业敏捷性——海底捞公司发展历程案例研究》,载《中国企业管理案例与理论构建研究论坛(2011)及第五届中国人民大学管理论坛论文集(上)》,第393~410页。

[2] 李飞、米卜、刘会:《中国零售企业商业模式成功创新路径——基于海底捞餐饮公司的案例研究》,载《首届"中国企业管理创新案例研究前沿论坛"论文集》,第217~235页。

[3] 徐细雄、淦未宇:《组织支持契合、心理授权与雇员组织承诺:一个新生代农民工雇佣关系管理的理论框架》,载《管理世界》,2011年第12期。

资助他一点。""要是早几年问就好了，他都死了。"为什么会死呢？事情是这样，农机站破产之后，他爸爸就跑了，借口打工，其实是抛弃他们母子。他妈妈没办法，就领着他在农机公司的门口摆了一个买烟的烟摊，靠这个烟摊来贴补家用。后来农机公司也不行了，倒闭之后就把门面承包给一个农民。这个人认为，他承包了这个门面，别人的摊不能摆在我的门口挡着我。他妈妈没办法，就买了一包老鼠药，带着孩子到山坡上，把鼠药下到方便面里，把小孩和自己都毒死了。听了这件事，我就觉得贫穷是一件很可怕的事情。我来自农村、县城，过去见过许多极度贫穷的现象。

第二件事，有一个人叫崔英杰，是二十几岁的退伍军人，来北京没有偷没有抢，就是想靠自己的双手去挣一份不多的钱，在大街上卖烤肠，能挣几个钱啊？但是，北京城如果到处都是卖烤肠的也不行，城管要制止他。2006年8月11日，北京市海淀城管监察大队在中关村执法，卖烤肠的小贩崔英杰因三轮车被没收，用小刀刺向城管副队长李志强的颈部，李因失血过多抢救无效死亡。城管工资也很低呀，他凭什么被你杀死啊？后来这个小贩被判了死刑，缓期执行。

这两件事让我很不好受。我想，有很多基层的人，很优秀，他们没办法来清华大学读书，但他们通过自己的努力应该能改变一些状况。教育资源分配不公，我没有能力去管；但我有8 000名员工，只要能够为8 000名员工打造出一个环境，大家能够用自己的双手改变一些现状，我觉得这挺好的。

至于哪一年正式提出的"双手改变命运"，大概有六七年了吧！因为我们公司不是很正规，也没有具体的记录。

## 二、优质服务的经营模式如何形成的？

我们公司的战略目标是通过提高顾客满意度来打造一个民族品牌。这个目标确定下来之后，政策、制度、架构就要与其匹配。

怎么建立一个品牌呢？我发现，餐饮是一个完全竞争行业，消费者体验是很重要的，所以我们很早就注意顾客满意度。一旦确定要提高顾客满意度，就会想到顾客满意度是由谁来保证的，是员工。如果说刚才那两个故事和"双手改变命运"有关的话，那也是很小的关联，更多的是来自生意上的感悟。你要让员工努力的话就要让他们保持一种激情，你才能用"双手改变命运"来凝聚员工。确定战略目标和"双手改变命运"的核心价值观，就一定能用一些手段和措施让员工认可企业，再去为顾客付出。如果只讲培训，就火锅来讲是很简单的，点火、定菜单、倒茶、收钱，中间你要什么我给你拿过来。从现实上来讲，理论上的培训几乎是不需要的。那为什么很多人做不好呢？其实就是服务员没有把心思放在那儿。当员工认可"双手改变命运"的核心价值观，他们便会今天想一个办法，明天出一个主意，积累下来就成为今天的"海底捞"。其实这些想法几乎没有我的，都是员工的想法。

如果在员工、顾客、股东三者之间一定要排个顺序的话，是不是把员工放在第一位？不会，做生意的本质还是要多赚钱的。员工、股东和顾客，都一样的重要。媒体说，我们认为员工最重要，其实也没那么重视。媒体报道是基于我们的员工都是民工，没有受过高等教育，在社会最底层。在20世纪90年代，很多民工拿不到工钱，到2010年才有了保险。10年前餐饮业的员工住的都是地下室，好多人住一间。我们只是适当多给了员工一些，但离欧美国家的比例还远远不够。稍微关注了一下员工，大家就觉得把员工摆在第一位了。我认为是不够的，还要继续做。如果生意更好，大家多支持的话我会做得更好。

## 三、核心竞争力究竟是什么？

餐饮业是国家最早开放的行业，属于完全竞争行业，没有什么技术门槛，谁都可以开店。我一直琢磨，从几个方面来分析餐饮业的核心竞争力，比如环境、食品安全、口味、服务品质等。可是我们发现，这些都不能形成核心竞争力。我认为，一个餐饮企业的人力资源体系是非常重要的，把人力资源体系打造好后，会形成一个由下而上的文化，员工们会努力去做。我想这会成为海底捞未来的一个核心竞争力。

成本的问题可以分为两种，一种是与食品安全有关的，我可以自豪地说，我们的物流体系在中国是排在前面的，我不敢说是第一，但肯定是在前面的。我们基本上做到机械化清洗，机械化切割，清洗后的细菌是零，清洗的温度是多少，我们都按很高的标准执行。这些成本一定会高一些。另一种是与服务有关的，我们提供比较好的服务，比如退菜，这个菜是不可能再回厨房了，我们在厨房摆两个大桶，荤菜倒一个桶，素菜倒一个桶，到晚上员工就可以吃了。这个成本可能会增加一些。但是，餐饮业有个特点是固定开销很大，第一桌完后可能刚好把固定开销抵掉，你要想赚钱的话就要翻桌，所以我们对等座非常重视。因为他必须要坐下来，如果他不坐下来我们一定赔钱，所以必须有一些附加服务吸引顾客。目前这类成本我们还能忍受，至于劳动力成本的上升，我觉得是个好事情。因为我们企业的理想就是增加基层员工的收入。我看到今年的民工荒，在公司会上鼓掌，过去我们意识到了可是没有力量去做，现在是全社会都意识到了民工应该涨工资，凭什么一个月他就拿几百块钱？涨工资后通过市场的调节，比如提高售价，压低股东的一些回报等，其实这里面是有空间的，有很大的空间。人力成本的上升我不认为是问题，而且是我向往的。食品安全方面的成本增加也是必须要做的，但是你的售价可以比其他人高一点。这样，一切问题就都解决了。

我肯定是赚钱的，而且在餐饮业中还是算好的。其实也可以回到员工、股东和顾客三者之间的关系，就是要找到一个平衡点。我觉得很多经营者总是把账算得过大了，总是站在自己的角度去考虑问题，不站在别人的角度去思考。比如，顾客等座，坐的位置没有，一点小吃也没有——那我就不等了！我不等，你就没有收入了。所以，在这种情况下就必须增加一些成本，而且这些成本是微不足道的。包括已谈到的退菜，其实这笔账很好算：餐饮业的成本主要来自于租金、税收、劳动力成本，小吃的成本是很小的，顾客不小心菜点多了，我们不能因为那么一点成本与客人发生冲突，因为你与客人发生了冲突，他下次就不来了，而且餐饮行业是"现场直播"。所以在发生冲突的情况下，只能两害相权取其轻，反正都是损失。如果你按有的企业的做法，损失就更大！按我们的做法其实损失是很小的，而且收益会很大——这个账要算清楚，我个人觉得比有的企业会算账。

## 四、如何对店长和员工进行考核

我先强调，做生意是一定要赚钱的，但你不能太短视，不能算这一单你赚了多少。比如，人家吃火锅，太咸了，这要免单的，这是放之四海而皆准的道理，因为我消费你的产品，你是一个不合格的产品，这个损失一定由商家承担。可是我们很多餐厅的老板说，哦，你想吃霸王餐啊！我们不是看短期利润而是一定要看长期利润。利润我是一定要考核的，但确确实实对一个优秀的店长我不是直接考核他的利润，因为这样不公平。比如，在北京的王府井，或者清华门口开一家火锅店，你的生意会很好；但如果是开在甘肃，不论店长有多么优秀，赚的钱一定没有清华门口的这家赚得多。你要保证长期的利润，就要看他有没有凝聚员工的能力，能不能提高员工的满意度。如果仅仅以利润为考核指标的话，显然有失公平，店长就会很混乱。

"海底捞"的员工敬业度非常高，客户满意度也非常高，但没有一个专门的机构、专门的团队对他们进行考核。餐饮行业考核不如工业等容易，比如说一瓶水它多少毫升就是多少毫升，可以通过设备检验。而餐饮业是不能规定所有的土豆都长得一样大，只能尽量做到标准化。我们的服务没有可能做到标准化，只能有一些很笼统的指标，比如说热情，大方，准确，能够发现服务的缺陷并能够妥善地处理。餐饮业的服务，都是瞬间发生的事情。比如，服务员在这个地方的时候，如果说有领导在，他今天心情很好，你就会觉得他今天服务很好，也许是肢体语言啊，表情啊，他跟你说话时的那种真诚劲啊，你就感觉到服务很好；而同样一个人，他可能一会儿服务又不好了，可怕的是你又不能考核他。我们的考核方式首先是把人力资源体系理顺，你的升迁，要按照我们的标准。如果纯粹是上级来考核他，一方面压力大，另一方面可能没有很好的效果。我们会采取自我评价和上级评价（打分）的方式。唯一要堵的就是人品问题了。2009 年我们接待了 2 000 多万客人，这中间发生很多事情。我们采取自评和上级评价加总除以 2 的方法，效果还蛮好的。

## 五、如何帮助员工职业发展

"双手改变命运"就是职业发展规划，海底捞一般不从外面聘请管理人员，其实并不是我认为外面的管理人员不好；他们也很好，有很多优秀的人才。但如果从外面聘，你说的和做的就不一样了，你说要让大家"双手改变命运"的嘛，你不就把这条路给堵死了？你把好的职位都给了外面的人，那人家怎么改变命运啊？所以看到人家好我也没有办法，也只能从基层一级一级提拔。一定要打通这个职业通道。

我招人没有标准，因为招不到人，确实没有资格去选。如果你规定一定要有清华大学本科，那我估计 8 000 块钱你都招不到。你就没得选，你的业务本身就是低端。只要他身体健康，愿意干，我们就愿意招。

招聘员工没得选，那怎样让新员工融入呢，他们怎样像老员工一样为顾客服务呢？我可以说，海底捞的大部分员工是好的，但是也有一些素质低的。比如，顾客等待务人员找钱，左等右等，也不见服务人员回来；再叫店长，店长询问，顾客说：我付了 1 800 块钱，应该找 66 块钱，结果服务人员跑了……店长会先支付这笔费用。所以，新员工快速融入工作是空想，只能是尽快融入。其实，那些员工也是在社会上受到不公平的待遇，所以才会那么做。所以，我们会多给那些员工一点照顾。其实，这种员工，只要你多给他一些照顾，他会很感激的。我觉得我们现在做得还不够。新员工是由领班带领，领班的具体行为可能达不到我的要求，所以，在海底捞老员工欺负新员工的现象是在存在的。下级在理解公司的意图时是有差异的，也并不是每一个员工都很幸运，因为他的师傅、领班也都是孩子，在理解公司的意图方面是有差异的。

我们现在很多干部就很有尊严。比如，过去我们北京的总经理就在北京买了一套房，他才27岁，没有上过大学，来海底捞前就是一个看门的。而且我们的很多大堂经理买了房子，买别墅的人多得很，他们在社会上很受人尊重。如果我们以后的收入更好，我想再调高一点他们的收入。他们的收入是和他们赚回来的成正比的。

## 六、海底捞考虑上市融资吗

餐饮业有两个特点，一是劳动密集型，二是现金流比较好。一个良好的餐饮业如果每年以50%的速度扩张，它是不缺钱的。麦当劳融资，是因为它想做房地产。我们还没有想好做不做房地产。另外，我们不融资，一是不缺钱；二是我觉得中国的资本市场是不健全的，是有问题的。前几年我们一些上市公司的一些做法，特别是你要知道一些内幕的话，你会觉得那些做法违背一个企业家的良知。甚至我有点夸张地说，中国的资本市场是有钱人、有权人抢穷人钱财的一个合法的市场。

我认为，一个企业的发展最主要的还是要依靠其人力资源体系、物流体系和财务体系。我们用软实力来形容。只有把这些体系都建立起来，我们才能扩张。如果没有这些体系，那么一个企业上市，他拿那么多的钱干什么？开店扩张。只不过现在中国的市场太好了。不管你怎么做，都会赚。所以我一直强调，目前不是加速的时候，是我们应该静下心来好好建立我们的体系的时候，这么多年来，我一直坚持这个原则。

## 七、你的领导风格有什么特点

我的领导风格是简单粗暴型，再加上一个非常懒。我不太去做很具体的事情。比如说早晨去买菜我就不愿意去。那我就得找一个人，找人买菜你就得相信人，要不你就自己去买。不过懒也好，这样就形成了一个授权制度。简单粗暴呢，其实有时候我们的员工也很让人生气。我太太说我应该跟人讲道理；我说：等我跟他讲明白道理，黄花菜都凉了。你想吧，我们那时候考大学是千军万马过独木桥；现在就容易了，因为扩招了。为什么那些人考不上大学？其实这也验证了一句老话：可怜之人必有可恨之处。他肯定是不努力嘛！让我们店里那些二十几岁的孩子明白什么叫责任，什么叫战略，每一条规章制度是怎么来的，这是很困难的。因为有些事情，明明是很简单的，但是他就是做不好。真的很让人匪夷所思。有些时候我真的没办法，就只好训一顿，要不就开除。所以剩下的就都是比较好的。

有人问，我店里的员工的微笑很自然，为什么？两个方面的，一是可能他们觉得在海底捞工作，环境真的很好，发自内心；二是不好的都被我开除了。我们的员工是离不开海底捞的，这里面有个结：如果他离开海底捞，就拿不到那么高的工资了，就买不了房了，也就没有地位了。

员工收入是一个基本的问题，在这个基础上再关心他的精神生活——这是分不开的。比如说在20世纪90年代，我们就给我们的大堂经理的母亲发钱。虽然钱不多，但是他的妈妈在村里很骄傲的，会给村里人说：看我儿子多有本事！如果他要离开海底捞，他妈妈也不答应的。

## 八、张勇的自我认知

没什么特别喜欢的，火锅我特别不喜欢。我摆地摊的时候，看到有些比我大一些的人，突然有钱了，吃饭时总会点一大桌子菜，总怕吃不饱，可能是他们小时候被饿坏了。等客人一走，你会发现火锅里一锅特别好的东西，我都舍不得吃的东西。他们走了之后，我就吃。吃了两年，后来一看到火锅，我就想吐。不吃火锅。其他的我都喜欢吃。

最大的挑战，用我太太的话来回答吧！她说你现在是被人惯坏了，总是以自我为中心，在家里也是以自我为中心。要想突破这个，可能是我最大的挑战吧！

有人问我为什么不在成都开店呢？这纯属偶然，1992年我从同学那借了9 000块钱，到重庆一看，9 000块钱连房租都不够，就是那种瓦房也不行，所以我就绕道到简阳，开了一家小火锅店。后来才开火了。当一个企业很小的时候，你不能去谈战略，谈理想。这时候你应该是随时而定的。后来我有机会去西安，发现北方好赚钱。北方人豪爽，我们认为很差的服务，他们都会认为很好。你去深圳会发现，即使很好的服务，他们也会找到很多的毛病。

我不会因为一些小错误就开除员工，但也经常开除。首先我会训斥他们，后来我把训斥作为公司惩罚的第一条规则。但是我们的一些基层领导，可能会在开除员工方面比较简单。后来，我们大力发展工会，员工年龄小，难免会犯一些错误，应该给他们一些机会。

我很喜欢与同行或者其他企业家沟通交流，非常喜欢向他们学习。如果非要说什么借鉴的话，我觉得就是以人为本。这就是一个非常重要的原因。这可能与我小时候读的一些书有关。大家知道，20世纪80年代，我们国家引进了很多的东西，那时我处于青春期，很愤青，忧国忧民。那时，我看了很多书，当时看得那些书对我价值观的形成起到了重要的作用，在潜意识里形成了一些以人为本的思想。所以，做管理的时候，那些潜意识开始发挥作用。后来，我在学习西方的一些理念的时候，就很顺利。我今天的成功，很多东西都是从我们学校的老师、同学身上学到的。

"90后"员工的问题，大可不必担忧。因为"90后"同样有很多可以吃苦的人。不能因为我们吃过苦就说我们能吃苦。但有一点，一定要把创新做成一种文化，做成企业人力资源体系的核心。用管理"70后"的办法管理"90后"，肯定是不灵的，要根据不同的特点选择不同的办法。

餐饮业是劳动密集型行业，竞争非常激烈。只要你肯努力，用心对待顾客，肯定会成功。我鼓励同学们毕业后创业，创业首选餐饮业。投资小，而且回报还不错。

其实好的制度措施大家都有，只是做得不够彻底。我们的措施并不是我们的独创，是从其他地方学来的。我认为，员工忠诚度最重要，我最自豪的是我们员工的忠诚度。因为只有有了忠诚度，员工才能更好地为顾客服务。

### 案例讨论目的

使学生掌握"企业成功营销"的实施过程和路径，以及具体的资源整合的匹配方法。

### 案例讨论问题

1. 海底捞的竞争优势是什么？
2. 海底捞的竞争优势是如何构建的？
3. 海底捞成功的实施路径是怎样的？
4. 海底捞营销实施的资源匹配逻辑？

### 案例讨论形式

开放式讨论，同学们根据案例提供的资料和数据，对海底捞的成功路径进行综合分析，最终发现其成功过程的整体逻辑框架。

## 附录 10.2

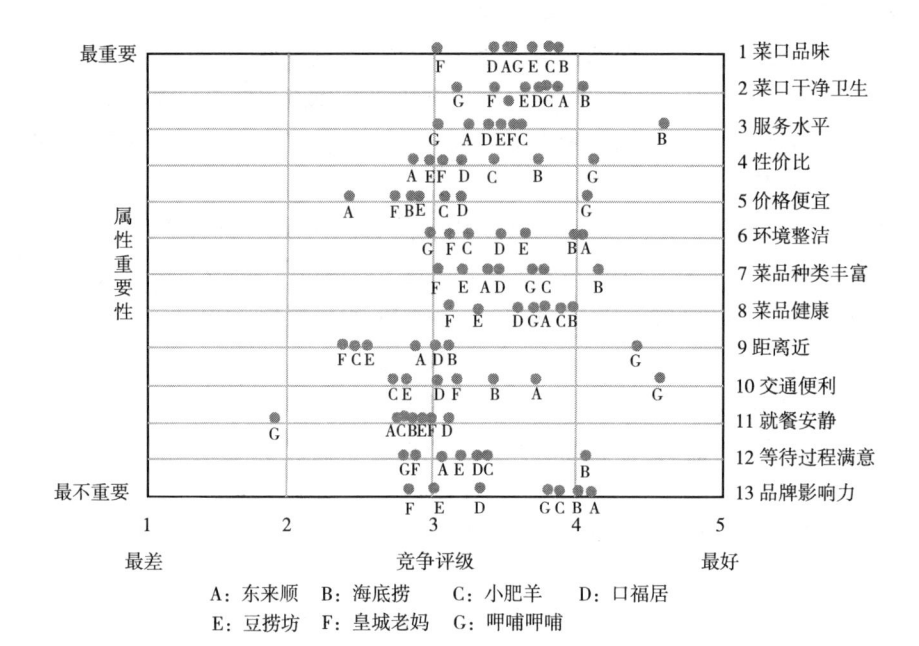

**附图 10.2.1　海底捞的定位感知图**&ast;

A：东来顺　　B：海底捞　　C：小肥羊　　D：口福居
E：豆捞坊　　F：皇城老妈　　G：呷哺呷哺

注：&ast; 清华大学经济管理学院零售课程班：《火锅店稳定高速成长的定位地图——基于海底捞火锅店的案例研究》，载《中国零售研究》，2010 年第 2 卷第 1 辑。

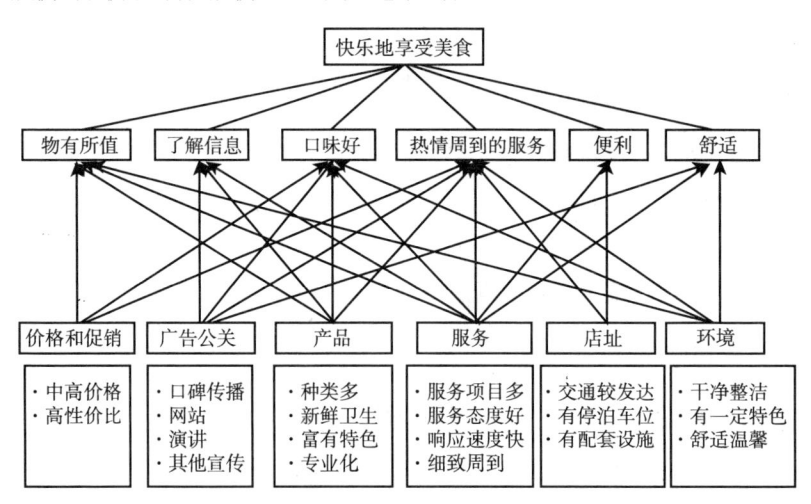

**附图 10.2.2　海底捞的营销组合**&ast;

注：&ast; 清华大学经济管理学院零售课程班：《火锅店稳定高速成长的定位地图——基于海底捞火锅店的案例研究》，载《中国零售研究》，2010 年第 2 卷第 1 辑。

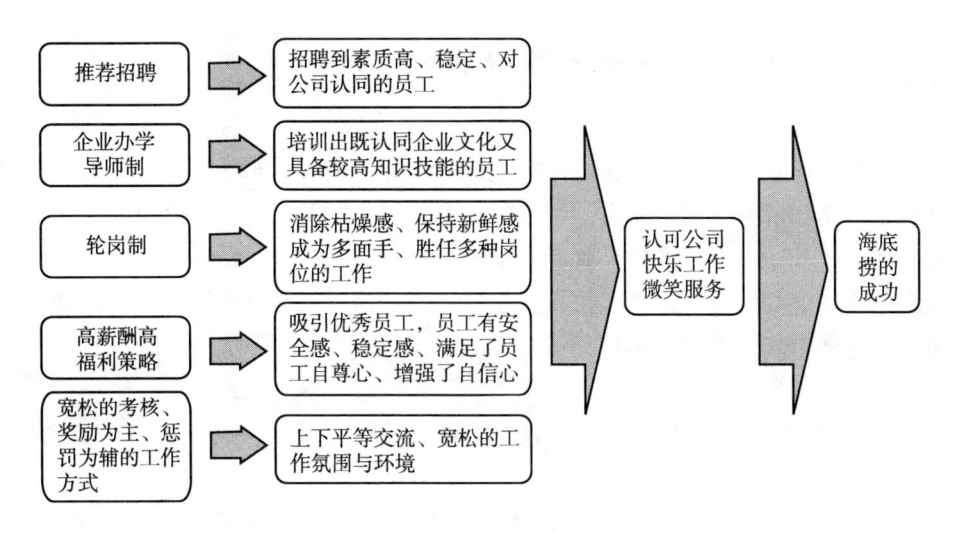

```
推荐招聘  →  招聘到素质高、稳定、对公司认同的员工
企业办学导师制  →  培训出既认同企业文化又具备较高知识技能的员工
轮岗制  →  消除枯燥感、保持新鲜感成为多面手、胜任多种岗位的工作
高薪酬高福利策略  →  吸引优秀员工，员工有安全感、稳定感、满足了员工自尊心、增强了自信心
宽松的考核、奖励为主、惩罚为辅的工作方式  →  上下平等交流、宽松的工作氛围与环境
```
⟹ 认可公司快乐工作微笑服务 ⟹ 海底捞的成功

**附图 10.2.3　海底捞人力资源管理与经营成功关系**[*]

注：[*] 陈胜军、陈东、周丹：《海底捞的微笑链》，载《企业管理》，2008 年第 1 期。

海底捞员工、客户与财务指标的驱动关系

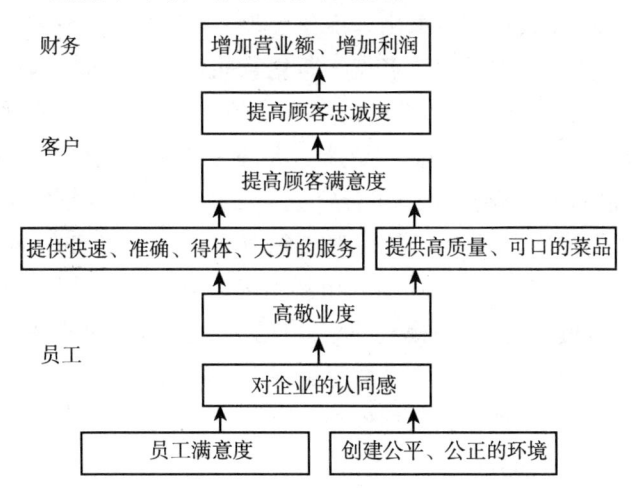

财务　→　增加营业额、增加利润
　　　　　　↑
　　　　提高顾客忠诚度
　　　　　　↑
客户　　提高顾客满意度
　　　　　↑　　↑
提供快速、准确、得体、大方的服务　　提供高质量、可口的菜品
　　　　　↑
　　　　高敬业度
　　　　　↑
员工　　对企业的认同感
　　　　↑　　↑
员工满意度　　创建公平、公正的环境

**附图 10.2.4　海底捞的平衡计分卡**[*]

注：[*] 王奋：《海底捞的平衡计分卡》，载《IT 经理世界》，2008 年第 16 期。

## 10.3 佰草集如何进入欧洲市场[①]

上海家化是国内持续健康成长的化妆品企业，拥有六神、美加净、家安、佰草集、双妹、清妃等诸多知名品牌，形成了可以与欧莱雅等国际化妆品公司竞争力的实力，其中一个代表性品牌就是中高端化妆品品牌——佰草集，它不仅在中国本土市场能与国际化品牌相抗衡，而且还成功地进入国际顶级化妆品品牌聚集地——欧洲市场，并取得阶段性成功。

### 一、佰草集品牌"走出去"的前奏

1985年，葛文耀来到上海家化担任厂长，开始了变革之路，到20世纪90年代初期，就使美加净系列产品成为国内销量最大、品种规格最全、获奖次数最多、知名度最高的化妆品品牌，销售额达3亿元，占全国化妆品市场的10%。但是，这在一定程度上是国内化妆品市场高速发展推动的结果。不过，美加净这一骄人的业绩，让上海家化开始意识到品牌的巨大作用。

在20世纪90年代初期，家化每年有1 000多万美元出口额，其中400万美元是出口美加净产品，但是300多克一瓶化妆品才卖2美元，显然不是卖品牌，仅仅是卖产品。在20世纪90年代初期的合资大潮中，由于政府的行政干预，1991年年初上海家化以2/3的固定资产、大部分的骨干人员和"露美"、"美加净"两个知名品牌与美国庄臣公司合资成立了露美庄臣有限公司。但是，合资后"露美"、"美加净"两个知名品牌受到忽视和冷落（外方品牌受到重视），因此效益下滑，声誉受损，美加净的市场份额下降到不足3%。家化看着心疼，因此1994年从合资公司手中回购了原属自己的露美和美加净品牌，同时也将六神品牌从花露水延伸至沐浴露，并取得了很大品牌效益。露美和美加净两个品牌的起落，六神品牌产生的巨大延伸效益，以及出口产品的低附加值，使家化认识到必须要建立自己的强势品牌。

思想的龙种也可能产生现实的跳蚤，想法变成现实并非易事。家化最初的想法是与国际大公司合作，打造高端化妆品品牌，这恰好是家化的短板，既没有相

---

[①] 根据作者的案例研究论文改写，李飞、贾思雪、薛镭：《品牌"走出去"的成功路径：基于佰草集的案例研究》，工作论文。

应的高端品牌，又没有高端品牌运作的经验。通过交流，家化选择与法国欧莱雅集团、日本钟纺株式会社和日本狮王株式会社三家国际大公司建立合作关系，利用它们的品牌和技术优势，将自己的想法变成现实。然而，在与法国欧莱雅集团建立技术合作关系的过程中，欧莱雅集团的一位高层不经意地说出了一句："我不怕你，再怎么样'六神'、'美加净'都只能在中国卖，'欧莱雅'却可以在全球卖，你们中国人搞来搞去只会模仿我们！"这句话，深深地触动了当时任公司总经理的葛文耀，他想到，既然开发中高端品牌是一个走向成熟的化妆品企业的必由之路，那么上海家化就一定要创造出民族的中高端化妆品品牌！当时，无论是六神的延伸，还是露美和美加净的回购，都是在大众化市场发展，与高端化妆品相比附加价值低，国际化程度弱，这是家化与国际顶级化妆品公司的最大差距。而此时，国际化妆品大品牌已在中国市场占据中高端市场的优势。

这时，葛文耀开始有了创建自己高端强势品牌的想法，并决心让这个品牌一方面在中国市场能与国际大品牌抗衡；另一方面走国际化路线，打造具有国际竞争力的品牌。

随后，葛文耀率领团队远赴法国进行实地考察。他发现，以天然植物（例如皂角、木瓜、芦荟、海藻、中草药等）提取物为主要添加剂的化妆品，已经成为欧洲企业重要的科研课题。其中，有部分企业对中国传统的中草药美容护肤配方感兴趣，但并没有全面系统地运用，只是选择了部分与其自身品牌形象相吻合的配方。相反，中国却没有一个品牌，也没有一个企业将之充分运用和发扬光大。

于是，上海家化决定选取中草药型系列化妆品进入中高端市场。1995年12月正式立项，成立了相应的品牌项目小组。经过几年的研究，终于在1998年推出了"一土一洋"两个高端化妆品品牌。"土"的叫佰草集（HERBORIST），"洋"的叫Distance（迪诗），前者体现中国元素，存活下来；后者模仿西方化妆品牌，销声匿迹。后来的事实证明，中国元素，成为其走出去的重要基础。

家化副总经理王茁总结佰草集发展历程认为，1998—2001年是启动市场的阶段。由于基数低，虽然销售额以100%的速度增长，但是仍处于投钱阶段。2000年年初，佰草集在上海、杭州、南京等地开店30多家，开发出50多种护理产品。2001年7月，上海家化独资公司——上海佰草集化妆品有限公司成立，注册资本3 000万元。2001年年底，上海家化注册成立了上海佰草集美容服务有限公司，尝试将"佰草集"和SPA服务产业做捆绑销售，期望以佰草集品牌提升SPA知名度、以SPA消费带动佰草集的产品销售，形成"专卖店+专柜+SPA"三位一体的销售网络。这一时期，利润没有达到上市公司投资回报率的要求，但是由于一系列的渠道建设和媒体广告，已经预示出佰草集的美好前景。

家化进入高端化妆品领域，是葛文耀整体战略布局的一部分。用他的话说就是："你骚扰我的大众市场，我要骚扰你的高端市场"。葛文耀说出这句话，一方面是出于打造民族品牌的理想，另一方面是出于应对国际品牌的竞争。后来的发展证明了推出佰草集战略的长远眼光。从2000年开始，宝洁、欧莱雅等国际大型化妆品企业逐渐意识到，中国高端市场的发展空间有限，更大的市场是属于追求实惠、数量巨大的中低收入消费群体，于是，与国内企业普遍采取"自下而上"的发展策略不同，外资企业开始实施"向下延伸"策略，通过"价格战"和"广告战"，抢夺本土大众化品牌的市场份额。而上海家化积极应对"价格战"的背后，是主要产品六神沐浴露的市场平均价格在2002年11月到2003年10月间同比下降了11.3%，而"六神"在全国市场的营销费用同比增加超过100%。面对这种竞争态势，上海家化更加坚定了打造高端化妆品品牌的战略：既然你骚扰家化的大众化市场，我就骚扰你的中高端市场，顺势打造自己的中高端民族品牌。

## 二、佰草集品牌"走出去"的尝试

强势的高端化妆品品牌，一定是国际化品牌。家化在创建佰草集品牌之初，就设想让其走出去，这不仅可以拓展佰草集的市场空间，而且还可以提升佰草集国内市场的品牌形象，即可以用"走出去"的品牌"反哺"滋养这个品牌在国内市场的价值，因为中国顾客有一个习惯性判断，欧洲市场认可的化妆品品牌，一定是好的。

在经历3年的历练之后，佰草集在国内大陆市场站稳了脚跟。家化马上在2001年做了两件事：成立上海佰草集化妆品有限公司，同时选择中国香港作为进军国际市场的试验田，分别在香港旺角和铜锣湾开设了两家分店。接着2002年又成立香港佰草集有限公司。香港的化妆品市场与内地市场很相似，一般是在百货公司或大型购物中心设立专柜或开设专卖店，品牌商需要向商场管理方缴纳进场费和销售返利。家化复制了"佰草集"在内地的发展模式，即采取了国际通行的高端品牌的运作模式——广告加上黄金地段的店铺，在香港的繁华商业地段租赁商铺，开设专卖店，店面设计达到了国际大品牌的标准，与相邻的倩碧和FANCL专卖店毫无区别。

当时家化的基本判断是：一方面，香港消费者对中草药美容和传统中医理论有一定的了解，消费习惯可能和内地消费者相似；另一方面，1997年香港回归后，访港的内地游客人数又大幅攀升，再加上11月至12月，天气转冷，正是护肤品的销售旺季。因此，家化预计佰草集的销售应该异常火爆。然而结果却令人失望，成本高而销售非常不理想。2003年，上海家化决定暂停"佰草集"在香港市场的业务。

佰草集总经理黄震总结了香港失败的两点教训：一是自营店模式超出了家化的能力和资源，家化是一个海外运作经验不丰富的企业，光靠自己的力量进入一个完全陌生的国际市场难度太大，在市场的熟悉度、服务、成本方面都难以预计，因此必须通过寻找当地合作伙伴，才能快速、成功率相对高地进入国际市场。二是一味地模仿西方的品牌特征，不是一条正确之路，佰草集进入香港时，特地做了全英文包装，使人误以为西方品牌，但消费者并不买账，因此未来还是应该着眼于自己品牌和文化方面的特色，这一点增强了家化打中国元素牌的信心，改变了后来佰草集的国际化特色定位。

随着欧洲市场的启动，以及国内市场的成功，2007年，佰草集重进香港，但是改变了自建店和租赁店铺的方式，借鉴进入欧洲的方式，借船出海，通过化妆品专卖店进行销售，而选择屈臣氏（曾经尝试过）和莎莎都不合适，档次较为低端，最后选择通过万宁化妆品专卖店作为渠道，设立专柜，配上美容顾问，在2008年开始进店的6个月后，佰草集在香港销售收入增长10倍。

## 三、佰草集品牌"走出去"的拓展

虽然佰草集香港试水失败，但是国内市场推广相对顺利，2003年佰草集的销售额达到3 000多万元，2004年销售额达到了5 000多万元，在经过7年的苦心经营后，第一次实现了盈利。这大大增强了公司领导人的信心，加之有试水香港市场的经验教训，就开始筹划国内市场和国际市场两条腿走路的策略。

### 1. 找到出海的"船"

上海家化早在2001年年底，就开始考虑与国际大公司进行战略性的结盟。这种结盟，从产权上说是一种相互参股，更是一种在研发、生产、营销等方面充分互补合作的结盟。家化会在国内为国外大型企业加工产品，在国际市场上销售，也会与他们在原材料采购或各自的强势产品上进行合作。但是，实质性合作机会出现在3年后2004年，并且是从合资成立销售公司开始。

2004年，世界奢侈品集团LVMH旗下的法国高档化妆品连锁零售商丝芙兰（Sephora）筹划进入中国市场。由于中国当时还没有全面开放零售业，政府规定外资零售企业进入，需要与中国企业进行合资。因此，丝芙兰与上海家化优势互补，合资组建了化妆品销售公司，从2005年4月开始，在其丝芙兰中国分店内销售"佰草集"产品。当时还有一个小插曲：家化想放入丝芙兰门店佰草集和清妃两种品牌，但是丝芙兰经过苛刻的考察后，认为清妃"太过模仿法国产品，当地特色不够"，因而拒绝。可见佰草集成功在中国元素上。

其实，当时家化与丝芙兰合作，有着更为长远的想法，借助丝芙兰这艘船进入法国，乃至欧洲。丝芙兰在法国和欧洲有成熟的销售网络，借此可以减弱欧洲人对于一个陌生品牌的不信任程度，还能降低渠道和广告宣传的高额费用。佰草集在丝芙兰中国分店的销售非常理想，进入销售排行榜的前5名，其中一款单品在单品排行榜中位列前10名，这为借船去欧洲打下了很好的合作基础。因此，2005年9月，家化决定与丝芙兰就"佰草集"进入法国市场的合作事宜进行初步沟通，2006年9月，家化派团去丝芙兰法国总部具体沟通。

在沟通中遇到了难题：法国和中国不同的市场环境，如何实现标准化（保持佰草集原貌）和本地化（根据欧洲市场需求改变）的调整和适应。丝芙兰在对化妆品制造商的某一品牌或某一单品的区域经营权买断之前，首先需要考虑是否有精确的营销定位并被顾客所接受，会不会和目前代理的200多个化妆品品牌产生冲突，能不能帮助专卖店增加销售额以及没有库存风险等多个方面。其次，欧洲市场的化妆品，使用的都是在本地种植的天然植物，"佰草集"使用的产品原材料中的天然药物成分的含量和安全性需要能否通过严格的欧盟认证。这些都需要双方达成基本的共识，这不仅需要艰苦的沟通，还需要进行本地化（欧洲）的适应性调整和改变。在这第一次沟通中，丝芙兰没有给出明确答复，只表示正在考虑和研究。

### 2. 法国市场目标顾客的选择

在法国市场，佰草集目标顾客为法国中高收入的白领女士，她们崇尚自然、雅致，对护肤品有特殊要求，而且对护肤和化妆品十分了解，重视化妆品的效果和功能。这似乎与中国市场的目标顾客差异不大。还有一个重要的差异，她们对来自中国的化妆品持有一种神秘感，对体现中国文化和中草药特征的化妆品有尝试的愿望，但是又不太了解，对"经络"、"阴阳"、"太极"等抽象概念不是一下子就能理解的。因此，需要考虑佰草集原有定位和营销组合要素，哪些需要调整，哪些需要坚持。在佰草集进入法国市场半年后的一次调查结果显示，佰草集的消费者中50%是法国当地人，50%是东欧及其他国家的西方游客。总体来说，佰草集的产品概念，对法国女性有很大的吸引力。

教学案例

### 3. 法国市场营销定位的坚持

无论是国内市场，还是国际市场，佰草集坚持不变的就是中国元素。"佰草集"为汉方中草药化妆品，既具有国外天然植物化妆品安全、绿色环保、作用温和的特点，又有传统中草药美容古方和长期积累的中医临床应用效果。欧洲消费者对传统中医药产品及中医医疗也表现出了浓厚的兴趣，印象比较好。因此，原有自然、健康、美丽的定位可以不必改变。但是原有中医整体理念、平衡理论等一些抽象概念需要相应的符号化调整。

同时，对于原有在中国市场的中高端化妆品的形象，是否在法国市场还坚持，家化和丝芙兰初期是存在着争论的。2007年年初，丝芙兰同意佰草集进入自己法国的店铺，但是只选取5个非主流的手足部护理产品，用于对自身产品线的补缺，而拒绝了佰草集的面部护理产品，而面部护理产品才是化妆品的主体市场。丝芙兰的理由是：天然植物的化妆品成为消费潮流，诸多大品牌进入，竞争激烈，价格也比普通产品高30%～50%，佰草集进入面部护理市场无法与其竞争。但是，家化持不同观点，佰草集不能以低端（物美价廉）的形象进入法国市场，而是打造一个中高端的中国品牌形象。佰草集总经理黄震说出了其中的奥秘：只是一个细分市场的产品进入，对品牌国际化没有太大意义，因为从细分市场向主流市场转化很难，正确的做法是，必须要做出一个主流品牌，再开发细分市场、进行产品衍生。

因此，家化一方面试图说服丝芙兰接受自己的理念；另一方面开始筹划对佰草集营销组合进行调整，以适应法国市场。

说服丝芙兰不是一件容易的事情，家化将谈判从桌上转移到家化总部和工厂。2007年年底，丝芙兰欧洲采购总监和欧洲护肤品高级总监第一次来到上海，考察了佰草集在中国丝芙兰门店内的陈列和销售，参观了家化的供应链、生产线、研发等，最终相信家化能够产出符合国际标准的面部护肤产品。2007年12月20日，双方确定了17款产品分两批在巴黎上市的进度和规划。最终，双方签订的销售合同的内容包括：2008年8月1日起，首批手足护理、抗衰老和保湿系列共11款产品（包括太极泥、逆时恒美紧肤系列、全天候保湿系列和手足系列）率先在丝芙兰的法国网上商店（www.sephora.fr）销售。9月1日起，佰草集正式在法国巴黎香榭丽舍大街的丝芙兰旗舰店内设立专柜。10月，佰草集的专柜将从香榭丽舍大街的丝芙兰旗舰店拓展至丝芙兰在法国的30家门店，产品品种也增加到17个。其中，热销的"太极泥"将在丝芙兰法国全境的230家门店铺货。当然，这些都是营销组合要素进行调整之后的结果。

香港的经验，让家化清楚必须结合进入市场的情况进行调整，与丝芙兰的谈判更加深化了这种认识。用家化国际业务部的话说，就是"在与丝芙兰接触的过程中，我们对国际市场的了解逐渐提升，也明白了佰草集要走国际化道路，必须要改进哪些东西"。中国本草化妆品的属性定位，自然、健康、美丽的利益定位没有改变，但是表现方式需要进行调整，这形成了产品、价格、渠道和广告沟通等方面与本土市场有一定的差异。

### 4. 法国市场营销组合要素的调整

佰草集为了适应新的市场的变化，在产品包装、价格、渠道和广告沟通等方面进行本土化的调整。

（1）在产品方面，主要是为了取得市场准入，即根据欧盟的产品认证进行调整，产品功能不需要改变。因此，家化根据欧盟的产品标准，对佰草集的配方和原料进行检测和调整，但是本草属性的"个人护理全面解决方案"的特征，没有改变，最终通过了法国认证，保证了向法国市场供应四大系列产品：太极泥面膜、抗衰老系列（日霜和晚霜）、保湿系列和手足部系列。

（2）在包装方面，接受香港失败的教训，突出中国符号和植物精华的定位内容，对原有包装进行了"革命性"调整。2007年年底佰草集进行组织架构的调整，设立品牌设计师一职，目的是综合管理佰草集的视觉语言。同时聘请法国本地的Cent Degrés设计公司，进行形象设计。设计师提炼出"中国文化"、"时尚"、"专业"、"中草药"、"自然、清新、健康"和"内敛"等核心要素，然后针对专卖店、佰草集汉方SPA店和销售人员的形象以及包括防晒系列、"新七白美白"系列和"逆时恒美紧肤"系列在内的3套热销产品的包装和广告进行了整体的调整。例如，在色彩设计上，选择了颇有东方韵味的素色系，呈现古朴的淡绿、淡黄色；在产品造型的设计上，从中国传统元素——竹节中汲取灵感，呈现竹节外观的瓶身造型，同时在瓶盖上，印有荟萃百种草药形态的"团花"图案，呈现"佰草环绕"之意。综观瓶身和"团花"瓶盖，又恰如一枚精致的中国印章。

（3）在价格方面，摆脱了中国产品低价的形象，采取中高价格策略，以体现佰草集自然、清新和健康的独特价值。在欧洲市场，一般是由渠道商定价，生产商很少直接参与制定零售价格。但是，在"佰草集"进入法国市场之前，项目组成员对那些与"佰草集"构成直接竞争关系的化妆品品牌进行了充分的研究，研究哪些产品比较畅销，价格是多少？包装是如何设计的？综合这些信息，上海家化决定调整价格方案，而丝芙兰在定价问题上也选择参考上海家化的意见。例如，手足部产品从原定的 6 欧元调整到 12 欧元，太极泥从 45 欧元调整到 49 欧元，价格基本处于丝芙兰所有化妆品的中等偏上水平，大概是国内售价的 2 倍，价格与竞争品牌基本持平。

（4）在渠道方面，借用已有的丝芙兰连锁网络渠道。丝芙兰的美容顾问，不专属于任何品牌，而属于丝芙兰公司，不以提成模式为考核和薪酬基础，只领取门店的集体奖金。佰草集将国内专属美容顾问方式引进了法国，向丝芙兰申请自己专属美容顾问，而佰草集对这些美容顾问的要求是喜欢中国文化，喜欢挑战，充满对新事物的好奇。随后，在中国澳门对她们培训，以保证她们将结合"太极"、"平衡"等东方概念和穴位按摩手法向欧洲消费者推广佰草集产品。

（5）在广告沟通方面，把中国文化和平衡机理，用简单符号形式和独特的叙事风格加以体现。家化特意委托一家法国当地的广告公司进行策划，公司老板是一位酷爱中国文化的法国学者。双方认为"佰草集"在法文中本身就是"草本"的意思，其草本理念使消费者容易联想到天然护肤品的形象。另外，在中国的太极理论里，强调的"身心平衡"的观念，能够与西方国家正在流行的"well-being"的健康理念联系起来，它们都是在强调关于健康的整体概念或者是一种健康的生活方式，而消费由天然植物制成的产品正是"well-being"生活方式的主要体现。

为了让"身心平衡"的观念在视觉表现形式上更加直观，广告公司选用绿竹表达意向，竹子是东方文明的象征，同时也能够展现出"自然、清新"和"天然植物"的产品概念。而隔着茂密的竹林，又可听到小溪流水发出的各种声响，如天籁之音一般，增添了广告画面的唯美感。同时，对于产品说明书的翻译，也是考虑欧洲人的文化习俗和阅读习惯，使用简短的语句，直截了当地描述了"佰草集"的产品功效和使用方法，甚至说明书上的每种中草药原料成分都被绘制成图，希望给欧洲消费者能够留下很好的产品印象。

在国内市场，佰草集更加侧重介绍产品的配方、功效，但在海外市场，佰草集则根本不提及复方、"君臣佐使"等用药原则，而是借助欧洲消费者熟悉的中国文化符号——玉手、针灸、太极图等进行沟通。

佰草集在 2008 年进入法国的同时，2009 年也开始进入西班牙和土耳其等丝芙兰的店铺，销售额超过了预期。2010 年佰草集欧洲销售额近 2 000 万元人民币，同比增长 80%，2011 年仍以 80% 的速度增长。这些标志着佰草集取得了"走出去"的阶段性成功。

**案例讨论目的**

使学生掌握"品牌国际化"的实施过程和路径，以及具体的资源整合的匹配方法。

**案例讨论问题**

1. 佰草集的国际化竞争优势是什么？
2. 佰草集的国际化竞争优势是如何构建的？
3. 佰草集国际化的实施路径是怎样的？
4. 佰草集国际化实施的资源匹配逻辑是什么？

**案例讨论形式**

开放式讨论，同学们根据案例提供的资料和数据，对佰草集的国际化路径进行综合分析，最终发现国际化过程的整体逻辑框架。

# 附录 10.3

### 附录 10.3.1　　　　　上海家化公司简介

1898 年，上海家化的前身——广生行诞生。一百多年来，由于各种原因，上海家化其实并没有太多的时间可以真正地用于发展，但是就在短暂的有效发展时间里，上海家化珍惜机遇，克服困难，励精图治，终于以较快的速度成长为一个引领中国风尚、承载民族梦想的时尚企业之一。

作为国内化妆品行业首家上市企业（2001 年），上海家化拥有国家级科研中心，吸纳了一百多名跨越不同学科的高端人才，并与国内外尖端科研机构展开战略合作关系，研发成果和专利申请数量居于国内行业的领先水平，在中草药个人护理领域居于全球领先地位；她拥有国内同行中最大的生产能力，产品涵盖护肤、彩妆、香氛、家用等各领域；她是中国最早通过国际质量认证 ISO9000：1994 的化妆品企业，更是中国化妆品行业诸多国家标准的参与制定者之一。

在与国际巨头竞争的中国化妆品市场上，上海家化采取差异化的品牌经营战略，创造了"佰草集"、"六神"、"美加净"、"高夫"、"清妃"等诸多中国著名品牌，在众多细分市场上建立了领导地位。2007 年，与 Sephora 达成共识，还将佰草集品牌成功引入欧洲市场，开始了国际化发展之路。

20 多年来，上海家化不断地进行管理创新，较早开始关注公司发展战略的研究，及时地扑捉新的市场发展机会,在时尚需求快速增长的时代,又非常有远见地确定了时尚型企业的发展方向;面对跨国化妆品公司及品牌的大举进入中国,他们不断地推出多品牌的发展策略,并为理论界贡献了成功品牌延伸的精彩研究案例,实现了品牌延伸之花朵朵开的成功组合效果;在经济效益控制上,葛文耀董事长战略性地提出了毛利率控制的独特管理思维,使上海家化的经济效益稳固增长。我们仅以2010年与2001年的数据进行对比。2010年营业收入超过30亿元,其中化妆品超过25亿元,而10年前的2001年这两个数字分别为13亿元和11亿元。2010年的毛利率接近60%,而2001年为36%。2010年的净利润超过2.7亿元,而2001为7 000多万元。

上海家化成为中华民族优秀企业的标杆之一。2007年被评为中国证券市场高成长上市公司,同年荣获中国企业营销创新奖;2008年被评为中国上市公司市值管理百佳奖;2010年荣获中国主板上市公司最佳董事会荣誉。董事长葛文耀被评为全国优秀共产党员和全国优秀创业企业家,并荣获全国"五一"劳动奖章。

在新的征途上,上海家化进一步明确了自己的使命:"致力于成为时尚消费品的中国代表企业,在大众化和细分化产品领域诸多细分市场上拥有能够持续发展的领导品牌,以顾客关系、员工归属、股东价值和社会责任等多方面的卓越表现来赢得世人的尊敬。"

## 附录10.3.2 　　　　葛文耀的高毛利理论

早在20世纪90年代初期,葛文耀就提出,要用毛利率来考核企业的经营效益,一是因为毛利率可以真实反映企业效益贡献,二是可以有充足的基金保证企业长期发展。用他的话说,毛利近似于净产值,是企业的生存能力和竞争能力的标志,同时也是利润的源泉。他在《论企业经营目标》文章的大纲中,副标题就是"毛利额最大化",可见他认为,企业经营目标是毛利额最大化。

毛利是费用和利润之和,企业经营要实现费用和利润二者都要最大化。一方面,企业经营目标是企业的效益,而企业效益是投入与产出之比,而利润是衡量这一比例的重要指标,而毛利是利润的重要来源。另一方面,企业的发展要花费费用,而掌握的支出费用多少,也取决于毛利额的多与少。

从实践看,利润并不能真正反映企业的效益。因为各个企业的营销费用和科研费用都不尽相同,当年投入的营销费用和科研费用因时滞的原因,并不都是在当年受益。因此,产品毛利的概念更能确切地反映企业经营状况。毛利近似等于企业所创造的新价值,当然企业所创造的新价值中包含了工人的工资等工厂费用,而毛利则不包括这部分费用。我们通过一组公式来分析:

毛利 = 销售收入 − 销售税金 − 销售工厂成本

毛利率 = 毛利/销售收入

企业所创造的新价值 ≈ 毛利率 × 销售额

企业人均创造的新价值 ≈ 企业所创造的新价值/企业职工人数

通过以上公式可以看出：一个企业经营的好与坏，创造价值的多与少，与该企业的毛利率和销售额密切相关。国外或国内优秀的合资企业，毛利率一般都达到40%~60%，相对的，成本较低而销售收入较高。如销售额达到一定规模，那么这家企业所创造的新价值就相当可观，可以有更多的资金投入科研和营销中。尤其是随着企业间的竞争逐步向综合实力的竞争方向发展，客观上要求企业不仅创利更高，而且还要具有相当的费用分摊能力。

## 10.4 香奈儿品牌的个性化之路

一提奢侈品，大家自然会想到香奈儿（CHANEL）。但是，香奈儿明显与爱马仕、卡地亚、路易威登等家族企业不同，是由一个出身平民的外省女孩儿创建的。为什么一位出身平民、来自外省的"村姑"，能创建一个闻名全球的奢侈品品牌、引得无数名流追逐呢？仍然是一个未解之谜。不过，越来越多的文献资料表明，香奈儿品牌是难以复制的，因为这个人不可复制。

### 一、童年时代

在香奈儿晚年的时候，她不太愿意说起自己的童年及家庭，还编造了不少谎言加以掩饰。从表面上看，她的出身无法与后来的高贵的香奈儿品牌联系起来，甚至还有着诸多矛盾。其实，冷静地思考，会发现其中的内在联系。

1883年8月19日，嘉柏丽尔·香奈儿（Gabrielle Chanel）出生在法国卢瓦河谷区域的一个小城，名为索缪（Saumur）。她是父母没有结婚所生之女，父亲是销售内衣的流动摊贩，母亲是白天洗衣、晚上洗碗的工人。1895年的时候，母亲因肺病去世，由于家里贫穷，父亲不得不把儿子送到农场主干活，把12岁的香奈儿和妹妹两个送到位于小城奥巴辛（Aubazine）的修道院学校（Convent School），之后父亲从来没有看望过她们，她们成了孤儿。修道院是培养神职人员的地方，生活简朴，纪律严明，劳动艰苦，生活环境也以黑白两色为主，7年的时间里孩子们总是穿着黑色的罩衫。在这里，香奈儿还学习了一些针线活儿。

这段儿时的记忆为香奈儿性格（用自己双手改变命运）和后来品牌风格的形成，奠定了重要的基础。2011年在上海和北京的《文化香奈儿》展览的第一主题《传奇的源起》中，对此有着清晰记录："正是在这样严格艰苦修道院环境生活了七年的经历，让她淬炼出一种独特美学，一种混合着简约、庄重和奢华的美：一方面是日常生活中素净的修女服和孤儿院的黑袍白领连衣裙，那特有的朴素与简洁的纯粹；另一方面，则是弥撒时神职人员圣袍和法器的绚烂华美……这种对比成了她日后创作的基调。"

例如，教堂地面上用扁圆鹅卵石铺成的装饰中，常常有月亮、星星等图案，在香奈儿于1932年推出的"Bijoux de Diamants"（钻石珠宝）展中就有星星的造型（见图10.4.1）。还有，奥巴辛修道院通往小教堂的那座楼梯，后来香奈儿在她位于海滨度假胜地洛克布鲁的Lapausa乡间别墅里，照原样忠实地复制了一座。修道院黑白两色的记忆，成为香奈儿品牌的基本色调。有人分析，双C交叉形成的品牌标志，也是来源于教堂彩色玻璃窗上的镶有黑边、彼此交缠的图案。修道院不离身的黑色罩衫，成为后来她推出小黑裙的原型。即使在香奈儿女士去世之后，修道院诸多元素对香奈儿品牌的影响仍然延续（见图10.4.2）。

**图 10.4.1　Bijoux de Diamants**　　**图 10.4.2　修道院元素对香奈儿品牌的影响**

在20世纪50年代，香奈儿女士曾经说过："每次看到幸福如何阻碍了人的前途时，就庆幸自己曾经经历过深沉的不幸……这世界上没有任何东西能让我与别人交换我的命运。"[①]

## 二、豆蔻年华

根据奥巴辛修道院的规定，女孩们18岁之后，或是愿意终生从事神职而开始见习修女，或是离开修道院。香奈儿自然不愿意成为神职人员。1902年香奈儿离开了修道院。修女为她和小姑姑阿德里安娜在穆兰（Moulins）市一家裁缝

---

① 卡塔琳娜·兹尔科夫斯基著：《时尚就是我 可可·香奈儿传》，上海远东出版社2007年版，第31页。

店里找到了工作,这家店名为"圣玛利亚",位于罗洛吉路(L'Horloge)1号,制作和销售女士和儿童用品,在当地小有知名度。香奈儿在店里常常为女士们提出服装建议,包括色彩和款式,表现了独特的审美眼光,受到欢迎。

1900年,世界博览会在巴黎举办,整个欧洲进入全新的变化时代。穆兰是一个名流云集的城市,城市里有诸多的咖啡馆,咖啡馆里夜夜都有歌声和舞蹈。香奈儿除了工作之外,也去咖啡馆消遣。在一个法国军官和巴黎艺术家喜欢光顾的咖啡馆里,香奈儿无意之中被人推上台演唱,她唱了一首名为"Qui qu'a vu Coco(谁是你的可可)"的歌曲(也有资料说那首歌的名字叫"Ko Ko Ri Ko"),后来有人就用"可可"来称呼她。

在咖啡厅她与富有的、来自巴黎市郊上流社会的军官艾提安·巴尔桑(Etienne Balsan)相识并且相爱,巴尔桑是一个纺织富商的儿子,善于马术,在贡比涅(Compiègne)有自己的城堡和马场。香奈儿辞掉了裁缝店的工作,与巴尔桑一起去了贡比涅。从此,香奈儿开始了解上流社会的生活,学会了骑马,参加聚会,并且自己设计了骑马时穿的马裤,当时还是女士穿裙子的时代。同时,她开始制作帽子,送给朋友。

在一次与朋友出去打猎时,香奈儿认识了巴尔桑的朋友、帅气男孩儿亚瑟·卡柏(Arthur Capel),人们都称他为"Boy"(鲍伊,男孩之意)。他拥有自己的运煤船队,受过良好的精英教育,上过贵族学校,父亲是巴黎大银行家,活跃于上流阶层,他常常向香奈儿讲起巴黎的故事。当香奈儿知道巴尔桑不能娶她时,就接受了鲍伊的爱情。当时,上流社会女人不工作,香奈儿只想工作——开设一个自己的帽子店。

但是,巴尔桑仍然是香奈儿的朋友,而且终其一生。他恰好在巴黎玛拉雪珀大道(Boulevard Malessherbes)有个公寓,该大道始于玛德莱娜教堂,这里中产阶级聚集。巴尔桑把公寓借给香奈儿,香奈儿就在这里开了一家帽子工作坊。她从老佛爷百货买来平顶帽子,自己动手修饰美化,然后卖出。在巴尔桑和鲍伊的帮助下,两人社交圈子里的女士们纷纷光顾,生意很有起色。

### 三、打造品牌

1910年,香奈儿需要扩大自己的工作坊。在好友和情人鲍伊的自己支持下,租下了巴黎商业中心区康邦街(Rue Canbon)21号的店面,开设了一家名为"香奈儿时尚"(Chanel Modes)的店铺。因为楼上已有一家裁缝店,契约规定不能卖服饰,因此早期香奈儿卖帽子。由于其设计独特,简洁耐看,加之鲍伊不断地进行生意上的指导，顾客变得越来越多。

根据香奈儿后来的叙述，鲍伊常带她去赛马场，她注意到当时的帽子都比头小，要别上帽针才能固定，不实用，所以她设计出稍宽大而没有太繁缛装饰品的帽子。香奈儿的帽子简洁、大方，尤其是硬草帽和圆顶狭边的钟形帽，受到她朋友和市场的欢迎。

1910年，香奈儿自己充当模特，在《戏剧画报》（Comedia Illustree）秋季号上展示自己的作品，而封面则是演员吕西安娜·罗歇（Lucienne Roger）戴着香奈儿的帽子。而后，这本杂志连续5期介绍香奈儿的帽子，这也引得其他时尚杂志跟随，将香奈儿的帽子作为大牌设计师服装的配饰介绍。香奈儿逐渐发现，她的顾客已经由赛马场上的女士，变成上流社会的女士。这一年，香奈儿和鲍伊住到了一起，并一起出入咖啡馆、剧院等顶级社交场所，很多艺术界和文艺界的名流成为了他们共同的朋友。他们的故事在上流社会流传，这为香奈儿店铺带来了更多的客人。到了1903年春天，这家店铺已经完全可以自立，不用鲍伊在银行担保它的借款了。

有一个有趣的传说，当时很多人到店里来看香奈儿，香奈儿尽可能不见，她怕自己在顾客挑剔时打折或白送，另外她也想保留一些神秘感。后来她说过一句话："顾客见一个少一个"。

伴随着第一次世界大战的即将来临，一些有钱人开始离开巴黎，位于诺曼底的滨海胜地杜维尔（Deauville）成为贵夫人云集的地方，也是绅士的天堂，赛马场、马球场、高尔夫球场、赌场及各种休闲场所很多，贵夫人们那时还是穿着夸张的带有羽毛的服饰和长裙，非常不便利。1913年鲍伊和香奈儿来到这里。没过多久，就发现了这里的商机，他们很快在诺曼底饭店、赌场俱乐部和海滩之间开了一家服装店，它位于贡多比隆路（Gontaut-Biron），店铺的遮蓬上书写着"CHANEL"几个黑色字母，它与后来香奈儿的品牌标识非常相似。这时，香奈儿恰好30岁。1914年，香奈儿把杜维尔马球场上的男士马球衫改为女性服装，针织布料，下摆松垂，配有同色系的腰带和针织的直筒裙，这样就产生了女式休闲服，一些伯爵夫人和演员对这种便利的服装非常喜欢。加之战争开始了，男人们都上了战场，家里的活必须由女人来做，香奈儿的服装趁势流行开来。同时，大量的娱乐场所关门，服装制造商也减少了生产，贵夫人不仅到香奈儿店铺定制服装，还在这里聚会，成为女性社交的场所。所以有人说，第一次世界大战为香奈儿后来的发展打下了基础。

1914年12月，德军离开巴黎。香奈儿回到巴黎康邦街的店铺继续售卖自己的服饰。1915年她和鲍伊去比亚里茨海滨浴场，这里紧邻中立的西班牙，因此吸引很多有钱人，如俄国沙皇的亲戚等。鲍伊投资30万法郎购买了一幢海边豪华别墅，香奈儿开设了当地唯一的一家时装店，顾客不乏西班牙的皇室，一件衣服要卖7 000法郎[1]。后来，她把这家店铺让妹妹打理，1915年12月自己回到了巴黎。1916年香奈儿确定了自己的风格：流畅舒适、行动自由，充满真实而自然的魅力，拒绝一切炫耀和华而不实。在这一年香奈儿还清了鲍伊30万法郎的投资款。

## 四、声名鹊起

正在香奈儿事业快速发展的时期，她的情人鲍伊因车祸于1919年12月23日去世，这给了她很大的打击，但很快振作起来。人们认为，20世纪20年代是香奈儿事业的转折点。战争刚刚结束，人们对新事物异常的渴求，男人因战争大大减少，女人们必须自己干活，喜欢舒适实用的服装，开始了女性解放的时代。香奈儿推出了一系列高贵女士们的用品，使香奈儿品牌声名鹊起。

1920年，香奈儿认识了俄国大公迪米特里·帕夫洛维契（Dimitri Pawlovitsch），发生恋情。从此香奈儿开始了"俄罗斯时代"，社交圈子和时装设计风格都受到俄罗斯的影响，并开始喜爱俄罗斯芭蕾舞。当时迪米特里流亡到巴黎，受香奈儿接济，1921年夏天二人度假时，迪米特里为香奈儿介绍了一位朋友，这个人为香奈儿品牌的提升做出了重要的贡献。

他叫欧内斯特·博瓦（Ernest Beaux），是化妆品制造商，曾经在俄罗斯皇宫住过。他和香奈儿一起研制出了著名的香奈儿5号香水，它的香型和包装都与以往不同（见图10.4.3）。香奈儿对欧内斯特说："我不要有一丝玫瑰或铃兰的味道。我要人工合成的香味。在女人身上闻到自然花香味反倒不自然，这是一种矛盾。也许自然的香味该以人工合成。"这样合成的味道才是与众不同的，才是自由奔放的[2]。CHANEL N°5香水一经面世立即引起轰动。香奈儿的传奇由此开始，因为香水和时装简直就像连体婴儿一样互相影响。

图10.4.3 香奈儿5号香水

1924年，香奈儿不仅开了自己的珠宝作坊，而且还认识了三位上流社会的

---

[1] 艾克塞·梅德生著：《可可·夏奈尔》，海南出版社1998年版，第82页。
[2] 梅德生著：《可可·夏奈尔》，海南出版社、三环出版社1998年版，第126页。

人士。第一位是美丽的英国人薇拉·贝特（Vera Bate），活跃于社交圈，大家猜想她有皇室血统，两人成为密友。香奈儿专门为她量身设计服装，并且付给她钱，让她装着这些服装出席各种社交场合，产生重要的影响。第二、三位是威斯尔莫（Wertheimer）家族的兄弟俩：皮埃尔和保罗。相识于赛马场。当时香奈儿5号香水生意很好，但只是在康邦街自己店里销售，影响了扩大销售，香奈儿去找老佛爷百货合作销售香水，老佛爷百货考虑5号香水还是作坊式生产，拒绝了，但是建议香奈儿去找威斯尔莫兄弟——全法国最大的化妆品和香水制造商。面谈后，双方成立香奈儿香水公司，香奈儿仅提供5号香水的配方，占10%股份。这使香奈儿香水进入批量化生产，意义重大。

1926年，香奈儿推出了多款时装的经典设计。这一年"小黑裙"了诞生（见图10.4.4），它简洁优雅，从此黑色不再是葬礼的象征，而成为女装里永恒不变的经典颜色。以至于美国版的 Vogue 拿它当封面，评价道："这是现代女性的统一制服"，"香奈儿中的福特"。同时这一年，香奈儿设计出了另一个经典款：带有金纽扣的条纹运动上衣，香奈儿品牌的设计路线逐渐明晰。香奈儿这一连串的创作为现代时装史带来重大革命，也使她结交了不少诗人、画家和知识分子。她的朋友中就有抽象画派大师毕加索（Picasso）、法国导演尚·高克多（Jean Cocteau）、俄国芭蕾舞作曲家送斯特拉文斯基等，后者作曲的《青春祭》在巴黎演出，得到香奈儿的赞助。这些都进一步激发了香奈儿的创作灵感。

图10.4.4　香奈儿经典小黑裙　　　　图10.4.5　香奈儿 Tweed 套装

1928年，在苏格兰与威斯敏斯特公爵度假，启发了香奈儿创作第一件 Tweed 套装（至今仍是香奈儿的品牌标志，见图10.4.5）。1929年，香奈儿小姐开始

经营服饰配件,"全香奈儿"风格诞生,并很快风靡欧美,可可·香奈儿的客户名单上,多出了众位好莱坞明星,比如 Greta Garbo,或者 Marlène Dietrich。20世纪30年代,人到中年的香奈儿达到了创作的巅峰,为现代时尚带来了一系列革新:海军衫、针织衫、女士长裤、梦幻般的首饰、套装裙、小黑裙……她也是第一位制作香水和彩妆护肤的服装设计师。1935年左右,香奈儿的公司有大约4 000名员工,她在康朋大街拥有5栋楼,每年卖出约28 000件产品。

法国学者 Andre Malraux 曾经说过:"20世纪的法国有三个永垂不朽的名字:戴高乐、香奈儿和毕加索。"

可以说在20世纪20~30年代,香奈儿就已经逐渐成为上流社会追逐的品牌。随着战争的结束和女士工作的繁多,宽松的长裤、紧身的背心、海滩服、直筒连身裙,形成了20世纪女新时尚的轮廓。她的创新相似于艺术创新,除了源于她的性格,还源于她相识的艺术圈里那些大师级的人物。对此,2011年在上海和北京的《文化香奈儿》展览的第五主题《幻境的灵感》中,对此有着准确地分析:"她以非凡的能力,将日常的所见所闻,转化为自己独有的风格。异国的文化与风情,无疑是香奈儿女士重要的灵感来源。与米西亚和荷西-马利亚-塞特夫妇第一次同游威尼斯时,她发现圣马可大教堂的美丽宝藏,拜占庭式镶嵌画上的暗金色块与贵族宅第的耀眼浅金……还有,丽都海滩上国际名流汇聚的金粉世界,也使她想起法国的杜维埃或是比亚利兹,这两处也都是她非常钟爱的地方。俄罗斯的狄米崔大公爵让她认识了克里姆林宫的璀璨辉煌以及东正教司祭的圣袍与圣像,较她少女时代奥巴辛修道院见识到的庄严细致犹有过之,启发她后来的华丽时代。但俄罗斯在她眼中同时也是前卫的,她从挚友斯特拉文斯基、迪亚吉列夫,以及俄罗斯芭蕾舞团的大胆及现代风格中认识到了这一点。"

**案例讨论目的**

使学生理解"奢侈品的内涵和特征",特别是其形成的独特环境和必备的一些条件。

**案例讨论问题**

1. 你认为香奈儿是奢侈品吗?为什么?
2. 香奈儿品牌奢侈化的过程是怎样的?
3. 举出中国本土的奢侈品品牌,并说明理由。

**案例讨论形式**

开放式讨论，同学们根据案例提供的资料和数据，围绕前述三个题目展开讨论，一般会形成多种选择观点，应充分地说明自己的观点。

## 10.5 卡地亚品牌的奢侈化之路

时光进入到2010年，奢侈品在世界上发展处于整合时期，但是在中国却是另外一番繁荣景象。几乎所有的知名奢侈品品牌都已进入中国，并不断地从一线、二线城市向三线城市延伸，一些市场研究机构发布公告称："中国已经成为最大的奢侈品消费国"。随之而来的是，诸多企业家开始了打造本土奢侈品品牌的梦想，甚至公开宣称自己所做的就是奢侈品。

从事奢侈品研究的清华大学经济管理学院的李飞教授，经常被人问起："中国究竟有没有奢侈品？"一些MBA的同学举例问："市场上的和田玉雕件、翡翠把件和黄花梨家具等，价格都已经是上百万，或是过千万，应该是奢侈品了吧？"李飞教授回答："中国的奢侈品还处于形成过程中，因为今天的奢侈品是一个品牌的概念，不是产品的概念。"一些同学仍然表示不太理解，李飞老师给大家讲了卡地亚的品牌形成之路。尽管人们对什么是奢侈品还有着不少的争论，但是没有否认卡地亚是顶级的奢侈品品牌之一。回顾卡地亚的品牌形成之路，对人们理解奢侈品会有很大的帮助。

### 一、品牌诞生

1819年，路易·弗朗索瓦·卡地亚（Louis-Francois Cartier）（1819～1904）出生在一个火药囊制造商的家庭（见图10.5.1），住在巴黎圣·德尼街。由于家境贫寒，他上了几年学后，十六七岁就去了位于蒙托盖街（Rue Montorgueil）29号的阿道夫·皮卡尔（Adolphe Picard）珠宝店当学徒。

1847年皮卡尔决定去经营巴黎的另外一家店铺，就把蒙托盖街的店铺转给路易·卡地亚经营，28岁时成为这家珠宝店的老板。他在店面写上了如下的字："路易·弗朗索瓦·卡地亚，师承皮卡尔先生，制作并销售珠宝、饰品，款式新颖、设计独特。"由此卡地亚店铺和品牌同时诞生。他经常与女顾客面对面地交流，为她们搜集一些香水、烛台和相框等旧货丰富商品，并担当她们的珠宝挑选顾问，生意不错。但是，最初卡地亚珠宝店只售卖其他珠宝工坊的产品①。因此，严格意义上说，卡地亚最初是一家店的品牌。

但是，好景不长，1848年2月爆发了反腐败的"二月革命"，巴黎陷入战乱。2月23日卡地亚不得不关了自己的店铺。然而，战乱过后往往是繁荣。1950年，巴黎逐渐恢复了往日繁华，珠宝商们开始准备迎接奢靡时代到来。

图10.5.1 路易·弗朗索瓦·卡地亚
(Louis-Francois Cartier，1819~1904)

## 二、结缘皇室

1852年，由于附近出现了新的珠宝店，路易·弗朗索瓦·卡地亚把自己的店铺迁至小场街5号，位于时尚的皇宫区后街及富丽堂皇的奥尔良宫殿附近。此时，卡地亚结识了对他产生重要影响的人——阿里斯蒂德·布西科，他于1852年在巴黎创办了世界上第一家百货商店——Bon Marche，不仅规模大，而且商品非常丰富，顾客像过节一样光顾。布西科告诉卡地亚，塞纳河左岸将成为新的商业区，卡地亚目前所在的狭小商业区将会萧条。卡地亚受布西科的影响，开始不断地使自己的产品丰富化，推出顾客购买的普通货品，而不是毫无销量的昂贵真品，甚至先以较低价格卖出新产品，顾客接受后再提高价格。同时，不断尝试着将布西科在百货商店的促销方法，应用到自己的店铺中，销售规模扩大，影响增加。拿破仑三世最喜欢的金银器商吉兹尔·勒莫瓦开始给他进货，并委托卡地亚代卖珠宝首饰等。随后皮卡尔、布西科、勒莫瓦不断地给他带来生意和顾客，自己也保留了一些忠诚性顾客，其中不乏有身份和地位的贵夫人。卡地亚偶尔也会将自己的名字印在商品上。

奢侈品的影响常常来源于高贵使用者的传播，而高贵的使用者的出现有时需要机遇，这位顾客有影响力且有品牌忠诚才会产生奇迹。卡地亚遇到了这样千载

---

① 皮埃尔·雷诺著：《皇帝的珠宝商 珠宝商的皇帝》，参见故宫博物院：《卡地亚珍宝艺术》，紫禁城出版社2009年版，第44~67页。作者为卡地亚形象、风格及传承总监，文中图片也转自该文和卡地亚官方网站。

难逢的机遇。有资料显示①，小场街5号新店的第一位贵宾是拿破仑三世时期的一位重要人物——纽沃克（又译乌韦克尔克）伯爵夫人，纽沃克是拿破仑三世的御前美术总监。伯爵夫人的第一份订单，是一条复古式的贝壳浮雕项链。通过伯爵夫人的引荐，卡地亚1856年获得了马蒂尔德公主（见图10.5.2）的第一份订单，她是拿破仑一世的侄女。1859年，公主将卡地亚引荐给欧珍妮皇后，皇后亲自从卡地亚订制了一套纯银茶具。

另外，也有文献给出了更为详细的说法②，卡地亚的名气与纽沃克伯爵和马蒂尔德公主在爱丽舍宫同居相关。该事被纽沃克伯爵夫人发现后，对丈夫进行报复，疯狂地到卡地亚店铺购物。根据卡地亚店里的账单记录，在1855—1858年这短短的三年时间里，伯爵夫人的购买记录不下55笔，包括戒指、胸针、项坠、金线包、钻石的帽子饰针、玉石浮雕……纽沃克夫人在上流社会具有一定影响，这些精致的首饰让惊叹，人们开始追寻它的来源，这让路易·弗朗索瓦·卡地亚从一个名声不大的珠宝商人渐渐为人所知。更大的传播来自更加高贵的情敌马蒂尔德公主，他让纽沃克去卡地亚店铺"把最漂亮的珠宝都买来"。"从1854—1859年，纽沃克先生从卡地亚那里购买了50多笔货品，而马蒂尔德公主购买的数量则是他的3倍。这两位名人的声望和地位使得卡地亚在巴黎从此声名鹊起。马蒂尔德公主那奢华的手镯、胸针、镶嵌有皇家鹰饰的首饰盒，高贵和美丽的她成为了众人竞相模仿的对象，她成了巴黎新的时尚风向标。"由于她是社交名媛，佩戴着卡地亚首饰就像流动的模特一样，并且还向人们推荐，影响了当时很多艺术家、文学家及无数的贵夫人朋友。

图10.5.2　马蒂尔德公主

---

① 皮埃尔·雷诺著：《皇帝的珠宝商 珠宝商的皇帝》，参见故宫博物院：《卡地亚珍宝艺术》，紫禁城出版社2009年版，第44~67页。

② 亚恩·凯露著：《缔造一线品牌》，江苏人民出版社2012年版，第12~13页。

巴黎的时尚总是瞬息万变，卡地亚希望自己的店铺能够位于一个更理想的位置。阿道夫·皮尔卡和阿里斯蒂德·布西科向他推荐了"意大利人大道"。这条街是当时巴黎人流量最大的交通主线之一，这里熙熙攘攘，异常繁华，淑女们穿着蓬裙在这里来来往往。恰好一位名叫吉利翁的珠宝商人，从 1847 年起在这条街上经营珠宝生意。而此时，他有了退休的想法，1859 年卡地亚把他的店铺和存货接收过来。同年，欧珍妮皇后成为他的客户，父子俩工作了 5 个月为皇后订制的金银餐具，其精湛和完美令人惊叹，皇帝陛下又亲自想卡地亚下了一个新的订单。卡地亚开始了订制和加工工作，不只是销售别人的产品。此时，"第二帝国时期巴黎上流社会的所有精英人物都汇集到了卡地亚精品店"①。

另外一个朋友为卡地亚的声名鹊起推波助澜，他就是英国人查尔斯·弗里德里克·沃斯。沃斯和卡地亚两人结成了终生友谊，两个人的妻子关系也相当密切。有人认为，真正的"高级定制服之父"并非法国人，而是沃斯。他于 1858 年在巴黎开了第一家时装屋，1959 年成为欧珍妮皇后和马蒂尔德公主的御用裁缝，他首次把设计和季节服装的理念引入时尚界，同时开辟了模特展示服装的先河，并让模特带上从卡地亚借来的饰品。华斯为卡地亚带来了无数的贵客。包括公主、伯爵夫人等。

1870 年，普鲁士士兵逼近巴黎，法国王室流亡英国，巴黎公社改变了城市生活，大量珠宝店关门。布西科、卡地亚和沃斯三家聚会，布西科建议路易·弗朗索瓦·卡地亚把儿子阿尔弗莱德·卡地亚送到英国，通过欧珍妮皇后介绍到英国皇宫，成为英国皇室的供应商。阿尔弗莱德 15 岁就进入卡地亚当学徒，1870 年只身来到英国，了解了英国市场，还代买了一些顾客委托出售的珠宝。这种代卖活动拉近了与重要贵客之间的关系。

## 三、设立工坊

1874 年，阿尔弗莱德·卡地亚，开始执掌家族生意。当时卡地亚不断地推出多样化的、古典风格的珠宝和工艺品等。客户也有法国贵族延伸至银行家、实业家等富有的商业人士。后者属于新兴的富有阶层，更需要通过一掷千金和消费奢侈品来为自己打上权力的烙印。

1898 年，阿尔弗莱德的儿子路易·卡地亚迎娶了让·菲利普的女儿安德雷·

---

① 皮埃尔·雷诺：《皇帝的珠宝商 珠宝商的皇帝》，参见故宫博物院：《卡地亚珍宝艺术》，紫禁城出版社 2009 年版，第 44~67 页。

沃斯，使卡地亚和沃斯两个家族的关系更加紧密。同年，卡地亚开设了一间设计工坊。1899年，为了满足国际性新兴富豪的需求，卡地亚店铺移迁到高贵优雅的和平街13号（见图10.5.3），位置紧邻旺多姆广场，这里汇集着珠宝商、裁缝师、制帽商、手套商、制鞋商和香水商，是法国高级珠宝加工和销售中心。这两件事标志着卡地亚从销售商真正转型为制造商。

图10.5.3　卡地亚珠宝店迁至"和平街13号"

由于工业革命的成果，本地和殖民地的财富集聚向欧洲，欧洲又开始了一个更大范围的高消费时代。这个群体包括两个方面：一是原有的贵族阶层大量的皇室消费；二是财富把新兴的精英阶层，带进顶级的社交圈子，他们模仿和学习贵族的生活方式。这时，拥有或是佩戴一件卡地亚珠宝，已经成为进入顶级社交圈子的通行证。卡地亚为了满足急剧增长的个性化需求，不断地创新产品和设计。1900年，巴黎世界博览会举办，卡地亚推出了灵感来自于18世纪、镶嵌于铂金基座上的新古典风格钻饰，引得各国皇室成员和贵族竞相购买。

## 四、国外开店

1901年1月22日，英国维多利亚女王驾崩。哀悼期过后不久，皇室就开始筹备爱德华七世8月9日的加冕大典。加冕礼之前，卡地亚争取到了未来君主的接见，未来君主表示支持卡地亚在伦敦开设分店。消息传出，订单纷至沓来。1902年，阿尔弗莱德次子皮埃尔·卡地亚在伦敦新博灵顿大街4号开设了分店。

四年后迁至新邦德街 175~176 号，一直至今。

伦敦一开业，纽约就召唤，当时纽约汇集了 300 多百万富翁，都是新兴的工商富有家族，卡地亚是他们炫耀的载体。1909 年卡地亚纽约分店在第五大道 712 号开业，1917 年移至 653 号的一座文艺复兴风格的大厦内（见图 10.5.4）。有趣的是，这座大厦是卡地亚家族用一条精美的两串式珍珠项链换来，它分别有 55 颗和 73 颗珍珠。大厦主人莫顿·普朗特（Morton F. Plant）年轻的妻子非常喜欢这条项链。至此，巴黎、伦敦、纽约三大时尚城市都开有了分店，并且分别由阿尔费莱德的三个儿子掌管。1908 年在俄罗斯皇室的邀请下，圣彼得堡也开设了分店。

图 10.5.4　卡地亚纽约店铺迁至第五大道 653 号

1904 年，爱德华七世赐予了卡地亚皇家委任状。同年，Louis Francois Cartier 应邀为其好友、著名飞行家 Santos 制造了世界上第一只以满足飞行需求为概念的腕表，此后怀表逐渐被取代。很快，卡地亚又陆续得到了西班牙、葡萄牙、俄罗斯、暹罗、希腊、塞尔维亚、比利时、罗马尼亚、埃及和阿尔巴尼亚等国王室及奥尔良公爵和摩纳哥公国的委任状。卡地亚被爱德华七世称为"皇帝的珠宝商，珠宝商中的皇帝"。

**案例讨论目的**

使学生理解"奢侈品的内涵和特征"，特别是其形成的独特环境和必备的一些条件。

**案例讨论问题**

1. 你认为卡地亚是奢侈品吗？为什么？
2. 卡地亚品牌奢侈化的过程是怎样的？
3. 举出中国本土的奢侈品品牌，并说明理由。

**教学案例**

**案例讨论形式**

开放式讨论，同学们根据案例提供的资料和数据，围绕着前述的三讨论题进行讨论，一般会形成多种选择观点，让他们充分说明自己的观点。

# 附录 10.5

## 附录 10.5.1　　　卡地亚大事记*

1847 年

1847 年，路易·弗朗索瓦·卡地亚（Louis-Francois Cartier, 1819~1904）从师傅手中接管下位于巴黎蒙特吉尔街 29 号（29 Rue Montorgueuil）的珠宝店。卡地亚浪漫而辉煌的传奇故事就此展开。

1856 年

拿破仑一世的侄女，法国皇帝拿破仑三世的堂妹，玛蒂尔德公主（Princess Mathilde）首次在卡地亚订货。

1859 年

卡地亚搬迁至当时巴黎的时尚中心——意大利大道 9 号（9 Boulevard des Ltaliens）。同年，尤热尼皇后（Empress Eugénie）成为卡地亚的客户。

1899 年

1899 年，卡地亚创始人之子阿尔弗雷德·卡地亚（Alfred Cartier, 1841—1925）将珠宝店迁至位于巴黎黄金地段的高级时尚中心"和平街 13 号"（13 Rue de la Paix）。

1902 年

阿尔弗雷德次子皮埃尔·卡地亚（Pierre Cartier, 1878—1964）于爱德华七世加冕之际在伦敦新博灵顿大街 4 号（4 New Burlington Street）开设分店。

1904 年

1904 年卡地亚获得第一份皇室委任状，成为英国国王爱德华七世的御用供应商。

1904—1939 年

1904—1939 年间，卡地亚共获得 15 张皇室委任状，成为英国、西班牙、葡萄牙、俄罗斯、暹罗、希腊、塞尔维亚、比利时、罗马尼亚、埃及、阿尔巴尼亚等众多显赫王室的御用珠宝商，并被英皇爱德华七世赞誉为"皇帝的珠宝商，珠宝商的皇帝"。

1909 年

卡地亚在伦敦新庞德街 175~176 号（175~176 New Bond Street）开设新店。

皮埃尔·卡地亚在纽约第五大道 712 号（712 Fifth Avenue）设立分店，开发美国的业务。

1910 年

1910 年，卡地亚为比利时伊丽莎白女皇二世设计制作了一款以涡形造型和皇家桂冠为主题图案的冠冕。

1928 年

美国忠诚顾客马乔里·梅瑞威瑟·波斯特，在卡地亚伦敦店购得一对耳坠，曾为法国玛丽·安东尼皇后佩戴。

1938 年

卡地亚制作出全球最小腕表，并将之献给英国伊丽莎白女王。

1949 年

卡地亚为温莎公爵夫人特别设计了一款豹形胸针，铂金、白金材质，镶嵌着一颗重达152.35 克拉的圆形"克什米尔"蓝宝石。温莎公爵夫人对卡地亚猎豹作品的钟情使卡地亚"猎豹"享有了无上的声望。1987 年，卡地亚购回这枚胸针，收藏于古董店藏式内。

1950 年

好莱坞传奇女星格洛丽亚·斯旺森（Gloria Swanson）佩戴 1930 年自卡地亚购得的两条钻石和透明水晶手链亮相于电影《日落大道》（Sunset Boulevard）。

1953 年

玛丽莲·梦露在电影版《绅士爱美人》中演唱《卡地亚》。

1956 年

格蕾丝王妃（Princess Grace）与兰尼埃亲王（Prince Rainier）喜结连理，获赠大量由卡地亚制作的珠宝礼品，包括她的订婚戒指，镶嵌一颗重 12 克拉的祖母绿式切割钻石。在其全球瞩目的梦幻婚礼上，她佩戴着由铂金、红宝石和钻石镶嵌而成的卡地亚项链和皇冠。

1964 年

皮埃尔·卡地亚去世，南非亿万富翁约翰·茹波尔收购法国卡地亚 10% 股权。

1969 年

卡地亚购入一颗重 69.42 克拉的梨形钻石，将其售于理查·波顿（Richard Burton），后者将其作为生日礼物赠予伊丽莎白·泰勒（Elizabeth Taylor）。这颗著名的卡地亚钻石后来被命名为泰勒－波顿钻石。

1972 年

巴黎卡地亚公司被由约瑟夫·卡努依率领的投资人接管。

1979 年

卡地亚巴黎、伦敦和纽约重新合并为一个法律主体。

1983 年

卡地亚首次鼎力支持、参与了棕榈海滩马球联赛。从此，被誉为"珠宝之王"的卡地亚与享有"运动之王"的马球结缘，共同在全球传递极致的生活艺术。卡地亚先后在英国温莎、中东迪拜以及瑞士圣莫里茨等地举办的盛大马球活动。

1997 年

卡地亚欢度 150 周年华诞。纽约大都会博物馆及伦敦大英博物馆举办了名为"Cartier

1900—1939"的回顾展,追溯卡地亚最初40年的历史,欢庆这一意义非凡的年份。

2004年

5月,"卡地亚艺术珍宝展"与上海博物馆牵手,首次在中国举办了为期2个月的展览,卡地亚的300余件传世经典吸引了超过30万的参观者,成为令整个中国瞩目的焦点。

2004年

12月18日,卡地亚中国旗舰店在上海外滩18号隆重开幕,以近一百六十年的奢华点沸了申城的冬日。至今,卡地亚在北京、沈阳、哈尔滨、乌鲁木齐、成都、重庆、南京、杭州、武汉、长沙、深圳等众多城市接连开设了精品店,显示了对中国市场的巨大信心。

2005年

作为历峰集团下属品牌的卡地亚位于巴黎和平路13号的店铺重新开张。

2006年

在针对胡润富豪榜589位资产千万以上富豪(其中177位身家过亿)的"中国富豪品牌倾向调查"中,卡地亚力扫群雄,获得"最佳珠宝"和"最佳珠宝腕表"两项大奖,证实了其在中国富豪心目中不可取代的地位。

2009年

9月5日至11月22日,备受瞩目的卡地亚珍宝艺术展在北京故宫博物院午门展厅揭开帷幕。346件传世珍品以及23件设计手稿、石膏模件和彩色胶片组成的珍贵文献悉数亮相,是迄今卡地亚珍宝艺术展中展品数量最多、规模最大的一次。

\* 故宫博物院:《卡地亚珍宝艺术》,紫禁城出版社2009年版,第479~482页。

# 后 记

多年来,是否在 MBA 和 EMBA 营销课程上采取案例教学的方法,我一直处于徘徊状态。一个是惰性使然,不愿意改变自己多年形成的讲课习惯,从而系统性改变自己的课件、案例和讲义;另外还有一个原因是案例教学的局限性,它是假定学生们都拥有基础,甚至丰富的营销知识和经验,教师的职责是引导他们进行讨论,从而使大家分享更多人的知识和经验。

但是,营销是一门年轻的学科,新知识不断涌现,很多学生并非营销方面的专家,如果管理的艺术和感觉可以通过讨论分享的话,其科学性还是需要教授来讲述。何况,我一直认为案例教学效率较低,教学时间有限,无法在规定的时间内完成授课内容。此外,世界上很多营销学者也不是采用案例教学的方法。因此,我进入清华大学经管学院 10 年来,一直没有尝试进行讨论式案例教学,只是采用讲解式的案例教学。

然而,这一切在 2011 年发生了改变。该年 9 月 15 日学院推出了《MBA 必修课联合备课小组的工作细则》,其中规定同一门必修课程的诸位老师的教学大纲统一,而且要做到课程的"基本问题一致、基本内容一致、基本教学法一致、基本考核标准一致"。为了与其他营销老师匹配,我必须准备案例教学。

人生不是自己手里的万花筒,随便一摇就会出现自己满意的图景。因此,当我们无法改变环境时,最明智的办法就是改变自己,并且在改变中享受乐趣,因为改变的过程常常就是学习的过程,而学习永远是件快乐的事。好在这种改变不是太突然,2010 年我参加了清华大学案例中心举办的麦克法兰案例研讨课,2011 年暑假学院派我去哈佛商学院学习了案例教学法,也曾与哈佛商学院麦克法兰教授合编教学案例,一直进行着学术方面的案例研究。

案例教学是一场演出,而演出效果如何,剧本是关键,编写案例就是写剧本。我想,中国的 MBA 教育的案例,最好是中国情境,教师自己熟知,如果使用人曾参与当时的决策就更好了。所以,不得不考虑编写自用案例。沿着这样的思路,2012 年 1 月 9 日,当学院的秋季课程一结束,便着手编写工作。

# 后 记

在春节回老家与父母短暂团聚后，从大年初四开始，每天从早7点至下午4点，我就在学院的办公室忙碌起来：阅读资料、查找文献、编写案例、思考如何使用，一直持续到2月9日。当我回头一看才发现，不知不觉中已完成了38篇案例！尽管1个月编写38篇教学案例，质量不可能很高，但是我用心了。这1个月里，每天我都专心致志、高效率地工作，而且只做这一件事，觉得这些案例还是很有价值的。因此为了学生使用方便，我决定将其汇编成书。

看着38篇案例汇集的书稿，我有着意外的惊喜。这本书不仅留下了中国营销课程教学变革的脚印，也让我安心享受了一个学习的过程。

在这1个月的编写期间，学校正值寒假，整个舜德楼静悄悄的，很难见到师生的身影，也没有电话铃声，常常只有我和物业的看门人。有时，我早晨不到六点半就到了学院，不得不叫物业值班人员打开楼门。来到办公室，我会立即被堆积如山的参考书包围——从房顶到地面，再蔓延到办公桌，中间只剩下狭小的写作空间。站在房门口，也只能看见我的半个头顶。期间，一位熟人偶然来访，推门看到这种场景便感慨道："我以为这种场景只能在漫画中看到"。

我享受着这种孤独，也享受这种宁静和自由。这本案例集，是命运送给我走进清华大学10周年的最好礼物，我将永远铭记2012年这个寒冷的冬季带给我的一切，更会铭记孤独和宁静的1个月的光阴。

我特别欣赏明代陈眉公在《小窗幽记》中的一句话，"宠辱不惊，闲看庭前花开花落；去留无意，漫随天外云卷云舒"，那是一种怎样的、令人仰慕的精神境界！

在这个"人为名来、人为利去"的浮躁社会，淡定成为一种稀少的品格，情怀成为一种罕见的风骨。好在，在我的世界里，依然心存对"花开花落"、"云卷云舒"的由衷向往。

李 飞
2012年2月15日
感于清华大学经济管理学院舜德楼

**图书在版编目（CIP）数据**

营销教学案例／李飞编著 . —北京：经济科学出版社，2012.8

（李飞定位研究丛书）

ISBN 978 - 7 - 5141 - 2230 - 5

Ⅰ.①营… Ⅱ.①李… Ⅲ.①市场营销学 - 案例 - 中国 Ⅳ.①F723.0

中国版本图书馆 CIP 数据核字（2012）第 177556 号

责任编辑：金　梅　齐伟娜
责任校对：苏小昭
版式设计：代小卫
责任印制：李　鹏

### 营销教学案例
李　飞／编著

经济科学出版社出版、发行　新华书店经销
社址：北京市海淀区阜成路甲 28 号　邮编：100142
总编部电话：88191217　发行部电话：88191540
经济理论编辑中心电话：88191435　88191450
电子邮件：jjll1435@126.com
网址：www.esp.com.cn
北京中科印刷有限公司印装
787×1092　16 开　23 印张　400000 字
2012 年 8 月第 1 版　2012 年 8 月第 1 次印刷
ISBN 978 - 7 - 5141 - 2230 - 5　定价：56.00 元
（图书出现印装问题，本社负责调换）
（版权所有　翻印必究）